中华文史名著精选精译精注

章培恒 安平秋 马樟根 ———— 主编

二十四史（附清史稿）

07

隋书

旧唐书

新唐书

凤凰出版社

目　录

隋书

旧唐书

新唐书

隋书

武秀成　赵　益　译注
周勋初　审阅

导　言

在“二十四史”中，《隋书》是第一部成于史馆众家之手的史书。它是唐朝初年所设史馆修撰的六部“正史”之一。

唐高祖武德四年(621)，秘书丞令狐德棻鉴于“近代以来，多无正史，梁、陈及齐，犹有文籍，至周、隋遭大业离乱，多有遗阙”(《旧唐书·令狐德棻传》)的状况，向唐高祖建议编修梁、陈、北齐、北周、隋等五朝史书。次年，朝廷任命封德彝、颜师古等人主持修撰《隋书》，但历时数年，未能成书。贞观三年(629)，唐太宗改组史馆，建立制度，重修五朝史。由秘书监魏徵“总知其务”并主持《隋书》的修撰，参加编修的还有中书侍郎颜师古、给事中孔颖达、中书舍人许敬宗等当代大儒。到贞观十年(636)，《隋书》及其他四朝史同时完成，当时合称“五代史”。其中，梁、陈、北齐三书都是由各人独立完成，《北周书》名义上是五人同修，但实际上是出于令狐德棻一人之手，只有《隋书》是成于众人之手。其序、论全由魏徵撰写，纪、传则由颜师古等人撰成，司空房玄龄为总监。因由魏徵主修，所以后代著录《隋书》，纪传部分的作者题“魏徵等撰”。

当时的“五代史”还没有“志”。贞观十五年(641)，左仆射于志宁、太史令李淳风、著作郎韦安仁：敬播、符玺郎李延寿、秘书丞令狐德棻、谏议大夫褚遂良等奉诏续修史志。到高宗显庆元年(656)完稿，历十六年，共成十志。因为“十志”本为“五代史”而作，所以当时称为《五代史志》，与“五代史”各自分别流行。当《五代史志》与“五代史”合编时，因为隋是最后一朝，故附入《隋书》，因而又有了《隋志》之称。其中《天文》

《律历》《五行》三志为李淳风一人独撰，《经籍志》由魏徵、李延寿、敬播撰成，褚遂良则撰写了《五行志序》。因由监修人长孙无忌署名上表敬呈，所以后世著录《隋志》题“长孙无忌等撰”。其实，贞观十五年(641)命诸臣修志时并无长孙无忌之名，直到高宗永徽三年(652)，长孙无忌才受诏监修(初由令狐德棻监修)，当时书稿已告垂成，长孙无忌作为撰者，可以说是有名无实。

《隋书》共有八十五卷，其中帝纪三篇，合五卷；列传三百三十个，合五十卷；志十篇，合三十卷。人物类传共分十类，其传目有：诚节、孝义、循吏、酷吏、儒林、文学、隐逸、艺术、外戚、列女。十志篇目是：礼仪、音乐、律历、天文、五行、食货、刑法、百官、地理、经籍。

《隋书》的材料来源主要有三个方面：一是隋朝的国史，指隋朝史官编修的实录、起居注等。今天可以考知的有王劭等所修《开皇起居注》六十卷和王胄所修《大业起居注》。二是已编纂成书的隋史。隋文帝禁止私家修史，故当时只有王劭撰成《隋书》八十卷。三是史官广泛搜罗的野史、笔记、私家传状之类的材料。编纂《隋书》时，上距隋亡不久，尤其是史馆中人员多曾在隋朝任职，对于隋朝的事迹、人物，都是耳闻目睹，故于搜罗史料，访问耆旧，鉴别真伪，殊为便利。《旧唐书·孙思邈传》就介绍过这类情况：“魏徵等受诏修齐、梁、陈、周、隋五代史，恐有遗漏，屡访之。思邈以口传授，有如目睹。”这是《隋书》获取材料的有利条件。

虽然《隋书》没有前“四史”那样的盛誉，但在“二十四史”中，它的确可算是一部上乘之作。清代著名史学家赵翼曾评价说：“《隋书》最为简练，盖当时作者皆唐初名臣，且书成进御，故文笔严净如此。《南》《北史》虽工，然生色处多在琐言碎事，至据事直书，以一语括十数语，则尚不及也。”(《陔余丛考》卷七)《隋书》的优点不仅是文字上简练，更重要的是它还具有如下一些特点：

一、体例的严谨和史家的卓识。《隋书》虽然是出自众人之手，但很少有后世官修史书所常见的内容芜杂、互相牴牾、体例不一的毛病。它的体例继承了《史记》《汉书》以来的优良传统，同时又作了更为科学的调整和安排。如列传方面，把东夷、南蛮、西域、北狄四边少数民族分作四传叙述，条理比较清晰。又如把反隋人物杨玄感、李密等人放在诸臣之列，而没有把他们视为叛臣而归入宇文化及、王世充这类传记之中，显示出史家的识见颇为明达。《隋书》"十志"也是继承《汉书》的精神而设置的(《汉志》之后，正史一般只有八志)，但《隋志》又不拘泥于《汉志》。它舍弃了《汉书》的《郊祀》《沟洫》二志，而从《后汉书》增设了《百官志》，这表现出志书的体例更为完整科学。

二、列传材料的珍贵。《隋书》列传，选取了各个阶层的人物，他们的事迹、活动，就是了解隋朝社会的窗口。在这些传记中，同时还存在着各个方面的珍贵资料，比如在李德林、牛弘、魏澹等传中，记载了当时史学发展的情况；在《陈稜传》《流求传》中，记载了台湾的社会状况以及和大陆的关系。又如《何稠传》中记载何稠制作的绿瓷琉璃、织金锦袍和木质六合城；《杨素传》中记载杨素监造的"五牙"战舰，高百余尺，能装下八百战士；《张胄玄传》记载有精密的天文推算；《耿询传》记载有水转浑天仪、马上刻漏等，这些都是我国古代科技工艺史上的珍贵资料。

三、十志内容的丰富和精确。《隋志》记载了梁、陈、北齐、北周和隋五朝的典章制度，但记述的范围有时概括了整个南北朝时期，甚至追溯到汉魏。材料非常丰富。如《食货志》，南北朝诸史只有《魏书》立有此志，所以《隋书·食货志》虽仅一卷，但史料却极为重要。它记载了自东晋以来按官品占有劳动力的等级制度，课役制度及当时的货币制度；北朝齐、周、隋三代所实行的均田制，也完全靠它记录了下来。《地理志》大体按照隋朝的行政区划，记载了南北朝以来的建置沿革、郡县户口。《音乐志》记载的南北朝时期国内各地区以及国内外乐舞艺术交流的情况，说明了导致隋唐“燕乐”产生的历史条件。而《律历》《天文》二志，则对南北朝以来天文历法上的成就作了总结性的叙述。数学家祖冲之关于圆周率的研究成果，历法学家张子信和刘焯关于“日行盈缩”规律的研究成果，都保存在《律历志》中。直到今天，这二志对研究天文气象学也还有参考价值。另外在《律历志》中还有关于汉魏以来度量衡制度演变的记载，这是研究经济史的重要资料。

“十志”中，尤为人所乐道的是《经籍志》。目录学创始于刘向《别录》、刘歆《七略》，继起的有郑默的《中经》、荀勖的《晋中经簿》、李充的《晋元帝四部目录》、王俭的《七志》、阮孝绪的《七录》，但它们都早已亡佚了。唐以前的目录书，仅存有《汉书·艺文志》与《隋书·经籍志》（佛经目录除外）。《隋书·经籍志》把中国的文献典籍区分为经、史、子、集四部，这种图书分类法，直到清代仍相沿未变。《隋志》共著录图书三千一百二十七部，反映的是唐初朝廷的实际藏书情况，同时还用注文的形式说明了梁代收藏（实即《七录》著录）而唐初亡佚的图书。它不仅考辨书籍之存亡，还论述学术之源流，对自汉至隋六百年间的图书情况进行了一次较为科学的总结，给后来正史中的《艺文志》及目录学树立了很好的范例。南宋郑樵称赞说：“《隋志》极有伦理，而本末兼明，可以无憾，迁、固以来，皆不及也。”（《通志·艺文略》）此言不为过誉。

《隋书》也有不尽如人意之处，尤其他是成于众家之手，更容易出现良莠不齐的情况。

《隋书》中有的列传表现了史官秉笔直书的高贵品质。如《虞世基传》，传主是唐太宗的当朝宠臣虞世南之兄，史官直书其恶，没有丝毫掩饰，可见其史笔之严。但有的地方却又采用“曲笔”，“为尊者讳”。如隋炀帝伪造诏书，杀父夺位一事，在高祖、炀帝二纪中不泄一点消息，而且把高祖的死叙述得像自然死亡一样，只在《后妃·宣华夫人传》和《杨素传》中略露端倪，仍然没有直书其事。史官讳言此事，当是因为他们的当朝天子唐太宗也是杀兄逼父而登基的。又如《李密传》，只叙述到他归唐封为邢国公，而对他入唐不久即被唐王朝诛杀一事讳莫如深。至于《房彦谦传》，更有阿谀奉承之嫌。传主房彦谦在隋朝本无事迹可记，为充篇幅，于是收入他的一篇长文。替他立传，只是因为他的儿子房玄龄为当朝宰相而且任《隋书》总监的缘故。

由于史官囿于封建帝王的观点，《隋书》对隋末农民起义领袖，除李密，其他如窦建德、翟让、杜伏威、辅公祏等叱咤一时的人物均不立传，只略见于《炀帝纪》，幸有后来的新、旧《唐书》为他们补了传，他们的事迹才不至于湮没。

在史料的裁剪与安排上，《隋书》也有不足之处。如《恭帝纪》，虽名为一卷，实则只有一千五百余字，史实极为简略，与高祖、炀帝二纪相比太不相称。在《百官志》中这个缺点更加突出。五朝官制，以北周最为繁杂，而且在中国古代官制史中迥然别为一个系统。《百官志》本当详加叙述，反而以寥寥数语带过，理由是北周官制"并具《卢传》（指《周书·卢辩传》），不复重序云"。其实《周书·卢辩传》中所载的也十分简略。这不能不说是一个缺陷。

《隋书》有的列传也写得较为乏味，最使人昏昏欲睡的是《孝义传》。传中共记了十四人，其中十一人无甚事迹，有的甚至只有五六十字。几乎每个人都有"庐于墓侧，负土成坟"之语。此等史料大约是从家传或地方官请求朝廷旌表的例行公文中采录的。

尽管如此，《隋书》仍不失为一部优秀的史书。它较为详细地叙述了隋朝三十八年间的历史，在政治、经济、军事、文教、科技以及对外关系等方面，为后人提供了丰富的历史资料，是我们今天了解和研究隋代社会的一部最主要的著作。

前人对《隋书》的整理都集中在"隋志"上。主要有清杨守敬的《隋书地理志考证》（附补遗）九卷，章宗源的《隋书经籍志考证》（仅成史部十三卷)，姚振宗的《隋书经籍志考证》五十二卷。

我们的选目，主要根据两条原则确定：一是代表性，即选择那些在政治、军事、学术文化等某方面有较大影响的人物；二是可读性，即有一定的故事性、趣味性。因此，我们依据过去史书译法的惯例，舍弃了《隋书》的重要内容“十志”，而选录了十九篇纪传。这些纪传虽然也有传主的仕宦履历，但大多都有一些生动的事迹，有的场面还很富有戏剧性。

为了帮助读者理解原文，书中加以必要的注释。注释以简明扼要、说明问题为原则。所注内容主要是地名、职官、名物制度和生僻词语。凡前面已注后文重出者，一般不再加注。封爵中的地名一般都不加注释，因为隋朝封爵有真食、虚封之别，一般只是虚封，爵主与其郡、县地名，并无多大关联。职官名称，是令读者心烦的，也最令译注者头疼的。《隋书》中的职官，涉及梁、陈、北齐、北周、隋五朝官制，尤其是北周的官制，辞书中一般都略而不言，而且前后也有变化，稍有不慎，就要出错。我们勉为其难，对书中的职官、散官、勋官、爵位都作了扼要说明。对书中涉及的人物，凡与传主同时代、又不影响正确理解原文的，一律不加注解，只对少数读者不太熟悉的历史人物，作扼要说明。

本书的选目、注释、译文，都是在郁贤皓教授的指导下完成的。郁先生在百忙中逐字逐句审阅了全稿，提出了许多正确的意见，修正了原稿不少失误之处，我们在此特致谢忱。在本书的写作过程中，还有不少同仁朋友给予了热情的帮助，使得我们能够保证质量，如期完成，而此次重版，又承蒙我的博士研究生黄丽婧女士细致校阅，是正良多，云天高谊，皆当铭感。尽管如此，书中一定还会有不少欠妥乃至错误之处，我们恳切希望读者予以批评指正。

武秀成

高祖纪

导读

隋文帝杨坚(541—604),隋代的建立者。北周时杨坚袭父爵为隋国公,大定元年(581)二月废静帝自立,建立隋朝。他平定了江南,结束了东晋以来二百七十多年的南北分裂局面,为恢复和巩固国家统一作出了贡献。在位二十四年,仁寿四年(604)七月逝世,史称隋文帝。文帝在位期间,在政治、经济方面实施了一系列改革措施:厉行节俭,使社会生产得到了顺利的发展;修定刑律和政治制度,使之更适合于统一后的中央集权统治;经济上继续实行均田制和租调力役制,扩大耕地面积,重编户籍,使国家管辖的人丁数字大增,保证了国家的财政收入;隋文帝还利用突厥内部的弱点,以谋略为主,军事为辅,避免发生重大的战争,对国家的安定起到了积极的作用。隋文帝结束了西晋末年以来的分裂局势,推动国家统一与稳定,为后来唐朝的兴盛奠定了基础。史臣对隋文帝的事业作了详细的叙述,对他树立的功绩作了充分的肯定,但也指出了他在处理一些具体事件时的失误,以及他在个人修养方面的一些缺陷。这些评判,可资后人参考。(选自卷一)

原文

高祖文皇帝姓杨氏[①],讳坚[②],弘农郡华阴人也[③]。汉太尉震八代孙铉[④],仕燕为北平太守[⑤]。铉生元寿,

翻译

高祖文皇帝姓杨,名叫坚,本是弘农郡华阴人。东汉太尉杨震的第八代孙杨铉,在前燕任北平太守。杨铉生元寿,北魏初任武川镇司马,子孙因而在

后魏代为武川镇司马[⑥]，子孙因家焉。元寿生太原太守惠嘏[⑦]，嘏生平原太守烈[⑧]，烈生宁远将军祯[⑨]，祯生忠，忠即皇考也[⑩]。皇考从周太祖起义关西[⑪]，赐姓普六茹氏[⑫]，位至柱国、大司空、隋国公[⑬]。薨[⑭]，赠太保[⑮]，谥曰桓。

此安家。元寿生太原太守惠嘏，惠嘏生平原太守杨烈，杨烈生宁远将军杨祯，杨祯生杨忠，杨忠就是高祖的父亲。高祖之父杨忠跟随周太祖在关西起义，周太祖赐他姓普六茹，地位升到柱国、大司空、隋国公。去世后封为太保，谥号为桓。

注释 ① 高祖：杨坚的庙号。文皇帝：杨坚的谥号。 ② 讳：人死后书写他的名字，名字前称“讳”，表示尊敬。 ③ 弘农郡：治所在今河南灵宝东北。华阴：县名，治所在今陕西华阴东南。此处的弘农不是北周、隋朝的弘农，北周、隋朝时弘农郡属县中没有华阴。此处用的是汉朝的地理概念，指的是隋文帝的郡望，即杨姓的世家大族所在地，而不是他的籍贯。古人有标榜郡望的习俗。 ④ 太尉：与司徒、司空合称“三公”，东汉时并为宰相，而太尉居首位。不过由于皇帝集权，政务转移到尚书台，故东汉的三公仅是荣誉性的尊位，并不负多大责任。铉，音 xuàn。 ⑤ 燕(yān)：此指前燕，为东晋时十六国之一。公元 337 年由鲜卑族慕容皝(huàng)建立，公元 370 年为前秦所灭。北平：郡名，治所在今河北遵化东。太守：郡中最高行政长官。 ⑥ 代：古国名。拓跋珪于公元 386 年重建，初称代，不久改称魏，史称北魏、后魏。武川镇：北魏初年为防御柔然侵扰设置的六个军镇之一，治所在今内蒙古武川西土城。司马：镇将的佐官，管理军事。 ⑦ 太原：郡名，治所在今山西太原西南。 ⑧ 嘏(gǔ)：即惠嘏，古代有双名单称的文例。平原：郡名，治所在今山东聊城东北。 ⑨ 宁远将军：武散官，无专门职务，属中级军衔。 ⑩ 皇考：对已故父亲的尊称。 ⑪ 周太祖：即宇文泰。北魏孝武帝被高欢逼迫，西奔长安。宇文泰在长安拥帝与高欢相拒，自为大丞相，专制西魏朝政。他死后，其子宇文觉代魏，国号周，史称北周，追尊宇文泰为文帝，庙号太祖。关西：古代泛指故函谷关(在今河南灵宝东北)或今潼关以西地区。 ⑫ 普六茹氏:复姓,为北魏鲜卑诸姓之一。赐姓给功臣,以示优宠。 ⑬ 柱国:即柱国大将军,勋官名,是授给有功官员的一种荣誉称号,无实职。此是北周勋官中的最高称号,为正九命。北周官员品级分为九命,每命又各分正、从(不带“从”字),共十八等,以数字大为高,正九命即正一品。大司空:北周六卿之一,掌管营造宫室,为正七命。隋国公:爵位名。北周最高的爵位。古代封爵,爵名前多加封地名。隋,古国名,也是北周州名。字体作“随”,隋文帝杨坚即帝位后,认为“随”带“辶”旁,鉴于周、齐奔走不宁,故去“辶”旁而成“隋”。故址在今湖北随州。 ⑭ 薨(hōng):古代大臣死称“薨”。 ⑮ 赠:朝廷对已死的官吏或官吏的亡父、亡祖的追封称赠。太保:北周与太师、太傅合称三公,正九命,为荣宠之官,无实职。历代多作为大臣的加衔。

原文

皇妣吕氏[①],以大统七年六月癸丑夜[②],生高祖于冯翊般若寺[③],紫气充庭。有尼来自河东[④],谓皇妣曰:“此儿所从来甚异,不可于俗间处之。”尼将高祖舍于别馆,躬自抚养。皇妣尝抱高祖,忽见头上角出,遍体鳞起。皇妣大骇,坠高祖于地。尼自外入见曰:“已惊我儿,致令晚得天下。”为人龙颜,额上有五柱入顶,目光外射,有文在手曰“王”。长上短下,沉深严重。初入

翻译

母亲姓吕,大统七年(541)六月十三日夜里在冯翊般若寺生下高祖,当时紫光充满庭院。有个尼姑从河东来,对高祖母亲说:“这小孩出生很不寻常,不可让他待在世俗人间。”那尼姑把高祖安排在别墅里住下,亲自喂养。有一天,高祖母亲抱着高祖,忽然看见高祖头上长出角来。遍身生满鳞片,他母亲十分惊骇,怀中的高祖不禁掉在了地上。尼姑从外面进来看见说:“已经惊吓了我的孩儿,以致让他晚得天下。”高祖眉骨隆起,额头上有五根肉柱伸到头顶,目光外射,手上有个“王”字的印纹。上身长,下身短,深沉严肃,老成持重。自进太学读书,即使是最亲昵的人也不

太学[5]，虽至亲昵不敢狎也。

敢戏弄他。

注释 ① 皇妣(bǐ)：对亡母的尊称。 ② 大统七年：公元541年。大统是西魏文帝的年号。癸(guǐ)丑：史书中多用干支纪日，癸丑为该月十三日。 ③ 冯翊(píng yì)：郡名，治所在今陕西高陵。般若(bō rě)：梵语，意为智慧。 ④ 河东：郡名，治所在今山西永济蒲州镇。 ⑤ 太学：有时称国子监，是古代设在京城的最高学府。

原文

年十四，京兆尹薛善辟为功曹[1]。十五，以太祖勋授散骑常侍、车骑大将军、仪同三司[2]，封成纪县公。十六，迁骠骑大将军[3]，加开府[4]。周太祖见而叹曰："此儿风骨，不似代间人！"[5]明帝即位，授右小宫伯[6]，进封大兴郡公。帝尝遣善相者赵昭视之，昭诡对曰："不过作柱国耳。"既而阴谓高祖曰："公当为天下君，必大诛杀而后定。善记鄙言。"

翻译

十四岁，京兆尹薛善请他去做郡功曹。十五岁，凭着父亲杨忠的功勋被授为散骑常侍、车骑大将军、仪同三司，封为成纪县公。十六岁，升为骠骑大将军、开府仪同三司。周太祖宇文泰见他叹息道："这孩子风貌骨相，不像是人世间的人！"周明帝宇文毓做了皇帝，授给右小宫伯的官职，进封为大兴郡公。明帝曾经派善于看相的赵昭来看他，赵昭欺骗明帝说："他不过能做到柱国罢了。"他马上又私下对高祖杨坚说："您当成为天下的君王，定然大肆诛杀而后才能安定。好好记住我的话。"

注释 ① 京兆尹：京兆，郡名，治所在今陕西西安。因为是京都所在地，故其最高长官一般称尹而不称郡守，其品级比一般郡守高。西魏、北周为八命官。功曹：郡、县长官的属官，除掌管人事外，还可参与郡、县政务。 ② 太祖：杨忠的庙号，是隋文帝即位后追尊的。散骑常侍：原为皇帝近侍官，西魏、北周时已成高级散官名，无实职，只作加官用。车骑大将军：将军名号，西魏、北周时无实职，只用来褒奖功臣，品级为九命。仪同三司：勋官名，原意谓仪制与三公相同。品级为九命。按当时制度，授予仪同三司，便加散骑常侍、车骑大将军的称号。 ③ 骠（piào）骑大将军：将军名号，无实职，品级也是九命，但位尊于车骑大将军。 ④ 开府：指可以成立官署，自行任命僚属。加“开府”，即为开府仪同三司，也是勋官，品级为九命。 ⑤ 代：唐人避唐太宗李世民讳，凡“世”字多改用“代”字。 ⑥ 右小宫伯：天官府宫伯的副官，掌管侍卫，为正四命。

原文

武帝即位，迁左小宫伯[①]。出为隋州刺史[②]，进位大将军[③]。后征还，遇皇妣寝疾三年，昼夜不离左右，代称纯孝。宇文护执政[④]，尤忌高祖，屡将害焉，大将军侯伏侯寿等匡护得免[⑤]。其后袭爵隋国公。武帝娉高祖长女为皇太子妃[⑥]，益加礼重。齐王宪言于帝曰：“普六茹坚相貌非常，臣每见之，不觉自失。恐非人下，请早除之。”[⑦]帝曰：“此止可为将耳。”内史王轨骤言于帝曰：“皇太子非社稷主，普六茹坚貌有反相。”[⑧]帝不悦，曰：“必天命

翻译

周武帝宇文邕做了皇帝，把高祖杨坚升为左小宫伯。被派到地方去做隋州刺史，晋升为大将军。后来征召回朝，适逢母亲卧床不起，达三年之久，高祖昼夜不离身边，世人都称赞他纯朴、孝敬。宇文护掌管朝政，特别畏惧高祖，屡次要加害他，因有大将军侯伏侯寿等救护才得保全。此后继承父亲的隋国公爵位。武帝聘娶高祖的长女为皇太子宇文赟的妃子，对高祖更加礼敬器重。齐王宇文宪对武帝说：“普六茹坚相貌非凡，我每次见到他，不由自主地会言行失态。恐怕他不是久处人下的人，请及早把他除掉。”武帝说：“这人只能够做个大将罢了。”内史王轨多次对周武帝说：“皇太子不能当国家的君主。普六茹坚外貌上有叛逆的骨相。”周武帝不高兴地说：“如果天命一定应在他那里，又能拿他怎么办？”高祖很害

有在，将若之何?”高祖甚惧，深自晦匿。

怕，处处小心谨慎，深深地把自己的才能隐藏起来。

注释 ① 左小宫伯：也是正四命官，但位在右小宫伯之上。北周制度，左比右尊。 ② 刺史：州的最高行政长官。魏晋南北朝时期，地方行政机构为州、郡、县三级。刺史的品级据州的大小而定，最高的为正八命。 ③ 大将军：勋官名，无实职。北周品级为正九命。 ④ 宇文护(? —572)：宇文泰之侄，继宇文泰之后执掌西魏政权。拥宇文觉登帝位，建立北周，自任大冢宰，专断国政。后毒死宇文觉，立宇文毓为帝；又杀宇文毓，立宇文邕。终因专横，为宇文邕所杀。 ⑤ 侯伏侯：三字姓。 ⑥ 皇太子妃：皇太子指宇文赟(yūn)，后继位为宣帝，其妃杨氏立为皇后，即杨皇后。 ⑦ 齐王宪(544—578)：宇文泰之子，周武帝的异母弟。武帝朝任相职大冢宰。富有谋略，屡立战功。后为宣帝所杀。 ⑧ 内史：春官大宗伯的属官，掌管诏书，发布政令。正五命。品级不高，但权任很重。

原文

建德中[①]，率水军三万，破齐师于河桥[②]。明年，从帝平齐，进位柱国。与宇文宪破齐任城王高湝于冀州[③]，除定州总管[④]。先是，定州城西门久闭不行。齐文宣帝时，或请开之，以便行路。帝不许，曰：“当有圣人来启之。”及高祖至而开焉，莫不惊异。寻转亳州总

翻译

建德年中，高祖率领水军三万人，在河桥击破北齐军队。第二年，跟随周武帝平定北齐，晋升为柱国。与宇文宪在冀州攻破北齐的任城王高湝，被任命为定州总管。在此之前，定州城的西门一直关闭着。北齐文宣帝时，有人请求打开城门，以便通行。文宣帝不准，说：“应当有圣人来开门。”等高祖到后打开城门时，没有谁不感到惊奇的。不久转任亳州总管。北周宣帝宇文赟继位，因为高祖是皇后的父亲而被召回朝廷，拜

管[5]。宣帝即位，以后父征拜上柱国、大司马[6]。大象初[7]，迁大后丞、右司武[8]，俄转大前疑[9]。每巡幸[10]，恒委居守。时帝为《刑经圣制》，其法深刻。高祖以法令滋章，非兴化之道，切谏，不纳。

为上柱国、大司马。大象初年，升迁为大后丞、右司武，不久又转任大前疑。周宣帝每次出巡，常常委任高祖留守京城。当时周宣帝制订了《刑经圣制》，内中法令很严峻苛酷。高祖认为法令日益繁苛，不合倡崇教化的原则，恳切地进谏，但周宣帝不听。

注释 ① 建德：北周武帝的年号(572—578)。 ② 河桥：古桥名，故址在今河南孟县西南、孟津东北黄河上。为洛阳外围的守卫要地。 ③ 湝：音 jiē。冀州：治所在今河北冀州。 ④ 定州：治所在今河北定州。总管：掌管数州军政的最高地方长官。 ⑤ 亳(bó)州：治所在今安徽亳县。 ⑥ 上柱国：北周后期最高的勋官。武帝建德年间始设上柱国，把勋官分为十一等。大司马：北周六卿之一，掌管军政，权力很大。正七命。 ⑦ 大象：北周静帝的年号(579—581)。 ⑧ 大后丞：北周四辅之一。为皇帝的辅佐官员，无实际职务。右司武：夏官大司马的属官，掌管宫廷内外的警卫。正六命。 ⑨ 大前疑：北周四辅之一，位在大后丞上。 ⑩ 巡幸：特指皇帝到外地巡视。

原文

高祖位望益隆，帝颇以为忌。帝有四幸姬，并为皇后，诸家争宠，数相毁谮[1]。帝每忿怒谓后曰：“必族灭尔家。”因召高祖，命左右曰：“若色动，即杀之。”高祖既至，容色自若，乃止。

翻译

高祖的地位声望日益提高，周宣帝对此很害怕。宣帝有四个宠爱的美人，同为皇后，互相争宠，经常互相进谗诽谤。周宣帝常愤怒地对皇后普六茹氏说：“我一定要把你家的三亲九族全杀掉。”接着下令叫高祖来，对身边的人说道：“如果他脸色变了，就杀掉他。”高祖到后，神色自如，周宣帝这才罢手。

大象二年五月，以高祖为扬州总管[2]，将发，暴有足疾，不果行。乙未，帝崩。时静帝幼冲，未能亲理政事。内史上大夫郑译、御正大夫刘昉以高祖皇后之父[3]，众望所归，遂矫诏引高祖入总朝政，都督内外诸军事[4]。周氏诸王在藩者，高祖悉恐其生变，称赵王招将嫁女于突厥为词以征之[5]。丁未，发丧。庚戌，周帝拜高祖假黄钺、左大丞相[6]，百官总己而听焉。以正阳宫为丞相府，以郑译为长史[7]，刘昉为司马[8]，具置僚佐。宣帝时，刑政苛酷，群心崩骇，莫有固志。至是，高祖大崇惠政，法令清简，躬履节俭，天下悦之。

大象二年（580）五月，让高祖担任扬州总管，将要启程时，突然脚上生病，没有成行。初十日，周宣帝去世。当时静帝宇文阐年幼，不能亲自处理政事，内史上大夫郑译、御正大夫刘昉认为高祖是皇后的父亲，众望所归，于是伪造诏书，请高祖进宫总管朝廷政事，统率全国的军队。周朝宇文氏在封国内的诸位藩王，高祖怕他们生事造反，假称赵王宇文招要把女儿嫁给突厥，以此为由把他们召回朝廷。二十日，发出讣告。二十五日，周静帝授予高祖假黄钺、左大丞相，群臣都接受他的领导而俯首听命。把正阳宫作为宰相府，让郑译任长史，刘昉任司马，设置辅佐的官属。北周宣帝时，刑法政令苛刻残酷，众心分崩离析，没有人有坚定的信念。到了这时，高祖大力推行仁惠的政策，法令清明简要，亲自实行节俭的措施。普天之下臣民都很欢迎。

注释 ① 谮（zèn）：诬陷、中伤。 ② 扬州：治所在今安徽寿县。 ③ 上大夫：内史省属官。御正大夫：天官大冢宰的属官。昉：音 fǎng。 ④ 都督内外诸军事：全国最高的军事统帅。此处“都督”作动词用。 ⑤ 赵王招：宇文泰之子，宣帝之叔。突厥：古代阿尔泰山一带的游牧民族，西魏时建立政权。 ⑥ 假黄钺（yuè）：表示代表皇帝。南北朝时，权位最高的大臣出师，往往加以“假黄钺”的称号，即代表皇帝亲征的意思。假，借。黄钺：皇帝专用的一种仪仗器物，似大斧。 ⑦ 长史：南北朝时为丞相府、将军府、王府的高级佐官，总管府内事务，权任颇重。 ⑧ 司马：丞相、将军的高级佐官，综理一府之事，参与制定军事计划。

原文

六月，赵王招、陈王纯、越王盛、代王达、滕王逌并至于长安[①]。相州总管尉迟迥自以重臣宿将[②]，志不能平，遂举兵东夏[③]。赵、魏之士[④]，从者若流，旬日之间，众至十余万。又宇文胄以荥州[⑤]，石愻以建州[⑥]，席毗以沛郡[⑦]，毗弟叉罗以兖州[⑧]，皆应于迥。迥遣子质于陈请援。高祖命上柱国、郧国公韦孝宽讨之[⑨]。雍州牧毕王贤及赵、陈等五王[⑩]，以天下之望归于高祖，因谋作乱。高祖执贤斩之，寝赵王等之罪，因诏五王剑履上殿[⑪]，入朝不趋[⑫]，用安其心。

翻译

六月，赵王宇文招、陈王宇文纯、越王宇文盛、代王宇文达、滕王宇文逌都来到长安。相州总管尉迟迥自以为是地位重要的大臣和久经沙场的老将，心怀不满，于是在东部起兵反抗高祖。赵、魏两地的人，如流水般投向尉迟迥，十天之间，人数达十余万。另外宇文胄在荥州，石愻在建州，席毗在沛郡，席毗之弟叉罗在兖州，纷纷起兵响应尉迟迥。尉迟迥派儿子作为人质向陈朝请求援助。高祖命令上柱国、郧国公韦孝宽去讨伐他们。雍州牧毕王宇文贤与赵王、陈王等五王，认为天下臣民的期待之心都归于高祖，因而策划叛乱。高祖把宇文贤抓起来杀了，不宣布赵王等人的罪行，并由此下诏让五王都佩剑穿鞋上殿，进殿朝见不用小步快走，以便让他们安下心来。

注释 ① 陈王纯、越王盛、代王达、滕王逌(yóu):都是宇文泰之子。长安:西魏、北周都城,在今陕西西安西北。 ② 相州:治所在今河北临漳西南。 ③ 东夏:中国的东部。 ④ 赵:指赵州,治所在今河北隆尧东。魏:指魏郡,治所在今河北临漳西南,为东魏、北齐京城所在地。 ⑤ 荥(xíng)州:治所在今河南荥阳。 ⑥ 建州:治所在今山西晋城东北。愻:音 xùn。 ⑦ 沛郡:治所在今江苏沛县东。毗:音 pí。⑧ 兖(yǎn)州:治所在今山东兖州西。 ⑨ 郧:音 yún。 ⑩ 雍州:治所在今陕西西安西北。牧:因为雍州是京城所在地,故其最高行政长官称“牧”,北周为九命官。毕王贤:北周明帝之子。 ⑪ 剑履上殿:佩剑穿鞋朝见皇帝,这是帝王赐给亲信大臣的一种特殊礼遇。 ⑫ 入朝不趋:入朝不急步而行。古代人臣入朝必须小步快行以示恭敬。入朝不趋是皇帝对大臣的一种殊遇。

原文

七月,陈将陈纪、萧摩诃等寇广陵[①],吴州总管于颛转击破之[②]。广陵人杜乔生聚众反,刺史元义讨平之。韦孝宽破尉迟迥于相州,传首阙下[③],余党悉平。初,迥之乱也,郧州总管司马消难据州响应[④],淮南州县多同之[⑤]。命襄州总管王谊讨之[⑥],消难奔陈。荆、郢群蛮乘衅作乱[⑦],命亳州总管贺若谊讨平之。先是,上柱国王谦为益州总管[⑧],既见幼主在位,政由高祖,遂起巴、

翻译

七月,陈朝将领陈纪、萧摩诃等人进犯广陵,吴州总管于颛转而击破了他们。广陵人杜乔生聚众造反,刺史元义出兵平息了叛乱。韦孝宽在相州打败了尉迟迥,斩首送到京城,其他党羽也都被平定了。起初,尉迟迥作乱,郧州总管司马消难据州起兵响应,淮南州县大多情况相同。高祖命令襄州总管王谊去讨伐他们,司马消难便投奔了陈朝。荆、郢一带的少数民族乘机作乱,高祖命令亳州总管贺若谊出师讨平了叛乱。在此之前,上柱国王谦任益州总管,看见在位的是年幼的皇帝,朝廷大政由高祖把持,于是发动巴、蜀一带的民众造反,把挽救国家危亡作为幌子。

蜀之众[9]，以匡复为辞。高祖方以东夏、山南为事[10]，未遑致讨。谦进兵屯剑阁[11]，陷始州[12]。至是，乃命行军元帅、上柱国梁睿讨平之[13]，传首阙下。巴、蜀阻险，人好为乱，于是更开平道，毁剑阁之路，立铭垂诫焉[14]。五王阴谋滋甚，高祖赍酒肴以造赵王第[15]，欲观所为。赵王伏甲以宴高祖，高祖几危，赖元胄以济[16]，语在《胄传》。于是诛赵王招、越王盛。

高祖当时因为东部和南部有乱事，没有余力讨伐他们。王谦便进兵驻扎在剑门关，攻占了始州。到这时，高祖才命令行军元帅、上柱国梁睿出师平定了叛乱，把王谦的脑袋砍下送到了京城。巴、蜀地势险要，民众喜欢作乱，于是重新开辟了一条平路，毁掉了剑门关的道路，并在那里树碑刻石告诫后人。五王的阴谋活动更加厉害了，高祖携带酒肴来到赵王的住宅，想观察一下他的举动。赵王让士兵埋伏起来，设宴款待高祖，高祖陷入险境，依靠元胄的救援才转危为安，事情记载在《隋书·元胄传》。于是杀了赵王宇文招、越王宇文盛。

注释 ① 广陵：治所在今江苏扬州东北。 ② 吴州：治所在今江苏扬州东北。颉：音 yǐ。 ③ 阙(què)下：宫阙之下，借指朝廷。阙，古代宫殿、祠庙和陵墓前的高建筑物，通常左右各一。 ④ 郧州：治所在今湖北安陆。 ⑤ 淮南：指淮河以南、长江以北一带。 ⑥ 襄州：治所在今湖北襄阳市。 ⑦ 荆郢(yǐng)：泛称古代楚国故地。荆是楚国的别称，郢是楚国的都城。约指今湖南、湖北一带。蛮：古代对我国南方各族的泛称。衅：缝隙、破绽。 ⑧ 益州：治所在今四川成都。 ⑨ 巴蜀：秦置巴、蜀二郡，约当今四川省全境。后泛称该地。 ⑩ 山南：古代泛称华山、秦岭以南地区。 ⑪ 剑阁：即剑门关。其关地势险要，为古代戍守要地。在今四川剑阁东北。 ⑫ 始州：治所在今四川剑阁。 ⑬ 行军元帅：出征部队的最高军事统帅。 ⑭ 铭：铸、刻在器物上的文字。 ⑮ 赍(jī)：携带。 ⑯ 元胄：北魏宗室，魏昭成帝的六代孙。当时为隋文帝的侍卫官。

原文

九月，以世子勇为洛州总管、东京小冢宰[①]。壬子，周帝诏曰："假黄钺、使持节、左大丞相、都督内外诸军事、上柱国、大冢宰、隋国公坚[②]……可授大丞相，罢左、右丞相之官，余如故。"

翻译

九月，以长子杨勇为洛州总管、东京小冢宰。二十九日，周静帝下诏令："假黄钺、使持节、左大丞相、都督内外诸军事、上柱国、大冢宰、隋国公坚……同意授为大丞相，罢去左、右丞相的官职，其余的官职仍照旧保留。"

注释 ① 世子：古代帝王和诸侯的正妻所生的长子。洛州：治所在今河南洛阳市东北。东京：北周后期以洛阳为东京。小冢宰：天官大冢宰的副职，辅佐大冢宰处理朝政。 ② 使持节：魏晋南北朝时，皇帝授予地方军政长官的一种称号，表示有专杀的权力。次一等的称持节，再次一等的称假节。大冢宰：北周六卿之一，为北周宰相之职。加"五府总于天官"的为真宰相，不加的则有名无实。

原文

冬十月壬申，诏赠高祖曾祖烈为柱国、太保、都督徐兖等十州诸军事、徐州刺史、隋国公[①]，谥曰康；祖祯为柱国、太傅、都督陕蒲等十三州诸军事、同州刺史、隋国公[②]，谥曰献；考忠为上柱国、太师、大冢宰、都督冀定等十三州诸军事、雍州牧。诛陈王纯。癸酉，上柱

翻译

冬季十月二十日，下诏书追封高祖的曾祖父杨烈为柱国、太保、都督徐兖等十州诸军事、徐州刺史、隋国公，谥号为康；祖父杨祯为柱国、太傅、都督陕蒲等十三州诸军事、同州刺史、隋国公，谥号为献；父亲杨忠为上柱国、太师、大冢宰、都督冀定等十三州诸军事、雍州牧。杀陈王宇文纯。二十一日，上柱国、郧国公韦孝宽去世。

国、郧国公韦孝宽卒。

注释 ① 都督徐、兖等十州诸军事：地方军政长官。都督诸州军事往往兼任所驻之州刺史，总揽本区军民大政。北周及隋改称“总管”。此为追封，故仍用旧称。② 陕：州名，治所在今河南三门峡。蒲：州名，治所在今山西永济西南。同州：治所在今陕西大荔。

原文

十一月辛未[①]，诛代王达、滕王逌。

十二月甲子，周帝诏曰：“……可授相国[②]，总百揆，去都督内外诸军事、大冢宰之号，进公爵为王[③]，以隋州之崇业[④]……二十郡为隋国。剑履上殿，入朝不趋，赞拜不名[⑤]，备九锡之礼[⑥]，加玺绂、远游冠、相国印绿綟绶[⑦]，位在诸侯王上。隋国置丞相已下，一依旧式。”

高祖再让，不许，乃受王爵、十郡而已。诏进皇祖、考爵并为王，夫人为王妃。辛巳，司马消难以陈师寇江州[⑧]，刺史成休宁击却之。

翻译

十一月辛未日，杀代王宇文达、滕王宇文逌。

十二月十三日，周静帝下诏令：“……同意授予相国、总管群臣，免去都督内外诸军事、大冢宰的官职，公爵晋升为王，以隋州的崇业……二十郡作为隋国。佩剑穿鞋进殿，朝见皇帝不必小步快走，司仪宣读行礼仪式不直呼其名，享有‘九锡’之礼，加授皇帝专用的印章、远游冠、相国印上加绿綟色印带，地位排在诸侯王之上。隋国设置丞相以下的官员，全部按照过去的制度。”高祖谦让了两次，皇帝没有同意，于是只接受了王爵和十郡的封地。下诏把高祖祖父、父亲的爵位都晋升为王，夫人升为王妃。三十日，司马消难率领陈朝军队侵扰江州，刺史成休宁击退了他们。

注释 ① 辛未：本月癸未朔，无辛未日。疑此处有误。《周书·静帝纪》《北史·周本纪下》将此事系于十二月，十二月壬子朔，辛未是二十日。 ② 相国：有时与丞相并置，但位尊于丞相。 ③ 进公爵为王：根据北周制度，王爵不封异姓。杨坚进封王爵为非常之例，这是他篡位的前奏。 ④ 崇业：郡名，建置不详，治所当在今湖北随州境内。 ⑤ 赞拜：臣子朝见君王，司仪宣读行礼的仪式。 ⑥ 九锡：古代天子赐给诸侯、大臣九种礼物：车马，衣服，乐舞，朱红大门，纳陛（凿殿基为登升的台阶），武士，弓矢，斧钺，秬鬯（一种酒）。这是一种最高的礼遇。魏晋南北朝时，把持朝政的大臣篡位前都加"九锡"之礼，成为一种惯例。 ⑦ 玺绂（fú）：古代印玺上系有彩丝带，称玺绂。又借指印玺，多指帝王、皇后的印玺。远游冠：古代冠名，是诸侯王戴的。緑（lì）：一种黑黄近绿的颜色。 ⑧ 江州：治所在今湖北宜昌西北。

原文

大定元年春二月[①]……俄而周帝以众望有归，乃下诏曰："……朕虽寡昧[②]，未达变通，幽显之情，皎然易识。今便祗顺天命[③]，出逊别宫，禅位于隋[④]，一依唐、虞、汉、魏故事"[⑤]。高祖三让，不许。遣兼太傅、上柱国、杞国公椿奉册[⑥]……遣大宗伯、大将军、金城公赵煚奉皇帝玺绂[⑦]，百官劝进，高祖乃受焉。

翻译

大定元年（581）春二月……不久周静帝因为高祖为众望所归，便下诏令说："……我虽然寡陋愚昧，不知道变通，但是昏暗和光明这两种情况却清清楚楚容易识辨。现在我便恭敬地顺从上天的安排，离开正殿到其他宫室居住，让位给隋王，完全按照唐尧、虞舜、汉献帝和魏元帝禅让的先例。"高祖谦让了三次，周静帝不同意。又派身兼太傅的上柱国、杞国公宇文椿恭敬地送上让位的册书……派大宗伯、大将军、金城公赵煚恭敬地献上皇帝的印章和印带，大臣都来劝说即位，高祖这才接受下来。

注释 ① 大定，北周静帝的年号。 ② 朕：帝王的自称。 ③ 祗（zhī）：敬。 ④ 禅（shàn）位：帝王把帝位让给别人。 ⑤ 唐、虞：唐，指唐尧；虞，指虞舜，都是传说中上古的贤明君主。相传尧生前对舜进行三年考核后确定舜为继承人，舜继位后经过对禹的考验，又选定禹为继承人。史称“禅让”。汉：指东汉献帝刘协，延康元年（220），献帝被迫把帝位让给了曹操之子魏文帝曹丕。魏：指魏元帝曹奂，咸熙二年（265），元帝被迫把帝位让给了司马昭之子晋武帝马司炎。 ⑥ 太傅：北周三公之一，正九命，无实职，位尊而权轻。 ⑦ 大宗伯：北周六卿之一，掌管仪礼、祭祀等。正七命。㷗：音 jiǒng。

原文

开皇元年二月甲子[1]，上自相府常服入宫，备礼即皇帝位于临光殿。设坛于南郊，遣使柴燎告天。是日，告庙，大赦，改元。京师庆云见[2]。易周氏官仪，依汉、魏之旧。……

（仁寿四年）秋七月[3]……甲辰，上以疾甚，卧于仁寿宫[4]，与百僚辞诀，并握手歔欷[5]。丁未，崩于大宝殿，时年六十四。……

冬十月己卯，合葬于太陵[6]，同坟而异穴。

翻译

开皇元年（581）二月十三日，高祖从宰相府身着平时的服装进入皇宫，礼仪周备地在临光殿登上了帝位。在长安南郊设立祭坛，派遣使者烧柴祭告天帝。同一天，到太庙祭告祖宗，大赦天下，改换年号。京城上空出现五色云。改变北周的官制礼仪，依照汉魏以来沿用的旧制。……

（仁寿四年[604]）秋季七月……初十日，皇上因为病情危重，躺在仁寿宫，与群臣辞别，并握着手哽咽不止。十三日，在大宝殿去世，当时六十四岁。……

冬季十月十六日，与独孤皇后合葬在太陵，共一个坟堆而墓穴不同。

注释 ① 开皇，隋文帝的年号。 ② 庆云：一种彩云，古人以为是祥瑞之气。庆，福。 ③ 仁寿：隋文帝的年号。 ④ 仁寿宫：隋开皇十三年(593)建，故址在今陕西麟游境内。 ⑤ 歔欷(xū xī)：哽咽。 ⑥ 太陵：在今陕西扶风东南。自汉代以后，皇帝的陵墓都有一个专称，一般是“陵”字前加一个美词。

原文

上性严重，有威容，外质木而内明敏，有大略。初，得政之始，群情不附，诸子幼弱，内有六王之谋[①]，外致三方之乱[②]。握强兵、居重镇者，皆周之旧臣。上推以赤心，各展其用。不逾期月[③]，克定三边，未及十年，平一四海[④]。薄赋敛，轻刑罚，内修制度，外抚戎夷[⑤]。每旦听朝，日昃忘倦[⑥]，居处服玩，务存节俭，令行禁止，上下化之。开皇、仁寿之间，丈夫不衣绫绮[⑦]，而无金玉之饰，常服率多布帛[⑧]，装带不过以铜铁骨角而已。虽啬于财，至于赏赐有功，亦无所爱吝。乘舆四出，路逢上表者，则驻马亲自临

翻译

皇上性格严谨稳重，有威武的仪表，外貌看似质朴而内心精明机敏，有非凡的谋略。当初开始掌握朝政的时候，众人内心都与他不相投合，孩子们尚年幼，朝中有六个亲王准备谋反，外面有三方叛乱。手握强兵，身居重镇的，都是周朝的旧臣。皇上拿出赤诚的心对待他们，让他们各自施展才干。不过一月，便战胜叛臣安定了三方边地；不到十年，就平定统一了四海。减少赋税，减轻刑罚，对内建设好制度，对外抚慰戎夷。每天一早就当朝听政，直到太阳偏西也不觉得疲倦，居住的场所与穿着玩赏之物都力求节俭，下令办事下边便立即行动，下令禁止下边便立刻停止，朝廷上下都接受了教化。开皇、仁寿年间，男人不穿带花纹的丝织衣服，没有金玉之类的服饰，平日的服装大都是葛麻制成的布衣，装饰用的不过是些铜铁骨头兽角罢了。虽然对财物很节省，但在赏赐有功的人时却也没有什么

问。或潜遣行人采听风俗，吏治得失，人间疾苦，无不留意。尝遇关中饥[9]，遣左右视百姓所食。有得豆屑杂糠而奏之者，上流涕以示群臣，深自咎责，为之彻膳不御酒肉者[10]殆将一期。及东拜泰山，关中户口就食洛阳者，道路相属[11]。上敕斥候，不得辄有驱逼，男女参厕于仗卫之间。逢扶老携幼者，辄引马避之，慰勉而去。至艰险之处，见负担者，遽令左右扶助之。其有将士战没，必加优赏，仍令使者就家劳问。自强不息，朝夕孜孜，人庶殷繁，帑藏充实[12]。虽未能臻于至治，亦足称近代之良主。然天性沉猜，素无学术，好为小数，不达大体，故忠臣义士莫得尽心竭辞。其草创元勋及有功诸将，诛夷罪退，罕有存者。又不悦诗书，废除学校，唯妇言是用，废黜

吝惜。乘车四方出巡，路上遇到上书的人，便停下马来亲自询问。或者暗中派使者探听采录民间歌谣，官员治理政事的得失，民间疾苦，没有什么东西不去留心注意的。曾遇到关中饥荒，派身边的人去看看老百姓吃的什么。有一位拿了豆屑和糠混杂在一起的食物上奏给皇上，皇上流着眼泪拿给众官员看，狠狠地责备自己，为此事撤减膳食，将近一个月没有喝酒吃肉。等往东去拜谒泰山时，往洛阳讨饭的关中百姓一路上一群接着一群。皇上命令侦察的人不许随便驱赶威逼难民，男女百姓就夹杂在仪仗侍卫当中。碰到扶老携幼的，总是拉着马避开他们，安慰勉励一番再离去。到了路途艰难危险的地方，看见背东西挑担子的，便马上命令身边的人去搀扶帮助他们。如果有将士作战牺牲，一定厚加赏赐，并且命令使者到他们家中慰问。自强不息，从早到晚，努力不懈，百姓富足，人丁繁盛，国库充实。虽然没能到达最完美的政治境界，也堪称是近代贤能的皇帝。然而皇上天性深沉猜忌，本来没有治国的学问，喜欢弄些雕虫小技，不通晓大的道理，所以忠臣义士没有人能尽心尽言，那些开创帝业的元老和有功将领，或被杀、

诸子。逮于暮年，持法尤峻，喜怒不常，过于杀戮。尝令左右送西域朝贡使出玉门关[13]，其人所经之处，或受牧宰小物馈遗鹦鹉、麖皮、马鞭之属[14]，上闻而大怒。又诣武库[15]，见署中芜秽不治，于是执武库令及诸受遗者[16]，出开远门外，亲自临决，死者数十人。又往往潜令人赂遗令史府史[17]，有受者必死，无所宽贷。议者以此少之。

或判罪，或贬退，极少有幸存的。又不喜爱诗书，废除学校，只听妇人之言，废黜诸子。到了晚年，用刑更加苛酷，喜怒无常，杀戮没有节制。曾命令身边的人送西域来的朝贡使出玉门关，在他们所经过的地方，有的接受了一些州县长官赠送的小东西，如鹦鹉、麖皮、马鞭之类，皇上听到后大发雷霆；又到武库署视察，见官署中杂乱肮脏，没有管理好，于是把武库令和那些接受馈赠的人都逮捕起来，到开远门外面亲自处决他们，杀了数十人。又往往暗中派人送财物给令史、府史，有接受的必定处死，没人能得到宽免。议论时政的人因此对他评价就低了。

注释 ① 六王：指赵王招、陈王纯、越王盛、代王达、滕王逌和毕王贤。 ② 三方之乱：指东夏的尉迟迥、山南的司马消难和西蜀的王谦所发动的叛乱。 ③ 期（jī）：一周（年、月）。 ④ “未及”二句：从大象二年（580）隋文帝执政起，到开皇九年（589）灭掉陈国，共九年时间。 ⑤ 戎夷：古代民族名。戎指我国古代西部少数民族，夷指东部少数民族，后来泛指少数民族。 ⑥ 昃（zè）：太阳偏西。 ⑦ 绫绮：薄而有花纹的丝织品称绫，素地织纹起花的丝织品称绮。 ⑧ 布帛：古代一般以麻、葛的织品为布，丝织品为帛。此为复词偏义，指布。 ⑨ 关中：指今河南灵宝及其以西的陕西关中盆地。因为东有函谷关，西有散关，故称关中。 ⑩ 彻膳：古代遇有灾患变异时，帝王常撤减膳食来表示自责。 ⑪ 属（zhǔ）：连接。 ⑫ 帑藏（tǎng zàng）：国家收藏财物的府库。 ⑬ 玉门关：六朝时关址在今甘肃安西县双塔堡附近。 ⑭ 遗（wèi）：馈赠。麖（jīng）：大鹿。 ⑮ 武库：掌管兵器的官署，属卫尉寺。 ⑯ 武库令：武库署的长官，正八品下。隋初官员品级分为九品，每品各分正、从,自第四品起正、从品又各有上、下阶,共九品三十阶。炀帝时又取消了上、下阶,只有正、从九品。⑰令史、府史:隋朝中央官署中的低级事务员,不入九品。

原文

史臣曰:高祖龙德在田[①]。奇表见异,晦明藏用,故知我者希。始以外戚之尊,受托孤之任[②],与能之议,未为当时所许,是以周室旧臣,咸怀愤惋。既而王谦固三蜀之阻[③],不逾期月,尉迥举全齐之众[④],一战而亡,斯乃非止人谋,抑亦天之所赞也。乘兹机运,遂迁周鼎[⑤]。于时蛮夷猾夏,荆、扬未一[⑥],劬劳日昃[⑦],经营四方。楼船南迈则金陵失险[⑧],骠骑北指则单于款塞[⑨],《职方》所载[⑩],并入疆理,《禹贡》所图[⑪],咸受正朔[⑫],虽晋武之克平吴、会[⑬],汉宣之推亡固存[⑭],比义论功,不能尚也。七德既敷[⑮],九歌已洽[⑯],要荒咸暨[⑰],尉候无警[⑱]。于是躬

翻译

史官说:高祖未登基做皇帝时,奇特的外貌便显示出了神异之处。他把聪明才干掩饰起来,所以了解他的人很少。起初,高祖凭借皇帝亲戚的显贵地位,接受了托孤的重任,但这种选拔贤才的意见,却没有得到当时的人的赞许,所以周朝的旧臣,都心怀怨愤。不久,王谦举兵造反,固守着三蜀的险阻之地,但不到一个月就被平息了。尉迟迥发动北齐故地的全部人马进行叛乱,一仗就被打垮了。这不只是人的谋划,也是上天帮助的结果。高祖乘着这个机运,于是夺取了周家的天下。当时少数民族侵扰华夏,荆、扬二地尚未统一,高祖从早到晚劳累不止,筹划治理天下。战船向南开进,金陵的险阻就失去了作用,强悍的战马指向北方,匈奴的首领便来归附。地理书上所记录的疆域,全都并入疆土;《禹贡》上记载的地方,全都接受了隋朝的历法。即使是晋武帝司马炎平定孙吴统一天下,汉宣武帮助匈奴推倒无道之君、树立有道之王,其德义、功业与高祖相比,也是无法

节俭，平徭赋，仓廪实，法令行，君子咸乐其生，小人各安其业，强无陵弱，众不暴寡，人物殷阜，朝野欢娱。二十年间，天下无事，区宇之内晏如也。考之前王，足以参踪盛烈。但素无术学，不能尽下，无宽仁之度，有刻薄之资。暨乎暮年，此风逾扇[19]。又雅好符瑞[20]，暗于大道，建彼维城[21]，权侔京室，皆同帝制[22]，靡所适从。听哲妇之言[23]，惑邪臣之说，溺宠废嫡，托付失所。灭父子之道，开昆弟之隙，纵其寻斧，剪伐本枝[24]。坟土未干，子孙继踵屠戮；松槚才列[25]，天下已非隋有。惜哉！迹其衰怠之源，稽其乱亡之兆，起自高祖，成于炀帝，所由来远矣，非一朝一夕。其不祀忽诸[26]，未为不幸也。

超过的。七德已经发扬，九歌也已谐和，天涯海角都来归附，四方边境没有战事。高祖这时亲自厉行节俭，减轻徭役赋税，仓库已经装满，法令得以施行，贵族士大夫都生活欢乐，老百姓们也各自安居乐业，强不欺弱，众不压寡，人丁财物都很繁盛，朝廷民间都感到欢快。二十年间，天下无事，四境之内平平安安。比之前代帝王，足与丰功伟绩者并列。但高祖本来没有治国的学问，不能充分发挥臣僚的才智，缺少宽厚仁慈的胸怀，却有刻薄的天性。到了晚年，这种作风变本加厉。高祖又一向爱好吉祥之兆，不明治国大道，对诸子封王建国，权势与帝王相等，制度都与天子一样，使人无所适从。听信那个多谋的妇人之言，为奸臣的邪说所迷惑，放纵宠爱的儿子，废除长子的皇太子地位，没有把国家托付给合适的人。灭绝了父子间的人伦道德，打开了兄弟相残的缺口，放纵他们使用斧头，砍伐同为一体的树干和树枝。坟土未干，子孙就一个接一个地被诛杀；坟地上的松树、槚树才刚刚成行，天下已非隋朝所有。可惜呀！推究隋朝衰败的源头，考察杨氏灭亡的迹象，起于高祖，成于炀帝，它的由来已经很久远了，不是一朝一夕形成的。杨氏王朝的忽然灭亡，并不是意外的事。

注释 ① 龙德在田：语出《周易·乾卦》："九二，见（同"现"）龙在田，利见大人。"龙出现在田中，比喻王侯贵族活动于民间，其德泽广施与民众。此指高祖未登帝位之时。 ② 托孤：委托照管遗孤。 ③ 三蜀：西汉从蜀郡（治所在今四川成都）分置广汉郡（治所在今四川金堂东）、犍（qián）为郡（治所在今四川宜宾西南），合称三蜀。 ④ 齐：指北齐都邺（yè）城。相州治所也在邺城。 ⑤ 鼎：古代以鼎为传国重器，后用来比喻皇位、帝业。 ⑥ 扬：古"九州"之一，其区域大致相当今苏、皖、赣、浙、闽五省。后泛指该地区。当时荆、扬二地大部分属陈朝国土。 ⑦ 劬（qú）：劳苦。 ⑧ 楼船：有楼的大船，多用作战船。也代指水军。金陵：即今江苏南京。 ⑨ 骠（piào）：马飞快地跑。单（chán）于：匈奴君主的称号。款塞：叩边塞的关门，指内附或通好。 ⑩ 职方：本为古代官名，掌管地图与四方的贡品。此泛指地理典籍。 ⑪《禹贡》：《尚书》中的一篇，作者不详。是我国最早的地理著作，用自然分区的方法，把全国分为九州。 ⑫ 正（zhēng）朔：正，一年的开始；朔，一月的开始。通指帝王新颁的历法。受正朔，比喻接受新王朝的统治。 ⑬ 吴会（kuài）：为东汉吴、会稽二郡的合称，所辖相当今太湖流域、钱塘江以东至福建地区。此指三国东吴。 ⑭ 推亡固存：出自《伪古文尚书·仲虺（huǐ）之诰》。意思说对无道的君主，则推倒消灭他，对有道的君主则辅助加固他。《汉书·宣帝纪》用此话称颂汉宣帝威震匈奴，使匈奴呼韩邪单于来朝的功绩。 ⑮ 七德：军事方面的七种功德：禁暴、戢（收藏的意思）兵、保大、定功、安民、和众、丰财。敷：布，施。 ⑯ 九歌：歌颂九功之德的乐曲。九功指金、木、水、火、土、谷、正德、利用、厚生九种事物。 ⑰ 要荒：要，要服；荒，荒服。古代称离王城极远的地方。暨（jì）：到。 ⑱ 尉候：古代守边的都尉和伺敌的斥候。又借指边境。 ⑲ 扇：炽烈。 ⑳ 符瑞：祥瑞的征兆。 ㉑ 维城：《诗·大雅·板》："宗子维城。"意思说王的嫡（dí）子就是捍卫王室的城墙。后便用"维城"指宗子，即嫡子。 ㉒ "权侔"二句：此指高祖长子杨勇、第三子秦王杨俊、第四子蜀王杨秀。太子杨勇因为冬至日百官到东宫朝贺，权势过重，导致恩宠渐衰，终于被废为庶人。杨俊、杨秀都是因"违犯制度，车马被服拟于天子”(见《隋书·文四子传》)而被废黜的。 ㉓ 哲妇:富有计谋的妇女。此指文献独孤皇后。 ㉔ 本枝:比喻同一家族的子孙。 ㉕ 松檟(jiǎ):两种树名,古人常种植在墓地上。 ㉖ 不祀忽诸:突然亡国。不祀,不为人奉祀,比喻亡国。忽诸,突然断绝,诸是助词。

炀 帝 纪

导读

隋炀帝杨广(569—618)是中国历史上有名的暴君，他早年极善伪装，以仁孝俭朴之名取得文帝与独孤皇后的信任，私下里却与杨素等人阴谋夺取太子位。开皇二十年(600)，文帝终于废掉了太子杨勇，改立杨广为太子。仁寿四年七月文帝死，相传为杨广暗害。杨广即位，便伪造文帝诏缢杀其兄杨勇，又翦灭杨谅及杨勇诸子，稳固了帝位。

隋炀帝极端骄奢淫逸，好大喜功，即位后几乎每年征发重役，如营建洛阳、疏凿运河、修筑长城等，造成了“天下死于役”的惨象。而且还年年出游，曾三游江都、两至塞北、一巡河右、三至涿郡，每次都穷奢极欲，给人民带来沉重的灾难。尤其是他穷兵黩武，十年之间三征高丽，“黄河之北则千里无烟，江淮之间则鞠为茂草”，百姓怨愤至极，纷纷起义，隋朝因此而灭亡。(选自卷三至卷四)

原文

炀皇帝讳广，一名英，小字阿麽[①]，高祖第二子也。母曰文献独孤皇后[②]。上美姿仪，少敏慧，高祖及后于诸子中特所钟爱。在周，以高祖勋，封雁门郡公。

开皇元年，立为晋王[③]，

翻译

炀皇帝名广，又名英，小名叫阿麽，高祖杨坚的第二个儿子。母亲是文献独孤皇后。炀帝仪容很俊美，小时候很聪明，在诸皇子中，高祖及独孤皇后对他特别钟爱。在北周时，凭着高祖的勋绩，封为雁门郡公。

开皇元年(581)，立为晋王，被授为

拜柱国、并州总管[4]，时年十三。寻授武卫大将军[5]，进位上柱国、河北道行台尚书令[6]，大将军如故。高祖令项城公韶、安道公李彻辅导之。上好学，善属文[7]，沉深严重，朝野属望。高祖密令善相者来和遍视诸子，和曰："晋王眉上双骨隆起，贵不可言。"既而高祖幸上所居第，见乐器弦多断绝，又有尘埃，若不用者，以为不好声妓，善之。上尤自矫饰，当时称为仁孝。尝观猎遇雨，左右进油衣，上曰："士卒皆沾湿，我独衣此乎！"乃命持去。

柱国、并州总管，当时年纪为十三岁。不久又被授为武卫大将军，升勋位为上柱国、河北道行台尚书令，大将军的官位不变。高祖命项城公王韶、安道公李彻辅导他。炀帝很好学，善写文章，为人深沉持重，在朝野中很有威望。高祖曾秘密地叫一位善于相术的人来和给所有的皇子看相，来和说："晋王眉上的双骨隆起，贵不可言。"不久，高祖驾临炀帝所居的宅第，看到乐器上的弦大多断绝，并且布满灰尘，像是从来没有使用过，以此认为他不好声妓之乐，非常嘉许。炀帝还故意造作以为掩饰，当时人都称他仁孝。有一次观看打猎遇到下雨，侍从奉上油衣，炀帝说道："士兵们全都淋湿了，我怎么能一个人穿它呢！"于是命令侍从将油衣拿开。

注释 ① 麼：音 mó。 ② 文献独孤皇后：文献是谥号，独孤是姓。 ③ 晋王：隋初定爵位为九等：国王、郡王、国公、郡公、县公、侯、伯、子、男。此为最高爵位。 ④ 柱国：第二等勋官。隋朝定勋官为十一等，用来褒奖功臣。并(bīng)州：治所在今山西太原西南。 ⑤ 武卫大将军：武卫府的最高将领，禁卫军首领之一，正三品官。 ⑥ 河北道：治所在今山西平陆。隋朝的道多是由于军事关系而临时设置的地理区划，与唐代的道不同。行台尚书令：行台尚书省的长官，行台尚书省是隋朝在地方设置的代表尚书省行事的机构。 ⑦ 属(zhǔ)：撰写。

原文

六年，转淮南道行台尚书令①。其年，征拜雍州牧、内史令②。八年冬，大举伐陈，以上为行军元帅。及陈平，执陈湘州刺史施文庆、散骑常侍沈客卿、市令阳慧朗、刑法监徐哲、尚书都令史暨慧景③，以其邪佞④，有害于民，斩之右阙下，以谢三吴⑤。于是封府库，资财无所取，天下称贤。进位太尉⑥，赐辂车⑦、乘马⑧，衮冕之服，玄珪、白璧各一⑨。复拜并州总管。俄而江南高智慧等相聚作乱，徙上为扬州总管，镇江都⑩，每岁一朝。高祖之祠太山也，领武候大将军⑪。明年，归藩。后数载，突厥寇边，复为行军元帅，出灵武⑫，无虏而还。

翻译

开皇六年(586)，转授淮南道行台尚书令。这一年，被召授为雍州牧、内史令。八年(588)冬，高祖大举伐陈，以炀帝为行军元帅。灭陈后，逮捕了陈朝湘州刺史施文庆、散骑常侍沈客卿、市令阳慧朗、刑法监徐哲、尚书都令史暨慧景，以其谄媚邪恶，有害于民的罪行，斩于右阙下，借以向三吴一带的民众告罪。紧接着封存了陈室府库，不取任何资财，为天下人所称赞。于是升勋位为太尉，赐给辂车、坐骑、上公礼服衮衣及冕、玄圭、白璧各一。再授并州总管。不久，江南高智慧等人聚众作乱，改授炀帝为扬州总管，坐镇江都，每年至京都朝见一次。高祖祭祀泰山的时候，又授炀帝武候大将军一职。第二年，炀帝回到了自己的领地。数年后，突厥侵犯边疆，再次充任行军元帅，兵出灵武，没有遇到敌情而回。

注释 ① 淮南道：治所在今安徽寿县。 ② 内史令：内史省长官。隋朝，内史省(即中书省)与尚书省、门下省同为最高政务机构，一般是内史决策，门下审议，尚书执行，三省长官同为宰相。 ③ 湘州：治所在今湖南长沙。市令：管理市场的官吏。刑法监：掌管刑法的官吏，但不是正式官称。据《南史·沈客卿传》，徐哲官“制局监，掌刑法”。徐哲：原误作“徐析”，此据《南史·施文庆传》与《沈客卿传》改。尚书都令史：尚书令的属官，辅佐尚书令、尚书仆射(yè)处理尚书省诸曹事务。暨慧景：原漏“景”字，此据《南史·施文庆传》与《沈客卿传》补。 ④ 佞(nìng)：巧言谄媚。 ⑤ 三吴：指吴郡(治所在今江苏苏州)、吴兴郡(治所在今浙江吴兴南)、丹阳郡(治所在今江苏南京)一带。 ⑥ 太尉：隋时与司徒、司空并称“三公”，无专门职务，但参议国家大事。正一品。 ⑦ 辂(lù)车：木制的一种车。 ⑧ 乘：音 shèng。 ⑨ 玄珪(guī)：黑色的玉器，上尖下方，古代帝王举行典礼时所用。白璧(bì)：古代以白璧为重宝。璧是一种平圆形、正中有孔的玉器。 ⑩ 江都：县名，治所在今江苏扬州。 ⑪ 武候大将军：武候府的最高将领，禁卫军首领之一，正三品。 ⑫ 灵武：县名，治所在原宁夏回族自治区石嘴山市陶乐镇西南。

原文

及太子勇废，立上为皇太子。是月，当受册，高祖曰：“吾以大兴公成帝业。”令上出舍大兴县[①]。其夜，烈风大雪，地震山崩，民舍多坏，压死者百余口。

仁寿初，奉诏巡抚东南。是后高祖每避暑仁寿宫，恒令上监国。

四年七月，高祖崩，上即皇帝位于仁寿宫。……

(大业元年)三月丁未[②]，诏尚书令杨素、纳言杨达、将作大匠宇文恺营建东

翻译

太子杨勇被废黜后，炀帝被立为皇太子。到了应当受册封的那个月，高祖说道：“我因曾被封为大兴公而成了帝业。”于是令炀帝到大兴县住宿。就在那天夜里，狂风大雪肆虐，同时又发生地震山崩，很多百姓的房屋被摧毁，压死百余人。

仁寿初年，炀帝奉高祖诏令去东南地区巡视。此后高祖每次到仁寿宫避暑期间，经常叫炀帝代理国事。

仁寿四年(604)七月，高祖驾崩，炀帝即皇帝位于仁寿宫。……

(大业元年[605])三月十七日，炀帝诏令尚书令杨素、纳言杨达、将作大匠宇文恺着手营建东京洛阳，把豫州外城即洛阳旧城的居民迁徙到新建的洛

京[③],徙豫州郭下居人以实之[④]。……又于皂涧营显仁宫[⑤],采海内奇禽异兽草木之类,以实园苑。徙天下富商大贾数万家于东京[⑥]。……

阳以充实新城。……又在皂涧营造显仁宫,搜集海内各种珍禽怪兽、奇花异木装饰其园林,同时还迁徙了各地数万家富商大贾到东京洛阳去居住。……

注释 ① 大兴县:治所在今陕西西安市。 ② 大业:隋炀帝的年号。 ③ 尚书令:尚书省长官,宰相之一,为正二品。纳言:门下省长官,宰相之一,为正三品。将作大匠:将作寺长官,掌管宫室、宗庙、陵寝及其他土木营建,为从三品。 ④ 豫州:治所在今河南洛阳。 ⑤ 皂涧:水名,在河南宜阳西南。 ⑥ 贾(gǔ):商人。

原文

八月壬寅,上御龙舟[①],幸江都。以左武卫大将军郭衍为前军,右武卫大将军李景为后军。文武官五品已上给楼船,九品已上给黄蔑[②],舳舻相接[③],二百余里。……

(二年)三月庚午,车驾发江都。先是,太府少卿何稠、太府丞云定兴盛修仪仗[④],于是课州县送羽毛。百姓求捕之,网罗被水陆,禽兽有堪氅毦之用者[⑤],殆无遗类,至是而成。……

翻译

八月十五日,炀帝乘坐龙舟巡幸江都,以左武卫大将军郭衍为前军,右武卫大将军李景为后军。文武官员五品以上者乘坐楼船,九品以上者乘坐一种叫黄蔑的小船,随行于后,大小船只头尾相接,绵延二百余里。……

(大业二年[606])三月十六日,炀帝从江都出发。在此之前,太府少卿何稠、太府丞云定兴已整治好隆重的仪仗,为此曾向各州县征收羽毛。百姓们因而在水中陆上大肆网罗各种能取羽毛之用的禽兽,几乎捕捉殆尽,方才完成。……

注释 ① 龙舟：帝王所乘的大船。为龙形或刻有龙纹。 ② 黄蔑：一种小船。 ③ 舳舻(zhú lú)：船尾和船头。指首尾相接的许多船只。 ④ 太府少卿：太府卿的副职，掌管财物、钱货，为正四品。太府丞：太府卿的属官，为正七品。 ⑤ 氅氈(chǎng ěr)：羽毛装饰。

原文

（三年秋七月）发丁男百余万筑长城，西距榆林[①]，东至紫河[②]，一旬而罢，死者十五六。

八月壬午，车驾发榆林。乙酉，启民饰庐清道[③]，以候乘舆。帝幸其帐，启民奉觞上寿，宴赐极厚。上谓高丽使者曰[④]："归语尔王，当早来朝见。不然者，吾与启民巡彼土矣。"……

翻译

（大业三年[607]）秋七月，征发成年男子百余万人修筑长城，西起榆林，东至紫河，进行了十天后停止，死去的人占百分之五六十。

八月初六，炀帝从榆林出发。九日，突厥首领启民可汗命人装饰房舍、清理道路以迎候乘舆。炀帝驾幸其帐篷，启民可汗奉酒祝颂，炀帝赏赐极为丰厚。炀帝对高丽的使者说："回去告诉你们的国王，应当早点来朝见，不然的话，我与突厥首领就要到你们那里去巡视了！"……

注释 ① 榆林：郡名，治所在今内蒙古准格尔旗东北十二连城。 ② 紫河：古代水名，即今内蒙古南部、山西西北长城外的浑河。 ③ 启民：全称是"意利珍豆启民可汗"，名染干，突厥首领。 ④ 高丽：朝鲜古国名。

原文

八年春正月辛巳，大军集于涿郡[①]。……总一百一十三万三千八百，号二百

翻译

大业八年(612)春正月初一，大军集结于涿郡。……总共有一百一十三万八千八百人，号称二百万，负责后勤

万，其馈运者倍之。癸未，第一军发，终四十日，引师乃尽，旌旗亘千里。近古出师之盛，未之有也。……

是岁，大旱，疫，人多死，山东尤甚②。密诏江、淮南诸郡阅视民间童女，姿质端丽者，每岁贡之。

（十二年五月）壬午③，上于景华宫征求萤火，得数斛④。夜出游山，放之，光遍岩谷。……

（十三年）九月己丑，帝括江都人女寡妇，以配从兵。……

（义宁）二年三月⑤，右屯卫将军宇文化及⑥，武贲郎将司马德戡、元礼⑦，监门直阁裴虔通⑧，将作少监宇文智及⑨，武勇郎将赵行枢⑩，鹰扬郎将孟景⑪，内史舍人元敏⑫，符玺郎李覆、牛方裕⑬，千牛左右李孝本、弟孝质⑭，直长许弘仁、薛世良⑮，城门郎唐奉义⑯，医正

运输的人马还要比此多一倍。正月初三，第一批部队开始进发，持续了四十天，后续部队才开完，一路旌旗绵亘千里。近古以来，从未有过如此空前盛大的出兵。……

这一年遇到大旱，又发生瘟疫，百姓多死亡，山东一带尤为严重。炀帝却秘密下诏给江南、淮南诸郡，命他们调查民间童女，选取容貌秀丽端庄的，每年进贡到宫中。

（大业十二年[616]）五月壬午日，炀帝在景华宫征集搜求萤火虫，得到数斛之多。晚上出去游山时放出，光亮遍布岩谷。……

（大业十三年[617]）九月十七日，炀帝搜括江都的寡妇以及未嫁女子，分发给他手下的亲兵。……

义宁二年（618）三月，右屯卫将军宇文化及，武贲郎将司马德戡、元礼，监门直阁裴虔通，将作少监宇文智及，武勇郎将赵行枢，鹰扬郎将孟景，内史舍人元敏，符玺郎李覆、牛方裕，千牛左右李孝本及其弟李孝质，直长许弘仁、薛世良，城门郎唐奉义，医正张恺等人，率领雄武府的皇帝亲兵叛乱，闯入后妃居住的宫室。炀帝遂死于后宫的暖房中，卒时年五十岁。萧皇后命宫人撤下床

张恺等[17]，以骁果作乱[18]，入犯宫闱。上崩于温室，时年五十。萧后令宫人撤床箦为棺以埋之[19]。化及发后，右御卫将军陈稜奉梓宫于成象殿[20]，葬吴公台下[21]。发敛之始，容貌若生，众咸异之。大唐平江南之后，改葬雷塘[22]。

席作为棺材，把炀帝埋了起来。宇文化及把他掘出来后，右御卫将军陈稜把炀帝移入棺中，奉在成象殿中，后又葬于扬州的吴公台下。举行殡敛之时，炀帝的容貌好像活着时一样，大家都非常惊异。大唐平定江南以后，又把炀帝改葬在扬州雷塘。

注释 ① 涿(zhuó)郡：治所在今北京西南。 ② 山东：指太行山以东地区。 ③ 壬午：此月丙戌朔，无壬午日，干支疑误。 ④ 斛(hú)：古代容量单位，十斗为一斛。 ⑤ 义宁：隋恭帝杨侑的年号。 ⑥ 右屯卫将军：右屯卫的将领，从三品。 ⑦ 武贲(bēn)郎将：各卫中将军的副职，为正四品。武贲，本作"虎贲"，唐人避唐高祖祖父李虎的讳改。 ⑧ 监门直阁：左右监门府的武官，为正五品，掌管门禁守卫。 ⑨ 将作少监：将作大监(又称将作大匠)的副职，为正五品。 ⑩ 武勇郎将：雄武府的副官，统领皇帝的亲兵。 ⑪ 鹰扬郎将：鹰扬府长官，统领府兵，隶属于各卫。 ⑫ 内史舍人：内史省的重要职官，掌管撰拟诏旨，职权很重，为正六品。 ⑬ 符玺郎：门下省的职官，掌管天子的印章、朝廷的符节印信，为从六品。 ⑭ 千牛左右：左右备身府的武官，掌管宿卫，为正六品。 ⑮ 直长：殿内省六尚局的副官，掌管天子的衣食、车马、医药等，为正七品。 ⑯ 城门郎：门下省的职官，掌管京城、宫殿大门的开闭，为从六品。 ⑰ 医正：属太常寺太医署，掌管医务监督和医治疾病。 ⑱ 骁果：皇帝的亲兵，主要担任宿卫，归雄武府统领。 ⑲ 箦(zé)：床上的竹席。 ⑳ 右御卫将军：右御卫的将领(其上有大将军)，为从三品。梓宫：皇帝、皇后所用的棺材，用梓木做成。 ㉑ 吴公台：古台名，在今江苏扬州北。 ㉒ 雷塘：在今江苏扬州北。

原文

初，上自以藩王，次不当立，每矫情饰行，以钓虚名，阴有夺宗之计。时高祖雅信文献皇后，而性忌妾媵[①]。皇太子勇内多嬖幸[②]，以此失爱。帝后庭有子，皆不育之，示无私宠，取媚于后。大臣用事者，倾心与交。中使至第，无贵贱，皆曲承颜色，申以厚礼。婢仆往来者，无不称其仁孝。又常私入宫掖[③]，密谋于献后，杨素等因机构扇，遂成废立。自高祖大渐，暨谅闇之中[④]，烝淫无度，山陵始就，即事巡游，以天下承平日久，士马全盛，慨然慕秦皇、汉武之事[⑤]。乃盛治宫室，穷极侈靡，召募行人，分使绝域。诸蕃至者，厚加礼赐，有不恭命，以兵击之。盛兴屯田于玉门、柳城之外[⑥]。课天下富室，益市武马，匹直十余万，富强坐是

翻译

起初，炀帝自忖自己是藩王的身份，按照次序是轮不到立为太子的，于是常常克制其情感、粉饰其行为，以钓取仁孝的虚名，而暗地里却有夺取太子位置的打算。当时高祖很信任独孤文献皇后，而其习性又猜忌周围的侍妾。皇太子杨勇内室妾侍过多，因此失去高祖的宠信。炀帝对其宫妃所生的子女，都不加养育，以此表示自己没有偏爱的人，以此博取独孤皇后的欢心。对当权的大臣，则倾心与之相交；宦官来到府第，总是不分贵贱，察言观色曲意迁就，并送厚礼。到其府第来往办事的婢女仆人，无不称赞他的仁孝。他又经常私下进入后庭，与独孤皇后密谋，杨素等人趁机连结煽动，遂使太子杨勇被废而炀帝得以立为太子。自高祖病重，以及后来居丧期间，竟同高祖的后妃淫乱无度。陵墓刚刚修好，即开始四处巡游，凭着天下太平的时间已长，军事实力正处在全盛期，踌躇满志地效仿秦始皇、汉武帝的好大喜功、穷兵黩武，于是大修宫室，极尽奢侈浪费之能事，征募兵士，分遣边疆。诸蕃国来朝，对他们的礼遇与赏赐很丰厚，如有不听命的，则派兵攻打。在玉门、柳城之外大兴屯田

冻馁者十家而九。帝性多诡谲，所幸之处，不欲人知。每之一所，辄数道置顿，四海珍羞殊味，水陆必备焉，求市者无远不至。郡县官人，竞为献食，丰厚者进擢，疏俭者获罪。奸吏侵渔，内外虚竭，头会箕敛[⑦]，人不聊生。于时军国多务，日不暇给，帝方骄怠，恶闻政事，冤屈不治，奏请罕决。又猜忌臣下，无所专任，朝臣有不合意者，必构其罪而族灭之。故高颎、贺若弼先皇心膂[⑧]，参谋帷幄，张衡、李金才藩邸惟旧[⑨]，绩著经纶，或恶其直道，或忿其正议，求其无形之罪，加以刎颈之诛。其余事君尽礼，謇謇匪躬[⑩]，无辜无罪，横受夷戮者，不可胜纪。政刑弛紊，贿货公行，莫敢正言，道路以目。六军不息[⑪]，百役繁兴，行者不归，居者失业。人饥相食，邑落为墟，上不

之举。对天下的富裕人家课以重税，要他们大量购买军马以供兵役，当时一匹马要十余万钱，十分之九的富裕之家因此而被弄得倾家荡产。炀帝的性格怪异多变，所到之处都不让人知道。每到一个地方，往往要在好几个地方为他安排住宿，各地的山珍海味，水陆产品，必须置备齐全，无论多远也要弄到。郡县官吏，竞相进奉美食，丰盛者加官进爵，疏陋俭朴者因此而得罪。贪官污吏趁机搜括百姓，使内外的财力竭尽，又按人头课以重税，以致民不聊生。这期间军务国政头绪纷杂，每天的事情都来不及处理，而炀帝正骄横懈怠，讨厌与闻国事，于是冤枉之事得不到整治，上奏请示亦很少能得到解决。炀帝还对大臣猜疑不信任，没有专门负责处理某事的人员，朝廷大臣若有不合其意的，必定罗织罪名而夷灭其一族。所以，尽管高颎、贺若弼为先皇高祖的心腹之人，善于出谋划策，张衡、李金才是炀帝为藩王时的旧臣，政绩卓著，炀帝却是或厌恶其率性刚直，或愤于其直言不讳，网罗莫须有的罪名，将他们斩首。其他按照准则为君王认真办事、屡屡不顾自身安危忠言直谏、清白无辜而突遭杀身之祸的人，简直就数不胜数了。政事松

之恤也。东西游幸，靡有定居，每以供费不给，逆收数年之赋。所至唯与后宫流连耽湎，惟日不足，招迎姥媪，朝夕共肆丑言，又引少年，令与宫人秽乱，不轨不逊，以为娱乐。区宇之内，盗贼蜂起，劫掠从官，屠陷城邑，近臣互相掩蔽，隐贼数不以实对。或有言贼多者，辄大被诘责，各求苟免，上下相蒙，每出师徒[12]，败亡相继。战士尽力，必不加赏，百姓无辜，咸受屠戮。黎庶愤怨，天下土崩，至于就擒而犹未之寤也。

懈、刑法混乱、公然贿赂、无所顾忌，没有人敢对此公然评论，路上见面，只能以眼色示意。军务不息，各种劳役繁重不堪，从军远征者长期不归，而城乡居民纷纷失去产业。饥荒之时人吃人，市邑村落成为一片废墟，炀帝对此从来不加体恤。他到处巡游，没有宁息的地方，经常因为对他的供给不足，预先征收好几年的赋税。所到之处只和后宫妃嫔流连忘返，沉湎酒色，惟恐时间不够，从四处招来许多老妇，从早到晚谈说下流话，又召进一些少年人，命他们与宫女淫乱，以此丑恶无礼之事作为娱乐。天下盗贼四起，抢劫朝廷命官、攻陷城池、烧杀抢掠，炀帝左右的侍从大臣对此互相遮掩，隐瞒盗贼的数字，不以实情上报。偶有据实奏报情况严重的人，动不动就会遭到炀帝的严厉斥责，于是人人但求苟且无事，上下蒙蔽，每次出动军队，总是遭到失败和覆灭。士兵竭尽全力，定然得不到赏赐，老百姓无罪，却往往受到屠杀。民众怨愤至极，政权终于土崩瓦解，但炀帝直到被擒之时还没有醒悟过来。

注释 ① 媵(yìng)：侍妾。 ② 嬖(bì)幸：宠爱的贬义词，狎昵。又指被宠爱的狎昵之人。 ③ 宫掖：皇宫。掖，掖庭，皇宫中的旁舍，为妃嫔居住的地方。 ④ 谅闇(liáng ān)：皇帝服丧。 ⑤ 秦皇、汉武：秦始皇和汉武帝，都是历史上有名的好大喜功的帝王。 ⑥ 屯田：汉代以后历代统治者利用地方驻军或召募农民开垦荒地，称为屯田。玉门：县名，治所在今甘肃玉门西北。柳城：在今陕西蓝田东南。⑦ 头会箕敛：按人头征税，用簸箕来收取所征谷物。指赋税苛重。 ⑧ 颎：音jiǒng。 ⑨ 藩邸：诸侯王的府第。 ⑩ 謇謇(jiǎn)匪躬：《易・蹇》："六二，王臣謇謇，匪躬之故。"意思说王臣屡屡忠言直谏，不是为了自身的事，而是为君为国。謇，忠直，直谏。 ⑪ 六军：上古天子有六军。后作为军队的统称。 ⑫ 师徒：兵士。

文献独孤皇后传

导读

文献独孤皇后(544—602),是北周鲜卑大贵族、柱国大将军独孤信的女儿,十四岁时嫁给隋文帝杨坚,文帝即位后被立为皇后。虽然性好妒忌,近于偏激,但与文帝还是融洽相处,相互感情也很好。独孤皇后算得上是历史上的贤明皇后,仁爱恭孝,躬行节俭,并且富于政治才能,对隋文帝时期的政治在一定程度上起到了推动的作用。如本篇中记载,她的中表兄弟犯法当斩,并没有因为是自己亲戚而加以宽宥,而每当听说处决囚犯,却悲伤地流泪。又力主废除了奢侈好色的太子杨勇。这在古代都是非常难得的。但是,侈靡腐朽十倍于乃兄的杨广正是利用了这一点,伪装成仁孝俭朴形象,骗得了她的信任,终于夺取了太子地位。这却又是她所始料未及的,而这又说明了她的识见还是具有极大的局限。(选自卷三六)

原文

文献独孤皇后,河南洛阳人,周大司马、河内公信之女也。信见高祖有奇表,故以后妻焉,时年十四。高祖与后相得,誓无异生之子。后初亦柔顺恭孝,不失妇道。后姊为周明帝后,长

翻译

文献独孤皇后,河南洛阳人,是北周大司马、河内公独孤信的女儿。独孤信看到隋高祖相貌非凡,所以把独孤皇后嫁给他作妻子,当时她年纪为十四岁。高祖与皇后情投意合,发誓不与其他嫔妃生育子女。皇后起初也温柔、恭敬、孝顺,不失为妇之道。皇后的姐姐是北周明帝的皇后,长女是北周宣帝的

女为周宣帝后，贵戚之盛，莫与为比，而后每谦卑自守，世以为贤。及周宣帝崩，高祖居禁中，总百揆[①]，后使人谓高祖曰："大事已然，骑兽之势[②]，必不得下，勉之！"高祖受禅，立为皇后。

突厥尝与中国交市，有明珠一箧，价值八百万，幽州总管阴寿白后市之[③]。后曰："非我所须也。当今戎狄屡寇[④]，将士罢劳[⑤]，未若以八百万分赏有功者。"百僚闻而毕贺。高祖甚宠惮之。上每临朝，后辄与上方辇而进，至阁乃止。使宦官伺上，政有所失，随则匡谏，多所弘益。候上退朝而同反燕寝，相顾欣然。后早失二亲，常怀感慕，见公卿有父母者，每为致礼焉。有司奏以《周礼》百官之妻[⑥]，命于王后，宪章在昔，请依古制。后曰："以妇人与政，或从此渐，不可开其源也。"不

皇后，在皇帝的内外亲族中，没有谁家的显赫可以与他们家相比的。但皇后常是恪守谦卑自处，世人都认为她很贤惠。北周宣帝死后，高祖在皇宫中，总领百官，皇后派人对高祖说："开创帝业的大事已经到了这个地步，成了骑虎的态势，一定下不来了，努力干下去吧！"高祖登基后，立她为皇后。

突厥曾经与中国往来通商，有一小箱明珠，价值八百万。幽州总管阴寿报告皇后，请把明珠买下来。皇后说："这不是我所需要的。当今戎狄屡次进犯，官兵们很疲劳，不如把八百万这一款项分赏给有功的将士。"群臣听到后都来祝贺。高祖很宠爱她，也很怕她。高祖每次当朝听政，皇后总是与高祖并驾而行，直到殿旁的小门才停下。又派宦官探察皇上的言行，政事上如有失误，则随时匡正劝阻，常有很大的裨益。等到皇上退朝才一同返回内室，相互凝视中心欢悦。皇后很早就失去了父母，常怀感念追慕之情，见到有父母的大臣，经常请他们代向老人问安。有关官员上奏，认为《周礼》中朝廷百官的妻子，听命于王后，过去就有这样的典章制度，请求按照古代制度行事。皇后说："妇人参与政事，或许由此逐步加剧，因此我不

许。后每谓诸公主曰："周家公主，类无妇德，失礼于舅姑，离薄人骨肉，此不顺事，尔等当诫之。"大都督崔长仁[7]，后之中外兄弟也，犯法当斩。高祖以后之故，欲免其罪。后曰："国家之事，焉可顾私！"长仁竟坐死。后异母弟陀[8]，以猫鬼巫蛊咒诅于后[9]，坐当死。后三日不食，为之请命曰："陀若蠹政害民者[10]，妾不敢言。今坐为妾身，敢请其命。"陀于是减死一等。后每与上言及政事，往往意合，宫中称为"二圣"。

能开这个头。"没有准许此事。皇后常对公主们说："北周宇文家的公主，大都没有为妇之德，对公公、婆婆失礼，离间夫家的骨肉关系，这些违背妇德的事情，你们应当引以为戒。"大都督崔长仁，是皇后的中表兄弟，犯法该斩。高祖因为皇后的缘故，想免掉他的罪。皇后说："这是国家的大事，怎么可以顾念私情！"长仁终于依法判了死刑。皇后的异母弟独孤陀，用猫鬼之类的巫术诅咒皇后，罪当处死。皇后一连三天不吃饭，为独孤陀求情说："独孤陀如果为了危害国家，伤害人民的事，我不敢为他说话。现在他为我的事而犯罪，我才敢请求保全他的性命。"于是独孤陀被减罪一等免除了死刑。皇后每次与皇上谈到政事，往往意见一致，宫中称他们为"二圣"。

注释 ① 百揆(kuí)：百官，群臣。揆，官职。 ② 骑兽：本作"骑虎"，唐朝避唐高祖李渊的祖父李虎的名讳，"虎"多改作"兽"。 ③ 幽州：治所在今北京西南。 ④ 狄：我国古代北方民族名，又泛称北方各民族。 ⑤ 罢(pí)：同"疲"。 ⑥《周礼》：儒家经典之一。旧传为周公所作，近人认为是战国时代的作品。是搜集周王室官制和战国时各国制度，附添儒家政治理想，增减排比而成的汇编。 ⑦ 大都督：第九等勋官名。隋朝府兵制军府中也有大都督一职，掌管府兵，是骠骑将军的下一级军官。 ⑧ 陀(tuó)：独孤陀。陀畜养猫鬼诅咒皇后事，详见《隋书・外戚・独孤陀传》。 ⑨ 猫鬼巫蛊(gǔ)：古代的一种巫术。据记载，畜养猫鬼的人，每逢子日(地支子配十二生肖属鼠)夜便祭祀猫鬼，猫鬼会听畜养者的指令去他人家中索要钱财，也能杀人，而且死者家里的财物会暗中转移到养猫鬼的人家中。蛊，巫术用来害人的东西。 ⑩ 蠹(dù)：蛀虫，引申为损害。

原文

后颇仁爱，每闻大理决囚[1]，未尝不流涕。然性尤妒忌，后宫莫敢进御。尉迟迥女孙有美色，先在宫中。上于仁寿宫见而悦之，因此得幸。后伺上听朝，阴杀之。上由是大怒，单骑从苑中而出[2]，不由径路，入山谷间二十余里。高颎、杨素等追及上，扣马苦谏。上太息曰："吾贵为天子，而不得自由！"高颎曰："陛下岂以一妇人而轻天下！"[3]上意少解，驻马良久，中夜方始还宫。后俟上于阁内，及上至，后流涕拜谢。颎、素等和解之，上置酒极欢。后自此意颇衰折。初，后以高颎是父之家客，甚见亲礼。至是，闻颎谓己为一妇人，因此衔恨。又以颎夫人死，其

翻译

皇后很仁爱，每次听到大理寺判决囚犯，没有哪一次不是伤心流泪的。但是性情特别妒忌，宫中妃子没有谁敢伴宿皇上的。尉迟迥的孙女长得很美，先前因尉迟迥的叛逆之罪而籍没在宫。皇上在仁寿宫见到她就喜欢上了，自此得到宠爱。皇后等皇上上朝听政去时，暗地里就把她杀了。皇上因此大怒，独自骑马从园中出走，不沿着路走，进入山谷二十多里。高颎、杨素等人追上高祖，拉住马头苦苦劝谏。皇上深深叹息说："我贵为天子，却不得自由！"高颎说："陛下怎么能因一个妇道人家而忽视天下！"皇上听了怨气稍平，骑在马上停了很久。到半夜才开始回宫。皇后在便殿等候皇上，待皇上到了，皇后流着泪跪拜请罪，高颎、杨素等人劝他们和解，皇上安排酒宴纵情欢乐了一番。从这以后皇后的意气衰减了许多。当初，皇后因为高颎是父亲的门客，很亲近优待他。这时听到高颎说自己是一个妇道人家，因而怀恨在心。又因为高颎夫人去世，他的小妾生了男孩，更对

妾生男，益不善之，渐加谮毁，上亦每事唯后言是用。后见诸王及朝士有妾孕者，必劝上斥之。时皇太子多内宠，妃元氏暴薨，后意太子爱妾云氏害之。由是讽上黜高颎，竟废太子立晋王广，皆后之谋也。

仁寿二年八月甲子，月晕四重。己巳，太白犯轩辕[4]。其夜，后崩于永安宫，时年五十。葬于太陵。其后，宣华夫人陈氏、容华夫人蔡氏俱有宠，上颇惑之，由是发疾。及危笃，谓侍者曰："使皇后在，吾不及此"云。

他不好了，逐渐在皇上面前加以毁谤。皇上对她也是每件事情都唯命是从。皇后见王子和朝廷官员有小妾怀孕的，必定劝皇上加以斥责。当时皇太子杨勇有很多宠爱的宫女，妃子元氏暴死，皇后认为是太子的爱妾云氏害死的。以此劝皇上罢免了高颎，终于废了太子杨勇，而立晋王杨广继位，这都是皇后的谋略。

仁寿二年(602)八月十九日，月亮周围产生了四层光圈。二十四日，太白星进犯到轩辕星座的范围。当天夜里，皇后在永安宫中去世，时年五十岁。安葬在太陵。此后，宣华夫人陈氏、容华夫人蔡氏都深得宠爱，皇上被她们深深迷住了，因此得了病。到病危时，皇上对伺候的人说："如果皇后活着，我不会到今天这个地步。"

注释 ① 大理：大理寺，隋"九寺"之一，掌管刑狱，为中央最高审判机关。② 苑：养禽兽植树木供帝王贵族打猎游乐的场所。 ③ 陛(bì)下：古代对皇帝的尊称。 ④ 太白：即金星，又名启明、长庚。古代星象家认为太白星预示杀伐。轩辕：星宿名。共十七星，在北斗星的北面。古代星象家认为象征后宫。

高 颎 传

导读

高颎(? —607),隋代名相。隋朝建立时,任尚书左仆射兼纳言,为相近二十年,是隋文帝杨坚最得力的助手,于政治、经济、军事等方面都有很大的贡献,对隋朝国家的统一和中央集权的加强起了很大的作用。但这样的一位一代名臣,最后还是不得善终,于此可见隋代君主的猜忌成性,正道不行,所以传至三代即告灭亡,读者也可看出封建王朝内部的种种黑暗,对封建社会加深认识。(选自卷四一)

原文

高颎字昭玄,一名敏,自云渤海蓨人也①。父宾,背齐归周,大司马独孤信引为僚佐,赐姓独孤氏。及信被诛,妻子徙蜀。文献皇后以宾父之故吏,每往来其家。宾后官至鄀州刺史②。及颎贵,赠礼部尚书、武阳公③。

翻译

高颎的字叫昭玄,别名叫高敏,自称是渤海蓨县人。父亲名叫高宾,背弃北齐归附了北周,大司马独孤信任用他为自己的助理官,赏赐他姓独孤氏。到独孤信被杀时,高宾的妻子、儿女都被流放到了蜀地。文献独孤皇后因为高宾是父亲过去的下属,常常到他们家去看望。高宾后来官至鄀州刺史。等到高颎显贵之后,追封他为礼部尚书、武阳公。

注释 ① 渤海:郡名,治所在今河北东光县东。蓨(tiáo):县名,治所在今河北景县。 ② 鄀(ruò)州:治所在今湖北荆门西北。 ③ 礼部尚书:礼部长官,正三品。礼部,尚书省“六部”之一,是掌管文教、礼仪等方面的政务机关。武阳公:原误作

"渤海公",此据《周书·高宾传》《北史·高颎传》改。

原文

颎少明敏,有器局,略涉书史,尤善词令。初,孩孺时,家有柳树,高百许尺,亭亭如盖。里中父老曰:"此家当出贵人。"年十七,周齐王宪引为记室[①]。武帝时,袭爵武阳县伯,除内史上士,寻迁下大夫。以平齐功,拜开府。寻从越王盛击隰州叛胡[②],平之。

高祖得政,素知颎强明,又习兵事,多计略,意欲引之入府。遣邗国公杨惠谕意[③],颎承旨欣然曰:"愿受驱驰。纵令公事不成,颎亦不辞灭族。"于是为相府司录[④]。时长史郑译、司马刘昉并以奢纵被疏,高祖弥属意于颎,委以心膂。尉迥之起兵也,遣子惇率步骑八万,进屯武陟[⑤]。高祖令韦孝宽击之,军至河阳[⑥],莫敢

翻译

高颎小时候聪明机敏,有才干度量,粗略地涉猎过一些典籍史书,尤其擅长辞令。当初为孩子时,庭院里有棵柳树,高一百来尺,高高耸立如同一把大伞。乡里父老说:"这家将来会出显贵人物。"十七岁时,北周齐王宇文宪提拔他做记室。北周武帝时,继承父亲武阳县伯的爵位,被任命为内史上士,不久又升为内史下大夫。因为平定北齐有功,被授予开府仪同三司。不久,跟随越王宇文盛攻打隰州的胡人,平息了叛乱。

高祖掌握朝政后,素知高颎精明强干,又熟悉军事,富有计谋,心想召他进宰相府。派邗国公杨惠去对他说明此意,高颎接受了高祖的邀请,欣喜地说:"我甘愿奔走效力,即使丞相谋事不成,我被诛灭九族也不退避。"于是任命他为宰相府司录。当时长史郑译、司马刘昉都因为奢侈放纵而被疏远,所以高祖对高颎更加重视,把他当作心腹骨干。尉迟迥起兵造反,派儿子尉迟惇率领八万步兵骑兵进驻武陟。高祖命令韦孝宽去攻打他们,但军队到了河阳,却没有人敢

先进。高祖以诸将不一，令崔仲方监之，仲方辞父在山东。时颎又见刘昉、郑译并无去意，遂自请行，深合上旨，遂遣颎。颎受命便发，遣人辞母，云忠孝不可两兼，歔欷就路。至军，为桥于沁水[⑦]，贼于上流纵火筏[⑧]，颎预为土狗以御之[⑨]。既渡，焚桥而战，大破之。遂至邺下[⑩]，与迥交战，仍共宇文忻、李询等设策，因平尉迥。军还，侍宴于卧内，上撤御帷以赐之。进位柱国，改封义宁县公，迁相府司马，任寄益隆。

率先进攻。高祖因为各位将领行动不一，命令崔仲方去监督他们，仲方以父亲在山东为由而推辞。当时高颎又看到刘昉、郑译都没有想去的意思，便请求自己去，这很合高祖的心意，于是派高颎前去。高颎接到命令便立即出发，派人去向母亲辞行，说忠君和孝亲不可同时兼顾，哽咽着上了路。到了军中，在沁水上架起了渡桥，敌人在上游放火筏子，高颎事先制作了土狗来防备它。渡过河后，便烧了渡桥投入战斗，大破敌人。于是进军到邺城下，与尉迟迥交战，再次与宇文忻、李询等设下计谋，因而消灭了尉迟迥。部队凯旋而回，陪高祖在卧室内欢宴，高祖撤下他用的幕帷赏给高颎。又晋升高颎为柱国，改封为义宁县公，升为宰相府司马，委任托付就更加重要了。

注释　① 记室：公府、王国及州郡都设有此官，相当于现在的秘书。 ② 隰(xí)州：治所在今山西隰县。 ③ 邗(hán)：古国名，在今江苏扬州东北。 ④ 相府司录：丞相的属官，总管府中事务。 ⑤ 武陟(zhì)：县名，治所在今河南武陟南。 ⑥ 河阳：县名，治所在今河南孟州南。 ⑦ 沁水：黄河支流，发源于山西沁源东北的羊头山，经河南武陟入黄河。 ⑧ 火筏(fá)：在筏子上安置柴火，点燃后从上游顺流而下，意欲焚烧桥梁。 ⑨ 土狗：在水中堆积土石，前尖后宽，前高后低，形似坐狗，分居河中以便阻碍火筏靠近桥边。 ⑩ 邺：县名，治所在今河南安阳。

原文

高祖受禅，拜尚书左仆射[①]，兼纳言，进封渤海郡公，朝臣莫与为比，上每呼为独孤而不名也。颎深避权势，上表逊位，让于苏威。上欲成其美，听解仆射。数日，上曰："苏威高蹈前朝，颎能推举。吾闻进贤受上赏，宁可令去官！"于是命颎复位。俄拜左卫大将军，本官如故。时突厥屡为寇患，诏颎镇遏缘边。及还，赐马百余匹，牛羊千计。领新都大监[②]，制度多出于颎。颎每坐朝堂北槐树下以听事，其树不依行列，有司将伐之。上特命勿去，以示后人。其见重如此。又拜左领军大将军，余官如故。母忧去职[③]，二旬起令视事。颎流涕辞让，优诏不许。

翻译

高祖当了皇帝，任命高颎为尚书左仆射兼纳言，进封为渤海郡公，朝中大臣没有谁能与他相比，皇上常常叫他独孤而不叫名字。高颎想远远地避开权势，上书请求让位给苏威。皇上想成全他的美德，也就解除了他仆射的职务。过了几天，皇上说："苏威在前朝隐居不仕，独孤颎能推荐给朝廷。我听说推荐贤者应受上等奖赏，怎么可以让他辞去官职呢！"于是命令恢复高颎的职位。不久，又任命他为左卫大将军，原来的官职仍旧不动。当时突厥多次进行侵扰，皇上下诏派高颎出镇边地。到回朝的时候，赏给他一百多匹马和数以千计的牛羊。担任新都的大监，新都的建筑格局、体制多出于高颎之手。高颎常坐在政事厅北面的槐树下处理政务，那棵树有碍整齐的行列，有关官员要砍掉它，皇上特别下令不许砍伐，以此告示后人。他受到器重到了这一地步。又被任命为左领军大将军，其余官职照旧。高颎为母亲守丧离开官职时，二十天后皇上就命令他回朝办事。高颎流着眼泪推辞，皇上又下诏褒奖，而没有准许。

注释 ① 尚书左仆射(yè):尚书省长官,宰相之一,为从二品。隋朝尚书令极少授人(仅杨素一人),故本为尚书令副职的左、右仆射便成了尚书省的长官。 ② 新都:即大兴城,开皇三年(583)迁都于此。在今陕西西安。大监:新都建造的总负责人。 ③“母忧”句:古代礼制,父母死后,子女要守丧,三年内不做官,不婚娶,不赴宴,不应考。忧,父母的丧事。

原文

开皇二年,长孙览、元景山等伐陈,令颎节度诸军。会陈宣帝薨,颎以礼不伐丧,奏请班师。萧岩之叛也,诏颎绥集江汉[1],甚得人和。上尝问颎取陈之策,颎曰:“江北地寒,田收差晚;江南土热,水田早熟。量彼收获之际,微征士马,声言掩袭。彼必屯兵御守,足得废其农时。彼既聚兵,我便解甲,再三若此,贼以为常。后更集兵,彼必不信,犹豫之顷,我乃济师,登陆而战,兵气益倍。又江南土薄,舍多竹茅,所有储积,皆非地窖。密遣行人,因风纵火,待彼修立,复更烧之。不出

翻译

开皇二年(582),长孙览、元景山等讨伐陈朝,命令高颎调配指挥各路军队。恰逢陈宣帝死了,高颎认为按照礼法不应讨伐有国丧的国家,上表请求调回出师的军队。萧岩叛乱的时候,高祖下诏让高颎到江汉一带安抚,深得民心。皇上曾经向高颎询问消灭陈朝的策略,高颎说:“江北地气寒冷,田里的收获比较晚些;江南地气温热,水田早熟,算准他们收获的时机,暗中征调兵马,声称搞突然袭击。他们一定会征集兵马进行防守,这样完全可以耽误他们的农时。敌方已经聚集了兵马,我军便解甲回家,再三施行此计,敌人习以为常。然后我方再次调集兵马,敌方必定不再相信,犹豫之际,我军便乘机渡江,上岸进行战斗,士气更能倍加旺盛。而且江南土层不厚,房屋周围多种茅竹,所有的储积,都不用地窖。秘密派遣出征的战士,顺着风势放火焚烧,等敌方

数年，自可财力俱尽。”上行其策，由是陈人益敝。九年，晋王广大举伐陈，以颎为元帅长史[②]，三军咨禀，皆取断于颎。及陈平，晋王欲纳陈主宠姬张丽华。颎曰：“武王灭殷，戮妲己。今平陈国，不宜取丽华[③]。”乃命斩之，王甚不悦。及军还，以功加授上柱国，进爵齐国公，赐物九千段[④]，定食千乘县千五百户[⑤]。上因劳之曰：“公伐陈后，人言公反，朕已斩之。君臣道合，非青蝇所间也。”颎又逊位，诏曰：“公识鉴通远，器略优深，出参戎律，廓清淮海[⑥]，入司禁旅，实委心腹。自朕受命，常典机衡，竭诚陈力，心迹俱尽。此则天降良辅，翊赞朕躬[⑦]，幸无词费也。”其优奖如此。

修建完毕，再次去放火烧它。不出几年，自会财力全空。”皇上采取了这个策略，陈朝人为此更加疲困不堪。开皇九年(589)，晋王杨广大举讨伐陈朝，以高颎为元帅长史，全军的各种意见都取决于高颎。灭陈之后，晋王杨广意欲收留陈后主的宠妃张丽华。高颎说：“周武王灭了商朝，杀死妲己。今天平定了陈国，不宜把张丽华留在身边。”于是下令杀了她，晋王很不高兴。回师后，高颎因战功而加授上柱国，进爵为齐国公，赏赐布帛等物九千段，实封千乘县一千五百户。皇上趁此慰勉他说：“您去讨伐陈朝之后，有人说你要谋反，我已经把他斩了。我们君臣志同道合，不是这种像苍蝇样的奸谗小人所能离间的。”高颎又要让位，皇上下诏说：“你见识博通远大，才干出众，智谋深沉，在外参预军机要务，肃清了淮海地区，入朝掌管禁卫军，确是作为心腹委以重任的。自从我接受天命以来，常掌管朝廷枢要部门，竭心尽力，毫无保留。这是上天降下贤良的大臣，辅佐我治理天下。希望你不要再费口舌了。”高祖就是这样褒奖他的。

注释 ① 江汉：指长江和汉水之间及其附近一带地区。 ② 元帅长史：出师作战总指挥的属官，负责军事指挥。 ③ 妲(dá)己：殷纣王的宠妃。 ④ 段：量词，指布帛或其他条状物的一截。 ⑤ 定食：真食，实封。隋朝所封户邑数只表示身份，不享有租税，“真食”者才能收取封户的租税。千乘县：治所在今山东广饶。 ⑥ 淮海：指淮海河与黄海之间的地方。 ⑦ 翊(yì)赞：辅佐，帮助。

原文

是后右卫将军庞晃及将军卢贲等，前后短颎于上。上怒之，皆被疏黜。因谓颎曰：“独孤公犹镜也，每被磨莹[1]，皎然益明。”未几，尚书都事姜晔[2]、楚州行参军李君才并奏称水旱不调[3]，罪由高颎，请废黜之。二人俱得罪而去，亲礼逾密。上幸并州，留颎居守。及上还京，赐缣五千匹，复赐行宫一所，以为庄舍。其夫人贺拔氏寝疾，中使顾问，络绎不绝。上亲幸其第，赐钱百万，绢万匹，复赐以千里马。上尝从容命颎与贺若弼言及平陈事，颎曰：“贺若弼先献十策，后于

翻译

此后右卫将军庞晃与将军卢贲等人，先后在皇上面前诽谤高颎。皇上对此很气愤，就疏远并贬谪了他们。皇上为此对高颎说：“你就像一面镜子，每次被磨治之后，更加皎洁明亮。”不久，尚书都事姜晔、楚州行参军李君才都上表称水涝旱灾，风雨不调，罪在高颎，请罢免他。这二人都因此而获罪免职，皇上对高颎更加亲近、尊敬了。皇上出巡并州，留高颎在京掌管朝政。等皇上回到京城，赏给他五千匹双丝细绢，又赐给他一所行宫作为庄园。他的夫人贺拔氏卧病在床，宫中派出使者前去看望问候，络绎不绝。皇帝又亲自到他家中，赐给他钱一百万，绢一万匹，又赐给他千里马。皇上曾经很悠闲地让高颎与贺若弼谈论平定陈朝的事情，高颎说：“贺若弼先献了十条计策，后又在蒋山苦战破敌。我只是个文官罢了，怎么敢与大将军来论功呢！”皇上大笑，当时朝

蒋山苦战破贼[4]。臣文吏耳,焉敢与大将军论功!"帝大笑,时论嘉其有让。寻以其子表仁取太子勇女,前后赏赐不可胜计。时荧惑入太微[5],犯左执法[6]。术者刘晖私言于颎曰:"天文不利宰相,可修德以禳之。"[7]颎不自安,以晖言奏之。上厚加赏慰。突厥犯塞,以颎为元帅,击贼破之。又出白道[8],进图入碛,遣使请兵。近臣缘此言颎欲反,上未有所答,颎亦破贼而还。

廷上下都称赞他能谦让。不久因为他的儿子高表仁娶太子杨勇的女儿为妻,先后赏赐他的东西不可胜数。当时火星进入太微垣,星光触及左执法。星象家刘晖私下对高颎说:"天上星象不利于宰相,应当多干好事来消除灾难。"高颎心中感到不安,把刘晖的话上奏高祖。皇上深加劝慰。突厥侵犯边塞,以高颎为元帅,击败了敌寇,又通过白道,打算深入沙漠追击敌人,派人向朝廷请求增加军队。皇上的亲近官员说高颎是想反叛,皇上没有回答什么,高颎也击败敌人而班师回朝了。

注释 ① 莹:磨治。 ② 尚书都事:尚书省属官,分属于各部,负责收发文书、稽察缺失、监印等事务,为从八品上职事官。 ③ 楚州:治所在今江苏淮安。行参军:州郡的低级官吏。 ④ 蒋山:即今江苏南京中山门外的钟山。 ⑤ 荧惑:火星的别名。太微:古代星官名,三垣之一,在北斗之南。古代把它看作天庭。 ⑥ 左执法:古代星官名,属太微垣。 ⑦ 禳(ráng):祈祷祭祀鬼神来消除灾祸的迷信活动。后又泛指去除灾祸。 ⑧ 白道:在今内蒙古呼和浩特西北。古代为河套东北地区通往阴山以北的交通要道。

原文

时太子勇失爱于上,潜有废立之意。谓颎曰:"晋

翻译

当时太子杨勇失去了皇上的宠爱,皇上心中有重立太子的意思,对高颎

王妃有神凭之，言王必有天下，若之何？”颎长跪曰：“长幼有序，其可废乎！”上默然而止。独孤皇后知颎不可夺，阴欲去之。初，夫人卒，后言于上曰：“高仆射老矣，而丧夫人，陛下何能不为之娶！”上以后言谓颎，颎流涕谢曰：“臣今已老，退朝之后，唯斋居读佛经而已[①]。虽陛下垂哀之深，至于纳室，非臣所愿。”上乃止。至是，颎爱妾产男，上闻之极欢，后甚不悦。上问其故，后曰：“陛下当复信高颎邪？始陛下欲为颎娶，颎心存爱妾，面欺陛下。今其诈已见，陛下安得信之！”[②]上由是疏颎。会议伐辽东，颎固谏不可。上不从，以颎为元帅长史，从汉王征辽东，遇霖潦疾疫，不利而还。后言于上曰：“颎初不欲行，陛下强遣之，妾固知其无功矣。”又上以汉王年少，专委军于

说：“有神灵依附晋王杨广的妃子，说晋王一定会君临天下，怎么办？”高颎直着身子跪在地上说：“长幼有一定的次序，怎么可以废掉太子呢！”皇上默然不语，打消了这个主意。独孤皇后知道高颎之志不可改变，暗中想清除他。当初，高颎夫人死了，皇后对皇上说：“高仆射很老了，却失去了夫人，您怎么能不替他另娶一位呢？”皇上把皇后的话告诉了高颎，高颎流着眼泪辞谢道：“我现在已经老了，退朝之后，只是斋戒在家，读读佛经罢了。虽然陛下对我非常怜恤，只是对于续弦，却不是我的心意。”皇上便放下了此事。到这时，高颎的爱妾生了一个男孩，皇上听到消息极为欢喜，皇后却很不乐意。皇上问什么原因，皇后说：“陛下还能相信高颎吗？当初陛下想替高颎娶妻，高颎心中装着爱妾，当面欺骗了陛下。现在他的骗局已经暴露，陛下怎么能相信他！”皇上因此疏远了高颎。恰逢商议讨伐辽东的事，高颎坚决劝阻认为不能。皇上没有听从，而让高颎出任元帅长史，跟随汉王杨谅出征辽东。遇到久雨不停，发生瘟疫，因不利于作战而回朝。皇后对皇上说：“高颎当初不赞成讨伐辽东，陛下勉强派他出征，我本来就知道他会无功而

颎。颎以任寄隆重，每怀至公，无自疑之意。谅所言多不用，甚衔之。及还，谅泣言于后曰："儿幸免高颎所杀。"上闻之，弥不平。俄而上柱国王世积以罪诛，当推核之际，乃有宫禁中事，云于颎处得之。上欲成颎之罪，闻此大惊。时上柱国贺若弼、吴州总管宇文弢、刑部尚书薛胄、民部尚书斛律孝卿、兵部尚书柳述等明颎无罪③，上逾怒，皆以之属吏。自是朝臣莫敢言者。颎竟坐免，以公就第。

回。"加上皇上因汉王年少，把军务专门委托给了高颎。高颎因为皇上的委任特别重大，常想大公无私，没有考虑过自己这样做合适不合适。对杨谅的意见，多不采用，杨谅因此很记恨高颎。等到回朝廷，杨谅哭泣着对皇后说："孩儿幸亏没有被高颎杀掉。"皇上听到这话，更加愤愤不平。不久上柱国王世积因罪被杀，正当审查之际，竟然供出了皇宫内廷中的隐事，说是在高颎那里得知的。皇上本想构成高颎的罪行，听到此事大为震惊。当时上柱国贺若弼、吴州总管宇文弢、刑部尚书薛胄、民部尚书斛律孝卿、兵部尚书柳述等替高颎申辩无罪，皇上更加震怒，把他们都交给主管官员处治。从此朝廷官员中没有人敢再说话了。高颎终因此事免官，以公爵的身份回家闲居。

注释 ①斋居：斋戒而居。古人在祭祀前沐浴更衣，不饮酒，不吃荤，不与妻妾同房，整洁身心，以示虔诚，称之为斋戒。②当复：尚，还。③弢：音bì。刑部尚书：刑部长官，正三品。刑部是司法行政机关，掌管刑法的颁布和审核大理寺及州郡上报的案件等事。民部尚书：民部长官，正三品。民部掌管天下户口、田赋、储藏等政令。兵部尚书：兵部长官，正三品。兵部是全国军政领导机构，掌管军籍、军官选拔等事。

原文

未几，上幸秦王俊第，召颎侍宴。颎歔欷悲不自胜，独孤皇后亦对之泣，左右皆流涕。上谓颎曰："朕不负公，公自负也。"因谓侍臣曰："我于高颎胜儿子，虽或不见，常似目前。自其解落，瞑然忘之，如本无高颎。不可以身要君，自云第一也。"

顷之，颎国令上颎阴事①，称："其子表仁谓颎曰：'司马仲达初托疾不朝，遂有天下。公今遇此，焉知非福②！'"于是上大怒，囚颎于内史省而鞫之③。宪司复奏颎他事④，云："沙门真觉尝谓颎云：'明年国有大丧。'尼令晖复云：'十七、十八年，皇帝有大厄。十九年不可过。'"⑤上闻而益怒，顾谓群臣曰："帝王岂可力求！孔子以大圣之才，作法垂世，宁不欲大位邪？天命不可耳。颎与子言，自比晋

翻译

不久，皇上驾临秦王杨俊的住宅，叫来高颎陪宴。高颎哽咽着无法控制自己，独孤皇后也对着他抽泣，身边的人都流下了泪。皇上对高颎说："我没有辜负你，是你自己辜负了自己。"皇上趁此对随侍的官员说："我对高颎胜过对待自己的儿子，虽然有时不见面，却经常像在眼前一样。自从他解职回家，我如同睡着了一般，全把他忘了，好像本来就没有高颎其人。不可用自己来要挟君王，自称天下第一呀！"

不久，高颎的国令上奏告发高颎的秘事，说他的儿子表仁对高颎说："司马懿当初称病不去上朝，于是得到了天下，您现在被罢官回家，怎知不是福气哩！"于是皇上大怒，把高颎囚禁在内史省进行审讯。御史又上书弹劾高颎其他的事，说："僧人真觉曾经对高颎说：'明年国家将有大丧事。'尼姑令晖又说：'开皇十七、十八年，皇帝有大难。开皇十九年(599)，皇帝过不去。'"皇上听了更加愤怒，望着群臣说："帝王怎能以人力强求！孔子凭着圣人的才华，制作法则流传后世，难道不想登上帝位吗？只是没有天命罢了。高颎与儿子的对话，把自己比作晋朝的帝王，这是

帝,此何心乎?”有司请斩颎。上曰:“去年杀虞庆则,今兹斩王世积,如更诛颎,天下其谓我何[6]?”于是除名为民。[7]颎初为仆射,其母诫之曰:“汝富贵已极,但有一斫头耳,尔宜慎之!”颎由是常恐祸变。及此,颎欢然无恨色,以为得免于祸。

什么用心呢?”有关官员请求杀掉高颎,皇上说:“去年杀了虞庆则,今年斩了王世积,如果再杀高颎,世上的人将怎么说我呢?”于是削去他的公爵除名为民。高颎当初任仆射时,他母亲告诫他说:“你富贵已到极点,只缺一项杀头就是了。你应当谨慎啊!”高颎因此常常畏惧灾祸变故。到这时,高颎感到很高兴,没有一点怨恨的神色,以为免于大祸了。

注释 ① 国令:隋朝九等封爵,其封国内都设置官员,掌管租税收入。国令为封邑内的官员之长,公国令为视正七品。 ② 司马仲达:即司马懿(179—251),字仲达。魏齐王曹芳即位,司马懿与皇族曹爽受遗诏辅政。曹爽怕司马懿权重难制,奏请皇帝调司马懿为太傅,名为升迁,实为削权。又提拔何晏等人分居要职。司马懿装病不出,暗中却进行活动,准备消灭曹爽势力。正始十年(249),司马懿发动政变,杀曹爽、何晏等。从此司马懿独揽朝政。死后,其子司马师、司马昭相继专权。至其孙司马炎终于代魏称帝,建立晋朝,追尊司马懿为宣帝。 ③ 鞫(jū):审问。④ 宪司:御史的别称。掌管监察弹奏朝廷官员、巡察地方官员及殿廷供奉仪式。⑤ 大丧:帝王、皇后及嫡长子的丧礼。此指文帝杨坚将有丧事。 ⑥ 虞庆则:文帝朝大臣。官尚书右仆射、右武候大将军,封鲁国公。开皇十七年(597)在平定岭南叛乱的回师途中,因惧祸,暗有谋反之意,不料被人告发,因此被杀。事迹详见《隋书·虞庆则传》。 ⑦ 除名:除去名籍,取消他原有的身份。

原文

炀帝即位,拜为太常[1]。时诏收周、齐故乐人及天下散乐。颎奏曰:“此乐久废,

翻译

炀帝即位,拜高颎为太常卿。当时下诏征集过去北周、北齐的艺人和天下散逸的乐曲。高颎上奏说:“这些乐曲

今若征之，恐无识之徒弃本逐末，递相教习。”帝不悦。帝时侈靡，声色滋甚，又起长城之役。颎甚病之，谓太常丞李懿曰[②]：“周天元以好乐而亡，殷鉴不遥，安可复尔[③]！”时帝遇启民可汗恩礼过厚，颎谓太府卿何稠曰[④]：“此虏颇知中国虚实、山川险易[⑤]，恐为后患。”又谓观王雄曰：“近来朝廷殊无纲纪。”有人奏之，帝以为谤讪朝政，于是下诏诛之，诸子徙边。

已经废弃很久了，现在如果下令征集，怕没有识见的人会弃本逐末，互相传授学习。”皇帝不高兴。炀帝当时生活奢侈糜烂，追逐声色更加严重，又发动了修筑长城的浩大工程。高颎为此非常担忧，对太常丞李懿说：“北周宣帝因为追逐声色而身亡，前车之鉴尚不远，怎么可以重蹈这样的覆辙呢！”当时炀帝对待启民可汗恩礼过于厚重，高颎对太府卿何稠说：“这个胡人很清楚中国的虚实，了解山河形势的险峻和平坦，恐怕将来是个祸患。”又对观王杨雄说：“近来朝廷完全没有了法度。”有人把他的话上奏给皇上，炀帝认为这是讪谤朝政，于是下令杀死高颎，儿子们都被流放到边地。

注释 ① 太常：太常卿，太常寺的长官，“九卿”之一，为正三品。太常寺掌管礼乐、祭祀天地、卜筮、医药等事务。 ② 太常丞：太常卿的属官，为从六品下。 ③ 周天元：即周宣帝宇文赟（yūn）。他即位不到一年，就把帝位传给七岁的儿子，自己做太上皇，称天元皇帝。宇文赟是个极为荒淫昏聩的皇帝。整日追逐声色，不理政事，二十二岁就病死了。 ④ 太府卿：太府寺的长官，“九卿”之一，为正三品。太府寺掌管财货帑藏。 ⑤ 虏：对外族敌人的蔑称。

原文

颎有文武大略，明达世务。及蒙任寄之后，竭诚尽

翻译

高颎有文武大才谋略，通晓世间事务。到他接受委任嘱托之后，竭诚尽

节，进引贞良，以天下为己任。苏威、杨素、贺若弼、韩擒等，皆颎所推荐，各尽其用，为一代名臣。自余立功立事者，不可胜数。当朝执政将二十年，朝野推服，物无异议。治致升平，颎之力也。论者以为真宰相。及其被诛，天下莫不伤惜，至今称冤不已。所有奇策密谋及损益时政，颎皆削稿[①]，世无知者。

其子盛道，官至莒州刺史[②]，徙柳城而卒[③]。次弘德，封应国公，晋王府记室。次表仁，封渤海郡公，徙蜀郡。

忠，荐举忠贞贤能之人，以天下为己任。苏威、杨素、贺若弼、韩擒虎等，都是高颎所推荐的，各尽其才，都成为一代名臣。其他建立功勋、成就事业的人，数不胜数。当朝执政近二十年，朝廷民间一致推崇佩服，人人没有异议。治理国家达到太平之世，这是高颎的心血结晶。舆论认为他是位真宰相。当他被杀的时候，天下的人无不为之痛惜，至今叫冤不止。所有奇策密谋和匡革禅补时政的奏议，高颎都把手稿销毁了，所以世上已没有知道的人了。

他的儿子高盛道，官职做到莒州刺史，流放到柳城死了。次子高弘德，封为应国公，是杨广晋王府的记室。第三子表仁，封为渤海郡公，被流放到了蜀郡。

注释 ① 削稿：古代大臣上书封事草定奏稿，有的事后销毁手稿，以示缜密。② 莒(jǔ)州：治所在今山东沂水。刺史：隋朝州、郡合一，地方行政分州、县二级。炀帝时又改州为郡。称州时，其长官称刺史，称郡时，其长官则称太守。 ③ 柳城：又名思乡城，在今陕西蓝田东南。

苏 威 传

导读

苏威(542—623),隋代名臣。北周时曾袭爵美阳县公,其妻是北周贵族宇文护的女儿。苏威曾一度归隐乡里,隋朝建立后,与高颎参掌朝政,齐心辅佐隋文帝,政绩卓著。开皇十二年(592)因有人告发他任用私人,被免官职,此后屡起屡黜。与高颎、贺若弼不同,炀帝时他也颇受重用,但对其暴政缺乏直言进谏,遇事多承炀帝意旨而行。后来先后降事宇文化及、李密、王世充,入唐后不为所用。苏威为人,有其能干的一面,但在思想作风上也有其腐朽的一面。传文详细地记叙了他在隋文帝时作出的一些政绩,也充分揭露了他在后期混世的种种丑态。堪称实录。(选自卷四一)

原文

苏威字无畏,京兆武功人也[①]。父绰,魏度支尚书[②]。威少有至性,五岁丧父,哀毁有若成人[③]。周太祖时,袭爵美阳县公,仕郡功曹。大冢宰宇文护见而礼之,以其女新兴主妻焉[④]。见护专权,恐祸及己,逃入山中,为叔父所逼,卒不获

翻译

苏威的字叫无畏,是京兆武功县人。父亲苏绰,在西魏任度支尚书。苏威小时候就有极度孝亲的天情。五岁时父亲去世,他哀伤得就像个成年人。周太祖宇文泰时,苏威继承父亲的爵位为美阳县公,出任郡功曹。大冢宰宇文护见到他便对他很尊敬,把自己的女儿新兴公主嫁给他做妻。苏威见宇文护独揽朝政,害怕灾祸牵连自己,便逃进山中,被叔父所逼,终究未能避开。然

免。然威每屏居山寺，以讽读为娱。未几，授使持节、车骑大将军、仪同三司，改封怀道县公。武帝亲总万机，拜稍伯下大夫⑤。前后所授，并辞疾不拜。有从父妹者，适河南元雄。雄先与突厥有隙，突厥入朝，请雄及其妻子，将甘心焉。周遂遣之。威曰："夷人昧利⑥，可以赂动。"遂标卖田宅，罄家所有以赎雄，论者义之。宣帝嗣位，就拜开府。

而苏威常常隐居在山中寺庙里，以诵读为乐。不久，他被授予使持节、车骑大将军、仪同三司，改封为怀道县公。北周武帝亲自总管朝政时，拜苏威为稍伯下大夫。前后所授爵位官职，他都以有病为由谢绝不受。苏威有个堂妹，嫁给河南的元世雄。元世雄先前与突厥有仇，突厥派使者来京城朝见周武帝，请朝廷把元世雄和他的妻儿子女交给他们，打算谋害他们。北周于是把元世雄一家送往突厥。苏威说："夷人贪图钱财，可以用财物打动他们。"于是标价出卖田地庄园，拿出家里所有的东西去赎元世雄，舆论很称赞他的这种义举。北周宣帝继位，便拜他为开府仪同大将军。

注释　① 武功：县名，治所在今陕西武功县西北武功镇。② 度支尚书：后改称户部尚书，掌管户籍、租税、储藏等事。苏绰在西魏曾任大行台度支尚书，此为省称。③ 哀毁：居丧时悲哀过度而损伤身体。④ 新兴主：公主的封号。主，公主的简称。公主，从汉代开始，本是皇帝之女的称号。宇文护之女称公主，这是宇文护僭礼。⑤ 稍伯下大夫：即小稍伯下大夫，是稍伯中大夫的副职，属地官府。掌管本区出车徒的政令，如有征伐、田猎等事，便征集徒役车马前去报到。稍，离京城三百里的区域。⑥ 夷人：我国古代对中原以外各族的贬称。

原文

高祖为丞相，高颎屡言其贤，高祖亦素重其名，召之。及至，引入卧内，与语

翻译

高祖杨坚为丞相时，高颎屡次夸奖苏威的贤能，高祖也一向敬重他的名声，便召他来丞相府。等他到了，带到

大悦。居月余，威闻禅代之议，遁归田里。高颎请追之，高祖曰：“此不欲预吾事，且置之。”及受禅，征拜太子少保①。追赠其父为邳国公②，邑三千户，以威袭焉。俄兼纳言、民部尚书。威上表陈让③，诏曰：“舟大者任重，马骏者远驰。以公有兼人之才，无辞多务也。”威乃止。

卧室内，与他谈了一席，非常高兴。一个多月后，苏威听到高祖将受禅称帝的说法，逃回了家乡。高颎请求去追他回来，高祖说：“这是不想参与我的大事，暂且让他去。”等高祖接受禅让后，又召他回来任太子少保。追封他的父亲苏绰为邳国公，食邑三千户，让苏威继承。不久，兼任纳言、民部尚书。苏威上书谦让，高祖下诏令道：“船大的负载就重，马好的跑得就远。因为您有超人的才干，多承担些事情也不要推辞了。”苏威这才接受。

注释 ① 太子少保：与太子少师、少傅并称太子三少，是太子的导师，掌管教导太子，为正三品。 ② 邳：音 pī。 ③ 表：表文，上给皇帝有所陈请的书信。

原文

初，威父在西魏，以国用不足，为征税之法，颇称为重。既而叹曰：“今所为者，正如张弓，非平世法也。后之君子，谁能弛乎？”威闻其言，每以为己任。至是，奏减赋役，务从轻典，上悉从之。渐见亲重，与高颎参掌朝政。威见宫中以银为幔钩，因盛陈节俭之美以谕

翻译

当初，苏威的父亲在西魏时，因为国家财政开支不足，制订了税收之法，世人认为很重。苏绰随后感叹道：“现在所订的税法，正如拉弓，不是太平世道的税法。后世的君子，谁能把它放松呢？”苏威听到这话，常常把它当作自己的职责。到这时，就奏请减轻赋税劳役，尽力依照轻松的法令办事。高祖都依从了他。苏威渐渐被亲近看重，与高颎一起掌管朝政。苏威看到皇宫中用

上。上为之改容，雕饰旧物，悉命除毁。上尝怒一人，将杀之，威入阁进谏，不纳。上怒甚，将自出斩之，威当上前不去。上避之而出，威又遮止，上拂衣而入。良久，乃召威谢曰：“公能若是，吾无忧矣。”于是赐马二匹，钱十余万。寻复兼大理卿、京兆尹、御史大夫，本官悉如故[①]。

治书侍御史梁毗以威领五职[②]，安繁恋剧，无举贤自代之心，抗表劾威。上曰：“苏威朝夕孜孜，志存远大，举贤有阙，何遽迫之！”顾谓威曰：“用之则行，舍之则藏，唯我与尔有是夫！”[③]因谓朝臣曰：“苏威不值我，无以措其言；我不得苏威，何以行其道？杨素才辩无双，至若斟酌古今，助我宣化，非威之匹也。苏威若逢乱世，商山四皓[④]，岂易屈哉！”其见重如此。

银子做帐幕的挂钩，就极力陈述节俭的美德以便让皇上醒悟。皇上为之动容，凡是过去雕琢、装饰的东西，命令全都撤下毁掉。皇上曾经对某人很恼怒，将要杀他，苏威进便殿劝谏，皇上不听。皇上愤怒已极，要亲自出去斩他，苏威挡在前面不走开。皇上绕开苏威而出，苏威又遮挡住，皇上气得拂袖而回。过了好一会，才召苏威进去向他道歉说：“您能像这样做，我就没有忧虑了。”于是赐给苏威两匹马，铜钱十多万个。不久又兼任大理卿、京兆尹、御史大夫，原来的官职照旧。

治书侍御史梁毗认为苏威身兼五职，安心于繁重的政务。没有举荐贤者代替自己的想法，于是上表弹劾苏威。皇上说：“苏威从早到晚，孜孜不倦，用心于远大之处，即使推荐贤才方面有些缺点，也为什么要这样急切地逼迫他呢！”回头对苏威说：“任用我我则施展才干，不用我我就深藏不露，只有我和你有这种品行吧！”于是对朝廷官员说：“苏威如果没遇上我，他就无法提出他的建议；我如果没有得到苏威，又怎能推行我的政治主张？杨素口才敏捷，天下无双，但若说到吸取古今经验，帮助我宣扬教化，他就不能和苏威相比了。

苏威如果身逢乱世，就像商山四皓一样，哪里能轻易召来他呀！”苏威就像这样受到皇上的器重。

注释 ① 大理卿：大理寺长官，“九卿”之一，为正三品。御史大夫：御史台长官，掌管监察、执法，为从三品。 ② 治书侍御史：御史大夫的副官，后改称御史中丞，为从五品下。 ③“用之则行”句：《论语·述而》中语。文帝用孔子称赞颜渊的话表述他和苏威的关系，是对苏威的极度亲切和极为尊重。 ④ 商山四皓：秦末东园公、绮里季、夏黄公、甪（lù）里先生四人，为避秦末战乱隐居商山，年纪都八十多岁，眉须全白，时称商山四皓。汉初高祖征召，不应。后来高祖欲废太子，吕后用张良之计，迎四皓，辅佐太子，使高祖打消了废除太子的念头。商山，在陕西商州东南。商，原误作“南”。“商山”无“南山”之称，《北史·苏威传》即作“商山”，此据改。

原文

未几，拜刑部尚书，解少保、御史大夫之官。后京兆尹废，检校雍州别驾[①]。时高颎与威同心协赞，政刑大小，无不筹之，故革运数年[②]，天下称治。俄转民部尚书，纳言如故。属山东诸州民饥，上令威赈恤之。后二载，迁吏部尚书[③]。岁余，兼领国子祭酒[④]。隋承战争之后，宪章踳驳[⑤]，上令朝臣厘改旧法，为一代通典。律

翻译

不久，苏威被任命为刑部尚书，免去太子少保、御史大夫的职务。后来京兆尹的官名取消了，便任命他检校雍州别驾。当时高颎与苏威同心协助皇上，政令法律，无论大小，全都加以筹划，所以建立新王朝才数年，天下就治理得很好。不久，又调任民部尚书，纳言一职不动。正逢山东诸州发生饥荒，皇上命令苏威去救济抚恤他们。二年后升为吏部尚书。过了一年多，又兼任国子祭酒。隋朝是紧接在战争之后建立的，典章制度错谬杂乱，皇上下令朝廷官员整理修改旧法，作为一代通用典制。律令格式，多数由苏威所定，世人都认为他

令格式[⑥]，多威所定，世以为能。九年，拜尚书右仆射。其年，以母忧去职，柴毁骨立……未几，起令视事，固辞，优诏不许。明年，上幸并州，命与高颎同总留事。俄追诣行在所[⑦]，使决民讼。

很有才干。开皇九年（589），苏威被任命为尚书右仆射。同年，因为母亲去世丧而离职。哀伤得骨瘦如柴……不久，高祖让他回朝办理公事，苏威坚决推辞，又下诏褒奖，不准推辞。第二年，皇上到并州，命令他与高颎共同负责留守京城的事务。不一会儿，又命令他赶到并州，让他判决民众诉讼。

注释　① 检校：有本官又依命临时代理他官的职务。别驾：州牧、刺史的副职。雍州级别高于他州，其别驾为从四品上。雍州牧由亲王兼领时，别驾代主州政。② 革运：义同“革命”，变革天命，指朝代更替。　③ 吏部尚书：吏部长官，掌管全国官吏的任免、考课、升降、调动等事务，为正三品。　④ 国子祭酒：国子寺（后称国子监）的长官，主要掌管贵族及朝廷官员子弟的教育，为从三品。　⑤ 踳（chuǎn）：同“舛”，错乱。　⑥ 格式：通指有关官署制度组织、官员职权等方面的法规。　⑦ 行在所：帝王所在的地方。

原文

威子夔，少有盛名于天下，引致宾客，四海士大夫多归之。后议乐事，夔与国子博士何妥各有所持[①]。于是夔、妥俱为一议，使百僚署其所同。朝廷多附威，同夔者十八九。妥恚曰：“吾席间函丈四十余年[②]，反为昨暮儿之所屈也！”遂奏威

翻译

苏威的儿子苏夔，年少时在国内就有很大的名声，他广招宾客，四海之内的士大夫多归向他。后来讨论音乐方面的问题，苏夔与国子博士何妥各持不同的见解。于是苏夔与何妥都各立一种观点，让群臣来签署自己所赞同的意见，朝廷官员中很多人依附苏威，所以十有八九都同意苏夔的见解。何妥气愤地说：“我为师讲学四十多年，反而被刚出生的婴儿所屈服！”于是上书称苏

与礼部尚书卢恺、吏部侍郎薛道衡、尚书右丞王弘、考功侍郎李同和等共为朋党[③]，省中呼王弘为世子，李同和为叔，言二人如威之子弟也。复言威以曲道任其从父弟彻、肃等罔冒为官。又国子学请荡阴人王孝逸为书学博士[④]，威属卢恺[⑤]，以为其府参军。上令蜀王秀、上柱国虞庆则等杂治之[⑥]，事皆验。上以《宋书·谢晦传》中朋党事[⑦]，令威读之。威惶惧，免冠顿首。上曰："谢已晚矣。"于是免威官爵，以开府就第。知名之士坐威得罪者百余人。

威与礼部尚书卢恺、吏部侍郎薛道衡、尚书右丞王弘、考功侍郎李同和等互相结为朋党，尚书省中称呼王弘为世子，李同和为叔叔，意思是说这两人如同苏威的儿子和弟弟。又说苏威用不正当的手段任用他的堂兄弟苏彻、苏肃等，弄虚作假为官。另外国子学请荡阴人王孝逸为书学博士，苏威吩咐卢恺，把他任命为苏威的国公府参军。皇上命令蜀王杨秀、上柱国虞庆则等人一起审查这些事，结果都符合实情。皇上因为《宋书·谢晦传》中有谢晦结党营私终致杀身之祸的事情，叫苏威去读一读。苏威惶恐不安，摘下官帽叩头请罪。皇上说："现在谢罪已经晚了。"于是免去了苏威的官职和爵位，保留开府仪同三司的勋官回家闲居。知名人士受苏威牵连而判罪的有百余人。

注释 ① 国子博士：国子监的职官，掌管国子学，为正五品上。 ② 席间函丈：《礼记·曲礼上》："若非饮食之客，则布席，席间函丈。"原意指讲学者与听讲者坐席之间相距一丈。后用作对前辈学者或老师的尊称。 ③ 吏部侍郎：吏部司长官，掌管官吏的铨选任免等事务，为从五品。尚书六部，每部四司，此为吏部头司。侍郎后改为尚书的副职，各司长官则称郎(唐代称郎中)。考功侍郎：考功司长官，掌管官吏的考核等事务，为从五品。属吏部。 ④ 国子学：隋文帝时曾改国子寺为国子学。荡(tāng)阴：县名，治所在今河南汤阴县。书学博士：掌管书学，为从九品下。书学是专门培养书法人才的学校。 ⑤ "威属"句：卢恺当时还代理吏部尚书，所以苏威嘱托他改任王孝逸的官职。 ⑥ 蜀王秀：高祖第四子杨秀。后受太子杨广和宰相杨素陷害，被高祖废为庶人。 ⑦《宋书》：南朝梁沈约撰，“二十四史”之一。

原文

未几，上曰：“苏威德行者，但为人所误耳。”命之通籍[①]。岁余，复爵邳公，拜纳言。从祠太山，坐不敬免。俄而复位。上谓群臣曰：“世人言苏威诈清，家累金玉，此妄言也。然其性很戾[②]，不切世要，求名太甚，从己则悦，违之必怒，此其大病耳。”寻令持节巡抚江南，得以便宜从事。过会稽，逾五岭而还[③]。时突厥都蓝可汗屡为边患，复使威至可汗所，与结和亲，可汗即遣使献方物。以勤劳，进位大将军[④]。仁寿初，复拜尚书右仆射。上幸仁寿宫，以威总留后事。及上还，御史奏威职事多不理，请推之。上怒，诘责威。威拜谢，上亦止。后上幸仁寿

翻译

不久，皇上说：“苏威的确是个有德行的人，只是被人牵累而犯了错误。”下令他可以进宫。一年后，恢复了他邳公的爵位，任命他为纳言。苏威随从皇上祭祀泰山，又因不敬之罪而被免了职。但不久又恢复官职。皇上对群臣说道：“世人说苏威假装清廉，其实家中金玉多得都堆起来了，这是胡言乱语。但他性情乖戾，不切合世上要务，求名之心太重，顺从自己的就高兴，违背自己的必定要发怒，这是他最大的毛病。”不久，命令他持节巡视安抚江南，让他可以斟酌情势，不拘条文，自行决断处理。路经会稽，越过五岭而后回到朝廷。当时突厥都蓝可汗屡次侵扰边地，又派苏威出使到都蓝可汗所在之地，和突厥结成通婚的关系，可汗就派遣使者入朝进贡地方特产。因为辛苦有功，升为大将军。仁寿初年，又授予尚书右仆射之职。皇上到仁寿宫去，让苏威总管留守的政务。等皇上返回京城，御史上书弹劾苏威有很多本职工作没有处理，请求追查此事。皇上发怒，责问苏威，苏威

宫，不豫[5]，皇太子自京师来侍疾，诏威留守京师。

跪拜请罪，皇上也不再追究。后来皇上又去仁寿宫，病情严重，皇太子杨广从京城来护理皇上，命令苏威留守京城。

注释 ① 通籍：记名于门籍称通籍。汉代制度，将记有姓名、年龄、身份等的竹片挂在官门外，经核对，符合的人才可以入官。 ② 很戾：暴戾，凶狠。很，同“狠”。③ 五岭：即越城、都庞、萌渚、骑田、大庾五岭的总称，在湘、赣和粤、桂等省区边境。④ 大将军：第四等勋官。 ⑤ 不豫：帝王病重的委婉说法。豫，安适，快乐。

原文

炀帝嗣位，加上大将军[1]。及长城之役，威谏止之。高颎、贺若弼等之诛也，威坐与相连，免官。岁余，拜鲁郡太守[2]。俄召还，参与朝政。未几，拜太常卿。其年从征吐谷浑[3]，进位左光禄大夫[4]。帝以威先朝旧臣，渐加委任。后岁余，复为纳言，与左翊卫大将军宇文述、黄门侍郎裴矩、御史大夫裴蕴、内史侍郎虞世基参掌朝政[5]，时人称为“五贵”。

翻译

炀帝继位，苏威升为上大将军。炀帝大修长城时，苏威进谏劝阻。高颎、贺若弼等人被诛时，苏威因与他们有关系而受到牵累，被免除了官职。过了一年多，他被任命为鲁郡太守。不久又被召回京城，参与朝政。不久，授予太常卿。同一年随从炀帝征讨吐谷浑，官位升到左光禄大夫。炀帝因为苏威是前朝老臣，逐渐委以重任。过了一年多，又担任纳言，与左翊卫大将军宇文述、黄门侍郎裴矩、御史大夫裴蕴、内史侍郎虞世基共同掌管朝政，当时人们称他们为“五贵”。

注释 ① 上大将军：第三等勋官。 ② 鲁郡：治所在今山东兖州。 ③ 吐谷(yù)浑：我国古代少数民族，在今青海北部、新疆东南部。隋时曾建立政权。 ④ 左光禄大夫：第二等散官名，为正二品。隋炀帝时废除十一等勋官，设置十七等散官，表示官员的品级。 ⑤ 左翊卫大将军：左翊卫的最高将领，为正三品。黄门侍郎：门下省长官纳言的副职，为正四品。内史侍郎：内史省长官内史令的副职，为正四品。

原文

及辽东之役，以本官领左武卫大将军，进位光禄大夫①，赐爵宁陵侯②。其年，进封房公。威以年老，上表乞骸骨③。上不许，复以本官参掌选事。明年，从征辽东，领右御卫大将军。

翻译

到了发动辽东战役的时候，苏威以纳言兼任左武卫大将军，官位晋升为光禄大夫，赐给宁陵侯的爵位。这年，又进封为房公。苏威因为年老，上书请求退休。皇上没有准许，又以纳言参与掌管选拔吏官的事情。第二年，随从皇帝讨伐辽东，兼任右御卫大将军。

注释 ① 光禄大夫：最高的散官名，为从一品。 ② 宁陵侯：炀帝废文帝时的九等爵制，只设王、公、侯三等。 ③ 乞骸骨：古代官吏因年老自请退职，称为“乞骸骨”，意思说讨回骸骨使能归葬故里。

原文

杨玄感之反也，帝引威帐中，惧见于色，谓威曰：“此小儿聪明，得不为患乎？”威曰：“夫识是非，审成败者，乃所谓聪明。玄感粗疏，非聪明者，必无所虑，但

翻译

杨玄感反叛时，炀帝把苏威请进营帐中，脸上露出害怕的神情，对苏威说：“这小子聪明，该不会酿成大祸吧？”苏威说：“能辨别是非，明察成败的人，才是所谓聪明的人。玄感粗疏，不是个聪明人，一定不会有什么值得忧虑的事情，只怕会渐渐变成产生祸乱的阶梯罢了。”苏威

恐浸成乱阶耳。”威见劳役不息，百姓思乱，微以此讽帝，帝竟不寤。从还至涿郡①，诏威安抚关中，以威孙尚辇直长儇为副②。其子鸿胪少卿夔③，先为关中简黜大使④，一家三人，俱奉使关右⑤，三辅荣之⑥。岁余，帝下手诏曰⑦：“玉以洁润，丹紫莫能渝其质，松表岁寒，霜雪莫能凋其采。可谓温仁劲直，性之然乎！房公威器怀温裕，识量弘雅，早居端揆，备悉国章，先皇旧臣，朝之宿齿⑧，栋梁社稷，弼谐朕躬，守文奉法，卑身率礼。昔汉之三杰⑨，辅惠帝者萧何⑩；周之十乱⑪，佐成王者邵奭⑫。国之宝器，其在得贤，参燮台阶⑬，具瞻斯允⑭。虽复事藉论道，终期献替，铨衡时务，朝寄为重，可开府仪同三司⑮。余并如故。”威当时见尊重，朝臣莫与为比。

见劳役无休无止，百姓人心思乱，隐约委婉地用这话来劝告炀帝，炀帝竟然没有醒悟。随皇上回京，来到涿郡，炀帝命令苏威去安抚关中，以苏威的孙子尚辇直长苏儇为副职。苏威的儿子鸿胪少卿苏夔，先前已出任关中简黜大使，一家三人，都奉命出使关西，三辅之地的人都认为很荣耀。一年多之后，皇上亲自撰写诏书说：“玉因为洁净温润，绚丽的色彩也不能改变它的质地，松树屹然独立在寒冷的冬天里，霜雪也不能损伤它的神采。可以说温润仁厚、刚劲正直，这是本性如此吧。房公苏威心胸宽厚，见识度量弘大雅正，很早就身居尚书长官之位，熟悉各种朝廷典制，是前代皇帝的旧臣，朝廷的元老，国家的栋梁，辅佐配合我治国，遵守法令制度，谦恭地按照礼法行事。过去汉代有三杰，辅助汉惠帝的是萧何，西周有十个大臣，辅佐周成王的是邵奭。国家的珍宝，在于得到贤臣，三公协和，宰辅重臣之位就会允当。虽然三公的职务是帮助参谋治国的政令，终究盼望能献上正确的主张，否定错误的意见。审度时势，当以朝廷委任为重，所以准许授予苏威开府仪同三司，其余官职照旧。”苏威当时所受到的尊重，朝廷官员没有人能与他相比。

注释 ① 涿(zhuō)郡:治所在今北京西南。 ② 尚辇直长:尚辇局长官奉御的副职,为正七品。属殿内省,掌管朝会、祭祀时车辇、伞扇的陈设。儇:音 xuān。 ③ 鸿胪少卿:鸿胪卿的副职,掌管外事接待、凶丧之仪等事务,为正四品。 ④ 简黜:选拔和贬退。 ⑤ 关右:即关西,古人以西为右。 ⑥ 三辅:汉代京兆尹、左冯翊、右扶风三地同治长安,所辖皆京畿之地,故合称"三辅",辖境相当今陕西中部地区。后世政区虽有更改,但习惯上仍称这一地区为"三辅"。 ⑦ 手诏:诏书一般由中书舍人撰拟,皇帝亲自撰写的诏令称手诏。 ⑧ 宿齿:老年人。常用来指老臣或元老。 ⑨ 汉之三杰:指张良、韩信、萧何三人。 ⑩ 萧何(? —前 193):汉高祖刘邦的丞相。对刘邦战胜项羽、建立巩固汉室政权起了重大作用。汉惠帝时继为丞相。死后,相国曹参仍继续推行萧何所定的法令。 ⑪ 周之十乱:指周武王十个具有治国才能的大臣:周公旦、召公奭(shì)、太公望、毕公、荣公、太颠、闳夭、散宜生、南宫适(kuò)、文母(文王的母亲)。乱,治理。 ⑫ 邵奭:即召公奭。曾辅佐周武王灭商,被封于燕,成为周朝燕国的始祖。成王时任太保,与周公旦共同辅助成王。后又受成王遗嘱辅佐康王。 ⑬ 台阶:三台星。古人认为有三公之象,因而用来指三公之位或宰辅重臣。 ⑭ 具瞻:意思是说为众人所瞻望,故用来指宰辅大臣。 ⑮ 开府仪同三司:隋文帝时此为第五等勋官,炀帝时改为仅次于王、公的荣宠之职,为从一品。

原文

后从幸雁门,为突厥所围,朝廷危惮。帝欲轻骑溃围而出,威谏曰:"城守则我有余力,轻骑则彼之所长。陛下万乘之主,何宜轻脱!"帝乃止。突厥俄亦解围而去。车驾至太原,威言于帝

翻译

后来随从炀帝到雁门,被突厥包围,朝廷官员感到很危险。炀帝想带领轻装的骑兵突围而出,苏威劝阻道:"据城而守,那么我方还有余力;轻骑却是敌方所擅长的。陛下贵为天子,怎么能轻易离开呢!"炀帝这才放弃了此念。突厥不一会儿也解围而去。炀帝到了太原,苏威对炀帝说:"现在盗贼一直闹

曰："今者盗贼不止，士马疲敝，愿陛下还京师，深根固本，为社稷之计。"帝初然之，竟用宇文述等议，遂往东都。

时天下大乱，威知帝不可改，意甚患之。属帝问侍臣盗贼事，宇文述曰："盗贼信少，不足为虞。"威不能诡对，以身隐于殿柱。帝呼威而问之，威对曰："臣非职司，不知多少，但患其渐近。"帝曰："何谓也？"威曰："他日贼据长白山，今者近在荥阳、汜水[①]。"帝不悦而罢。寻属五月五日，百僚上馈，多以珍玩。威献《尚书》一部，微以讽帝，帝弥不平。后复问伐辽东事，威对愿赦群盗，遣讨高丽。帝益怒。御史大夫裴蕴希旨，令白衣张行本奏威昔在高阳典选[②]，滥授人官；畏怯突厥，请还京师。帝令案其事。及狱成，下诏曰："威立性朋

个不停，军队很疲困，盼望陛下回到京城，巩固加深根基，谋划治理国家的大计。"皇上开始认为很对，最后却采纳了宇文述等人的建议，于是前往东都洛阳。

当时天下大乱，苏威知道皇上的作为不可改变，心中充满忧虑。恰逢皇上向侍奉的官员询问民众造反的事，宇文述说："盗贼确实很少，不足为虑。"苏威不愿说谎欺骗他，把身子隐藏在宫殿的柱子后面。皇上把苏威叫出来，向他询问此事，苏威回答说："我不是主管此事的官员，不知道有多少，只是担心它逐渐靠近了。"皇上说："为什么这样说？"苏威道："从前盗贼占据着长白山，现在已经近在荥阳、汜水。"炀帝不高兴地罢了朝。过不久，正逢五月五日端午节，群臣向皇上进献礼物，大多是供玩赏的珍品，苏威献了一部《尚书》，委婉地用它来讽劝炀帝，炀帝心中更加有气。后来又询问他讨伐辽东的事，苏威回答说，希望大赦各地盗贼，派遣他们去讨伐高丽。炀帝更加愤怒。御史大夫裴蕴迎合皇上的旨意，叫府中当差的张行本上书，检举苏威过去在高阳主持选拔官吏时，滥授官职；畏惧突厥，请求返回京城。炀帝下令查办那些事。等罪案形成之后，炀帝下诏书说："苏威生性喜

党，好为异端，怀挟诡道，徼幸名利，诋诃律令，谤讪台省。昔岁薄伐[3]，奉述先志，凡预切问，各尽胸臆，而威不以开怀，遂无对命，启沃之道，其若是乎！资敬之义[4]，何其甚薄！”于是除名为民。后月余，有人奏威与突厥阴图不轨者，大理簿责威。威自陈奉事二朝三十余载，精诚微浅不能上感，咎衅屡彰，罪当万死。帝悯而释之。其年从幸江都宫，帝将复用威。裴蕴、虞世基奏言，昏耄羸疾。帝乃止。

欢结党营私，好为异端邪说，胸怀诡诈之道，抱着侥幸心理追求名利，诋毁指斥法令，诽谤讥讪宰辅大臣。去年讨伐辽东，我是继承先帝的遗志，凡是我向群臣恳切求教的，各自都能尽抒胸臆，但苏威却不敞开心胸，于是没有什么应答，竭诚忠告的道理，难道是像这样的吗！如侍奉父亲般侍奉君主的道理，怎么这样淡薄。”于是削职为民。过了一个多月，有人检举苏威与突厥暗中图谋不轨，大理寺下文责问苏威。苏威为自己陈述衷情说，侍奉两朝君王三十余年，心中的赤诚之情微薄浅淡，不能使君王感动，罪过屡次显露出来，真是罪该万死。炀帝怜悯而赦免了他。这年又随从炀帝前往江都宫，炀帝要再次起用苏威，裴蕴、虞世基向炀帝进言，说苏威昏聩糊涂，体弱多病，炀帝才罢了。

注释 ① 汜（sì）水：源出今河南巩县东南，北流经荥阳西北汜水镇，注入黄河。② 高阳：县名，治所即今河北高阳东旧城。 ③ 薄伐：征伐。薄，语助词。 ④ 资敬：《孝经·士章》：“资于事父以事君，而敬同。”意思说：拿侍奉父亲的孝道来侍奉国君，其敬爱之心相同。资敬，如侍奉父亲般侍奉君主。

原文

宇文化及之弑逆也，以威为光禄大夫、开府仪同三

翻译

宇文化及杀害炀帝，举兵反叛，任命苏威为光禄大夫、开府仪同三司。宇

司。化及败，归于李密[1]。未几密败，归东都，越王侗以为上柱国、邳公[2]。王充僭号[3]，署太师。威自以隋室旧臣，遭逢丧乱，所经之处，皆与时消息，以求容免。及大唐秦王平王充[4]，坐于东都阊阖门内，威请谒见，称老病不能拜起。王遣人数之曰："公隋朝宰辅，政乱不能匡救，遂令品物涂炭[5]，君弑国亡。见李密、王充，皆拜伏舞蹈[6]。今既老病，无劳相见也。"寻归长安，至朝堂请见，又不许。卒于家，时年八十二。

文化及失败后，苏威又投归李密。不久李密也失败了，苏威便投向东都洛阳，越王侗任命他为上柱国、邳公。王世充僭位称帝，委任他为太师。苏威自以为是隋朝旧臣，遇到乱世，所到之处，都随时势变化而变化，以求保全性命，免除灾祸。等到唐朝秦王李世民平定王世充之后，秦王坐在东都洛阳的阊阖门内，苏威请求进见，自称年老多病，跪拜后不能起身。秦王派人去责备他说："你是隋朝宰臣，政治混乱却不能匡救，因而使天下百姓陷入水深火热之中，君王被杀，国家灭亡。你见李密、王世充，都跪拜伏地，又手舞足蹈向他们行君臣之礼，现在既然年老有病，不烦劳你来相见了。"不久苏威返回长安，到朝廷议政厅请求进见，又未被准许。后在家中去世，当时八十二岁。

注释 ① 李密：见本书所选《李密传》。 ② 越王侗：隋炀帝之孙、炀帝太子杨昭之子。大业十四年炀帝死，王世充在东都洛阳拥立杨侗为帝。次年被王世充杀害。 ③ 王充：即王世充（？—621），唐人因避唐太宗讳而省称"王充"。隋炀帝时任江都通守（佐理郡务，职位低于太守），炀帝死后拥立杨侗为帝，次年废杨侗，自称皇帝，年号开明，国号郑。唐武德四年（621）兵败降唐，至长安，为仇人所杀。 ④ 秦王：即唐太宗李世民。其父李渊称帝时，曾封他为秦王。 ⑤ 品物：万物。 ⑥ 舞蹈：臣下朝见皇帝时的一种礼节。

原文

威治身清俭,以廉慎见称。每至公议,恶人异己,虽或小事,必固争之。时人以为无大臣之体。所修格令章程,并行于当世,然颇伤苛碎,论者以为非简允之法。及大业末年,尤多征役。至于论功行赏,威每承望风旨,辄寝其事。时群盗蜂起,郡县有表奏诣阙者,又诃诘使人,令减贼数,故出师攻讨,多不克捷。由是为物议所讥。子夔。

翻译

苏威立身处世,清廉节俭,以廉洁谨慎著称。每到众人议政时,便厌恶别人与自己意见不同,即使是件小事,也一定要固执地争辩。当时人认为他没有大臣的气派。他所修订的法令制度,都在当代施行,但毛病在于过分苛刻繁琐,舆论认为那不是简要平允的法令。到了大业末年,税收徭役繁多。说到论功行赏,苏威常看皇上脸色心意办事,经常搁下应该办的事情不干。当时民众起义如蜂蚁般出现在各地,郡县有表文、奏疏送到朝廷的,苏威又诘责使者,命令他们减少起义军的数字,所以派兵去讨伐攻打多不能获胜。因此被舆论所讥议。有个儿子名叫苏夔。

杨 素 传

导读

杨素(544—603),是隋朝的开国功臣,也是隋代重要的人物之一。开皇八年(588)伐陈,开皇十年(590)讨平原陈朝境内地方势力的叛乱。开皇十八年(598)、仁寿二年(602)两次率兵打败突厥,杨素都立有大功。他早年即有大志,读书刻苦,涉猎颇广。他的文章书法都很好,诗也写得不错,其边塞诗颇有苍凉悲壮的气氛。不过,杨素为人颇有阴险毒辣的一面,北周时就蓄意结纳当时任宰相的隋文帝杨坚,后来又协助杨广阴谋夺取了太子宝位。文帝之死,疑即是杨广勾结杨素等人下的毒手。杨素又好钱财。炀帝时杨素大权在握,作威作福,骄横不可一世,终于引起炀帝猜忌,杨素也在危惧的心情下死去。本篇记载翔实,叙说公允,是了解杨素其人以及隋朝史实的重要文献。(选自卷四八)

原文

杨素字处道,弘农华阴人也。祖暄,魏辅国将军、谏议大夫[①]。父敷,周汾州刺史[②],没于齐。素少落拓,有大志,不拘小节,世人多未之知,唯从叔祖魏尚书仆射宽深异之,每谓子孙曰:“处道当逸群绝伦,非常之器,非汝

翻译

杨素字处道,是弘农郡华阴县人。祖父杨暄,在北魏任辅国将军、谏议大夫。父亲杨敷,在北周任汾州刺史,死于北齐。杨素从小就落拓不羁,胸怀大志,不拘小节,世人多不了解他,只有堂叔祖北魏尚书仆射杨宽深感他不同常人,常常对子孙们说:“处道将会超群出众,是个非同寻常的人才,不是你们所能赶上的。”后来杨素与安定县的牛弘

曹所逮也。”后与安定牛弘同志好学[③]，研精不倦，多所通涉。善属文，工草隶，颇留意于风角[④]。美须髯，有英杰之表。周大冢宰宇文护引为中外记室[⑤]，后转礼曹[⑥]，加大都督。武帝亲总万机，素以其父守节陷齐，未蒙朝命，上表申理。帝不许，至于再三。帝大怒，命左右斩之。素乃大言曰：“臣事无道天子，死其分也。”帝壮其言，由是赠敷为大将军，谥曰忠壮。拜素为车骑大将军、仪同三司，渐见礼遇。帝命素为诏书，下笔立成，词义兼美。帝嘉之，顾谓素曰：“善自勉之，勿忧不富贵。”素应声答曰：“臣但恐富贵来逼臣，臣无心图富贵。”

志同道合，好学不倦，勤奋钻研，广博地涉猎了许多东西。他善于作文章，工于草书、隶书，对占候之术非常留意。杨素胡须很美，有英雄豪杰的仪表。北周大冢宰宇文护请他做都督中外诸军事府记室，后转任丞相府礼曹参军，加大都督的勋官号。周武帝亲自掌管朝政后，杨素因为父亲守节尽忠陷落北齐而死，没有受到朝廷封赐，于是上书据理申辩。武帝没有同意，杨素便再三上书申辩。武帝大怒，命令身边的人把他斩了。杨素于是大声喊道：“我侍奉昏庸无道的天子，死是该当的。”武帝认为他的话很壮烈，因而追封其父杨敷为大将军，谥号忠壮。任命杨素为车骑大将军，仪同三司，逐渐受到皇上的重视。武帝命令杨素撰写诏书，杨素下笔立刻写成，词藻文义都很美。武帝很赞美它，回望杨素说：“好好努力吧，不用担心不会富贵。”杨素紧接着回答说：“我只怕富贵来逼迫我，我无心谋求富贵。”

注释 ① 辅国将军：武散官，北魏时为从三品。 ② 汾州：治所在今山西吉县。 ③ 安定：郡名，治所在今甘肃泾川北。 ④ 风角：占候之术，通过观察天象变化来预测吉凶。 ⑤ 中外记室：宇文护在周武帝时任都督中外诸军事，为全国最高军事统帅，他的元帅府秘书称“中外记室”。 ⑥ 礼曹：此指丞相府礼曹参军，掌管礼仪之事。参军是诸曹长官。

原文

及平齐之役，素请率父麾下先驱。帝从之，赐以竹策，曰："朕方欲大相驱策，故用此物赐卿。"从齐王宪与齐人战于河阴①，以功封清河县子，邑五百户。其年授司城大夫②。明年，复从宪拔晋州③。宪屯兵鸡栖原④，齐主以大军至，宪惧而宵遁，为齐兵所蹑，众多败散。素与骁将十余人尽力苦战，宪仅而获免。其后每战有功。及齐平，加上开府，改封成安县公，邑千五百户，赐以粟帛、奴婢、杂畜。从王轨破陈将吴明彻于吕梁⑤。治东楚州事⑥。封弟慎为义安侯。陈将樊毅筑城于泗口⑦，素击走之，夷毅所筑。

翻译

等到平定北齐的战役开始，杨素请求率领父亲的部下作为先遣部队。周武帝顺从了他的要求，赐给他竹制的马鞭，说："我正想大规模调兵遣将，所以把这件东西赐给你。"杨素跟随齐王宇文宪与北齐军队在河阴交战，因战功封为清河县子，食邑五百户。同年，任命他为司城大夫，第二年，杨素又随从宇文宪攻克了晋州。宇文宪率兵驻扎在鸡栖原，北齐后主高纬率领大部队到来，宇文宪因害怕而连夜逃跑，被北齐军队跟踪追击，很多士兵因战败逃散了。杨素与十多个猛将拼命苦战，宇文宪才勉强逃脱。此后，杨素每打一仗都有战功。到北齐被灭时，他被晋升为上开府大将军，改封为成安县公，食邑一千五百户，皇上又赐给他粟帛、奴婢、各种牲畜。杨素跟随王轨在吕梁打败了陈朝将领吴明彻，出任东楚州刺史。其弟杨慎被封为义安侯。陈朝将领樊毅在泗口修筑城墙，杨素把他击跑了，平掉了樊毅修筑的城墙。

注释 ① 河阴：郡、县名，治所在今河南洛阳东北。 ② 司城大夫：隶属、职掌都不详。 ③ 晋州：治所在今山西临汾。 ④ 鸡栖原：在今山西霍山之上。 ⑤ 吕梁：地名，在今江苏徐州东南。 ⑥ 东楚州：治所在今江苏宿迁东南。 ⑦ 泗(sì)

口:在今江苏淮安西南,即古泗水入淮水之口。

原文

宣帝即位,袭父爵临贞县公,以弟约为成安公①。寻从韦孝宽徇淮南②,素别下盱眙③、钟离④。

翻译

周宣帝做皇帝后,杨素继承了父亲的爵位临贞县公,让弟弟杨约为成安公。不久杨素跟随韦孝宽率兵攻略淮南,杨素另外又攻下了盱眙、钟离。

注释 ① 成安公:原误作"安成公"。杨素原封"成安县公",因继承父爵而把原爵位转封其弟杨约,应作"成安公"为是。虽然安成与成安二县当时都有,但安成属陈朝(治所在今广西宾阳东),北周断不会用敌国的疆土来作为功臣的封地。 ② 徇(xùn):带兵攻略。 ③ 盱眙(xū yí):地名,今属江苏。 ④ 钟离:县名,治所在今安徽凤阳东北临淮关。

原文

及高祖为丞相,素深自结纳,高祖甚器之,以素为汴州刺史①。行至洛阳,会尉迥作乱,荥州刺史宇文胄据武牢以应迥②,素不得进。高祖拜素大将军,发河内兵击胄③,破之。迁徐州总管,进位柱国,封清河郡公,邑二千户。以弟岳为临贞公。高祖受禅,加上柱国。开皇四年,拜御史大夫。其妻郑

翻译

等隋高祖做了丞相,杨素有意和他密切交往。隋高祖很器重他,任命他为汴州刺史。杨素走到洛阳时,正逢尉迟迥作乱,荥州刺史宇文胄凭据虎牢关响应尉迟迥,杨素无法再前去上任。高祖委任杨素为大将军,征调河内兵马去攻打宇文胄,结果打败了敌人。杨素升为徐州总管,勋位升晋为柱国,封爵为清河郡公,食邑二千户。让弟弟杨岳为临贞公。高祖受禅即帝位后,把他升为上柱国。开皇四年(584),任命为御史大夫。他的妻子郑氏性情泼辣,杨素气愤

氏性悍，素忿之曰："我若作天子，卿定不堪为皇后。"郑氏奏之，由是坐免。

地对她说："我如果做了天子，你定然不配做皇后。"郑氏将此话上奏，杨素因为此事被罢了官。

注释　① 汴州：治所在今河南开封西北。 ② 武牢：即虎牢，唐人避唐高祖李渊祖父李虎之讳改。虎牢城在今河南荥阳西北。 ③ 河内：指今河南黄河以北地区。

原文

上方图江表，先是，素数进取陈之计，未几，拜信州总管①，赐钱百万、锦千段、马二百匹而遣之。素居永安②，造大舰，名曰"五牙"，上起楼五层，高百余尺③，左右前后置六拍竿④，并高五十尺，容战士八百人，旗帜加于上。次曰"黄龙"，置兵百人。自余平乘、舴艋等各有差⑤。及大举伐陈，以素为行军元帅，引舟师趣三硖。军至流头滩⑥，陈将戚欣，以青龙百余艘⑦、屯兵数千人守狼尾滩⑧，以遏军路。其地险峭，诸将患之。素曰："胜负大计，在此

翻译

隋高祖正在图谋统一江南，在此之前，杨素屡次向皇上进献灭陈的计谋，没多久，高祖就任命他为信州总管，赐给他一百万钱，一千匹锦缎，二百匹马，派他上任。杨素在永安县，修造大战舰，名叫"五牙"，上面建楼五层，高一百余尺，左右前后安置六根拍竿，都有五十尺高，这战舰能装八百士兵，旗帜树在上面。次一等的叫"黄龙"，能装百余名士兵。其余的"平乘""舴艋"等船只各有等差。到大规模讨伐陈朝时，高祖以杨素为行军元帅，率领水军攻取三峡。部队到了流头滩，陈朝将领戚欣用百余艘战舰，数千士兵驻守在狼尾滩，企图阻拦大军前进。那里地势险峭，众将领都为之担忧。杨素说："胜败大事，在此一举。如果白天乘船而下，敌人能看见我们，滩流迅急，人无法控制战船，

一举。若昼日下船，彼则见我，滩流迅激，制不由人，则吾失其便。”乃以夜掩之。素亲率黄龙数千艘，衔枚而下[⑨]，遣开府王长袭引步卒从南岸击欣别栅，令大将军刘仁恩率甲骑趣白沙北岸，迟明而至，击之，欣败走。悉虏其众，劳而遣之，秋毫不犯，陈人大悦。素率水军东下，舟舻被江，旌甲曜日。素坐平乘大船，容貌雄伟，陈人望之惧曰：“清河公即江神也。”陈南康内史吕仲肃屯岐亭[⑩]，正据江峡，于北岸凿岩，缀铁锁三条，横截上流，以遏战船。素与仁恩登陆俱发，先攻其栅。仲肃军夜溃，素徐去其锁。仲肃复据荆门之延洲[⑪]。素遣巴蜑卒千人[⑫]，乘“五牙”四艘，以柏樯碎贼十余舰[⑬]，遂大破之，俘甲士二千余人，仲肃仅以身免。陈主遣其信州刺史顾觉，镇安蜀城[⑭]，荆

那么我们就失去了有利条件。”于是在夜间进行袭击，杨素亲自率领数千艘“黄龙”，士兵口中衔着木条，顺流而下。同时又派遣开府仪同三司王长袭率领步兵从南岸攻击戚欣别的营寨，派大将军刘仁恩率领披甲骑兵向白沙北岸进军。黎明时他们到达目的地，向敌人发动了攻击，戚欣大败逃窜。其部下全部被俘虏，抚慰一番后，就把他们全遣散了。部队秋毫不犯，陈朝百姓非常高兴。杨素率领水军向东直下，舟船覆盖了大江，旌旗、铠甲在太阳的映照下耀眼夺目。杨素坐在“平乘”大船上，容貌雄伟，陈朝人望见他，畏惧地说：“清河公就是长江的神灵啊！”陈朝南康的内史吕仲肃驻扎在岐亭，正好占据着长江西陵峡之口，他们在北岸挖凿山岩，连接了三条铁锁，横截在江面上，用以阻拦战船顺流而下。杨素与刘仁恩都一起登陆向敌人进攻，先攻击他们的营寨。吕仲肃的军队当夜就溃退了，杨素就逐渐去除铁锁。吕仲肃又占据了荆门的延洲。杨素派遣一千名巴蜑士兵，乘坐四艘“五牙”巨舰，用拍竿击碎了十余艘敌舰，于是大败敌人，俘获士兵两千余人，吕仲肃仅仅逃得一命。陈后主派遣信州刺史顾觉，镇守安蜀城，荆州

州刺史陈纪镇公安[15]，皆惧而退走。巴陵以东[16]，无敢守者。湘州刺史、岳阳王陈叔慎遣使请降[17]。素下至汉口[18]，与秦孝王会。及还，拜荆州总管[19]，进爵郢国公，邑三千户，真食长寿县千户[20]。以其子玄感为仪同，玄奖为清河郡公。赐物万段、粟万石，加以金宝，又赐陈主妹及女妓十四人。素言于上曰："里名胜母，曾子不入[21]，逆人王谊，前封于郢，臣不愿与之同。"于是改封越国公。寻拜纳言。岁余，转内史令。

刺史陈纪镇守公安县，都因畏惧而撤退了。巴陵以东，再也没有敢于防守抵抗的人了。湘州刺史、岳阳王陈叔慎派来使者请求投降。杨素到达汉口，与秦孝王杨俊相会。等回到京城，高祖任命他为荆州总管，爵位升为郢国公，食邑三千户，实领长寿县一千户。他的儿子杨玄感被授予仪同三司，杨玄奖为清河郡公。赐给杨素物品万段，米粟万石，还加上金银珠宝，又把陈后主的妹妹和歌舞妓十四人赐给了他。杨素对高祖说："有个地方名叫胜母，曾子路过此地，天黑了也不进去求宿，叛臣王谊，先前封于郢地，我不愿和他的封地同名。"于是改封为越国公，不久，杨素被任命为纳言。一年多之后，转任内史令。

注释 ① 信州：治所在今重庆奉节东白帝城。 ② 永安：宫殿名，三国蜀刘备驻军白帝城建此宫。故址在今重庆奉节县城中。 ③ 尺：隋代度制，1尺约合今29.6厘米。 ④ 拍竿：古代水军的一种攻坚武器，用来击打对方船只。 ⑤ 平乘：一种大船名。舴(zé)艋：一种小船名。 ⑥ 流头滩：在今湖北宜昌与秭归之间的长江中。 ⑦ 青龙：战舰名。 ⑧ 狼尾滩：在今湖北宜昌西北的长江中。 ⑨ 衔枚：古代行军时为了防止喧哗，让士兵口里横衔着一种形似筷子的东西，叫做"枚"。"枚"的两端有带，可系在颈上。 ⑩ 南康：郡名，治所在今江西赣州西南。内史：郡中长官，职同太守。岐亭：在今湖北宜昌西北长江西陵峡口。 ⑪ 荆门：地名，在今湖北宜都西北长江边。延洲：在今宜都附近长江中。 ⑫ 蜑(dàn)：古代南方民族之一，因居于巴中(今重庆涪陵一带)，故又称巴蜑。蜑人生活于水上，习于用舟。⑬ 柏檣：即上文的“拍竿”。“柏”疑为“拍”字之误。 ⑭ 信州：陈朝信州治所在今湖北宜昌西北。安蜀城：在今宜昌西北长江西陵峡口。 ⑮ 荆州：陈朝荆州治所，在公安，即今湖北公安西北。 ⑯ 巴陵：郡、县名，治所在今湖南岳阳。 ⑰ 湘州：治所在今湖南长沙。 ⑱ 汉口：即今湖北汉水入长江之口。 ⑲ 荆州：治所在今湖北江陵。 ⑳ 长寿县：治所在今湖北钟祥。 ㉑ “里名”二句：语见《盐铁论·晁错》《汉书·邹阳传》《淮南子·说山》等秦汉著作多载此事。里，古代居民区单位。曾子(前 505—前 436)，名参，孔子的学生，以孝著称。相传“四书”中的《大学》是他著的。

原文

俄而江南人李稜等聚众为乱，大者数万，小者数千，共相影响，杀害长吏。以素为行军总管，帅众讨之。贼朱莫问自称南徐州刺史[①]，以盛兵据京口[②]。素率舟师入自杨子津[③]，进击破之。晋陵顾世兴自称太守[④]，与其都督鲍迁等复来拒战。素逆击破之，执迁，虏三千余人。进击无锡贼帅叶略，又平之。吴郡沈玄懀、沈杰等以兵围苏州，刺史皇甫绩频战不利。素率众援之，玄懀势迫，走投

翻译

不久，江南人李稜等聚众作乱。规模大的有数万人，规模小的也有数千人，互相响应，杀害地方长官。高祖委任杨素为行军总管，率领部队去讨伐他们。盗贼朱莫问自称为南徐州刺史，用强大的兵力把守着京口。杨素率领水军从杨子津入江，向敌人发起进攻，打败了他们。晋陵顾世兴自称太守，与他们的都督鲍迁等人又来抵抗。杨素迎头攻击，打败了敌人，抓住了鲍迁，俘虏了三千多人。再进攻无锡的盗贼头领叶略，又消灭了他们吴郡沈玄懀、沈杰等带兵围攻苏州，刺史皇甫绩接连几次都出战不利。杨素率领部队去支援皇甫绩，沈玄懀因为形势急迫，奔投南沙盗贼头领陆孟孙。杨素在松江进攻陆

南沙贼帅陆孟孙[⑤]。素击孟孙于松江，大破之，生擒孟孙、玄憎。黝、歙贼帅沈雪、沈能据栅自固[⑥]，又攻拔之。浙江贼帅高智慧自号东扬州刺史[⑦]，船舰千艘，屯据要害，兵甚劲。素击之，自旦至申[⑧]，苦战而破。智慧逃入海，素蹑之，从余姚泛海趣永嘉[⑨]。智慧来拒战，素击走之，擒获数千人。贼帅汪文进自称天子，据东阳[⑩]，署其徒蔡道人为司空，守乐安[⑪]。进讨，悉平之。又破永嘉贼帅沈孝彻。于是步道向天台[⑫]，指临海郡[⑬]，逐捕遗逸寇。前后百余战，智慧遁守闽越。

孟孙，大败敌人，活捉了陆孟孙、沈玄憎。黟县歙县的盗贼头领沈雪、沈能凭借营寨加固防守，又被攻克。浙江的盗贼首领高智慧自称是东扬州刺史，有上千艘船舰，驻兵占据着要害地方，兵力很强。杨素对他们发动攻击，从早上苦战到下午五点，终于攻破了敌人的防守。高智慧逃入海中，杨素紧紧追踪，从余姚乘船航海到永嘉。高智慧前来抵抗，杨素把他打跑了，抓获数千人。盗贼首领汪文进自称天子，占据着东阳，委任他的门徒蔡道人为司空，守卫乐安。杨素进军讨伐，都把他们平定了。又攻破永嘉盗贼头领沈孝彻。于是步行往天台，向临海郡前进，追捕漏网的寇贼。前后经历百余次战斗，高智慧逃到闽越一带防守。

注释 ① 南徐州：治所在今江苏镇江。 ② 京口：南徐州的治所。 ③ 杨子津：在今江苏仪征南。 ④ 晋陵：郡名，治所在今江苏常州。 ⑤ 南沙：县名，治所在今江苏常熟西北。 ⑥ 黝（yī）：同“黟”（yī）。黟县，治所在今安徽黟县东。歙（shè）：县名，今属安徽。 ⑦ 东扬州：治所在今浙江绍兴。 ⑧ 申：申时，古代十二时辰之一，即下午三点到五点。 ⑨ 余姚：县名，今属浙江。永嘉：在今浙江温州。 ⑩ 东阳：郡名，治所在今浙江金华。 ⑪ 乐安：县名：治所在今浙江仙居。 ⑫ 天台：山名，在今浙江天台城北。 ⑬ 临海郡：治所在今浙江临海东南。

原文

上以素久劳于外，诏令驰传入朝[①]。加子玄感官为上开府，赐彩物三千段。素以余贼未殄，恐为后患，又自请行。乃下诏曰："朕忧劳百姓，日旰忘食，一物失所，情深纳隍[②]。江外狂狡，妄构妖逆，虽经殄除，民未安堵。犹有贼首凶魁，逃亡山洞，恐其聚结，重扰苍生。内史令、上柱国、越国公素，识达古今，经谋长远，比曾推毂，旧著威名，宜任以大兵，总为元帅。宣布朝风，振扬威武，擒剪叛亡，慰劳黎庶，军民事务，一以委之。"素复乘传至会稽。先是，泉州人王国庆[③]，南安豪族也[④]，杀刺史刘弘，据州为乱，诸亡贼皆归之。自以海路艰阻，非北人所习，不设备伍。素泛海掩至，国庆遑遽，弃州而走，余党散入海岛，或守溪洞[⑤]。素分遣诸

翻译

高祖认为杨素在外劳累很久了，下诏让杨素乘驿站车马迅速回朝。把杨素的儿子杨玄感升为上开府仪同三司，并赐给杨素缣帛等物三千段。杨素认为还有残余的寇贼没有消灭，恐怕将来成为后患，又向皇上请求让他返回战场，高祖于是下诏令说："我为百姓担忧，常到天黑时还忘了吃饭，有一人流离失所，我在感情上就觉得像是自己把老百姓推入了沟壑。江南的凶狂狡诈之徒，妄图兴风作浪，虽然对他们进行了沉重打击，但民众还没有安居。仍然还有作乱的元凶，逃亡到山洞中，恐怕他们聚集纠结，重新骚扰百姓。内史令、上柱国、越国公杨素，通达古今，深谋远虑，近来一直帮助我办事，早就有了显扬的威名，宜把大军委托给他。由他担任统率元帅。宣扬朝廷教化，弘扬我军雄威，捉拿铲除叛乱逃亡分子，慰问黎民百姓。军队和地方的事务，全都委托给他管理。"杨素又乘驿站车马急忙赶到会稽。在此之前，泉州人王国庆，他是南安的一个豪族，杀害了刺史刘弘，凭据本州进行叛乱，那些逃亡的寇贼都投归到他手下。王国庆自以为海路艰险，不是北方人能适应的，因此

将，水陆追捕。乃密令人谓国庆曰："尔之罪状，计不容诛。唯有斩送智慧，可以塞责。"国庆于是执送智慧，斩于泉州。自余支党，悉来降附，江南大定。上遣左领军将军独孤陀至浚仪迎劳[6]。比到京师，问者日至。拜素子玄奖为仪同，赐黄金四十斤[7]，加银瓶，实以金钱，缣三千段，马二百匹，羊二千口，公田百顷[8]，宅一区，代苏威为尚书右仆射，与高颎专掌朝政。

不设防备。杨素从海上乘船突然到来，王国庆惊惶失措，弃州而逃，其余同党四散而去，有的上了海岛，有的守着溪洞。杨素分头派遣众将，水陆两面进行追捕。这才秘密派人对王国庆说："你的罪行，算来是死有余辜。只有斩下高智慧的头送来，才可以抵偿你的罪责。"王国庆于是把高智慧抓起来送给杨素，杨素在泉州把高智慧斩了。其余党徒，都来投降归附，江南彻底安定。高祖派遣左领军将军独孤陀到浚仪迎接慰劳。等杨素回到京城，每天都有慰问他的人。杨素的儿子玄奖被授予仪同三司，赐给杨素黄金四十斤，另加一个银瓶，瓶中装满了金币；又赐给他细绢三千匹，马二百匹，羊二千只，公田一百顷，住宅一座。代替苏威为尚书右仆射，与高颎一起主持朝廷大政。

注释 ① 驰传：驾驿站车马急行。 ② "一物"二句：语本《文选》张衡《东京赋》："人或不得其所，若己纳之于隍。"意思说有人无家可归，就像是自己把他们推进了沟中。后人用"纳隍"来形容对百姓的关怀爱护之心。隍（huáng），没有水的护城河。 ③ 泉州：治所在今福建福州。 ④ 南安：县名，治所在今福建南安东。 ⑤ 溪洞：古代指今苗族、侗族、壮族中之一部分及其聚居地。 ⑥ 浚仪：县名，治所在今河南开封。 ⑦ 斤：隋代衡制，1斤合今668克。 ⑧ 顷：百亩为顷。

原文

素性疏而辩，高下在心。朝臣之内，颇推高颎，敬牛弘，厚接薛道衡，视苏威蔑如也。自余朝贵，多被陵轹[①]。其才艺风调，优于高颎，至于推诚体国，处物平当，有宰相识度，不如颎远矣。

寻令素监营仁寿宫，素遂夷山堙谷，督役严急，作者多死，宫侧时闻鬼哭之声。及宫成，上令高颎前视，奏称颇伤绮丽，大损人丁，高祖不悦。素忧惧，计无所出，即于北门启独孤皇后曰："帝王法有离宫别馆，今天下太平，造此一宫，何足损费！[②]"后以此理谕上，上意乃解。于是赐钱百万，锦绢三千段。

十八年，突厥达头可汗犯塞，以素为灵州道行军总管[③]，出塞讨之，赐物二千段，黄金百斤。先是，诸将

翻译

杨素秉性马虎，但能言善辩，处事随心所欲，朝廷官员中，他很推崇高颎，敬重牛弘，与薛道衡有很多往来，对苏威很轻视。其余朝廷显要，大多受他欺压。杨素的才干风韵，比高颎强，说到赤诚待人，治理国家，处事平允，有宰相的见识气度，比高颎就差得很远了。

不久高祖让杨素监管营建仁寿宫，杨素就平掉高山填平低谷，监督劳工苛刻急切，有很多劳工都累死了，宫殿旁边时常听到鬼哭之声。等宫殿落成，高祖派高颎前去视察，高颎上奏认为太过于绮丽，大大劳损了服劳役的人，高祖听了对杨素很不满意。杨素忧虑畏惧，想不出什么办法，便到北宫向独孤皇后报告说："按照礼法，帝王应有离宫别墅，现在天下太平，建造一个宫殿，哪里谈得上耗费！"皇后把这道理譬解皇上，皇上的不满情绪才消除。于是赐给杨素一百万钱，三千匹锦缎绢帛。

开皇十八年(598)，突厥达头可汗侵犯边塞，杨素被任命为灵州道行军总管，前往边塞讨伐，皇上又赐给他物品二千段，黄金一百斤。在此之前，众将领与外族敌人交战，常常忧虑敌人骑兵飞快突击，都是让战车和步兵、骑兵掺

与虏战，每虑胡骑奔突，皆以戎车步骑相参，舆鹿角为方阵[④]，骑在其内。素谓人曰："此乃自固之道，非取胜之方也。"于是悉除旧法，令诸军为骑阵。达头闻之大喜，曰："此天赐我也。"因下马仰天而拜，率精骑十余万而至。素奋击，大破之，达头被重创而遁，杀伤不可胜计，群虏号哭而去。优诏褒扬，赐缣二万匹，及万钉宝带[⑤]。加子玄感位大将军，玄奖、玄纵、积善并上仪同。

杂在一起，用车运载鹿角布成方阵，骑兵在里面。杨素对人说："这是防守的手段，不是取胜的方法。"于是彻底抛弃了过去的打法，命令各路部队布成骑兵阵地。达头可汗闻讯后大为高兴，说："这是上天赐给我的良机。"于是下马朝天而拜，率领十万精锐骑兵赶来。杨素奋力出击，大败敌人，达头可汗身受重伤逃跑了，杀伤敌人不可胜数，群敌号哭而去，高祖下诏对杨素进行褒奖，赐给他二万匹缣，还有万钉宝带。提升杨素的儿子玄感为大将军，玄奖、玄纵、积善都为上仪同三司。

注释 ① 陵轹(lì)：欺压。 ② 北门：皇宫的北门，借指北宫，皇后居住的地方。 ③ 灵州：治所在今宁夏灵武西南。 ④ 鹿角：古代军事上的防御设备，形似鹿角。用带枝杈的树木，削尖，半埋入土，以阻截敌人闯入阵地或营寨。 ⑤ 万钉宝带：宝带名，皇帝用来赏赐功臣。

原文

素多权略，乘机赴敌，应变无方，然大抵驭戎严整，有犯军令者，立斩之，无所宽贷。每将临寇，辄求人过失而斩之，多者百余人，

翻译

杨素善于变通，富有谋略，随机应变，不墨守成规，但大体上治军过于严整，有违犯军令的，当即斩首，没有什么宽恕。每次和敌寇交战前，总是抓人过失拿他们斩首，多的时候有百余人，少

少不下十数。流血盈前，言笑自若。及其对阵，先令一二百人赴敌，陷阵则已，如不能陷阵而还者，无问多少，悉斩之。又令三二百人复进，还如向法。将士股栗，有必死之心，由是战无不胜，称为名将。素时贵幸，言无不从，其从素征伐者，微功必录，至于他将，虽有大功，多为文吏所谴却。故素虽严忍，士亦以此愿从焉。

二十年，晋王广为灵朔道行军元帅[①]，素为长史。王卑躬以交素。及为太子，素之谋也。

仁寿初，代高颎为尚书左仆射，赐良马百匹，牝马二百匹，奴婢百口。其年，以素为行军元帅，出云州击突厥[②]，连破之。突厥退走，率骑追蹑，至夜而及之。将复战，恐贼越逸，令其骑稍后。于是亲将两骑，并降突

的时候也不下十来个。眼前血流满地，杨素却谈笑自如。到他对阵交锋时，先派一二百人冲赴敌阵，攻破敌阵的就算数，如不能攻破敌阵而活着回来，不问有多少人，全部斩首。又派二三百人再进攻，仍照前面的办法行事。官兵们都两腿发抖，有必死的决心，因此杨素战无不胜，被称为名将。杨素当时极受尊宠，皇上对他言听计从，那些跟随杨素出征作战的将士，即使是一点小功也都记载下来，给予奖赏，至于其他的将领，虽然有大功也多被文官找岔子斥回。所以杨素虽然治军严酷，将士们也因此而乐意跟随。

开皇二十年(600)，晋王杨广为灵朔道行军元帅，杨素为长史。晋王杨广谦虚地与杨素结交。到后来杨广立为太子，还是得力于杨素的计谋。

仁寿初年，杨素代替高颎为尚书左仆射，赐给他一百匹骏马，二百匹母马，一百个奴婢。这一年，任命杨素为行军元帅，路出云州去攻击突厥，接连几次打败敌人。突厥撤退逃走，杨素率领骑兵追踪，到晚上赶上了敌人。将要再次交战，杨素担心敌人逃跑，命令他的骑兵稍居后面跟着。于是他亲自带领两个骑兵，并带着两个投降的突厥人，与

厥二人，与虏并行，不之觉也。候其顿舍未定，趣后骑掩击，大破之。自是突厥远遁，碛南无复虏庭。以功进子玄感位为柱国，玄纵为淮南郡公。赏物二万段。

及献皇后崩，山陵制度③，多出于素。上善之，下诏曰："……非唯廊庙之器，实是社稷之臣，若不加褒赏，何以申兹劝励？可别封一子义康郡公，邑万户，子子孙孙，承袭不绝。余如故。"并赐田三十顷，绢万段，米万石，金钵一，实以金，银钵一，实以珠，并绫锦五百段。

敌人并行前进，敌人没有觉察。等他们宿营地还未安顿好，便命令后面的骑兵突然袭击，大败敌人。从此突厥逃得远远的，沙漠南部不再有突厥的朝廷了。因为父亲的功绩，升杨素的儿子玄感为柱国，玄纵为淮南郡公。赏给杨素物品二万段。

到文献独孤皇后去世时，陵墓的规格制度，多出于杨素之手。高祖很称赞，下诏令说："……你不只是能为朝廷负担重任的人才，实在是关系国家安危的大臣，如果不进行奖赏，用什么来表明朝廷的勉励呢？准许另外封一子为义康郡公，越国公杨素的食邑增加为万户，子子孙孙不断地继承下去。其余的官爵照旧，"并且赐给杨素田地三十顷，绢万匹，米万石，金钵一个，里面装满了黄金，银钵一个，里面装满了珍珠，还有绫、锦五百匹。

注释 ① 灵朔道：在灵州、朔州（治所在今山西朔州）一带。 ② 云州：治所在今山西文水东。 ③ 山陵：帝王的坟墓。

原文

时素贵宠日隆，其弟约、从父文思、弟文纪，及族父异，并尚书列卿。诸子无

翻译

当时杨素显贵荣耀的地位日益上升，他的弟弟杨约，堂叔杨文思、杨文纪以及族父杨异，都担任尚书和卿的官

汗马之劳，位至柱国、刺史。家僮数千，后庭妓妾曳绮罗者以千数。第宅华侈，制拟宫禁。有鲍亨者，善属文，殷胄者，工草隶，并江南士人，因高智慧没为家奴。亲戚故吏，布列清显，素之贵盛，近古未闻。炀帝初为太子，忌蜀王秀，与素谋之，构成其罪，后竟废黜。朝臣有违忤者，虽至诚体国，如贺若弼、史万岁、李纲、柳彧等[①]，素皆阴中之。若有附会及亲戚，虽无才用，必加进擢。朝廷靡然，莫不畏附。唯兵部尚书柳述，以帝婿之重，数于上前面折素。大理卿梁毗，抗表上言，素作威作福。上渐疏忌之，后因出敕曰："仆射国之宰辅，不可躬亲细务，但三五日一度向省，评论大事。"外示优崇，实夺之权也。终仁寿之末，不复通判省事。上赐王公以下射，素箭为第一，上

职。几个儿子没有什么汗马功劳，官位却升到柱国、刺史。家中仆人数千个，后院里身着绸缎的侍女数以千计。宅第豪华奢侈，规格可与皇宫相比。有个叫鲍亨的人，善于写文章，有个叫殷胄的人，擅长草书和隶书，都是江南的读书人，因为高智慧造反一案牵连被没收为家奴。亲戚及过去的属吏，都安排在清要显达的官位上，杨素的显贵、荣耀，是近古以来未曾听说过的。炀帝刚开始立为太子时，忌惮弟弟蜀王杨秀，与杨素商议对策，罗织罪名，刻意诬陷，后来杨秀竟然被废除了王爵。朝廷大臣中有触犯杨素的，虽是赤诚治国的人，像贺若弼、史万岁、李纲、柳彧等，杨素都在背地里陷害他们。如有依附他的以及他的亲戚，虽然没有才干，也必定加以提拔。朝廷官员如风吹草倒，没有谁不畏惧而依附他的。只有兵部尚书柳述，凭借皇帝女婿的尊贵，屡次在高祖之前当面折辱杨素。大理卿梁毗，上书直言弹劾杨素作威作福。皇上渐渐对杨素疏远有看法了，后来就发出诏令说："仆射是国家的宰辅重臣，不能亲自处理细小的事务，只须三五天到尚书省一次，评议国家大事。"表面看起来是给予特别的尊宠，实际上是削夺杨

手以外国所献金精盘，价值巨万，以赐之。四年，从幸仁寿宫，宴赐重叠。

及上不豫，素与兵部尚书柳述、黄门侍郎元岩等入阁侍疾。时皇太子入居大宝殿，虑上有不讳②，须豫防拟，乃手自为书，封出问素。素录出事状以报太子。宫人误送上所，上览而大恚。所宠陈贵人，又言太子无礼。上遂发怒，欲召庶人勇。太子谋之于素，素矫诏追东宫兵士帖上台宿卫③，门禁出入，并取宇文述、郭衍节度，又令张衡侍疾。上以此日崩，由是颇有异论。

素的权力。直到仁寿末年，杨素不再总管尚书省事务。高祖赏赐王公以下的官员进行射箭，杨素得了第一名，皇上亲手拿着外国所进贡的金精盘，价值上万，把它赐给了杨素。仁寿四年(604)，杨素随从高祖去仁寿宫，宴享赏赐接连不断。

到高祖病重时，杨素与兵部尚书柳述、黄门侍郎元岩等人进殿侍奉。当时皇太子杨广住进了大宝殿，担忧皇上病逝，必须事先提防准备，于是亲手写了封信，密封好派人送给杨素。杨素记下情况而报告太子。宫人误送高祖的住所，高祖看了信大为恼怒。高祖所宠爱的陈贵人，又说太子对她无礼。皇上于是发怒，想召已被贬为庶人的废太子杨勇。太子找杨素商议对策，杨素伪造诏书急忙叫来东宫卫士，增补宫廷宿卫，门禁出入，全由宇文述、郭衍调度负责。又叫张衡侍奉病人。高祖就在这天去世，因而外界就有很多不同的说法。

注释 ① 彧：音 yù。 ② 不讳：死的委婉说法。 ③ 帖：增加、补益。上台：宫廷，此指仁寿宫。

原文

汉王谅反，遣茹茹天保来据蒲州[1]，烧断河桥[2]。又遣王聃子率数万人并力拒守[3]。素将轻骑五千袭之，潜于渭口宵济[4]，迟明击之，天保败走，聃子惧而以城降。有诏征还。初，素将行也，计日破贼，皆如所量。帝于是以素为并州道行军总管、河北安抚大使，率众数万讨谅。时晋、绛、吕三州并为谅城守[5]，素各以二千人縻之而去[6]。谅遣赵子开拥众十余万，策绝径路，屯据高壁[7]，布阵五十里。素令诸将以兵临之，自引奇兵潜入霍山[8]，缘崖谷而进，直指其营，一战破之，杀伤数万。谅所署介州刺史梁修罗屯介休[9]，闻素至，惧，弃城而走。进至清源[10]，去并州三十里，谅率其将王世宗、赵子开、萧摩诃等，众且十万，来拒战。又击破之，

翻译

汉王杨谅谋反，派茹茹天保前来占领了蒲州，烧断了蒲津桥。又派遣王聃子率领数万人与茹茹天保合力拒守蒲州。杨素带领五千轻骑去袭击敌人，悄悄地从渭口连夜渡过黄河，黎明时发起进攻，茹茹天保败逃而去，聃子畏惧而献城投降。有诏令召杨素回京。当初，杨素将出征时，算好了攻破叛军的日子，事情的发展都像他估计的一样。于是炀帝委任杨素为并州道行军总管、河北安抚大使，率领数万士兵去讨伐杨谅。当时晋、绛、吕三州都是杨谅所据守的地方，杨素各用二千人牵制敌人而自己率军离开了。杨谅派赵子开带领十余万人，把所有的道路都用栅栏阻拦，驻守在高壁，布阵五十里长。杨素命令众将领带兵逼近敌人，他自己率领精兵潜入霍山，攀缘山崖险谷前进，径直奔向赵子开的军营，一战就攻破了敌营，杀伤数万敌人。杨谅所委任的介州刺史梁修罗驻守在介休，听到杨素到了，非常害怕，弃城而逃。杨素的部队前进到了清源，离并州只有三十里，杨谅率领他的将领王世宗、赵子开、萧摩诃等，将近十万人，前来抵挡。杨素又击败了叛军，捉住了萧摩诃。杨谅退回

擒萧摩诃。谅退保并州，素进兵围之，谅穷蹙而降，余党悉平。帝遣素弟修武公约赍手诏劳素[11]……素上表陈谢……

并州守卫，杨素率兵包围了并州，杨谅穷途末路无计可施，便投降了。其余的党羽也全部讨平了。炀帝派遣杨素的弟弟修武公杨约带着亲笔撰写的诏令来慰劳杨素……杨素上书表示感谢……

注释 ① 蒲州：治所在今山西永济西南蒲州镇。 ② 河桥：又名蒲津桥。在今陕西大荔县东大庆关与永济县蒲州镇之间的黄河上。 ③ 聃：音 dān。 ④ 渭口：指渭水入黄河之口。 ⑤ 绛州：治所在今山西闻喜东北。吕州：治所在今山西霍州。 ⑥ 縻(mí)：牵制、羁绊。 ⑦ 高壁：山名，在今山西灵石南。 ⑧ 霍山：在今山西霍州东南。 ⑨ 介州：治所在今山西汾阳。介休：县名，今属山西。 ⑩ 清源：县名，治所在今山西清徐县。 ⑪ 赍(jī)：携带。

原文

其月还京师，因从驾幸洛阳，以素领营东京大监。以平谅之功，拜其子万石、仁行，侄玄挺，皆仪同三司，赉物五万段[1]、绮罗千匹，谅之妓妾二十人。大业元年，迁尚书令，赐东京甲第一区，物二千段。寻拜太子太师，余官如故。前后赏锡，不可胜计。明年，拜司徒，改封楚公，真食二千五百

翻译

当月杨素回到京城，接着随从皇上去洛阳，让杨素兼任营东京大监。因为平定杨谅有功，杨素的儿子万石、仁行，侄儿玄挺，都被授予仪同三司，赐给杨素物品五万段，绮罗千匹，以及杨谅侍女二十人。大业元年(605)，升为尚书令，赐给东京显贵的住宅一座，物品二千段。不久又授予太子太师，其余官职照旧。前后赏赐，不可胜数。第二年，拜杨素为司徒，改封楚国公，实食二千五百户。这年，杨素死在任上。谥号称景武，追赠为光禄大夫，太尉公，弘农、

户。其年，卒官。谥曰景武，赠光禄大夫、太尉公，弘农、河东、绛郡、临汾、文城、河内、汲郡、长平、上党、西河十郡太守。给辒车[2]，班剑四十人[3]，前后部羽葆鼓吹[4]，粟麦五千石，物五千段。鸿胪监护丧事。……素尝以五言诗七百字赠番州刺史薛道衡[5]，词气宏拔，风韵秀上，亦为一时盛作。未几而卒，道衡叹曰："人之将死，其言也善[6]，岂若是乎！"有集十卷。

河东、绛郡、临汾、文城、河内、汲郡、长平、上党、西河、十郡太守。赐给灵车一辆，花剑仪仗队四十人，灵车前后安排羽葆和乐队，粟麦五千石，物品五千段，由鸿胪卿监管治理丧事。……杨素曾写过一首七百字的五言诗赠给番州刺史薛道衡，诗的气势宏大挺拔，风韵秀美超逸，也是一时的佳作。诗成没多久，杨素便死了，薛道衡叹息道："人将要死的时候，他说出的话往往善良动听，或许就像这样吧！"有文集十卷。

注释 ① 赉（lài）：赏赐。 ② 辒（wēn）车：本指卧车，后专指丧车。 ③ 班剑：饰有花纹的木剑，用作仪仗。班，同"斑"。 ④ 羽葆：仪仗名，用鸟羽装饰的车盖。鼓吹：奏演鼓吹乐的乐队。 ⑤ 番州：治所在今广东广州。 ⑥ "人之"二句：语出《论语·泰伯》。

原文

素虽有建立之策，及平谅之功，然特为帝所猜忌，外示殊礼，内情甚薄。太史言隋分野有大丧[1]，因改封于楚。楚与隋同分，欲以此

翻译

杨素虽然有谋划拥立炀帝以及平定杨谅的功勋，但是炀帝特别猜忌他，表面上对他特别恩宠，心中情分却很淡薄。太史说隋国的分野将有大丧事，因此炀帝便把杨素的封国改到楚地，楚、

厌当之[②]。素寝疾之日，帝每令名医诊候，赐以上药。然密问医人，恒恐不死。素又自知名位已极，不肯服药，亦不将慎，每语弟约曰："我岂须更活耶?"素贪冒财货[③]，营求产业。东、西二京，居宅侈丽，朝毁夕复，营缮无已，爰及诸方都会处，邸店、水硙并利田宅以千百数[④]，时议以此鄙之。子玄感嗣，别有传。诸子皆坐玄感诛死。

隋两个封地的分野相同，炀帝想用此法来消除大祸。杨素卧病之日，炀帝常常派名医去为他治疗，赐给他最好的药物。但是炀帝又暗中向医生打听，总是担心他不死。杨素也知道自己的名位已到了极点，因此不肯吃药，也不小心调养，常常对弟弟杨约说："我哪里还用再活呢?"杨素贪图财物，谋求家产。在长安、洛阳两个京城里，他的住宅奢侈华丽，朝毁夕盖，修建工程从未停止过，以至在各地都市里，旅舍商店、水磨以及上好的田地、住宅数以千计，当时的舆论因为此事很鄙薄他。儿子杨玄感作为他的继承人，另外有传，其他的儿子都因杨玄感谋反之罪而被杀害了。

注释 ① 太史：秘书省太史监的属官，掌管天文历法。分野：与星次相对应的地域。古人常以天象的变异来比附人事的吉凶，于是把天空的星宿分为十二星次，把十二星次的位置与地上州、国的位置相对应，用来占卜吉凶。就天文说，称分星；就地面说，称分野。星次鹑尾的分野是古代的楚国或荆州。隋朝的楚、隋二王国都在同一分野内。大丧：指帝王、皇后、世子之丧。 ② 厌(yā)：用迷信的方法，镇服或驱避可能出现的灾祸。 ③ 贪冒：原误作"负冒"。"贪冒"财货，为古人习用语。《北史·杨素传》此句写作"素贪财货"，可证"负冒"之误。 ④ 硙(wèi)：石磨。

韩擒虎传

导读

韩擒虎(538—592),隋朝名将,是隋文帝灭陈时负责长江下游地区战事的主要将领,攻克陈都建康(今江苏南京),俘获陈叔宝,在统一全国的事业中作出了杰出的贡献。韩擒虎胆略过人,战功卓著,时人奉若神明。民间也有很多他的故事流传。这篇传记在用虚笔刻画韩擒虎的声威方面很见功夫,例如提到突厥使者惶恐震惧的一段,即是传神之笔。(选自卷五二)

原文

韩擒字子通[①],河南东垣人也[②],后家新安[③]。父雄,以武烈知名,仕周,官至大将军、洛、虞等八州刺史[④]。擒少慷慨,以胆略见称,容貌魁岸,有雄杰之表。性又好书,经史百家皆略知大旨。周太祖见而异之,令与诸子游集。后以军功,拜都督、新安太守,稍迁仪同三司,袭爵新义郡公。武帝伐齐,齐将独孤永业守金墉

翻译

韩擒虎的字叫子通,是河南东垣县人,后来在新安县安家。父亲韩雄,因勇武刚正而出名,在北周做官,官至大将军、洛、虞等八州刺史。擒虎少年时就意气风发,以胆略过人被人称道,身材高大魁梧,有英雄豪杰的外貌。生性又喜欢读书,经史百家都能知道些大意。周太祖宇文泰见到他后,认为他不同寻常,叫他和自己的子侄们一起交游聚会。后来因有军功,被授予都督、新安太守,渐渐升迁为仪同三司,继承父亲的爵位为新义郡公。周武帝讨伐北齐,北齐将领独孤永业据守在金墉城,

城[5]，擒说下之。进平范阳[6]，加上仪同，拜永州刺史[7]。陈人逼光州[8]，擒以行军总管击破之。又从宇文忻平合州[9]。高祖作相，迁和州刺史[10]。陈将甄庆、任蛮奴、萧摩诃等共为声援，频寇江北[11]，前后入界。擒屡挫其锋，陈人夺气。

韩擒虎劝降，独孤永业归顺了北周。又进兵平定了范阳郡，晋升为上仪同大将军，任命为永州刺史。陈朝的军队进逼光州，韩擒虎出任行军总管，率兵击败了敌人。又跟随宇文忻攻下了合州。隋高祖任丞相时，他调任和州刺史。陈朝将领甄庆、任蛮奴、萧摩诃等互相声援，接连不断地骚扰江北，先后侵入边界。韩擒虎屡次打下他们的气焰，陈朝人因此丧失了勇气。

注释 ① 韩擒：即韩擒虎，唐人因避高祖的祖父李虎讳，只称韩擒。 ② 东垣：治所在今河南新安东。 ③ 新安：治所在今河南渑(miǎn)池东。 ④ 虞州：治所在今山西平陆西南。 ⑤ 金墉城：在今河南洛阳东北。 ⑥ 范阳：郡名，治所在今河北涿州。 ⑦ 永州：治所在今河南信阳北。 ⑧ 光州：治所在今河南光山。 ⑨ 合州：治所在今安徽合肥西。 ⑩ 和州：治所在今安徽和县。 ⑪ 江北：古代一般指长江以北、淮河以南及大别山以东地区。

原文

开皇初，高祖潜有吞并江南之志，以擒有文武才用，夙著声名，于是拜为庐州总管[1]，委以平陈之任，甚为敌人所惮。及大举伐陈，以擒为先锋。擒率五百人宵济，袭采石[2]，守者皆醉，

翻译

开皇初年，隋高祖暗中有了消灭陈朝的志意，因为韩擒虎有文武才能，早就有了显著的名声，于是任命他为庐州总管，把灭陈的重担委托给了他，此事让敌人感到很害怕。到大规模讨伐陈朝时，让韩擒虎担当先锋。擒虎率领五百人夜渡长江，偷袭采石矶，防守人员都喝醉了，擒虎于是夺取了该地。进攻

擒遂取之。进攻姑熟[③]，半日而拔，次于新林[④]。江南父老素闻其威信，来谒军门，昼夜不绝。陈人大骇，其将樊巡、鲁世真、田瑞等相继降之。晋王广上状[⑤]，高祖闻而大悦，宴赐群臣。晋王遣行军总管杜彦与擒合军，步骑二万。陈叔宝遣领军蔡征守朱雀航[⑥]，闻擒将至，众惧而溃。任蛮奴为贺若弼所败，弃军降于擒。擒以精骑五百，直入朱雀门[⑦]。陈人欲战，蛮奴㧑之曰："老夫尚降，诸君何事！"众皆散走。遂平金陵，执陈主叔宝。时贺若弼亦有功。乃下诏于晋王曰："此二公者，深谋大略，东南逋寇，朕本委之，静地恤民，悉如朕意。九州不一，已数百年，以名臣之功，成太平之业，天下盛事，何用过此！闻以欣然，实深庆快。平定江表，二人之力也。"赐物万

姑熟城，半天就攻克了，军队临时驻扎在新林。江南父老早就听说韩擒虎的威信，到军营门口来请求接见的人日夜不断。陈朝官兵非常惊恐，陈朝将领樊巡、鲁世真、田瑞等人相继投降。晋王杨广向高祖报告战况，高祖闻讯大喜，于是宴享赏赐群臣。晋王派行军总管杜彦与擒虎两军会合，步兵、骑兵共有两万。陈后主叔宝派遣领军蔡征守卫朱雀桥，听说韩擒虎马上要到，士兵都因害怕而溃散了。任蛮奴被贺若弼击败，抛下军队向擒虎投降。擒虎率领五百精锐骑兵，直入朱雀门。陈朝军队还有想战斗的，任蛮奴对他们挥手说："老夫尚且投降了，你们还干什么呢！"士兵们都四处奔逃。于是攻克了金陵，抓获了陈朝后主陈叔宝。当时贺若弼也有战功，于是高祖给晋王下诏令说："这二位大将，都有深谋远略，我当初委托他们擒拿东南的贼寇，现在平定了疆土，安抚了百姓，全都符合我的心意。海内不统一已数百年之久，凭借名臣的功勋，创立太平的帝业，天下的盛事，还有什么能超过这个的！听到这些消息令人欣喜，实在是可庆可贺、大快人心。平定江南，是他们二人的功劳！"于是，赏赐给他们物品万段，又给韩擒虎、贺

段，又下优诏于擒、弼曰："中国威于万里，宣朝化于一隅，使东南之民俱出汤火，数百年寇旬日廓清，专是公之功也。高名塞于宇宙，盛业光于天壤，逖听前古[8]，罕闻其匹。班师凯入，诚知非远，相思之甚，寸阴若岁。"

若弼下了褒奖的诏书，说："你们在万里之外，弘扬国威；在东南一角，宣扬朝廷的教化。使东南一带的民众全都跳出了水火，数百年的寇贼十天之间全都肃清，这全是二位的功绩。你们盛名满天下，伟大的业绩光照天地，自远古以来，极少听到有人能和你们匹敌的。你们凯旋而回的日子，我知道确实不会远了，但思念之深，使我感到时间虽短，犹觉如年。"

注释 ① 庐州：即前合州，开皇初改置。 ② 采石：即采石矶，在今安徽当涂西北。此为历代战争的必争之地。 ③ 姑熟：即今安徽当涂。 ④ 新林：地名，在今江苏南京西南。 ⑤ 状：文体的一种，用于陈述事件或事迹。 ⑥ 领军：为重要军事长官之一，与护军将军或中护军共同掌管中央军队，为第三品（陈朝共分九品）。朱雀航：即朱雀桥，在今江苏南京市南秦淮河上。 ⑦ 朱雀门：为陈朝首都建康城（今江苏南京）南面城门，约在今南京中华门内、秦淮河岸。 ⑧ 逖（tì）：远。

原文

及至京，弼与擒争功于上前。弼曰："臣在蒋山死战，破其锐卒，擒其骁将，震扬威武，遂平陈国。韩擒略不交阵，岂臣之比！"擒曰："本奉明旨，令臣与弼同时合势，以取伪都。弼乃敢先期，逢贼遂战，至令将士伤

翻译

等回到了京城，贺若弼与韩擒虎在皇上面前争功。贺若弼说："我在蒋山拼命作战，打败了陈朝的精锐部队，活捉了他们的猛将，弘扬了我方的军威，于是灭了陈国。韩擒虎几乎没有和敌人交战，哪里能和我相比！"韩擒虎说："当初我遵奉皇上的英明指示，让我与贺若弼同时汇合兵力去攻打伪都金陵。

死甚多。臣以轻骑五百，兵不血刃，直取金陵，降任蛮奴，执陈叔宝，据其府库，倾其巢穴。弼至夕，方扣北掖门，臣启关而纳之。斯乃救罪不暇，安得与臣相比！”上曰：“二将俱合上勋。”于是进位上柱国，赐物八千段。有司劾擒放纵士卒，淫污陈宫，坐此不加爵邑。

先是，江东有谣歌曰[①]：“黄斑青骢马[②]，发自寿阳涘[③]，来时冬气末，去日春风始。”皆不知所谓。擒本名豹，平陈之际，又乘青骢马，往反时节与歌相应，至是方悟。其后突厥来朝，上谓之曰：“汝闻江南有陈国天子乎？”对曰：“闻之。”上命左右引突厥诣擒前，曰：“此是执得陈国天子者。”擒厉然顾之，突厥惶恐，不敢仰视，其有威容如此。别封寿光县公，食邑千户。以行军总管屯金城[④]，御备胡寇，即拜

贺若弼竟敢超前，遇到敌人就交战，致使将士死伤很多。我用五百轻骑，未交锋就战胜了敌人，直接攻下了金陵，使任蛮奴向我投降，抓获了陈叔宝，占领了他们的仓库重地，彻底捣毁了他们的巢穴。贺若弼到傍晚才来敲北面宫城的大门，是我打开宫门把他放进来的。这些他补救罪过都还来不及呢，怎么能与我相比！”皇上说：“二位大将都该得上等功勋。”于是晋升为上柱国，赐给物品八千段。有关官员弹劾韩擒虎放纵士兵，奸污陈朝后宫宫妃，韩擒虎因为此罪而没有进封爵位和增加食邑户数。

在此之前，江东有歌谣唱道：“黄色斑纹的豹和青骢马，从寿阳水边出发；来的时候是冬天的末尾，走的日子春风开始吹。”人们都不知道它指的是什么。擒虎原名豹，攻打陈朝的时候，又骑着青骢马，往返的时节正好与歌谣相符，到这时人们才明白过来。此后，突厥使者前来朝见，皇上对他说：“你听说过江南有个陈国天子吗？”回答说：“听到过。”皇上命令身边的人把使者带到擒虎面前，说：“这就是抓到陈国天子的人。”韩擒虎严厉地望着他，突厥使者感到惶恐不安，不敢抬头仰视，擒虎威武的仪表就是这个样子。另外封他为寿光

凉州总管⑤。

县公，食邑一千户。又以行军总管的身份驻扎在金城，防御胡人进犯，随即委任为凉州总管。

注释 ① 江东：本指今芜湖至南京长江河段以东地区。因六朝建都建康，故时人又称其统治下的全部地区为江东。 ② 青骢(cōng)马：青白色相杂的马，今名菊花青马。 ③ 寿阳：即隋朝寿春县，此用旧称，治所在今安徽寿县。 ④ 金城：县名，治所在今甘肃兰州西北。 ⑤ 凉州：治所在今甘肃武威。

原文

俄征还京，上宴之内殿，恩礼殊厚。无何，其邻母见擒门下仪卫甚盛，有同王者，母异而问之。其中人曰："我来迎王。"忽然不见。又有人疾笃，忽惊走至擒家曰："我欲谒王。"左右问曰："何王也？"答曰："阎罗王。"擒子弟欲挞之，擒止之曰："生为上柱国，死作阎罗王，斯亦足矣。"因寝疾，数日竟卒，时年五十五。子世谔嗣。

翻译

不久，召回京城，皇上在内殿宴享擒虎，对他特别恩宠。没多长时间，擒虎邻居的老妇看见擒虎门前仪仗很隆盛，就像国王的仪仗一样，她感到很惊讶，向他们询问这是怎么回事，其中有个人回答道："我来迎接大王。"忽然便不见了。又有个病重的人，忽然发狂似地跑到擒虎家说："我要进见大王。"擒虎身边的人问道："什么王呀？"回答说："阎罗王。"擒虎的子侄们要鞭打他，擒虎制止他们说："生为上柱国，死作阎罗王，这也很满足了。"接着擒虎便染病卧床，数日就病逝了，当时五十五岁。儿子世谔继承了爵位。

贺若弼传

导读

贺若弼(544—607),隋朝大将,与杨素、韩擒虎、史万岁同为平定陈朝的主要功臣。他早年受父亲教导,即以平定天下为己任。文武双全、治军严肃,在平定江东的作战中与韩擒虎互不相让。但他在功成名就之后,却将其父"诫以慎口"的遗训置于脑后,因议论朝政而被猜忌成性的隋炀帝杨广诛杀。一代良将,最终却落得个弓藏狗烹、妻孥为奴的悲惨结局。(选自卷五二)

原文

贺若弼字辅伯,河南洛阳人也。父敦,以武烈知名,仕周为金州总管[①],宇文护忌而害之。临刑,呼弼谓之曰:"吾必欲平江南,然此心不果,汝当成吾志。且吾以舌死,汝不可不思。"因引锥刺弼舌出血,诫以慎口。弼少慷慨,有大志,骁勇便弓马,解属文,博涉书记,有重名于当世。周齐王宪闻而敬之,引为记室。未几,

翻译

贺若弼字辅伯,是河南洛阳人。父亲名叫敦,由于勇武刚正而出名,在北周任职,为金州总管,宇文护妒忌他而把他害死了。临刑前,他叫来贺若弼对他说:"我非常想平定江南,但是这个心愿不能实现,你应当完成我的志愿。再说我是因口舌惹祸而死的,你不能不考虑。"随即拿锥子把贺若弼的舌头刺出了血,以此告诫他说话要谨慎。贺若弼少年时意气风发,胸有大志,勇猛而又擅长射箭骑马。会写文章,广博地涉猎书牍、奏记之类的文章,在当代有很大的名气。北周齐王宇文宪听说后对他

封当亭县公，迁小内史。周武帝时，上柱国乌丸轨言于帝曰："太子非帝王器，臣亦尝与贺若弼论之。"帝呼弼问之，弼知太子不可动摇，恐祸及己，诡对曰："皇太子德业日新，未睹其阙。"帝默然。弼既退，轨让其背己，弼曰："君不密则失臣，臣不密则失身，所以不敢轻议也。"及宣帝嗣位，轨竟见诛，弼乃获免。寻与韦孝宽伐陈，攻拔数十城，弼计居多。拜寿州刺史②，改封襄邑县公。高祖为丞相，尉迥作乱邺城③，恐弼为变，遣长孙平驰驿代之④。

很敬重，请他做了王府的记室。没有多久，封为当亭县公，升为小内史。周武帝时，上柱国乌丸轨对皇上说："太子不是做帝王的人才，我也曾和贺若弼谈论过此事。"周武帝把贺若弼叫来询问，贺若弼知道太子的地位不可动摇，害怕祸患临头，便欺骗说："皇太子品德功业日新月异，没看见他有什么过失。"周武帝沉默不语。贺若弼退出之后，乌丸轨责备他背弃自己，贺若弼说："君主考虑事情不周就会失去臣下，臣子考虑事情不周就会丢掉性命，所以我不敢轻易发表议论。"等宣帝继位，乌丸轨终于被杀，贺若弼则获得幸免。不久与韦孝宽一起讨伐陈朝，攻克数十城，贺若弼的谋划占多数。任命他为寿州刺史，改封为襄邑县公。隋高祖做丞相时，尉迟迥在邺城叛乱，高祖担心贺若弼也反叛，派长孙平兼程赶去替代他的职务。

注释 ① 金州：治所在今陕西安康西北。 ② 寿州：治所在今安徽寿县。 ③ 邺城：在今河北临漳县西南邺镇。 ④ 驰驿：古时官员因急事奉诏入京或外出，由沿途驿站供给车夫、良马、粮食，兼程而进，称驰驿。

原文

高祖受禅，阴有并江南之志，访可任者。高颎曰："朝臣之内，文武才干，无若

翻译

隋高祖接受禅位，暗中有统一江南的志意，访察可以担当此任的人。高颎说："朝廷百官之中，文武两方面都有才

贺若弼者。”高祖曰：“公得之矣。”于是拜弼为吴州总管，委以平陈之事，弼忻然以为己任。与寿州总管源雄并为重镇。弼遗雄诗曰：“交河骠骑幕①，合浦伏波营②。勿使骐驎上③，无我二人名。”献取陈十策，上称善，赐以宝刀。开皇九年，大举伐陈，以弼为行军总管。将渡江，酹酒而咒曰④：“弼亲承庙略，远振国威，伐罪吊民，除凶剪暴。上天长江，鉴其若此。如使福善祸淫，大军利涉，如事有乖违，得葬江鱼腹中，死且不恨。”先是，弼请缘江防人每交代之际，必集历阳⑤。于是大列旗帜，营幕被野。陈人以为大兵至，悉发国中士马。既知防人交代，其众复散。后以为常，不复设备。及此，弼以大军济江，陈人弗之觉也。袭陈南徐州⑥，拔之，执其刺史黄恪。军令严

干，没有像贺若弼那样的人了。”高祖说：“您推荐的对了。”于是任命贺若弼为吴州总管，把灭陈的重任委托给了他，贺若弼也欣然以为己任。他与寿州总管源雄同为国家的柱石。贺若弼赠诗给源雄说：“交河有霍去病骠骑将军的幕府，合浦有马援伏波将军的军营；不要使麒麟阁上，少了我们二人的声名。”又向朝廷献了十条灭陈的计谋，高祖认为很好，赐给他宝刀。开皇九年(589)，大规模讨伐陈朝，任命贺若弼为行军总管。将要渡江时，贺若弼用酒祭奠长江祝告说：“贺若弼亲自接受了朝廷统一天下的大计，到远方去振作国威，讨伐罪人，抚慰民众，铲除凶暴。上天长江，请为我作证。如果使行善的得福，作恶的招祸，那么大军渡江就会一帆风顺，如果我们做事违背天理，就葬身于鱼腹之中，我死而无恨。”在此之前，贺若弼请沿江的边防人员每当前后换防之际，一定要会集在历阳，在这里到处插上旗帜，营地的帐篷漫山遍野。陈朝人以为大部队到了，便把国内的兵马都调动起来，等知道是守卫人员换防，兵马随之解散。以后习以为常，便不再进行防备。到这时，贺若弼率领大军横渡长江，陈朝人竟没有觉察。他们

肃，秋毫不犯，有军士于民间沽酒者，弼立斩之。进屯蒋山之白土冈，陈将鲁达、周智安、任蛮奴、田瑞、樊毅、孔范、萧摩诃等以劲兵拒战。田瑞先犯弼军，弼击走之。鲁达等相继递进，弼军屡却。弼揣知其骄，士卒且惰，于是督厉将士，殊死战，遂大破之。麾下开府员明擒摩诃至，弼命左右牵斩之。摩诃颜色自若，弼释而礼之。从北掖门而入。时韩擒虎已执陈叔宝，弼至，呼叔宝视之。叔宝惶惧流汗，股栗再拜。弼谓之曰："小国之君，当大国卿⑦，拜，礼也。入朝不失作归命侯⑧，无劳恐惧。"既而弼恚恨不获叔宝，功在韩擒之后，于是与擒相诟，挺刃而出。上闻弼有功，大悦，下诏褒扬，语在《韩擒传》。晋王以弼先期决战，违军令，于是以弼属吏。上驿召之，

袭击了陈朝的南徐州，攻占了此城，抓住了刺史黄恪。部队军令严肃，秋毫不犯。有到老百姓中去买酒喝的士兵，贺若弼立即把他们斩了。部队前进驻扎在蒋山的白土冈，陈朝将领鲁达、周智安、任蛮奴、田瑞、樊毅、孔范、萧摩诃等人率领精锐部队进行抵抗。田瑞首先攻击贺若弼的部队，贺若弼把他打跑了。鲁达等人相继轮流进攻，贺若弼的军队屡次退却。贺若弼估计他们有了骄心，士兵将懈怠了，这时便督促勉励将士们拼命一战，于是大败敌人。部下开府仪同三司员明把萧摩诃抓来了，贺若弼命令手下人把他拉出去斩了。萧摩诃神色自若，贺若弼便给他松了绑，以礼相待。贺若弼从宫城的北门进了宫。当时韩擒虎已经抓获了后主陈叔宝，贺若弼到后，叫陈叔宝过来瞧瞧。陈叔宝惶恐不安，直冒虚汗，两腿发抖，拜了两拜。贺若弼对他说："小国的君主，面对大国的卿，拜见，礼当如此。到朝廷后还可以做个归命侯，无须害怕。"过不久，贺若弼对自己没抓到陈叔宝、功劳在韩擒虎之后感到恼怒，于是和韩擒虎互相辱骂，拔刀相对才走开。高祖听到贺若弼立了战功，非常高兴，下诏书进行褒奖，诏文记在《隋书·韩擒虎传》。

及见，迎劳曰："克定三吴，公之功也。"命登御坐，赐物八千段，加位上柱国，进爵宋国公，真食襄邑三千户⑨，加以宝剑、宝带、金瓮、金盘各一，并雉尾扇、曲盖⑩，杂彩二千段，女乐二部，又赐陈叔宝妹为妾。拜右领军大将军，寻转右武侯大将军。

晋王杨广因为贺若弼在原来规定时间之前与敌人决战，违犯了军令，于是把贺若弼交给有关部门治罪。高祖派人日夜兼程地赶来把贺若弼召回朝廷，见到他时，高祖迎上去慰劳说："平定陈朝，这是你的功劳！"让贺若弼到皇帝的座椅上坐下，赏赐物品八千段，地位升到上柱国，加爵位为宋国公，实食襄邑县三千户，再赠给他一把宝剑、一条宝带、一个金瓮、一个金盘，还有雉尾扇、曲柄伞，各种丝织品二千匹，歌舞伎二队，又把陈叔宝的妹妹赐给他为妾。任命他为右领军大将军，不久调任右武侯大将军。

注释 ① 交河：地名，在今新疆吐鲁番西北雅尔湖村附近。自西汉至北魏，车师前王国都以此为都城。此泛指西域。骠骑：指西汉名将霍去病（前140—前117）。他官至骠骑将军。汉武帝元狩二年（前121），他率军两次大败匈奴，控制了河西地区，打开了通往西域的道路。 ② 合浦：县名，治所在今广西合浦东北。伏波：指东汉名将马援（前14—49）。他曾任伏波将军。汉光武帝建武十九年（43），他率军平定了合浦等地的叛乱。后来在进击武陵（郡名，治所在今湖南常德）"五溪蛮"时，病死军中。 ③ 骐骥：指麒麟阁。汉武帝时建造，在未央宫（遗址在今陕西西安西北郊）内。汉宣帝时，把霍光、张安世等十一位功臣的画像画在阁上，以表扬他们的功绩。封建时代，多以"麒麟阁"表示卓越的功勋和最高的荣誉。骐骥，同"麒麟"。 ④ 酹（lèi）：把酒浇在地上，表示立誓、祭奠。 ⑤ 历阳：郡、县名，治所在今安徽和县。 ⑥ 南徐州：治所在今江苏镇江。 ⑦ 卿：古代一种高级官名或爵位名，在公之下，大夫之上。 ⑧ 归命侯：爵名，封给归附新王朝的亡国之君。 ⑨ 襄邑：县名，治所在今河南睢（suī）县。 ⑩ 曲盖：仪仗用的曲柄伞。

原文

弼时贵盛，位望隆重，其兄隆为武都郡公，弟东为万荣郡公，并刺史、列将。弼家珍玩不可胜计，婢妾曳绮罗者数百，时人荣之。弼自谓功名出朝臣之右，每以宰相自许。既而杨素为右仆射，弼仍为将军，甚不平，形于言色，由是免官，弼怨望愈甚。后数年，下弼狱，上谓之曰："我以高颎、杨素为宰相，汝每倡言，云此二人惟堪啖饭耳，是何意也？"弼曰："颎，臣之故人，素，臣之舅子，臣并知其为人，诚有此语。"公卿奏弼怨望，罪当死。上惜其功，于是除名为民。岁余，复其爵位。上亦忌之，不复任使，然每宴赐，遇之甚厚。开皇十九年，上幸仁寿宫，宴王公，诏弼为五言诗，词意愤怨，帝览而容之。尝遇突厥入朝，上赐之射，突厥一发中的。

翻译

贺若弼当时非常显赫，地位名望都很高，他的哥哥贺若隆为武都郡公，弟弟贺若东为万荣郡公，都是刺史、将军。贺若弼家中珍贵的玩赏之物数不胜数，奴婢身穿绸缎的有数百人，当时人们认为他们家非常荣耀。贺若弼自认为功名在朝廷百官之上，常常以为宰相之位非他莫属。不久，杨素担任尚书右仆射，贺若弼仍然是个将军，心中忿忿不平，并流露在言谈和脸色上，因为这个皇上罢免了他的官职。贺若弼怨恨更深。几年后，贺若弼被关进监狱。皇上对他说："我让高颎、杨素做宰相，你常常扬言，说这两人只能吃饭罢了，这是什么意思？"贺若弼说："高颎是我过去的熟人，杨素是我舅舅的孩子，他们的为人我全知道，我的确说过那样的话。"大臣上书说贺若弼心怀怨恨，罪当处死。皇上怜惜他有战功，于是取消他所有的身份，让他做个平民百姓。一年以后，又恢复了他的爵位。皇上对他也有忌惮，不再任用他了，但是每次群臣宴集，皇上待他都很优厚。开皇十九年(599)，高祖去仁寿宫，宴享王公大臣，让贺若弼作五言诗，其诗含有怨愤之意，皇上看了之后也没有责备他。曾经

上曰："非贺若弼无能当此。"于是命弼。弼再拜祝曰："臣若赤诚奉国者，当一发破的，如其不然，发不中也。"既射，一发而中。上大悦，顾谓突厥曰："此人，天赐我也！"

炀帝之在东宫，尝谓弼曰："杨素、韩擒、史万岁三人，俱称良将，优劣如何？"弼曰："杨素是猛将，非谋将；韩擒是斗将，非领将；史万岁是骑将，非大将。"太子曰："然则大将谁也？"弼拜曰："唯殿下所择。"弼意自许为大将。及炀帝嗣位，尤被疏忌。大业三年，从驾北巡，至榆林。帝时为大帐，其下可坐数千人，召突厥启民可汗飨之。弼以为大侈，与高颎、宇文弢等私议得失，为人所奏，竟坐诛，时年六十四。妻子为官奴婢，群从徙边。

子怀亮，慷慨有父风，

有突厥使者前来朝见，皇上赐他射箭，突厥使者一箭中靶。皇上说："不是贺若弼，没有人能与之相比。"于是叫贺若弼去射。贺若弼拜了两拜祈祷说："我若是赤诚报国的人，那就应当一箭射中靶子；如果不是的，就会射不中。"射出之后，一箭中靶。皇上非常高兴，回过头来对突厥使者说："这个人，是上天赐给我的！"

炀帝在东宫做太子时，曾经对贺若弼说："杨素、韩擒虎、史万岁三人，都被称为良将，你认为谁优谁劣？"贺若弼说："杨素是位猛将，但不是富有谋略的将领，韩擒虎是位善于打仗的将领，但不是善于领兵的将领；史万岁是位擅长骑术的将领，但不是大将。"太子说："既是这样，那么谁是大将呢？"贺若弼跪拜着说："只凭殿下选择。"贺若弼的意思是认为自己是大将。炀帝继位之后，对贺若弼就更加疏远、忌惮了。大业三年(607)，贺若弼随从炀帝去北方巡视，到达榆林。炀帝当时作了一顶大帐幕，下面可以坐数千人，召来启民可汗一起饮酒。贺若弼认为太过奢侈，与高颎、宇文弢等人私下议论皇上的过失，被人弹劾，竟为此事而被杀，当时六十四岁。妻子儿女被没收进官府做奴婢，侄儿们都流放到边地。

以柱国世子拜仪同三司。坐弼为奴,俄亦诛死。

儿子怀亮,意气激昂,有父亲的遗风,凭着柱国嫡长子的身份被授予仪同三司。因贺若弼犯罪而没收为奴仆,不久也被杀了。

史万岁传

导读

史万岁(? —600),隋朝大将。其主要功绩为平定江东叛乱,抗击突厥。后来由于杨素忌功,在高祖前诬陷中伤而被高祖所杀。传中既写出了他值得同情的悲惨结局,也真实细致地记下了他贪财误国的一面,可谓实录。与隋朝的其他名将杨素、韩擒虎、贺若弼相较,史万岁以身先士卒、作战勇猛而又灵活机动著称。本篇对此有较为生动地描绘。(选自卷五三)

原文

史万岁,京兆杜陵人也[①]。父静,周沧州刺史[②]。万岁少英武,善骑射,骁捷若飞。好读兵书,兼精占候。年十五,值周、齐战于芒山[③],万岁时从父入军,旗鼓正相望,万岁令左右趣治装急去。俄而周师大败,其父由是奇之。武帝时,释褐侍伯上士[④]。及平齐之役,其父战没,万岁以忠臣子,拜开府仪同三司,袭爵太平

翻译

史万岁是京兆杜陵人。父亲史静,是北周的沧州刺史。史万岁年少时英俊威武,擅长骑马射箭,勇猛敏捷如飞禽一般。喜欢读兵书,并且精通占候之术。十五岁时,恰逢北周与北齐在芒山交战,史万岁当时跟随父亲加入部队,双方旗帜相望,战鼓相闻,史万岁叫身边的人赶快整理行装急忙离去。不一会儿,北周军队大败,他父亲因此感到他很奇特。周武帝时开始做官,任侍伯上士。在平定北齐的战役中,他的父亲阵亡了,史万岁因为是忠臣的儿子,被授予开府仪同三司,继承了父亲的太平

县公。

县公的爵位。

注释 ① 杜陵：旧县名，北周时已废，治所在今陕西西安东南。 ② 沧州：治所在今河北盐山西南。 ③ 芒山：在今河南永城东北。 ④ 释褐：脱去布衣而换上官服，即做官之意。侍伯上士：品级为正三命。隶属、职掌不详。似为宿卫的禁兵。

原文

尉迥之乱也，万岁从梁士彦击之。军次冯翊，见群雁飞来，万岁谓士彦曰："请射行中第三者。"既射之，应弦而落，三军莫不悦服。及与迥军相遇，每战先登。邺城之阵，官军稍却，万岁谓左右曰："事急矣，吾当破之。"于是驰马奋击，杀数十人，众亦齐力，官军乃振。及迥平，以功拜上大将军。

尔朱勣以谋反伏诛[①]，万岁颇相关涉，坐除名，配敦煌为戍卒[②]。其戍主甚骁武[③]，每单骑深入突厥中，掠取羊马，辄大克获。突厥无众寡，莫之敢当。其人深自矜负，数骂辱万岁。万岁患之，自言亦有武用。戍主试

翻译

尉迟迥反叛时，史万岁跟随梁士彦去攻打他。部队临时驻扎在冯翊，史万岁看见一群大雁飞过来，便对梁士彦说："请让我射那雁阵中的第三只。"箭才射出，第三只大雁便应声而落，全军官兵无不心悦诚服。等到与尉迟迥交战时，每次战斗他都冲在前面。邺城一仗，朝廷军队渐渐后退，史万岁对身边的人说："事情紧急了，我应当去打败它。"于是策马飞驰向前，奋力冲击，杀了数十人，兵士也齐心协力，朝廷军队才重新振作起来。到平定尉迟迥叛乱之后，因战功而被授予上大将军的勋官。

尔朱勣因为谋反被杀，史万岁与此事很有关联，因此罪而被解除了所有的官职，发配到敦煌当戍卒。他的戍主很勇猛，常常单枪匹马深入到突厥的地域内，掠夺羊马，总是大获全胜，不管突厥人有多少，都没有人敢抵挡他。那人深为自负傲慢，屡次辱骂史万岁。史万岁

令驰射而工，戍主笑曰："小人定可。"万岁请弓马，复掠突厥中，大得六畜而归。戍主始善之，每与同行，辄入突厥数百里，名詟北夷④。窦荣定之击突厥也，万岁诣辕门请自效。荣定数闻其名，见而大悦。因遣人谓突厥曰："士卒何罪过，令杀之，但当各遣一壮士决胜负耳。"突厥许诺，因遣一骑挑战。荣定遣万岁出应之，万岁驰斩其首而还。突厥大惊，不敢复战，遂引军而去。由是拜上仪同，领车骑将军⑤。平陈之役，又以功加上开府。

很讨厌他，便说自己也有武艺可用。戍主让他试试骑马射箭，都很熟练。戍主笑着说："这小子肯定有能耐。"史万岁请戍主给他弓箭骏马，再到突厥中去抢夺羊马，夺得各种牲畜满载而归。戍主这才开始对他好起来，每次与史万岁同行，总是深入突厥地盘数百里，他的名字使北方夷狄都感到害怕。当窦荣定进攻突厥时，史万岁到军营门前请求效力。窦荣定屡次听到史万岁的名字，见到他后非常高兴。于是派人对突厥说："士兵们有什么罪过，何必要让他们互相残杀，只要各派一位壮士来决定胜负就行了。"突厥答应了，于是派了一位骑士来挑战。窦荣定派史万岁出阵应战，史万岁飞驰过去斩下了那人的脑袋回到阵中。突厥大为惊恐，不敢再战，便带领队伍离开了。因为此功，史万岁被授予上仪同三司，兼任车骑将军。消灭陈朝的战役中，又因有战功升为上开府仪同三司。

注释 ①尔朱：复姓。 ②戍卒：驻守边疆的士兵。 ③戍主：驻守一地的长官。 ④詟(zhé)：恐惧。 ⑤车骑将军：此为实职，骠骑府(炀帝时改名鹰扬府)的副职，(炀帝时称鹰击郎将)如同时设有车骑府，则为车骑府的长官。掌管府兵，为正五品上。

原文

及高智慧等作乱江南，以行军总管从杨素击之。万岁率众二千，自东阳别道而进，逾岭越海，攻陷溪洞不可胜数。前后七百余战，转斗千余里，寂无声问者十旬，远近皆以万岁为没。万岁以水陆阻绝，信使不通，乃置书竹筒中，浮之于水。汲者得之，以言于素。素大悦，上其事。高祖嗟叹，赐其家钱十万，还拜左领军将军。

先是，南宁夷爨玩来降①，拜昆州刺史②，既而复叛。遂以万岁为行军总管，率众击之。入自蜻蛉川③，经弄冻④，次小勃弄、大勃弄⑤，至于南中⑥。贼前后屯据要害，万岁皆击破之。行数百里，见诸葛亮纪功碑，铭其背曰："万岁之后，胜我者过此。"万岁令左右倒其碑而进。渡西二河⑦，

翻译

正当高智慧等人在江南作乱时，史万岁以行军总管的身份随从杨素出征作战。史万岁率领二千士兵，从东阳的另一条小路前进，翻山越海，攻占的山洞不可胜数。前后打了七百余次仗，转战千里，百余天听不到他们一点消息，远近的人都认为史万岁已经牺牲了。史万岁因为水陆都与外界隔绝，送信的使者无法与外沟通，于是把书信装进竹筒里，让它在水上漂浮。打水的人得到了它，把此事告诉了杨素。杨素非常高兴，向皇上禀报了此事。高祖为之叹息，赐给史万岁家里十万钱，回到京城，他被任命为左领军将军。

在此之前，南宁夷人爨玩归附朝廷，朝廷任命他为昆州刺史，不久他又反叛了。于是任命史万岁为行军总管，率兵去攻打他。从蜻蛉川进去，经过弄冻，驻扎在小勃弄、大勃弄，最后到达南中。反贼前前后后所驻守的要害之地，全被史万岁一个个地攻破了。行走了数百里，看到了诸葛亮的纪功碑，碑的背面刻着一行文字说："万年之后，胜过我的人要经过此地。"史万岁命令手下人把碑石推倒再继续前进。渡过西洱河，进入渠滥川，行军千余里，攻破了爨

入渠滥川[8]，行千余里，破其三十余部，虏获男女二万余口。诸夷大惧，遣使请降，献明珠径寸。于是勒石颂美隋德。万岁遣使驰奏，请将玩入朝，诏许之。爨玩阴有二心，不欲诣阙，因赂万岁以金宝，万岁于是舍玩而还。蜀王时在益州，知其受赂，遣使将索之。万岁闻而悉以所得金宝沉之于江，索无所获。以功进位柱国。晋王广虚衿敬之，待以交友之礼。上知为所善，令万岁督晋府军事。明年，爨玩复反，蜀王秀奏万岁受赂纵贼，致生边患，无大臣节。上令穷治其事，事皆验，罪当死。上数之曰："受金放贼，重劳士马。朕念将士暴露，寝不安席，食不甘味，卿岂社稷臣也?"万岁曰："臣留爨玩者，恐其州有变，留以镇抚。臣还至泸水[9]，诏书方到，由是不将入朝，实

玩三十多个部落，俘获男女二万余人。各地夷人非常畏惧，派来使者请求投降，送了一颗直径一寸的明珠。于是刻石树碑，颂扬隋朝的功德。史万岁派使者快马入朝上奏，请求把爨玩带回朝廷，高祖下诏批准了此事。爨玩暗中怀有二心，不想到朝廷进见天子，因此用金宝贿赂史万岁，史万岁于是放了爨玩而自己回朝。蜀王杨秀当时在益州，知道史万岁受贿的事，便派人前来索求金宝。史万岁闻讯后把所得到的金宝全都沉到江底去了，蜀王什么都没有索取到。史万岁因为有功，又升为柱国。晋王杨广对他非常谦恭尊敬，以朋友之礼相待。高祖知道晋王对史万岁很器重，便命令他掌管晋王府的军事。第二年，爨玩又反叛了，蜀王杨秀上书弹劾史万岁接受贿赂放掉反贼，致使边地又发生叛乱，完全失去了大臣的节操。高祖下令彻底追查此事，结果都符合事实，依罪应当处死。高祖数说他的罪状道："你接受金宝放走寇贼，不得不重新损耗兵马，我挂念官兵风餐露宿，觉也睡不稳，饭也吃不香，你难道还算是国家的大臣吗?"史万岁说："我留下爨玩的原因，是担心他的州中发生变故，留着他镇服安抚民众。我班师回朝时到泸

不受赂。”上以万岁心有欺隐，大怒曰：“朕以卿为好人，何乃官高禄重，翻为国贼也？”顾有司曰：“明日将斩之。”万岁惧而服罪，顿首请命。左仆射高颎、左卫大将军元旻等进曰：“史万岁雄略过人，每行兵用师之处，未尝不身先士卒，尤善抚御，将士乐为致力，虽古今名将未能过也。”上意少解，于是除名为民。岁余，复官爵。寻拜河州刺史[⑩]，复领行军总管以备胡。

水时，才接到诏书，因此我没有带他回朝，实在是没有接受贿赂。”皇上认为史万岁存心欺骗，隐瞒事实，大怒道：“我原以为你是好人，为什么官位这么高，俸禄这么重，反而要做腐国贼呢？”又对主管官员说：“明天把他斩了。”史万岁害怕而承认了罪行，叩头请求免于一死。左仆射高颎、左卫大将军元旻等人进言劝说：“史万岁有杰出过人的胆略，每当出征用兵之处，史万岁总是身先士卒，尤其善于安抚统率部队，将士们都乐意为他效力，即使是古今的名将也不能超过他。”高祖的怒气稍微消除了些，于是削去他的官爵，让他做个老百姓。过了一年多，才恢复他的官职和爵位。不久出任河州刺史，又兼任行军总管以防备异族入侵。

注释　① 南宁：州名，治所在今云南曲靖西。爨(cuàn)：姓。　② 昆州：治所在今云南昆明市西郊。　③ 蜻蛉川：即今云南大姚、姚安境龙川江支流苴宁河及其上源青蛉河。　④ 弄冻：一般写作“弄栋”。城名，在今云南姚安北。　⑤ 小勃弄、大勃弄：地名，都在今云南弥渡境。　⑥ 南中：在云南大理一带。　⑦ 西二河：即西洱(ěr)河，即今云南西部洱海。　⑧ 渠滥川：城名，在今云南大理东。　⑨ 泸水：即今四川、云南交界雅砻(lóng)江口以下金沙江河段。　⑩ 河州：治所在今甘肃临夏。

原文

开皇末，突厥达头可汗犯塞，上令晋王广及杨素出灵武道，汉王谅与万岁出马邑道①。万岁率柱国张定和、大将军李药王、杨义臣等出塞，至大斤山，与虏相遇。达头遣使问曰："隋将为谁？"候骑报："史万岁也。"突厥复问曰："得非敦煌戍卒乎？"候骑曰："是也。"达头闻之，惧而引去。万岁驰追百余里乃及，击大破之，斩数千级。逐北入碛数百里，虏遁逃而还。杨素害其功，因谮万岁云："突厥本降，初不为寇，来于塞上畜牧耳。"遂寝其功。万岁数抗表陈状，上未之悟。会上从仁寿宫初还京师，废皇太子，穷东宫党与。上问万岁所在，万岁实在朝堂，杨素见上方怒，因曰："万岁谒东宫矣。"以激怒上。上谓为信然，令召万岁。时所将

翻译

开皇末年，突厥达头可汗侵犯边塞，高祖命令晋王杨广及杨素从灵武道出塞，汉王杨谅与史万岁从马邑道出塞。史万岁率领柱国张定和、大将军李药王、杨义臣等出塞，到达大斤山，与敌人相遇。达头可汗派人问道："隋朝的将领是谁？"侦察骑兵报告说："是史万岁。"突厥又问："莫非是那个敦煌戍卒么？"侦察骑兵说："是的。"达头可汗听说后，害怕而撤退了。史万岁骑马追了一百余里才赶上，向敌人进击，大败敌人，砍下数千个头颅。又深入沙漠数百里，敌人遁逃不见了才班师回朝。杨素妒忌史万岁的功劳，因而中伤史万岁说："突厥本已投降，原来不是侵犯边塞，只是到塞上来放牧罢了。"于是隐瞒下史万岁的战功没有上报。史万岁屡次上书，陈述实情，高祖仍然没有醒悟。恰逢高祖刚从仁寿宫回到京城，废除皇太子杨勇，彻底查办太子党羽。高祖询问史万岁在什么地方，史万岁实际是在朝廷政事厅，杨素见皇上正在发怒，便趁机说："史万岁进见太子去了。"想以此来激怒皇上。高祖信以为真，叫人去召史万岁来。当时史万岁所带领的官兵在朝廷喊冤的有数百人。史万岁对

士卒在朝称冤者数百人，万岁谓之曰："吾今日为汝极言于上，事当决矣。"既见上，言将士有功，为朝廷所抑，词气愤厉，忤于上。上大怒，令左右搤杀之[②]。既而悔，追之不及，因下诏罪万岁曰："柱国、太平公万岁，拔擢委任，每总戎机。往以南宁逆乱，令其出讨。而昆州刺史爨玩包藏逆心，为民兴患。朕备有成敕，令将入朝。万岁乃多受金银，违敕令住，致爨玩寻为反逆，更劳师旅，方始平定。所司检校，罪合极刑，舍过念功，恕其性命，年月未久，既复本官。近复总戎，进讨蕃裔。突厥达头可汗领其凶众，欲相拒抗，既见军威，便即奔退，兵不血刃，贼徒瓦解。如此称捷，国家盛事，朕欲成其勋庸，复加褒赏。而万岁、定和通簿之日，乃怀奸诈，妄称逆面交

他们说："我今天去为你们向皇上极力申明，那么事情就应当有个结果了。"见到高祖后，史万岁说将士们有功劳，被朝廷压下来了，语气激愤严厉，触犯了皇上。高祖大发雷霆，命令身边的人把他摔死了。不久高祖又后悔起来，但是事情已经无法挽回了，于是下诏书宣判史万岁的罪行说："柱国、太平公史万岁，朝廷提拔任用他，常常总管军事。过去因为南宁发生叛乱，我命令他出师讨伐。而昆州刺史爨玩胸存反叛之心，成为民众的祸害。我发出既定的敕令，命令万岁将爨玩带入朝，他却接受爨玩的金银，违背了我的敕令，致使昆州刺史爨玩不久又谋反，再次调兵遣将，叛乱才被平定。有关部门的主管官员查证核实，他的罪行应判极刑。我丢下他的罪过而念着他的功劳，于是饶恕了他的性命，未过多久，便恢复了他的官职。近来他又率领军队，进军讨伐外族敌人。突厥达头可汗带领那些凶狂之徒，企图与朝廷大军抗拒。目睹我军神威之后，便立即逃窜，刀刃上还未沾上血，敌寇便土崩瓦解。像这样的胜利，是国家的盛大事情，我想成全他的功勋，又加以褒奖赏赐。但是史万岁、张定和上报战功的时候，就心怀奸诈，谎

兵，不以实陈，怀反复之方，弄国家之法。若竭诚立节，心无虚罔者，乃为良将，至如万岁，怀诈要功，便是国贼，朝宪难亏，不可再舍。”死之日，天下士庶闻者，识与不识，莫不冤惜。

称迎面交战，而不据实情禀报，胸中怀着反复无常的权术，戏弄国家的法令。如果为国尽忠守节，心无虚伪欺诈，这才是良将，而史万岁用诡诈的手段来邀功请赏，那便是国贼。朝廷宪章不能破坏，史万岁的罪行不可再次饶恕。”史万岁死的那一天，天下士人、百姓闻讯后，不管认识还是不认识史万岁的，没有不为他叫冤叹惜的。

注释 ① 马邑道：在今山西朔州一带。马邑，旧县名，隋高祖时已废。 ② 搏(bó)：掷击。

原文

万岁为将，不治营伍，令士卒各随所安，无警夜之备，虏亦不敢犯。临阵对敌，应变无方，号为良将。有子怀义。

翻译

史万岁担任将领，不着力于整治部队，而是让士兵各随所安，夜间没有警戒的士兵，敌人也不敢冒犯。临阵与敌人交战，随机应变，没有成规，号称良将。有儿子名叫怀义。

薛 胄 传

导读

薛胄(? —约 640)是一位精明能干的官吏。隋朝建立后为地方官,能够辨明诈伪、摘伏奸佞,很得当时人的称赞。本篇通过他识破向道力诈伪的事件,说明他的精明和胆识,而这又与开端时介绍他少年时代读书即能别出其中含意,前后呼应。他在农田水利及财政经济方面也能有所作为,任职兖州、郢州、相州期间多有惠政。本篇传记简要地记述了他的主要事迹。(选自卷五六)

原文

薛胄字绍玄,河东汾阴人也[①]。父端,周蔡州刺史[②]。胄少聪明,每览异书,便晓其义。常叹训注者不会圣人深旨,辄以意辩之,诸儒莫不称善。性慷慨,志立功名。周明帝时,袭爵文城郡公。累迁上仪同,寻拜司金大夫[③],后加开府。

翻译

薛胄字绍玄,是河东汾阴人。父亲薛端,在北周时任蔡州刺史。薛胄小时候就聪明,每次阅读了罕见的书籍,便能明了它的意蕴。他常是感叹训释古书的人不能领会圣人深刻的用意,便用自己的理解去分析它,儒生们没有不称好的。薛胄性情激昂,立志要建立功名。北周明帝时,他继承父亲的爵位为文城郡公。逐步晋升为上仪同三司,不久又被任命为司金大夫,后来升为开府仪同大将军。

注释 ① 汾阴：县名，治所在今山西万荣西南。 ② 蔡州：治所在今湖北枣阳西南。 ③ 司金大夫：冬官大司空的属官，为正五命，掌管冶炼铸造事务。

原文

高祖受禅，擢拜鲁州刺史[①]，未之官，检校庐州总管事[②]。寻除兖州刺史。及到官，系囚数百，胄剖断旬日便了，囹圄空虚。有陈州人向道力者[③]，伪作高平郡守[④]，将之官，胄遇诸途，察其有异，将留诘之。司马王君馥固谏[⑤]，乃听诣郡。既而悔之，即遣主簿追禁道力。有部人徐俱罗者，尝任海陵郡守[⑥]，先是已为道力伪代之。比至秩满，公私不悟。俱罗遂语君馥曰："向道力以经代俱罗为郡[⑦]，使君岂容疑之？"君馥以俱罗所陈，又固请胄。胄呵君馥曰："吾已察知此人诈也。司马容奸，当连其坐！"君馥乃止。遂往收之，道力惧而引伪。其发奸摘伏[⑧]，皆此

翻译

隋高祖接受禅让后，提升薛胄为鲁州刺史，还未上任，又委任他暂行代理庐州总管之职。不久任命他为兖州刺史。到上任时，关押的囚犯有数百人，薛胄辨明是非，立即判案，十天便处理完毕，监狱为之一空。有个陈州人叫向道力，冒充高平郡守，就要去上任，薛胄在途中遇到了他，察觉他有些反常，要把他留下来盘问。司马王君馥坚决劝阻，于是听任那人往郡中上任去了。不一会儿薛胄又后悔了，于是立即派主簿去追拿向道力。州中有个叫徐俱罗的，曾经担任过海陵郡守，在此之前已经被向道力作伪替代过。到任职满期时，朝廷和郡中官吏都没有发觉。徐俱罗于是对王君馥说："向道力是经过皇上恩赐代替我做过郡守的，你怎么能怀疑他呢？"王君馥把徐俱罗所说的话告诉薛胄，反复劝他不要冒险行事。薛胄斥责王君馥说："我已经察觉到此人有诈伪之行。司马姑息奸邪，应当和奸贼一起判罪！"王君馥这才没有坚持下去。于是派人前去把向道力抓了起来，向道力

类也，时人谓为神明。先是，兖州城东沂、泗二水合而南流[9]，泛滥大泽中，胄遂积石堰之，使决令西注，陂泽尽为良田。又通转运，利尽淮海，百姓赖之，号为“薛公丰兖渠”。胄以天下太平，登封告禅，帝王盛烈，遂遣博士登太山、观古迹，撰《封禅图》及仪上之。高祖谦让不许。后转郢州刺史，前后俱有惠政。征拜卫尉卿[10]，寻转大理卿，持法宽平，名为称职。

害怕而供出了他的诈伪行为。薛胄揭发奸邪隐秘之事，都像这样精明，当时人称他为神灵。先前，兖州城东沂水、泗水汇合在一起向南流去，在一片沼泽地中泛滥成灾，薛胄就用石头砌成堤堰拦住水流，让水从西边流走，沼泽地都成了良田。水中又能通航运输，使淮海地区充分受益，老百姓都依赖它，称它为“薛公丰兖渠”。薛胄认为天下太平，登泰山封禅，是帝王盛大的祭礼，于是派遣州中博士登临泰山，观看古迹，画了《封禅图》和撰写了封禅礼仪，呈献给皇上。高祖谦让，没有同意。后来调任郢州刺史，前后任职都很有政绩。高祖召他回朝任命为卫尉卿，不久又转任大理卿，执法宽松平允，时称称职。

注释 ① 鲁州：治所在今河南鲁山。 ② 检校：本有官职而依命暂时代理他官称检校。 ③ 陈州：治所在今河南淮阳。 ④ 高平郡：治所在今山东济宁南。 ⑤ 司马：州刺史的重要僚佐，掌管地方治安。 ⑥ 海陵郡：治所在今江苏泰州。 ⑦ 赐：原脱“赐”字，此据《北史·薛胄传》补。 ⑧ 擿（tì）：同“摘”，揭发。 ⑨ 沂水：即今山东南部沂河。 ⑩ 卫尉卿：卫尉寺长官，“九卿”之一。掌管仪仗兵器及帐幕供设等事，为正三品。

原文

后迁刑部尚书，时左仆射高颎稍被疏忌。及王世积之诛也，颎事与相连，上

翻译

后来薛胄升任刑部尚书，当时尚书左仆射高颎已经渐渐遭到高祖的疑忌疏远。到王世积被杀时，高颎有事与他

因此欲成颎罪。胄明雪之，正议其狱。由是忤旨，械系之，久而得免。检校相州事[①]，甚有能名。会汉王谅作乱并州，遣伪将綦良东略地，攻逼慈州[②]。刺史上官政请援于胄，胄畏谅兵锋，不敢拒。良又引兵攻胄，胄欲以计却之，遣亲人鲁世范说良曰："天下事未可知，胄为人臣，去就须得其所，何遽相攻也？"良于是释去，进图黎阳[③]。及良为史祥所攻，弃军归胄。朝廷以胄怀贰心，锁诣大理。相州吏人素怀其恩，诣阙理胄者百余人。胄竟坐除名，配防岭南[④]，道病卒。有子筠、献，并知名。

牵连，皇上因此想罗织高颎的罪名，薛胄为高颎辨明洗清冤屈，公正地对此案发表了意见。因为此事违背了皇上的意旨，于是用镣铐把他拘禁起来。过了很久才免了他的罪。出朝暂管相州事务，人们认为他很有才干。正好碰上汉王杨谅在并州发动叛乱，派遣伪将綦母良向东攻取地盘，逼近了慈州。刺史上官政向薛胄求援，薛胄畏惧杨谅军队的锋锐，不敢去抵挡。綦母良又带兵进攻薛胄，薛胄想用计让他们退兵，派亲信鲁世范去劝说綦母良，说道："天下的事情还未见分晓，薛胄作为臣子，是去是留必须适得其所，为什么要这么急切攻击我呢？"綦母良于是丢下了薛胄，企图进攻占领黎阳。等到綦母良受史祥攻击时，他就丢下军队投归薛胄。朝廷认为薛胄怀有二心，用镣铐把他锁上押到大理寺。相州官吏和百姓一向感激薛胄的恩德，到朝廷为他申辩的有一百多人。薛胄最后还是因此牵连被削去了官职，发配到岭南戍边，在途中生病而死。有儿子名叫薛筠、薛献，都是知名人物。

注释 ① 相州：治所在今河南安阳。 ② 慈州：治所在今山西吉县。 ③ 黎阳：郡名，在今河南濮阳西。 ④ 岭南：指五岭以南地区，相当于今广东、广西二省及越南北部一带。

卢思道传

导读

卢思道(约 535—约 586),主要生活在北朝时期,隋代初期开皇年间五十二岁时就病逝了。他的诗成就很高,《听蝉鸣篇》曾得到南北朝时期著名诗人庾信的赞美。卢思道的代表作是《从军行》,写征人思妇之苦,与他平时华靡浮艳的应酬之作迥然不同,语句清丽流畅,句法多用对偶,具有早期七言歌行的特色,对以后七言诗形式的发展也很有影响。这在传文中没有得到反映。而他恃才傲世,品格上多有可议处,这些在本篇的记载中则都有所描述。(选自卷五七)

原文

卢思道字子行,范阳人也。祖阳乌,魏秘书监。父道亮,隐居不仕。思道聪爽俊辩,通侻不羁①。年十六,遇中山刘松,松为人作碑铭,以示思道,思道读之,多所不解,于是感激,闭户读书,师事河间邢子才。后思道复为文,以示刘松,松又不能甚解。思道乃喟然叹曰:"学之有益,岂徒然哉!"

翻译

卢思道,字子行,范阳人。祖父卢阳乌,北魏时任秘书监。父亲卢道亮,隐居不出来做官。卢思道聪明爽直,俊逸善辩,旷达而不拘小节。十六岁时,遇到中山人刘松,刘松替别人写了一篇碑铭,拿给卢思道看,卢思道读后,有许多地方不懂,于是受到刺激,发奋闭门读书,并拜河间人邢子才为师。后来卢思道也写了文章拿给刘松看,刘松也已不能完全理解。于是卢思道叹息道:"学习有好处,难道是一句空话吗!"因而向魏收借阅奇书,数年之间,才思和因就魏收借异书，数年之间，才学兼著。然不持操行，好轻侮人。齐天保中，《魏史》未出，思道先已诵之，由是大被笞辱。前后屡犯，因而不调。其后左仆射杨遵彦荐之于朝，解褐司空行参军，长兼员外散骑侍郎，直中书省。文宣帝崩，当朝文士各作挽歌十首，择其善者而用之。魏收、阳休之、祖孝征等不过得一二首，唯思道独得八首。故时人称为"八米卢郎"[②]。后漏泄省中语，出为丞相西阁祭酒[③]，历太子舍人、司徒录事参军。每居官，多被谴辱。后以擅用库钱，免归于家。尝于蓟北怅然感慨，为五言诗以见意，人以为工。数年，复为京畿主簿[④]，历主客郎[⑤]、给事黄门侍郎，待诏文林馆。周武帝平齐，授仪同三司，追赴长安，与同辈阳休之等数人作《听蝉鸣篇》，

学问都很著名了。但卢思道不注意品行，喜欢轻视、侮辱人。北齐天保年间，《魏史》尚未行世，卢思道先把内容讲了出来，为此受到严厉的鞭打折辱。前后屡犯类似的错误，所以一直没有被委以官职。后来左仆射杨遵彦把他推荐给朝廷，入仕任司空行参军、长期代理员外散骑侍郎，在中书省值班。北周文宣帝宇文赟驾崩后，要求朝廷里的文士各作十首挽歌，选择其中写得好的使用。魏收、阳休之、祖孝征等人都不过被选中一、二首，独有卢思道被选中了八首。所以当时的人称他为"八米卢郎"。后来又因泄漏宫禁之中的消息，调出担任丞相西阁祭酒，历任太子舍人、司徒录事参军。卢思道每任一官，常被责罚。后来又因擅自使用公款，免职归居于家。他在蓟北时曾因失意而感叹，写了一些五言诗以表达内心想法，人们都认为写得很好。几年后，再任京畿主簿，历任主客郎、给事黄门侍郎、文林馆待诏。北周武帝平定北齐后，授卢思道仪同三司，督促他赴长安，与同辈阳休之等数人各撰写《听蝉鸣篇》。卢思道所写的一篇，词意清切，为当时的人所推重。新野人庾信遍览其他人同一题目的作品后，深深地叹服赞赏卢思道的创

思道所为，词意清切，为时人所重。新野庾信遍览诸同作者，而深叹美之。未几，以母疾还乡，遇同郡祖英伯及从兄昌期、宋护等举兵作乱，思道预焉。周遣柱国宇文神举讨平之，罪当法，已在死中。神举素闻其名，引出之，令作露布⑥。思道援笔立成，文无加点，神举嘉而宥之。后除掌教上士。

作。不久，卢思道因为母亲生病回故乡，正好碰到同郡人祖英伯以及堂兄卢昌期、宋护等人兴兵叛乱，卢思道参与了这一事情。北周派遣柱国宇文神举平定了叛乱，卢思道的罪行理当法办，已经必死无疑。宇文神举久闻其名，便放了他出来，命他写作捷报。卢思道提笔即成，一点改动涂抹之处都没有，宇文神举非常嘉赏，因而赦免了他的罪行。后来又授他为掌教上士。

注释 ① 通侻(tuō)：旷达而不拘小节。 ② 八米：关中方言，年成以六米、七米、八米分为上、中、下三等。八米，指从谷得米达到八成。比喻取数之多。或谓“米”字为“采”字之误，“八采”，即指被采用了八首。 ③ 丞相西阁祭酒：丞相府的属官，掌管接待贤才、宾客。 ④ 主簿：负责文书，掌管印玺，为僚属之首。 ⑤ 主客郎：礼部主客司的长官，掌管外国及少数民族朝见之事，为从五品。 ⑥ 露布：指不缄封的文书，多指捷报、檄文等。

原文

高祖为丞相，迁武阳太守，非其好也。为《孤鸿赋》以寄其情。……

开皇初，以母老，表请解职，优诏许之。思道自恃才地，多所陵轹，由是官涂

翻译

隋高祖杨坚担任北周丞相时，调任他为武阳太守。但这不是卢思道喜欢的官职。为此他写了一篇《孤鸿赋》以寄托感情。……

隋开皇初年，因为母亲年迈，卢思道上表请求解除自己职务，隋文帝特别

沦滞。既而又著《劳生论》，指切当时。……

岁余，被征，奉诏郊劳陈使。顷之，遭母忧，未几，起为散骑侍郎，奏内史侍郎事。于时议置六卿，将除大理。思道上奏曰："省有驾部[1]，寺留太仆[2]，省有刑部，寺除大理，斯则重畜产而贱刑名，诚为未可。"又陈殿庭非杖罚之所，朝臣犯笞罪，请以赎论，上悉嘉纳之。是岁，卒于京师，时年五十二。上甚惜之，遣使吊祭焉。有集三十卷，行于时。子赤松，大业中，官至河东长史。

下诏准许。卢思道自恃才高，经常欺压别人，因此官途不顺利。随后又著《劳生论》指责当时的朝政。……

一年多后，被召回，奉诏在郊外犒劳陈朝使者。紧接着，其母逝世，回籍守丧。不久，又起用为散骑侍郎、奏内史侍郎事。当时朝廷商议要设置六卿，打算废除大理寺。卢思道上奏说："尚书省有驾部，'九寺'中还保留了太仆寺，而尚书省中有刑部，却要废除大理寺，这是重畜产而轻法律，我认为这实在是不妥当的。"又陈说宫殿内不应是施加杖罚的所在，朝廷大臣犯了应该鞭笞的罪行，请用钱财赎罪的办法，文帝都很赞同，并接纳了他的建议。这一年，卢思道在京师长安逝世，当时五十二岁。文帝很惋惜，派专使前往吊唁。卢思道有文集三十卷，流行于当时。他的儿子卢赤松，隋大业年间，官做到河东长史。

注释 ① 驾部：官署名，属尚书省兵部，掌管舆辇、邮驿、厩牧之事。 ② 太仆：指太仆寺，"九寺"之一，总管厩牧车马之事。太仆，原误作"大仆"，此据《北史·卢思道传》改。

薛道衡传

导读

薛道衡(公元540—609)是隋代的著名诗人。这篇传记除了介绍他的文学成就外,还叙及他的政治才能,如为高颎分析江东形势等,较为全面地反映了薛道衡的思想和经历。据刘𫗧《隋唐嘉话》等书所载薛道衡作《昔昔盐》,内有“空梁落燕泥”佳句,遭到炀帝妒忌,因而被杀。这篇传记中虽无此记载,但薛道衡因微罪而遭害,确与才高遭忌有关,薛道衡的悲惨结局,获得了后人同情。(选自卷五七)

原文

薛道衡字玄卿,河东汾阴人也。祖聪,魏齐州刺史。父孝通,常山太守[①]。道衡六岁而孤,专精好学。年十三,讲《左氏传》,见子产相郑之功,作《国侨赞》,颇有词致,见者奇之。其后才名益著,齐司州牧、彭城王浟引为兵曹从事[②]。尚书左仆射弘农杨遵彦,一代伟人,见而嗟赏。授奉朝请[③]。吏部尚书陇西辛术与语,叹

翻译

薛道衡,字玄卿,河东汾阴人。祖父薛聪,北魏时任齐州刺史。父亲薛孝通,曾任常山太守。薛道衡六岁的时候成了孤儿,但他精力集中刻苦好学。年仅十三岁,就能讲解《春秋左氏传》,当他读了子产担任郑国相时立下的功勋后,便作了一篇《国侨赞》,文章颇有意趣,读过的人都很惊奇。后来薛道衡的才名愈加显著,北齐司州牧、彭城王高浟荐引他为兵曹从事。一代伟人,尚书左仆射弘农人杨遵彦,见到他也极为赞赏,授他奉朝请的官号。吏部尚书,陇西人辛术与他交谈后赞叹道:“郑玄的

曰："郑公业不亡矣。"[4]河东裴谳目之曰[5]："自鼎迁河朔，吾谓关西孔子罕值其人[6]，今复遇薛君矣。"武成作相，召为记室，及即位，累迁太尉府主簿。岁余，兼散骑常侍，接对周、陈二使。武平初[7]，诏与诸儒修定《五礼》，除尚书左外兵郎[8]。陈使傅縡聘齐[9]，以道衡兼主客郎接对之。縡赠诗五十韵，道衡和之，南北称美，魏收曰："傅縡所谓以蚓投鱼耳。"待诏文林馆，与范阳卢思道、安平李德林齐名友善。复以本官直中书省，寻拜中书侍郎，仍参太子侍读。后主之时，渐见亲用，于时颇有附会之讥。后与侍中斛律孝卿参与政事，道衡具陈备周之策，孝卿不能用。及齐亡，周武引为御史二命士[10]。后归乡里，自州主簿入为司禄上士[11]。

事业不会消亡了。"河东人裴谳也评价道："自北朝以来，我以为遇不到像关西孔子杨震那样的人了，不想今天又遇到了薛君。"北齐武成帝高湛担任宰相时，征召薛道衡为记室，即位后，又提升薛道衡为太尉府主簿。一年后，兼任散骑常侍，负责接待应对北周与陈朝的使者。北齐武平初年，又诏命薛道衡与儒士们修订《五礼》，任命他为尚书左外兵郎。陈朝的使者傅縡出使北齐，高湛任命薛道衡兼任主客郎的职务接待他。傅縡赠他一首五十韵的诗歌，薛道衡和了一首，南北两地区的人都很赞赏，魏收说："傅縡此举可以说是把蚯蚓投给了鱼儿啊。"薛道衡任文林馆待诏时，与范阳人卢思道、安平人李德林齐名，交情也很好。后来又以本职官位在中书省当班，不久任中书侍郎，还参与给太子讲解经书。北齐后主高纬时期，逐渐得到信任和重用，这时颇有人讥讽他有攀附之嫌。后来与侍中斛律孝卿一起参与处理政事，薛道衡很详备地陈说了防备北周的策略，但斛律孝卿没有采用。到北齐灭亡后，北周武王任命他为御史二命士。后来回到乡里，从州主簿的职位上入朝为司禄上士。

注释 ① 常山：郡名。治所在今河北正定南。 ② 司州：东魏改相州置，治所在今河北临漳西南。司州因为是北齐都城所在地，所以它的长官称牧。泑：音 yóu。兵曹从事：州牧的属官，兵曹的长官。掌管武官选举、兵器甲仗等事。 ③ 奉朝请：汉以后安置闲散官员的官号。至隋属集书省，掌管讽劝、进谏之事，为从七品下。④ 郑公：指东汉郑玄(127—200)，著名经学家。他以古文经说为主，兼采今文经说，遍注群经，成为汉代经学的集大成者，称为"郑学"。 ⑤ 谳：音 yàn。 ⑥ 关西孔子：东汉杨震(？—124)，关西人，因精通儒学，被当时的儒生称为"关西孔子"。后用来指硕学鸿儒。 ⑦ 武平：北齐后主高纬的年号(570—576)。 ⑧ 尚书左外兵郎：尚书省左外兵曹长官，本称"郎中"，隋因避讳省"中"字，隶属于五兵尚书，为正六品上。掌管河南以及潼关以东诸州丁帐，及发召征兵等事。 ⑨ 縡：音 zài。⑩ 御史二命士：即御史中士，官品为正二命。故称为二命士。属春官府，掌管监察纠弹之事。 ⑪ 司禄上士：地官大司徒的属官，掌管朝廷百官的俸禄，为正三命。

原文

高祖作相，从元帅梁睿击王谦，摄陵州刺史[①]。大定中，授仪同，摄邛州刺史[②]。高祖受禅，坐事除名。河间王弘北征突厥，召典军书，还除内史舍人。其年，兼散骑常侍，聘陈主使。道衡因奏曰："江东蕞尔一隅[③]，僭擅遂久，实由永嘉已后[④]，华夏分崩。刘、石、符、姚、慕容、赫连之辈，妄窃名号，寻亦灭亡。魏氏自北徂

翻译

隋高祖杨坚担任北周宰相时，薛道衡跟随元帅梁睿攻打王谦，代理陵州刺史。北周大定年间，被授予仪同大将军，代理邛州刺史。高祖杨坚受禅让称帝后，薛道衡因某一事件的牵连而被免除了官职。河间王杨弘北征突厥时，召他来负责军中文书，回朝后又任命为内史舍人。这一年，兼任散骑常侍，为出使陈朝的主要使者。薛道衡于是上奏说："江东小小一块偏远之地，能自称为王如此之久，实在是因永嘉年间以后，华夏民族分崩离析的结果。刘渊、石勒、苻健、姚苌、慕容皝、赫连勃勃等人，

南，未遑远略。周、齐两立，务在兼并，所以江表逋诛，积有年祀。陛下圣德天挺，光膺宝祚，比隆三代，平一九州，岂容使区区之陈久在天网之外？臣今奉使，请责以称藩。”高祖曰：“朕且含养，置之度外，勿以言辞相折，识朕意焉。”江东雅好篇什，陈主尤爱雕虫，道衡每有所作。南人无不吟诵焉。

妄自窃取名号，不久也都灭亡了。魏朝自极远的北方统一到中原地区，但顾不及什么久远的谋略。北周、北齐两朝并立，一心只在互相兼并，所以拖了很多年没有对江东进行讨伐。皇帝陛下圣德，天授卓越，荣耀地继承了皇位，国家的兴隆超过了三代，平定统一了天下，怎么还能容忍区区一个陈朝长期漏网在外？我今天奉使赴陈，请允许我责令他们作为附属国归附。”高祖回答道：“我暂时要养精蓄锐，先不考虑这件事，你不要用言语来折服他们，在这一点上要懂得我的意思！”江东人非常爱好诗歌，陈后主更特喜欢雕辞琢句，每当薛道衡有作品出来，南朝的人几乎都能吟诵。

注释 ① 陵州：治所在今四川仁寿东。 ② 邛州：治所在今邛崃东南。 ③ 蕞(zuì)尔：小的样子。 ④ 永嘉：西晋怀帝司马炽年号(307—313)。

原文

及八年伐陈，授淮南道行台尚书吏部郎，兼掌文翰。王师临江，高颎夜坐幕下，谓之曰：“今段之举，克定江东已不？君试言之。”道衡答曰：“凡论大事成败，先须以至理断之。《禹贡》

翻译

等到隋开皇八年(588)讨伐陈时，授薛道衡为淮南道行台尚书吏部郎，兼掌军中文书。大军开到长江边，晚上高颎坐在帐篷里，对薛道衡说：“这个阶段的行动，能不能平定江东，你不妨说说看。”薛道衡答道：“凡是论述一件大事的成败，先要用最根本的道理来判断。《禹贡》上所载的九州，本是王者的领

所载九州，本是王者封域。后汉之季，群雄竞起，孙权兄弟遂有吴、楚之地。晋武受命，寻即吞并，永嘉南迁，重此分割。自尔已来，战争不息，否终斯泰[①]，天道之恒。郭璞有云[②]：'江东偏王三百年，还与中国合。'今数将满矣。以运数而言，其必克一也。有德者昌，无德者亡，自古兴灭，皆由此道。主上躬履恭俭，忧劳庶政，叔宝峻宇雕墙，酣酒荒色。上下离心，人神同愤，其必克二也。为国之体，在于任寄，彼之公卿，备员而已。拔小人施文庆委以政事，尚书令江总唯事诗酒，本非经略之才，萧摩诃、任蛮奴是其大将，一夫之用耳。其必克三也。我有道而大，彼无德而小，量其甲士，不过十万。西自巫峡，东至沧海，分之则势悬而力弱，聚之则守此而失彼。其必克四也。

地。后汉末期，群雄竞相起事，孙权兄弟就占据了吴、楚之地。晋武帝司马炎承受天命，随即吞并了江东，可到了永嘉年间晋室南迁，天下重又分裂。自那时以来，战火不息。否极泰来，是天道的永恒之理，郭璞曾说过：'江东偏安称王三百年后，还将和中原统一。'到今天三百年就快满了。从运数上来讲，必定能灭陈朝，这是其一。有德行者必昌，无德行者必亡，自古至今的兴亡，都遵循这个规律。当今皇上以身作则恭敬俭约，辛勤操劳各种政务，而陈主叔宝却在华靡过度的宫殿里沉湎酒色。陈朝已上下离心，人神共愤，这是必定能灭陈朝的原因之二。治国的基础，在于委任众官各负其责，而陈朝的公卿百官，只不过是聊备名目而已。又提拔小人施文庆，让他负责政事，尚书令江总沉溺于诗酒之中，本来就非治国之才，萧摩诃、任蛮奴是他们的大将，也都只是匹夫之能罢了，这是我们一定能取胜的原因之三。我方正义而强大，敌方无道而弱小，估计对方的部队，不超过十万。西起巫峡，东至沧海，若要分兵而战，则势力危弱，若聚兵而守，则又顾此失彼，这是我们一定能取胜的原因之四。我军席卷一切的形势是不容置疑的。"高席卷之势，其在不疑。”颎欣然曰：“君言成败，事理分明，吾今豁然矣。本以才学相期，不意筹略乃尔。”还除吏部侍郎。

颎欣喜地说：“您对成败的分析，道理清楚，我现在豁然开朗了。本来只是推崇您的才气和学问，想不到还有这么深的谋略。”还朝后，薛道衡被任命为吏部侍郎。

注释 ① 否(pǐ)终斯泰：否、泰，《周易》中两个既有联系又相对立的卦名。天地交谓之泰，不交谓之否。后常用此形容情况坏到极点，就会转好。亦作“否极泰来”。 ② 郭璞(276—324)：东晋文学家、训诂学家。好经术，擅长词赋，精于阴阳历算、卜筮之术。曾注《尔雅》《方言》《山海经》《穆天子传》等。

原文

后坐抽擢人物，有言其党苏威，任人有意故者，除名，配防岭表。晋王广时在扬州，阴令人讽道衡，从扬州路，将奏留之。道衡不乐王府，用汉王谅之计，遂出江陵道而去[1]。寻有诏征还，直内史省。晋王由是衔之，然爱其才，犹颇见礼。后数岁，授内史侍郎，加上仪同三司。

道衡每至构文，必隐坐空斋，蹋壁而卧，闻户外有人便怒，其沉思如此。高祖

翻译

后来因为选拔官吏时，有人告发他同苏威结党，根据关系任用人，因而获罪，被免除官职，发配至岭南。晋王杨广当时在扬州，暗地里派人婉言劝说薛道衡，让他从扬州这条路走，打算向皇上上奏，留他下来。薛道衡不愿意在王府供职，采用汉王杨谅的计谋，便从江陵那条路上走掉了。不久，皇上下诏召回，进入内史省供职。晋王杨广因此对他颇为怨恨，但因为爱他有才，对薛道衡还是很敬重。数年后，授内史侍郎，加上仪同三司。

薛道衡每到构思文章的时候，必定悄悄地坐在无人的书斋里，或靠着墙壁躺着，听到户外有人声便要发怒，其思

每曰："薛道衡作文书称我意。"然诫之以迂诞。后高祖善其称职，谓杨素、牛弘曰："道衡老矣，驱使勤劳，宜使其朱门陈戟[2]。"于是进位上开府，赐物百段。道衡辞以无功，高祖曰："尔久劳阶陛，国家大事，皆尔宣行，岂非尔功也？"道衡久当枢要，才名益显，太子诸王争相与交，高颎、杨素雅相推重，声名籍甚，无竞一时。

仁寿中，杨素专掌朝政，道衡既与素善，上不欲道衡久知机密，因出检校襄州总管。道衡久蒙驱策，一旦违离，不胜悲恋，言之哽咽。高祖怆然改容曰："尔光阴晚暮，侍奉诚劳。朕欲令尔将摄，兼抚萌俗[3]。今尔之去，朕如断一臂。"于是赉物三百段，九环金带，并时服一袭，马十匹，慰勉遣之。在任清简，吏民怀其惠。

虑之专注到这地步。高祖杨坚经常说："薛道衡撰写的文书很称我的意。"但告诫他为文不要过于荒唐而远出事理之外。后来高祖赞赏他的称职，对杨素、牛弘说："薛道衡年纪大了，供职一直很勤劳，应该给他朱门陈戟的待遇。"于是提升为上开府，赐给物品一百段。薛道衡辞谢说自己没有功劳，高祖道："你在我手下劳碌多年，国家大事都由你宣告颁布，这难道不是你的功劳吗？"薛道衡长时间担任要职，才学名声愈发显扬，太子与众王都争相和他来往结交，高颎、杨素也十分推重他，声名之高，当时无人能比。

仁寿年间，杨素把持朝政，薛道衡既与杨素友善，高祖不想让他长期负责机密之事，于是派他出任检校襄州总管。薛道衡因为长期亲蒙高祖驱使，一旦分开，感到十分伤心，眷恋，说到这些便哽咽起来。高祖神色怆然地说："你已经到了晚年，侍奉我确实辛劳。我想让你调养身体，同时安抚民众。现在你离开我，我也感到像失去一条臂膀一样。"于是赏赐绢帛三百段，九环金带一条，还有应时服装一套，马十匹，亲加慰勉让他上任。薛道衡任职期间，政清事简，官吏民众都很怀念他的好处。

注释 ① 江陵：县名，治所在今湖北江陵。 ② 朱门陈戟：红漆大门，门前立戟，是古时对朝廷重臣的一种礼遇。 ③ 萌：同“氓”。

原文

炀帝嗣位，转番州刺史。岁余，上表求致仕。帝谓内史侍郎虞世基曰：“道衡将至，当以秘书监待之。”道衡既至，上《高祖文皇帝颂》……帝览之不悦，顾谓苏威曰：“道衡致美先朝，此《鱼藻》之义也[1]。”于是拜司隶大夫[2]。将置之罪。道衡不悟。司隶刺史房彦谦素相善[3]，知必及祸，劝之杜绝宾客，卑辞下气，而道衡不能用。会议新令，久不能决，道衡谓朝士曰：“向使高颎不死，令决当久行。”有人奏之，帝怒曰：“汝忆高颎邪？”付执法者勘之。道衡自以非大过，促宪司早断。暨于奏日，冀帝赦之，敕家人具馔，以备宾客来候者。及奏，帝令自尽。道衡殊不

翻译

隋炀帝即位，薛道衡转任番州刺史。一年多后，上表请求退休。炀帝对内史侍郎虞世基说：“薛道衡将要回朝，应当用秘书监的职位待他。”薛道衡回朝后，上了一篇《高祖文皇帝颂》……炀帝看了很不高兴，回头对身旁的苏威说：“薛道衡赞美先朝，这是如《鱼藻》诗一样在颂古讽今啊！”于是拜为司隶大夫，打算把他置于获罪的境地。薛道衡没有觉悟。司隶刺史房彦谦平常和他很好，知道他定要遭殃，便劝他谢绝宾客，说话要谦卑小心，行为也要收敛，但薛道衡没能接受。这时正好朝廷在讨论新法令，很长时间定不下来。薛道衡对朝中大臣说道：“如果高颎没死，法令早就定下来推行很久了。”有人把这话上奏，炀帝发怒，道：“你想念高颎吗？”把他交付执法者审问。薛道衡自以为没有犯什么大罪，便催促御史早点判决。到了上奏的那天，薛道衡满以为能得到炀帝的宽赦，叫家人准备酒菜，用以准备接待前来问候的宾客。等到御史奏报上去后，炀帝命他自杀。薛道衡

意，未能引诀。宪司重奏，缢而杀之，妻子徙且末。时年七十。天下冤之，有集七十卷，行于世。

感到大出意料，未能自尽。御史重新上奏，炀帝下令把他缢死了。妻子儿女被迁徙到且末。当时薛道衡七十岁，天下的人都为他感到冤枉。薛道衡有文集七十卷，流传世间。

注释 ① 此《鱼藻》之义也：《鱼藻》是《诗经·小雅》中的一篇，《诗序》认为是西周末年“君子思古之武王”“刺幽王”的政治讽刺诗，薛道衡赞颂先王隋文帝，隋炀帝就认为是如《鱼藻》一样在颂古讽今。 ② 司隶大夫：司隶台的长官，掌管巡察京城及地方官员贪赃枉法，徇私舞弊等事。为正四品。 ③ 司隶刺史：属司隶台，掌管巡察京畿以外地区官员的不法行为，为正六品。

李谔传

导读

隋朝统一全国以后，在学术上是北方战胜了南方，而在文学上却是南朝的浮艳文风占据了统治地位。北周时代苏绰就曾提倡文风改革，隋文帝在公元584年又继续诏令“公私文翰，并宜实录”，倡行质朴实用的文风。李谔是这一运动的主要代表人物，他上书请正文体，指斥南朝的华靡文风，并认为选拔人才中只凭所作诗文而不论道德和儒学的弊俗必须严令禁止。隋文帝曾把李谔所奏颁示天下，号令实行。这些措施虽未能根本改变文坛风气，但也产生了一定的影响。本篇传记记录了李谔的主要政治经历，突出他努力改变社会风气的一面，并全文录下了这一奏书，保存了隋朝初期有关文学思潮的重要文献。（选自卷六六）

原文

李谔字士恢，赵郡人也①。好学，解属文。仕齐为中书舍人，有口辩，每接对陈使。周武帝平齐，拜天官都上士②。谔见高祖有奇表，深自结纳。及高祖为丞相，甚见亲待，访以得失。于时兵革屡动，国用虚耗，

翻译

李谔字士恢，是赵郡人。他喜欢学习，会写文章。他在北齐担任中书舍人，很有口才，经常接待和应对陈朝的使者。周武帝平定北齐后，任他为天官都上士。李谔发现隋高祖有奇异的仪表，就与他结为深交。到隋高祖当北周的丞相时，他受到很亲密的待遇，高祖常向他询问政治上的得失利弊。当时经常发生战争，国家财用空虚耗竭，李

谔上《重谷论》以讽焉。高祖深纳之。及受禅，历比部、考功二曹侍郎[3]，赐爵南和伯。谔性公方，明达世务，为时论所推。迁治书侍御史。上谓群臣曰："朕昔为大司马，每求外职，李谔陈十二策，苦劝不许，朕遂决意在内。今此事业，谔之力也。"赐物二千段。

谔就呈上《重谷论》一文进行委婉的劝谏。高祖完全接受了他的见解。到高祖受禅称帝以后，李谔先后担任比部、考功两个衙门的侍郎，被赐予南和伯的爵位。李谔生性公正正直，明晓精通世上事务，为当时舆论所推崇。后来，升任治书侍御史。高祖对众位臣子说："我过去当大司马时，常常请求担任京外的职务，李谔列出十二条意见，苦苦地劝我，不让我担任京外职务。我于是就打定主意，留在朝内。我今天成就这样的事业，是李谔的力量呀！"于是，赐给他物品两千段。

注释 ① 赵郡：治所在今河北赵县。 ② 天官：天官府，北周中央官署之一。都上士：天官大冢宰的属官，正三命。辅佐大冢宰掌管府事。 ③ 比部侍郎：尚书省都官曹（后改名刑部）比部的长官，掌管中央财务审计，为正六品上。考功侍郎：吏部的考功曹长官，掌管全国文武官员的考课和生平事迹。

原文

谔见礼教凋敝，公卿薨亡，其爱妾侍婢，子孙辄嫁卖之，遂成风俗。谔上书曰："臣闻追远慎终，民德归厚，三年无改，方称为孝。如闻朝臣之内，有父祖亡没，日月未久，子孙无赖，便

翻译

李谔见当时儒家礼教凋零衰微，公卿一旦死去，他们生前所喜爱的小妾及贴身丫头，很快就被他们的子孙们嫁出和卖出，成了一种风俗。李谔因此上书说："我听说，对祖宗依礼追祭，对父母的丧事恭谨从事，人们的道德就会归于纯厚；父母死后，三年内不改变父母教诲的原则，才能叫做孝。我却听说朝廷

分其妓妾，嫁卖取财。有一于兹，实损风化。妾虽微贱，亲承衣履，服斩三年，古今通式。岂容遽褫缞绖[①]，强傅铅华，泣辞灵几之前，付送他人之室。凡在见者，犹致伤心，况乎人子，能堪斯忍？复有朝廷重臣，位望通贵，平生交旧，情若弟兄。及其亡没，杳同行路，朝闻其死，夕规其妾，方便求娉，以得为限，无廉耻之心，弃友朋之义。且居家理治，可移于官，既不正私，何能赞务？”上览而嘉之。五品以上妻妾不得改醮[②]，始于此也。

大臣之中，有的祖父、父亲死去时间不久，子孙品德不佳，就分掉他们的妓妾，再嫁卖出去，以获取钱财。如有一个这样的人在朝廷之内，实在会有损于风俗教化。妾的地位虽然低微卑贱，但她们都亲自服侍照应过祖父、父亲，服孝三年，也是古往今来通行的规矩。怎么能容忍叫她们匆忙地脱下孝服，强行涂抹脂粉，哭着辞别于灵位之前，而被送到别人的家中呢？只要是看到这种情况的人，尚且为之伤心，何况为人之子，又怎能忍心这样？还有些朝廷重要的大臣，地位、声望都通达显贵，平时交往的朋友故旧，感情如同兄弟一般。但等到他们死后，就疏远得如同路人一样。早晨听说朋友死了，晚上就图谋朋友的妾，寻机乘便谋求娶她们，直到娶到为止。没有一点廉耻之心，丢掉朋友之间的道义。况且，在家的处理家庭事务，可以移用于官场。既然不能正当处理私事，又怎么能辅佐朝廷事务？”皇上看后很赞赏。五品以上官员的妻妾不能改嫁，这一制度就是从这时开始的。

注释　① 褫(chǐ)：解下，剥去衣服。缞绖(cuī dié)：“缞”同“衰”，古时用麻布做的丧服。绖，古代丧服中的麻带，系在腰间或头上。　② 醮(jiào)：指女子嫁人。

原文

谔又以属文之家，体尚轻薄，递相师效，流宕忘反，于是上书曰：

“臣闻古先哲王之化民也，必变其视听，防其嗜欲，塞其邪放之心，示以淳和之路。五教六行为训民之本[①]，《诗》《书》《礼》《易》为道义之门。故能家复孝慈，人知礼让，正俗调风，莫大于此。其有上书献赋，制诔镌铭[②]，皆以褒德序贤，明勋证理。苟非惩劝，义不徒然。降及后代，风教渐落。魏之三祖，更尚文词，忽君人之大道，好雕虫之小艺。下之从上，有同影响，竞骋文华，遂成风俗。江左齐、梁，其弊弥甚，贵贱贤愚，唯务吟咏。遂复遗理存异，寻虚逐微，竞一韵之奇，争一字之巧。连篇累牍，不出月露之形，积案盈箱，唯是风云之状。世俗以此相高，朝

翻译

李谔又因当时写文章的人，崇尚轻薄的文体，依次互相模仿效法，远离为文之本，不知返归，于是上书说：

“我听说，古代圣王的教化百姓，一定改变他们的所见所闻，防止他们的嗜好和欲望，堵住他们的邪恶放荡之心，而指示他们走上淳朴和谐之路。五教和六行是训导百姓的根本。《诗》《书》《礼》《易》是道义的大门。所以，能使家家恢复孝慈，人人知道礼让，端正民俗培植好的风气，没有比这更重要的了。若有进奏献赋，以及写作祭悼文字、镌刻铭文的，都用来表扬德行介绍好事，宣扬功勋、阐明义理。如果不是用来惩恶劝善，古人就不会空费心思。但到了后代，风俗教化渐渐衰落。魏时武帝曹操、文帝曹丕、明帝曹叡三人越发喜好文词，忽视理国治民的大道理，而爱好诗赋这样的雕虫小技。臣民效仿君主，就如同影子随形，回声随音一样，竞相施展于丽文华章，终于成了风气。到了南朝齐、梁时，这种流弊更加严重。不管高贵、贤明的人，还是卑贱、愚拙的人，都只致力于吟咏诗文。于是就抛弃义理，保留异端，寻求虚无，追逐细微，为一个韵的新奇而比赛，为一个字的巧

廷据兹擢士。禄利之路既开，爱尚之事愈笃。于是闾里童昏，贵游总丱[3]，未窥六甲[4]，先制五言。至如羲皇[5]、舜、禹之典，伊[6]、傅[7]、周、孔之说，不复关心，何尝入耳。以傲诞为清虚，以缘情为勋积，指儒素为古拙，用词赋为君子。故文笔日繁[8]，其政日乱，良由弃大圣之轨模，构无用以为用也。损本逐末，流遍华壤，递相师祖，久而愈扇。

妙而拼争。连篇累牍的文章，不外乎是写些月亮露水的形状，堆积书几、装满书箱的文字，也只是描摹些风云的状态。社会风气以此互相标榜，朝廷也据此选拔人才。利禄之路已被打开，爱好崇尚文词的情况就愈加浓厚。于是，里巷中的顽童，贵族家未成年的少年，还不懂得六甲之事，就先写起五言诗来。至于像羲皇、虞舜、大禹的典籍，伊尹、傅说、周公、孔子的学说，不再关心，又何曾听说？把傲慢放荡当成清静虚无，把抒发情感当作建功立业，把儒者的品德操行视为古老朴拙，把写作辞赋的人视为有道君子。所以，有韵之文、无韵之笔日益繁富，而时政却日益混乱。这确是因为放弃了圣人的法则和榜样，把无用的东西变作有用的东西的缘故。损伤根本，追逐末梢，流弊遍及华夏大地，依次模仿效法，久而久之，愈加盛行。

注释 ① 五教：五常之教，即父义、母慈、兄友、弟恭、子孝五种伦理道德的教育。六行：指六种善行，即孝、友、睦、姻、任、恤。 ② 诔(lěi)：诔文，叙述死者生平德行以哀悼死者的文辞。 ③ 丱(guàn)：儿童束发成两角的样子。 ④ 六甲：用天干地支计算时日。古代儿童入小学，首先学习六甲等内容。 ⑤ 羲皇：即伏羲氏。传说中中华民族的始祖之一。 ⑥ 伊：即伊尹。商初大臣，曾帮助商汤攻灭夏桀。后又历佐卜丙、仲壬二王。死于沃丁时。 ⑦ 傅：指傅说。商王武丁的大臣。相传他原是傅岩地方从事版筑的奴隶，后被武丁任为大臣，治理国家。 ⑧ 文笔：六朝人把文体区分为文、笔两大类。无韵的文章称为笔，有韵的作品称为文。

原文

及大隋受命，圣道聿兴[①]，屏黜轻浮，遏止华伪。自非怀经抱质，志道依仁，不得引预搢绅，参厕缨冕。开皇四年，普诏天下，公私文翰，并宜实录。其年九月，泗州刺史司马幼之文表华艳[②]，付所司治罪。自是公卿大臣咸知正路，莫不钻仰坟集，弃绝华绮，择先王之令典，行大道于兹世。如闻外州远县，仍踵敝风，选吏举人，未遵典则。至有宗党称孝，乡曲归仁，学必典谟，交不苟合，则摈落私门，不加收齿；其学不稽古，逐俗随时，作轻薄之篇章，结朋党而求誉，则选充吏职，举送天朝。盖由县令、刺史未行风教，犹挟私情，不存公道。臣既忝宪司，职当纠察。若闻风即劾，恐挂网者多，请勒诸司，普加搜访，有如此者，具状送台。”……

翻译

当大隋王朝承受天命之后，圣人之道开始振兴，屏退轻浮之风，阻止华丽虚伪之习。如果不是心怀经术，怀抱朴质、志于道、依于仁的人，不能引入仕途，厕身官场。开皇四年(584)，广泛地诏示天下，官府的、私人的文章书信，都应该是符合实际的记载。这一年的九月，泗州刺史司马幼之所写的文表华美艳丽，被送到有关的主管部门问罪。自此以后，公卿大臣都知道文章的正路，无不深入研究古代典籍，彻底抛弃华丽绮艳的文风，选择先王的完美典籍，倡行大道于当代。而我听说，京城外偏远的州县，仍然沿袭着不良风气，选取官吏、推举人才，没能遵循有关典章法则。以至于那些被族党称许为孝子，乡里推崇为仁人，所学必定是《尧典》《大禹谟》之类文章，交游不随便附和的人，却被权豪之门排斥摒弃，而不加录用；那些学习不稽考古道，而是追逐时俗、写作轻薄文章，结朋党以谋取声誉的人，却被选取充任官吏职务、举送朝廷。这大概是由于县令、刺史没有推行风俗教化，还挟带私情、不存公正之道。我既然忝为御史，我的职责就应该揭发检举。如果听到风声就揭发，恐怕冲犯刑

上以谔前后所奏颁示天下，四海靡然向风，深革其弊。谔在职数年，务存大体，不尚严猛，由是无刚謇之誉，而潜有匡正多矣。

邳公苏威以临道店舍，乃求利之徒，事业污杂，非敦本之义。遂奏高祖，约遣归农，有愿依旧者，所在州县录附市籍，仍撤毁旧店，并令远道，限以时日。正值冬寒，莫敢陈诉。谔因别使，见其如此，以为四民有业[③]，各附所安，逆旅之与旗亭，自古非同一概，即附市籍，于理不可。且行旅之所依托，岂容一朝而废，徒为劳扰，于事非宜。遂专决之，并令依旧。使还朝阙，然后奏闻。高祖善之曰："体国之臣，当如此矣。"

以年老，出拜通州刺史[④]，甚有惠政，民夷悦服。后三岁，卒官。有子四人。大体、大钧，并官至尚书郎。

律的人很多。我请求勒令各主管部门，广泛地加以搜寻查访，如果有这样的情况，皆写成公文报送御史台。"……

皇上把李谔先后所上的奏章颁布传示天下，四海之内，闻风仰慕，大大地革除了文风之敝。李谔在职多年，致力于保持原则，不崇尚严厉威猛，因此他没有刚强正直的声誉，但暗中却有很多匡正之功。

邳公苏威以为路边的客店，是追求财利的人所为，他们所从事的职业污秽杂乱，不符合治国之本的大义。于是，他上奏高祖，强制遣返他们归农，如果有人愿意依旧开店，所在州县就要把他录入商人户籍，仍然要撤除毁掉旧店，并让他们远离大道去设置旅店，以一定的时间为限。当时，正值寒冷的冬天，没有人敢陈书上诉。李谔因为另外的任务差遣在外，看到情况这样，认为四民各有自己的职业，各有所附，各有所安。客店之与酒楼，自古以来就不是一概相同，即使把他们归入商人户籍，从道理上说也是说不通的。况且，来往旅客所依托的客店，怎么能让一下子就废弃呢？那只是徒然造成骚扰烦劳，对事来说却不适当。于是，李谔就擅自决定，让他们依旧开店。他回到朝廷，然后世子大方袭爵，最有材品，大业初，判内史舍人。帝方欲任之，遇卒。

奏闻皇帝。高祖认为这样做是好的，说：“治理国家的人，应当这样啊。”

因为年龄已大，李谔出任通州刺史，很有仁爱之政，汉族百姓和少数民族的人都心悦诚服。三年后，死在任上。有四个儿子，李大体、李大钧两人都官至尚书郎。大儿子李大方承袭他的爵位，最具有才干和品行。大业初年，负责内史舍人事。皇帝正想重用他，适逢他死了。

注释 ① 聿(yù)：语助词。 ② 泗州：治所在今江苏宿迁东南。 ③ 四民：古代称士、农、工、商为四民。 ④ 通州：治所在今四川达州。

李 密 传

导读

隋炀帝即位后，滥施暴政，引起阶级矛盾激化，农民起义风起云涌，也促进了统治集团的内部分裂。李密(582—619)，字法主，出身于北周统治核心关陇集团的著名家族。杨玄感起兵时为主要谋主，兵败后入瓦岗军，很快形成了自己的势力，屡次击败隋军，确立了在各地反隋势力中的盟主地位。后因在与宇文化及的战斗中伤亡过大，被王世充趁机进逼，兵败降唐。一年后又因谋叛被唐军所杀。年仅三十七岁。李密长于谋略，治军有方，因此能够成为后期义军的主要领袖。但他本是贵族出身，暗害翟让，又接受隋的官爵，降唐后又反复无常，这是他的致命弱点。本篇传记材料丰富，记载翔实，叙述场面恢弘壮阔而又不失之空泛，是隋末社会动乱的生动图卷。(选自卷七〇)

原文

李密字法主，真乡公衍之从孙也。祖耀，周邢国公。父宽，骁勇善战，干略过人，自周及隋，数经将领，至柱国、蒲山郡公，号为名将。密多筹算，才兼文武，志气雄远，常以济物为己任。开皇中，袭父爵蒲山

翻译

李密字法主，是真乡公李衍的堂孙。祖父李耀，在北周封为邢国公。父亲李宽，勇猛善战，才干谋略都超过常人，自北周到隋朝，多次担任军队将领，官至柱国、蒲山郡公，号称名将。李密富有谋略，兼有文武之才，志气雄伟远大，常常把帮助别人当成自己的责任。开皇年间，李密继承了父亲的爵位蒲山公，就散发家中财产，救济和供养亲朋

公，乃散家产，赒赡亲故，养客礼贤，无所爱吝。与杨玄感为刎颈之交。后更折节，下帷耽学，尤好兵书，诵皆在口。师事国子助教包恺[①]，受《史记》《汉书》，励精忘倦，恺门徒皆出其下。大业初，授亲卫大都督[②]，非其所好，称疾而归。

故旧，收养宾客，礼待贤士，对财物没有什么吝惜的。他和杨玄感是生死之交。后来又改变往时的作风，垂下屏幕苦读，尤其喜欢读兵书，都能背诵。又拜国子助教包恺为师，学习《史记》《汉书》，振奋精神，不知疲倦，包恺的其他学生都比不上他。大业初年，他被授予亲卫大都督，这不是他所喜欢的官，所以声称有病而回去了。

注释 ① 国子助教：国子寺的学官，协助国子博士传授儒家经典，为从七品下。② 亲卫：府兵分为内军与外军两种。亲卫与勋卫、翊卫并称三卫，为内军，由十二卫府中左右卫统领，掌管宿卫宫廷内部。大都督：统领府兵的低级军官，为骠骑将军（后改称鹰扬郎将）的属官。属亲卫的骠骑府大都督称亲卫大都督。

原文

及杨玄感在黎阳，有逆谋，阴遣家僮至京师召密，令与弟玄挺等同赴黎阳。玄感举兵而密至，玄感大喜，以为谋主。玄感谋计于密，密曰："愚有三计，惟公所择。今天子出征，远在辽外，地去幽州[①]，悬隔千里。南有巨海之限，北有胡戎之

翻译

杨玄感在黎阳时，有叛乱的意图，暗暗地派遣家仆到京城召请李密，让李密与他弟弟杨玄挺等人一起到黎阳。玄感起兵时，李密正好赶到，杨玄感非常高兴，把他当成主要谋士。杨玄感向李密讨教计谋，李密说："我有三条计策，任您选择。现在，皇帝出征，远在辽地之外，那地方离幽州远隔千里。南方有大海的阻断，北方有胡人的忧患，这中间一片地方，理所当然是极其艰难危

患，中间一道，理极艰危。今公拥兵，出其不意，长驱入蓟[2]，直扼其喉。前有高丽，退无归路，不过旬月，赍粮必尽。举麾一召，其众自降，不战而擒，此计之上也。又关中四塞，天府之国，有卫文升[3]，不足为意。今宜率众，经城勿攻，轻赍鼓行，务早西入。天子虽还，失其襟带，据险临之，故当必克，万全之势，此计之中也。若随近逐便，先向东都，唐祎告之[4]，理当固守。引兵攻战，必延岁月，胜负殊未可知，此计之下也。”玄感曰：“不然。公之下计，乃上策矣。今百官家口并在东都，若不取之，安能动物？且经城不拔，何以示威？”密计遂不行。

险的。如今您拥有大兵，可以出其不意地长驱直入蓟县，直接控制他们的咽喉要地。前面有高丽国，后面又没有退路，不超过十天、一个月，他们所带去的粮食必然用尽。那时，你举起战旗一挥，那些士兵自然会投降，不交战便能擒获敌人，这是上策。另外，关中之地四面阻塞，是个天府之国，虽然有卫文升留守在京，不值得留意。现在宜于率领军队，经过沿途城镇时不要攻打，轻装击鼓进军，务必早日西进到达关中。皇帝即使还朝，但他失去了山川屏障，你占据险要地势同他作战，所以一定能战胜他。这是万无一失的形势，这属于中策。如果只是就近图便，先进攻东都，唐祎已去告诉了他们，他们理所当然加固了防守。这时再率兵攻打，一定会拖延时间，胜负也很难意料，这是下策。”玄感说：“不是这样，您的下策才是上策。现在许多官员的家属都在东都，如果不攻取东都，还怎么能震动人心？而且经过城市而不占领它，又以什么来显示威风？”李密的计策就这样没有被采用。

注释 ① 幽州：治所在今北京西南。 ② 蓟：县名，为幽州治所。 ③ 卫文升：即卫玄。大业九年(613)炀帝出征辽东，卫玄与代王杨侑留守京城。恭帝义宁(617—618)中死在家中。 ④ 唐祎(yī)：唐祎本为河内郡(治所在今河南沁阳)主簿，杨玄感反叛，任命他为怀州（即河内郡）刺史。在准备袭击洛阳时，唐祎又脱离叛军驰往东都洛阳报信。

原文

玄感既至东都，皆捷，自谓天下响应，功在朝夕。及获韦福嗣，又委以腹心，是以军旅之事，不专归密。福嗣既非同谋，因战被执，每设筹画，皆持两端。后使作檄文，福嗣固辞不肯。密揣知其情，因谓玄感曰："福嗣元非同盟，实怀观望。明公初起大事，而奸人在侧，听其是非，必为所误矣。请斩谢众，方可安辑。"玄感曰："何至于此！"密知言之不用，退谓所亲曰："楚公好反而不欲胜，如何？吾属今为虏矣！"后玄感将西入，福嗣竟亡归东都。

时李子雄劝玄感速称尊号，玄感以问于密。密曰："昔陈胜自欲称王[①]，张耳谏而被外[②]，魏武将求九

翻译

杨玄感到东都之后，一直都打胜仗，自以为是天下响应，在很短的时间里就会大功告成。等到抓获韦福嗣，又把他当作心腹之人。因此，军队里的事情，不再完全依靠李密。福嗣既不是同谋之人，又是战争中被俘虏的，每次设计筹划时，都持模棱两可的态度。后来让他写篇战争檄文，韦福嗣推托不干，李密揣度猜知他的心情，就对玄感说："福嗣原来就不是同盟之人，实际上他是抱着观望的态度，您刚发起大事，奸邪小人就在身旁，听他的是非之辞，必定要被他所耽误。我请求您斩掉他，向大家承认错误，才能获得平安和睦。"玄感说："哪里会到这种地步！"李密知道他的话不会被听从，私下对亲信说："楚公喜欢造反而不想胜利，怎么办？我们如今将要当俘虏了。"后来，玄感将要向西进军，福嗣终于逃回了东都。

当时，李子雄劝玄感快点称帝，玄感把这事问李密。李密说："过去陈胜自己想称王，张耳进谏，却被排挤出外；魏武帝想获取九锡，荀彧劝阻却被疏

锡[3]，荀彧止而见疏[4]。今者密欲正言，还恐追踪二子，阿谀顺意，又非密之本图。何者？兵起已来，虽复频捷，至于郡县，未有从者。东都守御尚强，天下救兵益至，公当身先士众，早定关中。乃欲急自尊崇，何示不广也！”玄感笑而止。

远。今天，我李密想陈说正确的意见，反怕走上张耳、荀彧两人的老路。阿谀奉承，顺从人意，又不是我李密的本意。为什么呢？自从我们起兵，虽然频频获得胜利，但我们所到的州县，却没有人跟从我们。东都守备防御力量还比较强大，天下的救兵渐渐赶来，您此时应当走在士兵的前面，做好表率，早日平定关中。您现在却急着想自我尊崇，怎么表现得这么狭隘呢！”玄感笑了笑，打消了称帝的念头。

注释 ① 陈胜（？—前208）：秦末农民起义领袖。 ② 张耳（？—前202）：秦末汉初人。秦末曾参加陈胜起义，后投奔刘邦，被封为赵王。 ③ 魏武：即曹操（155—220）。汉献帝建安十八年（213）曹操封魏公、受“九锡”之礼，这是篡位的先声。曹操死后，曹丕称帝，追尊他为武帝。 ④ 荀彧（163—212）：曹操的谋士。后因反对曹操称魏公、加“九锡”，被迫自杀。

原文

及宇文述、来护儿等军且至，玄感谓密曰：“计将安出？”密曰：“元弘嗣统强兵于陇右[1]，今可扬言其反，遣使迎公，因此入关，可得绐众。”玄感遂以密谋，号令其众，因引西入。至陕县[2]，欲围弘农宫[3]，密谏之曰：“公

翻译

到宇文述、来护儿等人所率的军队快要到时，玄感对李密说：“有什么计谋拿出来？”李密说：“元弘嗣在陇西率一支强兵，现在可以扬言说他谋反，派遣了使者来迎接您，用这种方法进入关中，可以欺骗众人。”玄感于是采用了李密的计谋，向部下将士发出号令，于是率兵向西前进。到达陕县，玄感想围攻弘农宫，李密劝谏他说：“您现在是骗大

今诈众入西，军事在速，况乃追兵将至，安可稽留！若前不得据关，退无所守，大众一散，何以自全?”玄感不从，遂围之，三日攻不能拔，方引而西。至于阌乡[4]，追兵遂及。

家向西前进，军事行动贵在迅速，况且追兵即将赶到，怎么能拖延停留呢？如果前进不能据关而战，后退又没有可守之地，士兵一旦散掉，又凭什么保全自己呢?”玄感不听从他的话，就包围弘农宫，攻打了三天，没能取下，才率兵西进。到了阌乡，追兵就赶上了。

注释　① 陇右：泛指陇山以西地区，约当今甘肃陇山、六盘山以西和黄河以东一带。 ② 陕县：治所在今河南三门峡西。 ③ 弘农宫：隋大业初年建造，故址在今河南陕县。 ④ 阌(wén)乡：县名，治所在今河南灵宝西北。

原文

玄感败，密间行入关，与玄感从叔询相随，匿于冯翊询妻之舍。寻为邻人所告，遂捕获，囚于京兆狱。是时炀帝在高阳[1]，与其党俱送帝所。在途谓其徒曰：“吾等之命，同于朝露，若至高阳，必为葅醢[2]。今道中犹可为计，安得行就鼎镬[3]，不规逃避也?”众咸然之。其徒多有金，密令出示使者曰：“吾等死日，此金并留付公，幸用相瘗。其余即皆报

翻译

玄感战败，李密悄悄地过了潼关，和玄感的堂叔杨询在一起，藏在冯翊郡杨询的妻子家中。不久，被邻近人所告发，于是被捕获，关在京兆的狱中。这时，隋炀帝在高阳，李密和他的同党都被送到高阳。途中，李密对他的党徒说：“我们的性命，就像早晨的露水一样，如果到了高阳，必定被斩成肉酱。现在，我们在路上还可以有所打算，怎么能就这样走入刑场，不再谋求逃脱呢?”大家都认为他的话很对。他的那些党徒大多有金钱，李密叫他们拿出来给押送他们的使者看，说：“我们死的那一天，这些金钱都留给您，只希望用它

德。"使者利其金,遂相然许。及出关外,防禁渐弛。密请通市酒食,每宴饮喧哗竟夕,使者不以为意。行次邯郸,夜宿村中,密等七人皆穿墙而遁,与王仲伯亡抵平原贼帅郝孝德④。孝德不甚礼之,备遭饥馑,至削树皮而食。仲伯潜归天水⑤,密诣淮阳⑥,舍于村中,变姓名称刘智远,聚徒教授,经数月,密郁郁不得志,为五言诗……诗成而泣下数行。时人有怪之者,以告太守赵他⑦。县捕之,密乃亡去,抵其妹夫雍丘令丘君明⑧。后君明从子怀义以告,帝令捕密,密得遁去,君明竟坐死。

埋葬我们的尸体。剩下的钱就都用来报答恩德。"使者贪图他们的金钱,就答应了。等到出了关,看管渐渐松弛了,李密请求购买些酒食,每次宴饮吃喝时,都喧闹通宵,使者也不在意。走到邯郸时,夜里住在村中,李密等七人都打通墙壁逃跑了。和王仲伯逃亡到平原盗贼头领郝孝德那里。孝德不太礼遇他们,使他们备遭饥饿之苦,以至剥树皮来吃。王仲伯偷偷地回天水,李密到淮阳去,住在一个村里。改变姓名,叫做刘智远,聚集门徒教课。过了几个月,李密感到心情苦闷不得意,写了首五言诗……诗写成之后,流了几行眼泪。当时,有人感到奇怪,把这件事告诉太守赵他。太守下令属县捕捉他,李密就逃走了,逃到他的妹夫雍丘县令丘君明家。后来丘君明的堂侄丘怀义告发了他,皇上命令捉拿李密。李密得以逃走,丘君明终于因被牵连而死。

注释 ① 高阳:县名,今属河北。 ② 葅醢(zū hǎi):肉鱼等制成的酱。 ③ 鼎镬(huò):古代统治者用作烹人的刑具。镬,大锅。 ④ 平原:郡名,治所在今山东陵。 ⑤ 天水:郡名,治所在今甘肃天水。 ⑥ 淮阳:郡名,治所在今河南淮阳。 ⑦ 他:音 tuó。 ⑧ 雍丘:县名,治所在今河南杞县。

原文

会东郡贼帅翟让聚党万余人[①]，密归之。其中有知密是玄感亡将，潜劝让害之。密大惧，乃因王伯当以策干让。让遣说诸小贼，所至辄降下，让始敬焉，召与计事。密谓让曰："今兵众既多，粮无所出，若旷日持久，则人马困敝，大敌一临，死亡无日。未若直趣荥阳，休兵馆谷，待士马肥充，然可与人争利。"让从之，于是破金堤关[②]，掠荥阳诸县，城堡多下之。荥阳太守郇王庆及通守张须陁以兵讨让[③]。让数为须陁所败，闻其来，大惧，将远避之，密曰："须陀勇而无谋，兵又骤胜，既骄且狠，可一战而擒。公但列阵以待，保为公破之。"让不得已，勒兵将战，密分兵千余人于林木间设伏。让与战不利，军稍却，密发伏自后掩之，须陁众

翻译

刚巧东郡盗贼头领翟让聚集党徒一万多人，李密就投奔他。翟让部下有人知道李密是杨玄感部逃亡的将领，暗中劝翟让害死他。李密非常恐怕，就通过王伯当献策略请求翟让。翟让派他去说服各处小股盗贼，他所到之处，盗贼立即降服。翟让于是开始敬重他了，召他一起商量大事。李密对翟让说："现在，我们的兵众已经很多了，但粮食却没有来源，如果旷日持久，人马就会困倦疲弊。大敌一到，很快就要被灭亡。不如直接奔赴荥阳，让士兵住好吃好，等到士兵、战马都很强壮时，然后才能与别人争利。"翟让听从了他的建议，于是攻破金堤关，掠夺荥阳各县财物，荥阳城堡大多被攻下。荥阳太守郇王杨庆和通守张须陀发兵征讨翟让。翟让曾多次被须陀所打败，听到他来了，特别害怕，想远远地躲开他。李密说："须陀勇敢但没有计谋，他的军队又屡次获胜，既骄狂又狠毒，我们可以一仗就抓获他。您只管摆好阵势等待，我保证为您击败他。"翟让不得已，率领士兵，准备战斗，李密分了一千多士兵，在树林中设置埋伏。翟让与敌兵战斗失利，部队渐渐后退，李密发动伏兵从后

溃。与让合击，大破之，遂斩须陁于阵。让于是令密建牙，别统所部。

面突袭敌军，须陀的士兵溃败。李密和翟让率兵前后夹击，大败敌军，就在阵地上杀死了须陀。翟让因此叫李密建立牙旗，另外统帅一部分士兵。

注释 ① 东郡：治所在今河南滑县东。 ② 金堤关：在今河南荥阳东北，古黄河北岸。 ③ 郇：音 xún。陁：音 tuó。

原文

密复说让曰："昏主蒙尘，播荡吴、越，猬毛竞起，海内饥荒。明公以英杰之才，而统骁雄之旅，宜当廓清天下，诛剪群凶，岂可求食草间，常为小盗而已！今东都士庶，中外离心，留守诸官，政令不一。明公亲率大众，直掩兴洛仓①，发粟以赈穷乏，远近孰不归附！百万之众，一朝可集，先发制人，此机不可失也。"让曰："仆起陇亩之间，望不至此。必如所图，请君先发，仆领诸军，便为后殿。得仓之日，当别议之。"密与让领精兵七千人，以大业十三年

翻译

李密又劝翟让说："昏庸的君主流亡失位，在吴、越一带流荡。许多事端竞相发生，全国都在闹饥荒。您以英明杰出的才干，统率着骁勇强大的部队，应当澄清天下，诛戮剪伐诸多恶人，怎么能求食于草丛中，常常做些小偷小盗的事情就算了呢？现在东都的士人百姓，内外不是一条心，留守东都的各位官员的行政措施和法令不统一。您亲自率领大家，直接袭击兴洛仓，发放粮食以救济贫穷困乏的百姓，远近之处有谁不愿意归附您呢！几百万的人，一个早晨就能召集起来，先下手制服别人，这个大好时机不能丢失。"翟让说："我是从田野起家的，所希冀的还没有到这种程度。如果一定要像你谋划的那样，就请你先发兵，我率领其他部队，作你的后续军队，攻取粮仓以后，自当另外

春，出阳城[②]，北逾方山[③]，自罗口袭兴洛仓[④]，破之。开仓恣民所取，老弱襁负，道路不绝。

讨论这件事。”李密与翟让率领精锐士兵七千人，在大业十三年(617)春，从阳城出发，向北越过方山，从罗口袭击兴洛仓，攻克了它。他们打开粮仓任凭百姓随意取粮，来取粮的有老人、少年、背负婴儿的，一路上人来人往接连不断。

注释　① 兴洛仓：隋大业二年(606)筑，在今河南巩县东南，周围二十余里，挖窖三千，每窖可容粮八千石。② 阳城：县名，治所在今河南登封东南。③ 方山：在今登封东北。④ 罗口：城名，在今河南巩县西南。

原文

越王侗武贲郎将刘长恭率步骑二万五千讨密，密一战破之，长恭仅以身免。让于是推密为主。密城洛口周回四十里以居之[①]。房彦藻说下豫州，东都大惧。让上密号为魏公。密初辞不受，诸将等固请，乃从之。设坛场，即位，称元年，置官属，以房彦藻为左长史，邴元真右长史，杨德方左司马，郑德韬右司马。拜让司徒，封东郡公。其将帅封拜各有差。长白山贼孟让掠

翻译

越王杨侗的武贲郎将刘长恭率领步兵、骑兵两万五千人征讨李密，李密一仗就打败了他，刘长恭只自己免于一死。翟让于是推举李密为主帅。李密修筑洛口周围四十里的城墙，住在里面。房彦藻通过劝说，占领了豫州，东都官员非常害怕。翟让给李密献上魏公的尊号。李密先推辞不接受，众将领坚持请求上尊号，李密才依从了他们。于是，设置坛场，李密宣布即位，改年号为永平元年，设置官吏，以房彦藻为左长史，邴元真为右长史，杨德方为左司马，郑德韬为右司马。拜翟让为司徒，封他为东郡公。其他的将帅拜官授爵各有等差。长白山的盗贼孟让抢劫东

东都，烧丰都市而归。密攻下巩县，获县长柴孝和，拜为护军。武贲郎将裴仁基以武牢归密，因遣仁基与孟让率兵二万余人袭回洛仓[2]，破之，烧天津桥[3]，遂纵兵大掠。东都出兵乘之，仁基等大败，仅以身免。密复亲率兵三万逼东都，将军段达、武贲郎将高毗、刘长恭等出兵七万拒之，战于故都，官军败走，密复下回洛仓而据之。俄而德韬、德方俱死，复以郑颋为左司马，郑虔象为右司马。

都，烧丰都市而归。李密攻下巩县，抓获县长柴孝和，拜他为护军。武贲郎将裴仁基以虎牢关之地归依李密，李密就派遣裴仁基和孟让率领二万多士兵袭击回洛仓，攻破而占据了回洛仓，烧毁天津桥，于是放纵士兵，大肆掳掠。东都发兵乘机袭击他们，裴仁基等人大败，只是自身免于一死。李密又亲自率兵三万人逼近东都，将军段达、武贲郎将高毗、刘长恭等人出动七万士兵抵抗他，在故都大战一场，官军败阵而逃。李密又攻下回洛仓而占据了它。不久，郑德韬、杨德方两人都死了，又以郑颋为左司马，以郑虔象为右司马。

注释 ① 洛口：洛口仓，即兴洛仓。 ② 回洛仓：隋大业二年(606)筑，在今河南洛阳市隋洛阳故城北。仓城周围十里，挖窖三百个。 ③ 天津桥：在今河南洛阳旧城西南。

原文

柴孝和说密曰："秦地阻山带河，西楚背之而亡[1]，汉高都之而霸。如愚意者，令仁基守回洛，翟让守洛口，明公亲简精锐，西袭长

翻译

柴孝和劝李密说："秦国旧地关中山河形势险要，西楚霸王离开它就失败，汉高祖建都于此而称霸。按照我的想法，叫裴仁基守卫回洛仓，让翟让守卫洛口，您亲自挑选精锐部队，向西袭

安，百姓孰不郊迎，必当有征无战。既克京邑，业固兵强，方更长驱崤、函，扫荡京洛，传檄指㧑[②]，天下可定。但今英雄竞起，实恐他人我先，一朝失之，噬脐何及！"密曰："君之所图，仆亦思之久矣，诚为上策。但昏主尚在，从兵犹众，我之所部，并山东人，既见未下洛阳，何肯相随西入！诸将出于群盗，留之各竞雌雄。若然者，殆将败矣。"孝和曰："诚如公言，非所及也。大军既未可西出，请间行观隙。"密从之。孝和与数十骑至陕县，山贼归之者万余人。密时兵锋甚锐，每入苑，与官军连战。会密为流矢所中，卧于营内，后数日，东都出兵击之。密众大溃，弃回洛仓，归洛口。孝和之众闻密退，各分散而去。孝和轻骑归密。

击长安，老百姓有谁不到郊外来迎接您呢？一定只会有征讨而没有战斗。攻克京城之后，基业巩固了，兵力强大了。方能再长驱崤山、函关一带，扫荡东京洛阳，传递檄文，发布号令，天下可以迅速平定。只是现在天下英雄竞相起兵，我实在担心别人先于我们，一旦失去了良机，那就如自噬腹脐一样够不上了！"李密说："您所谋划的事情，我也考虑很久了，的确是个上策。但是，昏庸的君主还在位，从属的士兵还很多，我所率领的，都是山东人，既然看到我们没有攻下洛阳，又怎么肯跟随我们向西前进？众将领出身盗贼之中，留下他们的话必然会相互争斗，如果这样，差不多就要失败了。"柴孝和说："真像您所说的，这不是我所能考虑到的。大部队既然不能向西进军，那就请悄悄地行动，观察可乘之机。"李密听从了他的建议。孝和与几十名骑兵到陕县，山中盗贼归顺他们的有一万多人。当时李密的军队士气非常锐利，常进入苑囿，与官军连连作战。刚巧李密被流箭所射中，在军营内卧养休息。几天后，东都发兵袭击他们。李密的士兵大溃败，放弃了回洛仓，回到洛口。柴孝和的士兵听说李密后退了，就各自分散而去，柴孝和轻装骑马归依李密。

注释 ① 西楚：指项羽（前 232—前 202）。秦末农民起义军领袖。秦亡后，他自立为西楚霸王。在楚汉战争中，被刘邦击败。最后在乌江（今安徽和县东北）自杀。② 㧑(huī)：同“挥”。

原文

帝遣王世充率江、淮劲卒五万来讨密，密逆拒之，战不利。柴孝和溺死于洛水，密甚伤之。世充营于洛西，与密相拒百余日。武阳郡丞元宝藏、黎阳贼帅李文相、洹水贼帅张升、清河贼帅赵君德、平原贼帅郝孝德并归于密[1]，共袭破黎阳仓据之[2]。周法明举江、黄之地以附密，齐郡贼帅徐圆朗、任城大侠徐师仁、淮阳太守赵他等前后款附[3]，以千百数。

翻译

皇帝派王世充率领江、淮一带强劲的士兵五万人来征讨李密，李密迎头抵抗，战斗失利。柴孝和在洛水中淹死，李密为之很伤心。王世充在洛水西边扎营，与李密相互抵拒了一百多天，武阳郡丞元宝藏、黎阳强盗头领李文相、洹水强盗头领张升、清河强盗头领赵君德、平原强盗头领郝孝德都归附了李密，共同袭击黎阳仓，并占据了它。周法明带着江州、黄州两地来归附李密，齐郡强盗头领徐圆朗、任城大侠徐师仁、淮阳太守赵他等人先后成千成百地归附李密。

注释 ① 武阳郡：治所在今河北大名东北。洹(huán)水：县名，治所在今河北魏县西南。清河：郡、县名，治所在今河北清河附近。 ② 黎阳仓：隋开皇三年(538)建，故址在今河南浚县西南。 ③ 江：江州，治所在今江西九江。大业时称九江郡。黄：黄州，治所在今湖北武汉新洲。大业时称衡山郡。

原文

翟让所部王儒信劝让为大冢宰，总统众务，以夺密权。让兄宽复谓让曰："天子止可自作，安得与人？汝若不能作，我当为之。"密闻其言，有图让之计。会世充列阵而至，让出拒之，为世充所击退者数百步。密与单雄信等率精锐赴之，世充败走。让欲乘胜进破其营，会日暮，密固止之。明日，让与数百人至密所，欲为宴乐。密具馔以待之，其所将左右，各分令就食。诸门并设备，让不之觉也。密引让入坐，有好弓，出示让，遂令让射。让引满将发，密遣壮士蔡建自后斩之，殒于床下。遂杀其兄宽及王儒信，并其从者亦有死焉。让所部将徐世勣，为乱兵所斫中，重创，密遽止之，仅而得免。单雄信等皆叩头求哀，密并释而慰谕之。于是率

翻译

翟让的部下王儒信劝说翟让自己担任大冢宰，总管统领各种事务，以便夺取李密的权力。翟让的哥哥翟宽又对翟让说："皇帝只能你自己来做，怎么能让给别人？你如果不能做皇帝，我就来做皇帝。"李密听到这些话，就有谋害翟让的打算。刚巧王世充率兵摆开阵势而来，翟让出兵抵抗他们，被世充的军队击退了几百步。李密和单雄信等人率领精锐部队冲过去，王世充战败而逃。翟让想乘胜追击，攻破敌人的营垒，刚好天已晚，李密坚决地阻止了他。第二天，翟让和几百人一起到李密的住所来，想宴饮作乐。李密准备了食物等待着他们，让翟让带来的随从各自分开就餐。各个门都设置戒备，翟让却没有觉察到这些。李密引导翟让就坐。有一把好弓，李密拿给翟让看，就叫他射箭。翟让拉满弓弦就要发射箭时，李密派壮士蔡建从后面杀掉了他，翟让就这样死在床下。于是又杀死了他的哥哥翟宽和王儒信，翟让的随从也有连同被杀的。翟让的部将徐世勣，被乱兵所砍中，受了重伤，李密立即阻止了乱兵。只是免于一死。单雄信等人都叩头求饶，李密都释放了他们。并安慰劝谕他

左右数百人诣让本营。王伯当、邴元真、单雄信等入营，告以杀让之意，众无敢动者。乃令徐世勣、单雄信、王伯当分统其众。

未几，世充夜袭仓城，密逆拒破之，斩武贲郎将费青奴。世充复移营洛北，南对巩县，其后遂于洛水造浮桥，悉众以击密。密与千骑拒之，不利而退。世充因薄其城下，密简锐卒数百人，分为三队出击之。官军稍却，自相陷溺，死者数万人，武贲郎将杨威、王辩、霍世举、刘长恭、梁德重、董智通等诸将率皆没于阵。世充仅而获免，不敢还东都，遂走河阳。其夜雨雪尺余，众随之者，死亡殆尽。密于是修金墉故城居之，众三十余万。复来攻上春门[①]，留守韦津出拒战，密击败之，执津于阵。其党劝密即尊号，密不许。及义师围东都，密

们。于是，李密率领身边几百人去翟让的本营。王伯当、邴元真、单雄信等人进入营中，告诉他们杀死翟让的原因，大家没有敢于反对的。李密就命令徐世勣、单雄信、王伯当三人分别统帅翟让的部众。

不久，王世充夜里偷袭黎阳仓，李密迎头抵抗，战败敌军，杀死了武贲郎将费青奴。世充又转移部队，在洛水北面扎营。南面朝着巩县，然后就在洛水上架造浮桥，率领全部兵力袭击李密。李密和千余名骑兵抗拒他们，战斗失利而后退。世充于是率兵迫近城下，李密选择精锐士兵几百人，分成三队，出城攻击他们。官方军队逐渐后退，自相陷入水中淹死，死了几万人，武贲郎将杨威、王辩、霍世举、刘长恭、梁德重、董智通等众将领都死在战场上。世充只是侥幸免于一死，他不敢回东都，就奔向河阳。那天夜里，雪下了一尺多厚，跟随他的许多士兵，差不多都死了。李密于是修建金墉旧城，住在那里，部众有三十多万。李密又来攻打上春门，留守官韦津出兵抵抗，李密打败了他，并在战场上俘虏了他。李密的党徒劝他即位，李密没有同意。等到唐朝的军队包围东都时，李密派兵争夺东都，两军交

出军争之，交绥而退。

俄而宇文化及杀逆，率众自江都北指黎阳，兵十余万。密乃自率步骑二万拒之。会越王侗称尊号，遣使者授密太尉、尚书令、东南道大行台、行军元帅、魏国公，令先平化及，然后入朝辅政。密遣使报谢焉。化及与密相遇，密知其军少食，利在急战，故不与交锋，又遏其归路，使不得西。密遣徐世勣守仓城，化及攻之，不能下。密与化及隔水而语，密数之曰："卿本匈奴皂隶破野头耳[②]，父兄子弟并受隋室厚恩，富贵累世，至妻公主，光荣隆显，举朝莫二。荷国士之遇者，当须国士报之，岂容主上失德，不能死谏，反因众叛，躬行杀虐，诛及子孙，傍立支庶，擅自尊崇，欲规篡夺，污辱妃后，枉害无辜！不追诸葛瞻之忠诚[③]，乃为霍禹之恶

战后退回。

不久，宇文化及杀死了隋炀帝，率领士兵从江都向北直指黎阳，有十几万士兵。李密于是亲自率领两万步兵和骑兵抵抗他。适逢越王杨侗称帝，派遣使者授予李密太尉、尚书令、东南道大行台、行军元帅、魏国公等官爵，叫他先平定宇文化及，然后入朝辅佐朝政。李密派使者前去答谢。宇文化及与李密两军相遇，李密知道宇文化及的军队缺少粮食，利于急战，所以李密既不与他交战，又遏止住他的退路，使他不能西去。李密派遣徐世勣守卫黎阳仓城，宇文化及攻打它，不能攻克。李密和宇文化及隔着河说话，李密责备他说："你本来不过是匈奴的奴隶破野头罢了，你的父兄子弟都受隋室深厚的恩情，几世富贵，以至娶公主为妻，光辉荣耀、高贵显赫，整个朝廷再没有第二个人了，受到国士待遇的人，应当以国士的态度报答国家，怎么能容得君主失去了美德，不能以死相谏，反而趁众人叛乱之机，亲自加以残杀。还杀皇帝的子孙，另立支派，擅自尊崇，企图篡夺皇位、污辱皇妃皇后，白白地杀害无罪的人呢？你不追念诸葛瞻的忠诚，却要做叛逆不道的霍禹。这是天地所不能容忍、人神所不能

逆[4]。天地所不容，人神所莫祐，拥逼良善，将欲何之！今若速来归我，尚可得全后嗣。”化及默然，俯视良久，乃瞋目大言曰：“共你论相杀事，何须作书语邪？”密谓从者曰：“化及庸懦如此，忽欲图为帝王，斯乃赵高、圣公之流[5]，吾当折杖驱之耳。”[6]化及盛修攻具，以逼黎阳仓城，密领轻骑五百驰赴之。仓城兵又出相应，焚其攻具，经夜火不灭。

保佑的，你聚集逼迫善良的人，想要往哪里走！现在你如果快快归顺我，还能够保全你的后代。”宇文化及默不作声，低头沉思了很久，这才瞪大眼睛，大声说：“我和你谈战争生死之事，你何必要引用书传里的话呢？”李密对随从的人说：“宇文化及如此平庸懦弱，突然打算想当帝王，他只不过是赵高、刘玄一类的人，我将用折断的马鞭把他赶走。”宇文化及大肆修造攻战器具，以此逼近黎阳仓城，李密率领五百名轻装骑兵急驰向敌军，仓城里的军队又出来呼应，烧掉宇文化及的攻战器具，烧了一夜，大火仍然不灭。

注释 ① 上春门：隋洛阳城（今河南洛阳）东城最北门。 ② 破野头：宇文化及的上代本姓破野头，后随主人姓改为宇文氏。 ③ 诸葛瞻（227—263）：诸葛亮之子。魏景元四年（263），魏将邓艾率军伐蜀，派人送信给诸葛瞻，诱劝他投降，诸葛瞻怒斩使者，战于绵竹（今四川德阳），兵败被杀。 ④ 霍禹（？—前66）：霍光之子。霍光是西汉大臣，前后执政二十年。霍光死后，由霍禹继承父亲的官爵。宣帝地节四年（前66），霍禹与其母霍夫人显等人阴谋废除宣帝而立霍禹，事发，霍禹被腰斩。⑤ 赵高（？—前207）：本为秦朝宦官，秦始皇死，他与李斯一起伪造诏书，立胡亥为二世皇帝，自任郎中令，控制朝政。后又杀李斯，不久又杀秦二世，立子婴为秦王。过不久子婴杀掉了赵高。圣公：指刘玄（？—25），字圣公。曾参加西汉末年的农民起义军，公元23年称帝，年号更始，史称“更始帝”。更始三年（25）赤眉军攻入长安，他投降，不久被绞死。 ⑥ 折杖：义同“折棰”，意思说用折断的短鞭就可以制服劣马，比喻取胜之易。

原文

密知化及粮且尽，因伪与和，以敝其众。化及不之悟，大喜，恣其兵食，冀密馈之。会密下有人获罪，亡投化及，具言密情。化及大怒，其食又尽，乃渡永济渠[①]，与密战于童山之下[②]，自辰达酉[③]。密为流矢所中，顿于汲县[④]。化及掠汲郡[⑤]，北趣魏县[⑥]，其将陈智略、张童仁等所部兵归于密者，前后相继。初，化及以辎重留于东郡，遣其所署刑部尚书王轨守之。至是，轨举郡降密，以轨为滑州总管。密引兵而西，遣记室参军李俭朝于东都，执杀炀帝人于弘达以献越王侗。侗以俭为司农少卿，使之反命，召密入朝。密至温县[⑦]，闻世充已杀元文都、卢楚等，乃归金墉。

翻译

李密知道宇文化及的粮食将要完了，就假装与他讲和，以便欺骗他的部队。宇文化及不懂这一点，反而非常高兴，任其士兵随意吃粮食，希望李密能送给他粮食。刚好李密手下有人犯罪，逃走投奔化及，把李密的实情全部告诉了他。宇文化及十分愤怒，他的粮食又吃完了，就渡过永济渠，与李密大战于童山脚下，自辰时一直战到酉时。李密被流箭射中，在汲县驻扎休息。化及抢劫汲郡，向北奔向魏县，他的将领陈智略、张童仁等人所统帅的士兵归依李密的先后相继不断。当初，宇文化及把军用物资留在东郡，派他所署的刑部尚书王轨守卫东郡。到这时，王轨率领整个东郡投降了李密，李密让王轨担任滑州总管。李密率兵西进，派记室参军李俭到东都朝见，抓住杀死隋炀帝的人于弘达，把他献给越王杨侗，杨侗让李俭任司农少卿，使他回报使命，召李密入朝。李密走到温县时，听说王世充已经杀死元文都、卢楚等人，就回到了金墉。

注释 ① 永济渠：隋大业四年(608)开凿的运河。自今河南武陟南引沁水东北流，经新乡、卫辉等至河北魏县，最后达于北京，全程长二千余里。 ② 童山：在今河南卫辉境内。 ③ 辰：十二时辰之一，即上午七点到九点。 ④ 汲县：今河南卫辉。 ⑤ 汲郡：治所在今河南淇县东。 ⑥ 魏县：治所在今河北大名县西南。 ⑦ 温县：今属河南。

原文

世充既得擅权，乃厚赐将士，缮治器械，人心渐锐。然密兵少衣，世充乏食，乃请交易。密初难之，邴元真等各求私利，递来劝密，密遂许焉。初，东都绝粮，人归密者，日有数百。至此，得食，而降人益少，密方悔而止。密虽据仓，无府库，兵数战不获赏，又厚抚初附之兵，于是众心渐怨。时遣邴元真守兴洛仓。元真起自微贱，性又贪鄙，宇文温疾之，每谓密曰："不杀元真，公难未已。"密不答，而元真知之，阴谋叛密。扬庆闻而告密，密固疑焉。会世充悉众来决战，密留王伯当

翻译

王世充独自掌握大权后，就重赐将帅士兵，修缮、整治器械，人心渐渐有锐气。但是，李密的部队缺少衣服，世充的部队缺乏粮食，于是要求交换。李密开始感到为难，邴元真等人各自追求私利，相继来劝李密，李密就答应了。当初，东都缺少粮食，归依李密的人，每天都有几百。到这时，东都得到了粮食，投降的人也就日益减少，李密才感到后悔，停止了交换。李密虽然占据粮仓，却没有存财物兵甲的仓库。士兵屡次参战，得不到奖赏，李密又特别抚慰先归附的士兵，于是众人渐渐起了怨恨之心。当时派遣邴元真守卫兴洛仓，元真出身低微贫贱，生性又贪婪鄙陋，宇文温憎恨他，经常对李密说："不杀掉元真，你的灾难不会结束。"李密不回答他的话，但元真知道了这件事，所以他阴谋叛离李密。扬庆听说后，告诉李密，李密很怀疑这事。恰巧王世充率领所

守金墉，自引精兵就偃师[①]，北阻邙山以待之。世充军至，令数百骑渡御河[②]，密遣裴行俨率众逆之。会日暮，暂交而退，行俨、孙长乐、程咬金等骁将十数人皆遇重创，密甚恶之。世充夜潜济师，诘朝而阵，密方觉之，狼狈出战，于是败绩，与万余人驰向洛口。世充夜围偃师，守将郑颋为其部下所翻，以城降世充。密将入洛口仓城，元真已遣人潜引世充矣。密阴知之而不发其事，因与众谋，待世充之兵半济洛水，然后击之。及世充军至，密候骑不时觉，比将出战，世充军悉已济矣。密自度不能支，引骑而遁。元真竟以城降于世充。

密众渐离，将如黎阳。人或谓密曰："杀翟让之际，徐世勣几至于死。今创犹未复，其心安可保乎？"密乃止。时王伯当弃金墉，保河

有部队来决战，李密留下王伯当守金墉，自己率领精锐部队到偃师，北面依据邙山，等待敌军。王世充的部队到后，命令几百名骑兵渡过御河，李密派裴行俨率兵迎战敌人。刚好天晚了，交战一会就退下，裴行俨、孙长乐、程咬金等十几位骁勇战将都受了重伤。李密非常愤恨。王世充的士兵在夜里悄悄渡河，第二天早晨摆好了阵势，李密才发觉，很狼狈地出兵应战，于是战败，李密和一万多人奔赴洛口。世充夜晚围攻偃师，偃师的守将郑颋被他的部下所推翻，其部下以城投靠世充。李密将要进洛口仓城，但邴元真已先派人暗中接引王世充了。李密秘密地探知这件事，而又不揭发它，就与大家谋划，等到王世充的一半士兵渡过洛水，然后攻打他们。但是等王世充的军队到了以后，李密的侦探骑兵没有及时发觉，刚要出战，世充的军队已经全部过河了。李密自己估计不能抵抗，就带着骑兵跑了。邴元真终于以偃师城投降了王世充。

李密的士兵渐渐离散，他想要去黎阳。有人对李密说："过去杀翟让的时候，徐世勣差一点死掉了，现在，他的旧伤还没有恢复，他的心怎么能可靠呢？"李密于是就没有去黎阳。当时，王伯当

阳，密以轻骑自武牢渡河以归之，谓伯当曰："兵败矣！久苦诸君，我今自刎，请以谢众。"众皆泣，莫能仰视。密复曰："诸君幸不相弃，当共归关中。密身虽愧无功，诸君必保富贵。"其府掾柳燮对曰[③]："昔盆子归汉[④]，尚食均输，明公与长安宗族有畴昔之遇[⑤]，虽不陪起义，然而阻东都，断隋归路，使唐国不战而据京师，此亦公之功矣。"众咸曰："然。"密遂归大唐，封邢国公，拜光禄卿[⑥]。

丢弃了金墉，保守河阳，李密率领轻装骑兵从虎牢渡河归靠他，对王伯当说："我兵败了！长时期让诸位受苦，我现在自杀，以便向大家谢罪。"大家都哭了，没有人能抬头看他。李密又说："诸君不离弃我，是我的幸运，我们应当一同归依关中。我李密自身虽然惭愧没有功绩，但诸位必定会富贵。"他的府掾柳燮回答说："过去，刘盆子归依汉朝，朝廷尚且把均输官地赐给他，让他收取租税。你和长安同一宗族的人过去曾有交往，虽然没有随同起义，但是你阻挡东都，切断隋兵的归路，使唐国没有打仗就能占据京城，这也是你的功劳呀。"大家都说："对。"李密于是归依大唐，被封为邢国公，任命他为光禄卿。

注释 ① 偃师：县名，治所在今河南偃师东。 ② 御河：即今河南、河北境内卫河，为隋永济渠的一段。因为是封建皇室御用的河道，故称御河。 ③ 爕(xiè)：同"燮"。 ④ 盆子：指刘盆子(10—?)，西汉远支皇族。初在农民起义军中牧牛。公元25年被赤眉军立为皇帝，年号建世。后因饥荒，起义军撤离长安，被东汉光武帝刘秀的军队包围，刘盆子随樊崇等人投降归汉。 ⑤ 长安宗族：指李唐王朝。因为同姓，故称为宗族。 ⑥ 光禄卿：光禄寺长官，"九卿"之一，掌管酒醴、膳馐之事。唐时为从三品。

辛公义传

导读

所谓"循吏",就是指奉职守法的官吏。但纵观本传中所记载的辛公义事迹,无疑超过了"奉法循理之吏,不伐功矜能,百姓无称,亦无过行"的标准许多,特别是他在少数民族聚集之地任职时,力主移风易俗,但又并不强制执行,而是重在教育疏导,这种做法,即使在今天仍有其借鉴意义。(选自卷七三)

原文

辛公义,陇西狄道人也[①]。祖徽,魏徐州刺史。父季庆,青州刺史[②]。公义早孤,为母氏所养,亲授书传。周天和中[③],选良家子任太学生,以勤苦著称。武帝时,召入露门学[④],令受道义。每月集御前令与大儒讲论,数被嗟异,时辈慕之。建德初,授宣纳中士。从平齐,累迁掌治上士、扫寇将军。高祖作相,授内史上士,参掌机要。开皇元年,

翻译

辛公义是陇西狄道人,他的祖父辛徽,北魏时任徐州刺史。父亲辛季庆,曾任青州刺史。辛公义很小的时候父亲就去世了,是母亲抚养他长大的,母亲亲自教授各种典籍。北周天和年间,朝廷挑选良家子弟为太学生,他在其中以勤奋刻苦著称。北周武帝宇文邕曾召他入露门学,命他讲授道德义理,每月在皇帝面前与有学问的大儒讨论,经常被人叹为异才,当时同辈的人都很仰慕他。北周建德初年,授为宣纳中士。跟随北周武帝平定北齐后,又历任掌治上士、扫寇将军。隋高祖杨坚在北周担任宰相时,授辛公义为内史上士,参与

除主客侍郎[⑤]，摄内史舍人事，赐爵安阳县男，邑二百户。每陈使来朝，常奉诏接宴。转驾部侍郎，使往江陵安辑边境。七年，使勾检诸马牧，所获十余万匹。高祖喜曰："唯我公义，奉国罄心。"

处理机要之事。隋开皇元年(581)，官授主客侍郎，兼任内史舍人的差使，赐爵位为安阳县男，领食邑二百户。每当陈朝的使者来朝见时，常常奉诏宴请接待。后又转任驾部侍郎，被派往江陵安抚边境地区。开皇七年(587)，又派他稽查马场，获得了十万多匹。高祖非常高兴地说道："只有辛公义，才能这样为国事尽心尽力。"

注释 ① 狄道：县名，治所在今甘肃临洮。 ② 青州：治所在今山东青州。 ③ 天和：周武帝年号(566—572)。 ④ 露门学：北周学校名。 ⑤ 主客侍郎：礼部主客司的长官，炀帝时改称主客郎。掌管外国及少数民族等朝见之事，为从五品。

原文

从军平陈，以功除岷州刺史[①]。土俗畏病，若一人有疾，即合家避之，父子夫妻不相看养，孝义道绝，由是病者多死。公义患之，欲变其俗。因分遣官人巡检部内，凡有疾病，皆以床舆来，安置厅事。暑月疫时，病人或至数百，厅廊悉满。公义亲设一榻，独坐其间，终日连夕，对之理事。所得秩俸，尽用市药，为迎医疗

翻译

在随军灭陈后，因立功而任命为岷州刺史。当地的风俗很怕疾病，如果有一个人生病，则全家都避开，父子夫妻之间也不互相看望照顾，一点孝义之道也没有，因此生病的人大多死去。辛公义很忧虑，想改变这种陋俗，于是便分别派遣官吏巡视属区，凡遇到有生病的人，都用床抬来，安置在厅堂里。暑天发生瘟疫时，病人有时能到数百人，厅内廊下全都住满了。辛公义亲自安设了一张榻，独自坐在其中，从早到晚对着病人处理政事。他把得到的薪俸全部用来买药，请来医生治疗病人，还亲

之，躬劝其饮食，于是悉差[②]，方召其亲戚而谕之曰："死生由命，不关相着。前汝弃之，所以死耳。今我聚病者，坐卧其间，若言相染，那得不死，病儿复差！汝等勿复信之。"诸病家子孙惭谢而去。后人有遇病者，争就使君，其家无亲属，因留养之。始相慈爱，此风遂革，合境之内呼为慈母。

后迁牟州刺史[③]，下车，先至狱中，因露坐牢侧，亲自验问。十余日间，决断咸尽，方还大厅。受领新讼，皆不立文案，遣当直佐僚一人，侧坐讯问。事若不尽，应须禁者，公义即宿厅事，终不还阁。人或谏之曰："此事有程，使君何自苦也！"答曰："刺史无德可以导人，尚令百姓系于囹圄，岂有禁人在狱而心自安乎？"罪人闻之，咸自款服。后有欲诤讼者，其乡闾父老遽相晓曰：

自劝他们进食，因而病人大都痊愈，这时辛公义便召来病人的亲属，对他们教导说："各人的生死皆由天命所定，并非是相互关联着的。以前你把他抛弃，所以会病重而死。现在我这里聚集了这么多病人，我坐卧都在其中，如果要说传染，我怎么能不死，病人又怎么能痊愈呢！你们以后不要相信那些东西了。"各个病人的子孙都很惭愧，称谢而去。后来这里的人遇到生病，都争相跑到辛公义处，如果他家没有亲属，辛公义便将病人留下疗养。从此人们开始互相关心爱护，那种陋俗便被革除了，整个岷州境内的人都称辛公义为慈母。

后来辛公义迁任牟州刺史，刚刚到任，先赴监狱视察，坐在露天的牢房旁，亲自审问查验。十几天后，判决全部处理完毕，这才返回大厅。接受新的诉讼案件，一概不记录在案，只派一位值勤的副手在一旁讯问。如果事情没办完，而被告又必须拘禁时，辛公义便住在办公的地方，一直不回内舍。有人劝他道："这种事情自有规章制度，长官又何必如此辛苦自己呢！"辛公义答曰："我作为刺史，没有德行可以用来引导百姓，还让他们身陷牢狱之苦，难道他们关押在监牢里我能安心吗？"那些犯罪的

"此盖小事，何忍勤劳使君。"讼者多两让而止。时山东霖雨，自陈、汝至于沧海④，皆苦水灾。境内犬牙，独无所损。山出黄银，获之以献。诏水部郎娄崱就公义祷焉⑤，乃闻空中有金石丝竹之响。

人听了，无不诚心服罪。后来凡有想打官司的人，周围的乡亲父老立即劝告他们说："这只是些小事，你怎么能忍心去麻烦刺史大人呢！"于是争斗双方往往互相让步而作罢。当时山东一带连降大雨，自陈州、汝州到大海，都苦于水灾。而牟州境内却因地势参差，独未受害。其山间出产黄银，辛公义组织开采后献于朝廷。于是皇帝诏令水部郎娄崱去辛公义处祈神求福，竟然听到了空中有悠扬的音乐之声。

注释 ① 岷州：治所在今甘肃岷县。 ② 差(chài)：同"瘥"，病愈。 ③ 牟州：治所在今山东莱州。 ④ 陈州：治所在今河南淮阳。汝州：治所在今河南汝州东。 ⑤ 崱：音 zè。

原文

仁寿元年，追充扬州道黜陟大使。豫章王暕恐其部内官僚犯法，未入州境，预令属公义。公义答曰："奉诏不敢有私。"及至扬州，皆无所纵舍，暕衔之。及炀帝即位，扬州长史王弘入为黄门侍郎，因言公义之短，竟去官。吏人守阙诉

翻译

隋仁寿元年(601)，补任辛公义为扬州道黜陟大使。豫章王杨暕担心自己部下的官吏有犯法之处被辛公义查出，还未等辛公义入境，就预先派人和辛公义打招呼。辛公义答道："我奉皇上诏令前来，不敢徇私舞弊。"等到了扬州，没有丝毫放纵宽容之处。杨暕很记恨此事。炀帝即位后，扬州长史王弘升为黄门侍郎，便说了辛公义的坏话，竟使辛公义被免官。大小官吏闻讯，都守

冤，相继不绝。后数岁，帝悟，除内史侍郎。丁母忧。未几，起为司隶大夫[①]、检校右御卫武贲郎将。从征至柳城郡卒[②]，时年六十二。子融。

在宫殿外大呼冤枉，络绎不绝。数年后，炀帝省悟过来，又授辛公义为内史侍郎。后因母亲去世，辛公义回籍守丧。不久，又起用为司隶大夫、检校右御卫武贲郎将。跟随炀帝出征至柳城郡时逝世，当时年六十二岁。有一个儿子名辛融。

注释 ① 司隶大夫：司隶台长官，为正四品。司隶台是炀帝时增置的中央官署，掌管巡察京城及州郡官吏贪赃枉法、为非作歹等不法事情。 ② 柳城郡：治所在今辽宁朝阳。

诸葛颍传

导读

诸葛颍本是南朝梁邵陵王参军，因侯景之乱来到北朝。可能是因为他的身份具有一些“客卿”的意味，加上炀帝颇好南朝文学的缘故，隋炀帝与他的关系十分密切，对其文学才能也很推重。本篇选自《隋书·文学传》，从中可见隋代文学与南朝文坛的关系。传中对诸葛颍的性格描写也颇有特点。（选自卷七六）

原文

诸葛颍字汉，丹阳建康人也[①]。祖铨，梁零陵太守[②]。父规，义阳太守[③]。颍年八岁，能属文，起家梁邵陵王参军事，转记室。侯景之乱[④]，奔齐，待诏文林馆[⑤]。历太学博士、太子舍人[⑥]。周武平齐，不得调，杜门不出者十余年。习《周易》、图纬、《仓》、《雅》、《庄》、《老》[⑦]，颇得其要。

翻译

诸葛颍，字汉，是丹阳建康人。祖父诸葛铨，在梁朝任零陵太守。父亲诸葛规，任义阳太守。诸葛颍八岁时就能写文章，开始做的官为梁朝邵陵王萧纶的参军事，后转任记室。侯景作乱时，诸葛颍投奔北齐，为文林馆待诏，历任太学博士、太子舍人。周武王平定北齐，他一直没有得到任用，于是闭门不出十余年。研习了《周易》、《河图》和纬书、《仓颉篇》、《尔雅》、《庄子》、《老子》，颇得要领。

注释 ① 丹阳：郡名，治所在今江苏南京。 ② 零陵：郡名，治所在今湖南零陵。 ③ 义阳：郡名，治所在今河南信阳。 ④ 侯景之乱：南朝梁武帝末年东魏降将侯景发动的叛乱。叛军攻破了梁朝京城建康（今南京），梁武帝愤恨而死，建康几成废墟，长江下游地区受到极大的破坏。侯景先立梁简文帝，后废简文帝而立萧栋为帝，不久又废梁帝自立，国号汉。梁元帝承圣元年（552）梁将陈霸先、王僧辩等攻破叛军，侯景在逃亡时被部下杀死。 ⑤ 待诏：非正式官名，意为候命。北齐称文林馆的文学之士为待诏。文林馆：官署名，北齐所置，掌管著作及校理典籍，兼培养学生。 ⑥ 太子舍人：太子较为亲近的属官，为从六品下。 ⑦ 图纬：指两汉时宣扬迷信神学的图谶和纬书。《仓》：指"三仓"，即秦李斯的《仓颉篇》、汉扬雄的《训纂篇》、贾访的《滂喜篇》三篇字书。《雅》：指《尔雅》，是我国最早的解释词义的专著，为"十三经"之一。

原文

清辩有俊才，晋王广素闻其名，引为参军事，转记室。及王为太子，除药藏监①。炀帝即位，迁著作郎②，甚见亲幸。出入卧内，帝每赐之曲宴，辄与皇后嫔御连席共榻③。颍因间隙，多所谮毁，是以时人谓之"冶葛"④。后录恩旧，授朝散大夫。帝常赐颍诗，其卒章曰："参翰长洲苑⑤，侍讲肃成门⑥，名理穷研核⑦，英华恣讨论。实录资平允⑧，

翻译

诸葛颍清晰明辩，才华出众，晋王杨广一向就耳闻他的名声，请他做晋王府参军事，后调任记室。到晋王立为太子时，他被任命为药藏监。炀帝即位，他升任著作郎，很受宠幸。出入皇上内室，炀帝常常赐他一同在宫中宴饮，总是与皇后、妃子们同席共坐。诸葛颍因与人有怨，多次进行诬陷诋毁，因此当时人称他为"冶葛"。后来炀帝录用宠幸的故旧，授予他朝散大夫。炀帝曾经作诗赐给诸葛颍，诗的最后一节说："在长洲苑中你陪我一块飞驰射猎，在肃成门里你为我讲史论学。深究细研事物的名与理，恣意品评当今的英雄俊杰。

传芳导后昆。"其见待遇如此。从征吐谷浑，加正议大夫。后从驾北巡，卒于道，年七十七。

实录凭借着史笔的公平允当，开导后人万世流芳。"诸葛颍就像这样受到皇上的礼遇。又跟随炀帝征讨吐谷浑，被升为正议大夫。后来随从皇帝到北方巡游，死于途中，终年七十七岁。

注释 ① 药藏监：太子属官，药藏局的长官，掌管医药诊候，为正七品下。 ② 著作郎：秘书省著作曹的职官，掌管编修国史、撰拟文字，为从五品上。 ③ 席：席子，一种坐卧用具。古代宾主相会，多坐在席上。同榻：同坐。榻，一种狭长而较矮的床。 ④ 冶葛：一种毒草名。此处比喻狠毒的人。 ⑤ 长洲苑：古代园囿名，故址在今江苏苏州。此泛指帝王游乐打猎的场所。 ⑥ 侍讲：为皇帝讲史论文，以备顾问。后成为正式官名。肃成门：本为东宫官门名。魏文帝曹丕为太子时，曾会集诸儒在肃成门内讲论儒家经典的微言大义。后用来指太子讲学之处。 ⑦ 名理：从汉末清议发展起来的辨名析理之学，是魏晋以来清谈的一种内容。 ⑧ 实录：古代编修的每一个皇帝统治时期的大事记，都由当时奉敕编撰。

原文

颍性褊急，与柳䛒每相忿阋①，帝屡责怒之，而犹不止。于后帝亦薄之。有集二十卷②，撰《銮驾北巡记》三卷、《幸江都道里记》一卷、《洛阳古今记》一卷、《马名录》二卷，并行于世。有子嘉会。

翻译

诸葛颍性情急躁，气量狭小，与柳䛒常常互相愤恨地争吵，炀帝为此屡次怒责他们，但仍然不能制止。后来炀帝也看轻他了。他有文集二十卷，撰写了《銮驾北巡记》三卷、《幸江都道里记》一卷、《洛阳古今记》一卷、《马名录》二卷，都在世上流传着。有个儿子名叫嘉会。

注释 ① 䛒：音 biàn。阋：音 xì，争吵。 ② 以下著作，今并亡佚。

李士谦传

导读

中国历代都有隐逸不仕之士，他们往往有坚贞之操，高洁之志，与那些竭力追逐权势和私利的人比起来，确有值得称道之处。他们在民间很有影响，所以统治者常想征召他们，以争取民心。从《后汉书》立《逸民传》后，几乎每朝正史都要为他们立传。本篇传主李士谦生当南北朝乱世，又是佛教在中国广泛传播的时代，所以他的隐逸既有全身避害的一面，又受到佛教很深的影响。本篇所选事迹很典型，文字很生动，虽然很少修饰，却也很传神。这在历代《隐逸传》中是很罕见的。（选自卷七七）

原文

李士谦字子约，赵郡平棘人也[①]。髫龀丧父[②]，事母以孝闻。母曾呕吐，疑为中毒，因跪而尝之。伯父魏岐州刺史玚[③]，深所嗟尚，每称曰："此儿吾家之颜子也[④]。"年十二，魏广平王赞辟开府参军事。后丁母忧，居丧骨立。有姊适宋氏，不胜哀而死。士谦服阕，舍宅

翻译

李士谦字子约，是赵郡平棘人。幼年丧父，因侍奉母亲孝顺而闻名。曾经有一次母亲呕吐，怀疑是中毒，他就跪着尝母亲吐出来的东西。他的伯父北魏岐州刺史李玚，深深为之感叹称美，经常赞扬说："这孩子是我家的颜渊。"十二岁时，北魏广平王元赞征召为开府参军事，后来母亲去世，服丧时消瘦得只剩下一副骨架。有个姐姐嫁给宋家，不胜哀痛而死。李士谦服丧期满，把住宅施舍出去，作为寺庙，自己单身出外。

为伽蓝，脱身而出。诣学请业，研精不倦，遂博览群籍，兼善天文术数。齐吏部尚书辛术召署员外郎，赵郡王叡举德行，皆称疾不就。和士开亦重其名，将讽朝廷，擢为国子祭酒。士谦知而固辞，得免。隋有天下，毕志不仕。

访师求学，孜孜不倦地作精深研究，于是博览群书，兼通天文术数。北齐吏部尚书辛术征召他，任员外郎，赵郡王高叡以德行科推荐他举，他都借口有病而不接受。和士开也看重他的名望，要劝说朝廷把他提拔为国子祭酒。士谦知道后，竭力推辞，得以作罢。隋朝得到天下后，他也始终不愿做官。

注释 ① 平棘：县名，治所在今河北赵县东南。 ② 髫龀（tiáo chèn）：一般指七八岁的年龄段。 ③ 岐州：治所在今陕西凤翔东南。 ④ 颜子：指颜回（前521—前490），字子渊，孔子的学生，以德行著称。

原文

自以少孤，未尝饮酒食肉，口无杀害之言。至于亲宾来萃，辄陈樽俎[①]，对之危坐[②]，终日不倦。李氏宗党豪盛，每至春秋二社，必高会极欢，无不沉醉喧乱。尝集士谦所，盛馔盈前，而先为设黍，谓群从曰："孔子称黍为五谷之长，荀卿亦云食先黍稷，古人所尚，容可违乎？"少长肃然，不敢弛惰，

翻译

李士谦自己因为从小失去父亲，从来没有喝过酒吃过肉，不谈杀生害物的话，至于亲朋客人前来聚会，常陈列酒宴，他就对着杯盘正襟危坐，一整天也不改变姿势。李家是豪门望族，每年到春秋两个社祭日，一定举行大宴，竭尽欢乐，人人大醉，喧闹不堪。曾经有一次在士谦住所聚会，面前满是丰盛的食物，他却先为堂房亲属摆出了黄米，对众人说："孔子称黄米为五谷之长，荀卿也说吃东西先吃黄米、小米，古人所崇尚的东西，难道能违背吗？"老少都严肃

退而相谓曰："既见君子，方觉吾徒之不德也。"士谦闻而自责曰："何乃为人所疏，顿至于此！"家富于财，躬处节俭，每以振施为务。州里有丧事不办者，士谦辄奔走赴之，随乏供济。有兄弟分财不均，至相阋讼，士谦闻而出财，补其少者，令与多者相埒[3]。兄弟愧惧，更相推让，卒为善士。有牛犯其田者，士谦牵置凉处饲之，过于本主。望见盗刈其禾黍者，默而避之。其家僮尝执盗粟者，士谦慰谕之曰："穷困所致，义无相责。"遽令放之。其奴尝与乡人董震因醉角力，震扼其喉，毙于手下。震惶惧请罪，士谦谓之曰："卿本无杀心，何为相谢！然可远去，无为吏之所拘。"性宽厚，皆此类也。

起来，不敢有所放纵懈惰。退席后相互说："见到了君子，才发现我们这些人的道德不高。"士谦听说后，责备自己说："怎么会被人疏远，一下子竟到了这种地步？"他家里财富很多，对待自身很节俭，常常致力于救济施舍，家乡有无力办丧事的人家，士谦就赶过去，缺多少供应多少。有兄弟间分财产不均，以致互相诉讼的，士谦听说后，就拿出自己的财产，补给分得少的，使他和分得多的相等，兄弟惭愧恐惧，相互推让，终于成了善人。有一次牛闯进他家田里去，士谦把它牵到阴凉处饲养，比主人饲养得还好。望见有人偷割他家里的庄稼，他就不出声地躲开。他家的僮仆曾经捉住偷他粮食的人，士谦安慰那人说："穷困使你这样，再没有责怪你的道理。"叫人快放掉。他家奴仆曾经和乡邻董震醉后较量力气，董震扼住这个仆人的咽喉，把他扼死在手下。董震惶恐害怕地前来请罪，士谦对他说："你本来没有杀人的心，哪里用得着谢罪。但应远远离开此地，不要被官府抓住。"李士谦的性情宽厚，全都像这一类的事情。

注释 ① 樽俎(zǔ)：古代祭祀或宴会时盛酒和盛肉的器具。借指筵席。 ② 危坐：伸直腰端坐着。 ③ 埒(liè)：与……相等。

原文

其后出粟数千石，以贷乡人，值年谷不登，债家无以偿，皆来致谢。士谦曰："吾家余粟，本图振赡，岂求利哉！"于是悉召债家，为设酒食，对之燔契，曰："债了矣，幸勿为念也。"各令罢去。明年大熟，债家争来偿谦，谦拒之，一无所受。他年又大饥，多有死者，士谦罄竭家资，为之糜粥，赖以全活者将万计。收埋骸骨，所见无遗。至春，又出粮种，分给贫乏。赵郡农民德之，抚其子孙曰："此乃李参军遗惠也。"或谓士谦曰："子多阴德。"士谦曰："所谓阴德者何？犹耳鸣，己独闻之，人无知者。今吾所作，吾子皆知，何阴德之有！"

士谦善谈玄理[①]。尝有一客在坐，不信佛家应报之义，以为外典无闻焉。士谦喻之曰："积善余庆，积恶余

翻译

后来拿出几千石粮食借贷给同乡人，正赶上收成不好，借贷人家无法偿还，都来表示道歉。士谦说："我家的余粮，本来就是打算救济用的，哪里是为求利的呢！"于是叫来所有的借债人，为他们摆设酒食，对着大家烧了借契，说："债了结啦，请不要放在心上了。"让各人放心离开。第二年大丰收，借债人家争着来偿还，士谦拒绝了，一点也没收下。又一年闹大饥荒，死了不少人，士谦竭尽家产，为饥民提供稀饭，赖以活下来的有上万人。又收埋死者的尸骨，只要见到，无一遗漏。到春天，又拿出粮种，分给贫穷人家。赵郡的农民感激他，抚摸自己的子孙说："这是李参军留下来的恩惠啊。"有人对士谦说："您的阴德多。"士谦说："所谓阴德是什么？就像耳鸣，只有自己听到，别人都不知道。现在我所做的，您都知道了，哪里算是什么阴德！"

士谦擅长谈论玄理，曾经有一个客人在座，不相信佛家报应的道理，认为其他佛经之外的典籍中没有听说过。士谦开导他说："积善之人，后代都能得到幸福，积恶之人，后人也会遭受祸殃；门第高贵的人家将得封赏，扫墓居丧之

殃[②]，高门待封，扫墓望丧，岂非休咎之应邪？佛经云轮转五道[③]，无复穷已，此则贾谊所言[④]，千变万化，未始有极，忽然为人之谓也[⑤]。佛道未东，而贤者已知其然矣。至若鲧为黄熊[⑥]，杜宇为鶗鴂[⑦]，褒君为龙[⑧]，牛哀为兽[⑨]，君子为鹄，小人为猿[⑩]，彭生为豕[⑪]，如意为犬[⑫]，黄母为鼋[⑬]，宣武为鳖，邓艾为牛[⑭]，徐伯为鱼，铃下为乌，书生为蛇，羊祜前身，李氏之子[⑮]。此非佛家变受异形之谓邪？"客曰："邢子才云[⑯]，岂有松柏后身化为樗栎[⑰]，仆以为然。"士谦曰："此不类之谈也。变化皆由心而作，木岂有心乎？"客又问三教优劣，士谦曰："佛，日也；道，月也；儒，五星也[⑱]。"客亦不能难而止。

家又将有丧事临头，难道不是善恶报应吗？佛经上说'转轮五道，没有穷尽，'这就是贾谊所说的，千变万化，没有尽头，忽然为人的意思。佛教还没有东来的时候，贤人就已经知道这个道理了。至于像鲧化为黄熊，杜宇化为鶗鴂，褒君化为龙，公牛哀化为虎，君子化为鹄，小人化为猿，公子彭生化为猪，赵王如意化为犬，黄家的母亲化为鼋，宣武化为鳖，邓艾化为牛，徐伯化为鱼，将军化为乌鸦，书生化为蛇，羊祜的前身是李家的儿子。这些不是佛家的不同形体相互转变的说法吗？"客人说："邢子才说，哪有松柏的后身化为樗栎的，我认为这是对的。"士谦说："这是不伦不类的论调，变化都是从心里产生的，树木难道有心吗？"客人又问儒、佛、道三者的优劣，士谦说："佛教，是太阳；道教，是月亮；儒教，是五星。"客人也不能驳难而罢。

注释 ① 玄理：精微的义理。此指佛家深奥的道理。 ②"积善"二句：《易·乾》："积不善之家，必有余殃。"又《易·坤》："积善之家，必有余庆。"此二句后为习用成语。 ③ 轮转五道：佛家教义之一。佛家认为一切有生命的东西，如不寻求解脱，就会永远在“五道”（天、人、畜生、饿鬼、地狱）中生死相续，犹如车轮转动不停，故称轮回，也称轮转。 ④ 贾谊（前200—前168）：西汉政论家、文学家，著有《新论》十卷以及《过秦论》《鹏鸟赋》等文章。 ⑤“千变”三句：出自贾谊《鹏鸟赋》。⑥ 鲧（gǔn）为黄熊：《左传·昭公七年》载：从前唐尧在羽山杀了鲧，鲧的灵魂化为黄熊，钻进了羽渊。鲧，大禹的父亲。他奉尧命治水，九年没有治平洪水，被尧杀死。黄熊，传说中的动物名。 ⑦ 杜宇为鶗鴂（tí jué）：古代蜀国帝王杜宇，任用鳖灵（人名）开凿巫山，治水有功，杜宇自认为德薄，于是禅位给鳖灵，自己化为杜鹃鸟（见《华阳国志·蜀志》）。鶗鴂，即杜鹃。 ⑧ 褒君为龙：事见《国语·郑语》。⑨ 牛哀为兽：春秋时鲁国人公牛哀，病了七天之后化为老虎。（见《淮南子·俶真篇》《论衡·无形篇》）。牛哀，即“公牛哀”之省。兽，是唐人避“虎”字而改。⑩“君子”二句：《艺文类聚》卷九十引晋葛洪《抱朴子》：“周穆王南征，一军尽化，君子为猿为鹤，小人为虫为沙。” ⑪ 彭生为豕：公子彭生秉承齐侯指令暗害了鲁国国君，不久齐人又为了泄鲁人之愤而杀了彭生。后来齐侯在野外打猎，彭生变成一头猪，像人一样站立起来啼哭，齐侯吓得从马上摔下来，把脚跌伤了（见《左传·桓公十八年》及《庄公八年》）。彭生：齐国宗室。 ⑫ 如意为犬：汉高祖刘邦想立赵王如意为太子，吕后用鸩酒毒死了赵王。后来吕后出门，看见一条灰白色的狗咬自己的左腋，占卜的结果是赵王如意在作祟。吕后于是得了腋伤，最后死了（见《史记·吕太后本纪》及《论衡·死伪篇》）。如意：汉高祖妃戚夫人之子。 ⑬ 黄母为鼋（yuán）：东汉灵帝时，江夏郡（治所在今湖北新洲西）有个姓黄的人的母亲在水里洗澡，久不出浴，其婢突然发现黄母已变成了一只鼋（即大鳖）。等叫来家人，鼋又钻进深渊去了。传说自此姓黄的人再也不敢吃鼋肉了（见《后汉书·五行志五》、《搜神记》卷十四）。 ⑭ 邓艾（197—264）：三国时人，曾任魏镇西将军。后因钟会诬陷他企图谋反而被杀。 ⑮“羊祜”二句：羊祜五岁时，叫奶妈去取他玩的金环。奶妈说：“你原先没有这个东西。”羊祜就到邻居李氏家东墙边的桑树中取来了金环。李氏主人看见此物，惊讶地说：“这是我死去的孩子所丢失的东西。”（事见《晋书·羊祜传》、《搜神记》卷十五）羊祜（221—278），西晋大臣。 ⑯ 邢子才：即邢邵（496—?），北朝魏齐时文学家、无神论者。曾与人辩论“神灭”问题，语在《北齐书·

杜弼传》。 ⑰ 樗栎(chū lì):两种树名,臭椿和麻栎。 ⑱ 五星:金、木、水、火、土五大行星。

原文

士谦平生时为咏怀诗,辄毁弃其本,不以示人。又尝论刑罚,遗文不具,其略曰:“帝王制法,沿革不同,自可损益,无为顿改。今之赃重者死,是酷而不惩也。语曰:‘人不畏死,不可以死恐之[①]。’愚谓此罪宜从肉刑[②],刖其一趾[③],再犯者断其右腕。流刑刖去右手三指,又犯者下其腕。小盗宜黥[④],又犯则落其所用三指,又不悛下其腕,无不止也。无赖之人,窜之边裔,职为乱阶,适所以召戎矣,非求治之道也。博弈淫游,盗之萌也,禁而不止,黥之则可。”有识者颇以为得治体。

开皇八年,终于家,时年六十六。赵郡士女闻之,

翻译

士谦平时经常做些咏怀诗,写出来后就毁掉稿子,不给别人看。又经常议论刑罚,传下来的文章不全文照录了,大要是说:“帝王制订的法律,由于沿革的不同,自然可以增加和减少,不要马上改掉。现今盗窃重的处死,是严酷却无警戒的作用,谚语说:‘人不怕死,不能用死去吓他。’我认为这种罪应参用肉刑,割去他一个脚趾,再犯的砍去右腕,处流刑的割去右手三个指头,再犯的断下手腕。小偷应处黥刑,再犯的就断去他所用的三个指头,再不改的断下手腕,就没有不停止犯罪的了。无赖之人,流放到边疆,只成了祸乱的源头,正好招来外族敌人,不是求治之道。赌博和荒淫游乐,是盗窃的萌芽,禁而不止的,处黥刑就可以了。”有见识的人认为他的论述抓到了治安的根本之点。

开皇八年(588),士谦死在家中,当时六十六岁,赵郡的男男女女听说了,无不流着泪说:“我们这些人不死,反而让李参军死了。”参加葬礼的有一万多人,同乡李景伯等人因为士谦的学行在

莫不流涕曰："我曹不死，而令李参军死乎！"会葬者万余人，乡人李景伯等以士谦道著丘园，条其行状，诣尚书省请先生之谥，事寝不行，遂相与树碑于墓。

其妻范阳卢氏，亦有妇德，及夫终后，所有赙赠[⑤]，一无所受，谓州里父老曰："参军平生好施，今虽殒殁，安可夺其志哉！"于是散粟五百石以赈穷乏。

乡间很有名，就整理了他的事迹，到尚书省请求给他一个"先生"的谥号。事情后来被搁置不提，于是大家就共同在他的墓前树了碑。

李士谦的妻子范阳卢氏，也很有妇德，等到丈夫死后，所有丧事上赠送来的东西，丝毫不要，对乡里的父老们说："参军平生好施舍，现在虽然亡故，怎能改变他的志向呢！"于是散发粮食五百石，用来救济贫困之人。

注释 ①"人不"二句：语出《老子・七十四章》，原作："民不畏死，奈何以死惧之？" ② 肉刑：残害肉体的刑罚，古代有墨、劓（yì）、剕（fèi）、宫等种类。 ③ 刖（yuè）：本为古代一种断足的酷刑。引申为截断。 ④ 黥（qíng）：在脸上或额上刺刻纹，并涂上黑色颜料。 ⑤ 赙（fù）：送财物帮人办丧事。

万宝常传

导读

古人关于艺术的概念和现在不同，它包括各种方术技能。如律算、音乐、书法、绘画、医方、卜筮等。这些职业和技能在古代不受重视，被当成“小道”。万宝常(557—590)在中国音乐史上有较高地位，他曾师从著名音乐世家范阳祖氏，整理恢复了汉代以后就已失传的旋宫之法。这样一位才华横溢、对音乐有极高造诣、作出很大贡献的音乐家，只因地位卑贱，又没有名公巨卿的支持，其音乐理论不受当时人的重视，本人竟也活活饿死。难怪他临死时要愤然烧掉自己的全部著作了。这是中国古代文化艺术的悲剧。(选自卷七八)

原文

万宝常，不知何许人也。父大通，从梁将王琳归于齐。后复谋还江南，事泄，伏诛。由是宝常被配为乐户[①]，因而妙达钟律[②]，遍工八音[③]，造玉磬以献于齐[④]。又尝与人方食，论及声调。时无乐器，宝常因取前食器及杂物，以箸扣之，品其高下，宫商毕备[⑤]，谐于

翻译

万宝常，不知道是哪里人。父亲万大通，跟随梁朝的大将王琳归附北齐。后又谋划返回江南，事情泄漏，被杀。因此，宝常被罚配为乐工，所以精晓乐律，工于各种乐器，造玉磬献给北齐朝廷。又有一次和人吃饭，谈论到音乐，当时没有乐器，宝常就拿面前的吃饭用具及其他杂物，用筷子敲击，辨分高低音，各种音阶具备，比丝竹乐器奏出来的音乐更为和谐，大大受到当时人的赞赏。但经历北周直到隋朝，都升不了官。

丝竹[⑥]，大为时人所赏。然历周洎隋，俱不得调。

注释 ① 乐户：专门从事吹弹歌唱，供统治阶级取乐，名隶乐籍的人家，称为“乐户”。社会地位很低贱，当时犯了大罪的人的亲属多罚配为乐户。 ② 钟律：古代早期音乐理论中的一种乐、律制度。形成于先秦。 ③ 八音：我国古代对乐器的统称，通常为金、石、丝、竹、匏、土、革、木八种不同质材所制。 ④ 磬：中国古代一种打击乐器，以玉、石等制成。 ⑤ 宫商：古代音乐五音（宫、商、角、徵、羽）中的两种，此用来代指五音。 ⑥ 丝竹：弦乐器和竹管乐器的合称，此代指乐器。

原文

开皇初，沛国公郑译等定乐，初为黄钟调。宝常虽为伶人，译等每召与议，然言多不用。后译乐成奏之，上召宝常，问其可不[①]，宝常曰：“此亡国之音，岂陛下之所宜闻！”上不悦。宝常因极言乐声哀怨淫放，非雅正之音，请以水尺为律[②]，以调乐器。上从之。宝常奉诏，遂造诸乐器，其声率下郑译调二律。并撰《乐谱》六十四卷，具论八音旋相为宫之法[③]，改弦移柱之变。为八十四调，一百四十四律，变

翻译

开皇初年，沛国公郑译等人制订乐谱，开始创立黄钟调。宝常虽然只是一个艺人，郑译等经常召他来一起商议，但他的话大多不被采纳。后来郑译谱好了曲子演奏出来，皇帝召来宝常，问他行不行，宝常说：“这是亡国之音，哪里是陛下所应当听的！”皇帝不高兴。宝常于是极力陈述这种音乐的声音哀怨淫放，不是雅正之音，请求用水尺作为标准，来调整乐器。皇帝听从了他。宝常奉了皇帝诏令，就制造各种乐器，这些乐器的音调都比郑译的音调低二度。他还编撰了《乐谱》六十四卷，具体论述各种乐器的各个音阶递相为宫音的转换方法，改变琴弦、移动琴柱的各种变化，产生出了八十四个调式，一百

化终于一千八百声。时人以《周礼》有旋宫之义，自汉、魏已来，知音者皆不能通，见宝常特创其事，皆哂之。至是，试令为之，应手成曲，无所凝滞，见者莫不嗟异。于是损益乐器，不可胜纪，其声雅淡，不为时人所好，太常善声者多排毁之。

四十四个音高标准，变化终止于一千八百个音级。当时人因为《周礼》上有递相为宫音的道理，从汉、魏以来，懂音乐的人都不懂这种方法，现在见到宝常与众不同创立了这种方法，都讥笑他。到这时候，试着让他表演，应手成曲，没有一点不流畅之处，在场的人无不惊叹。从此改进乐器之处，多得数不清。这些乐器音调雅淡，不受当时人的喜爱，太常寺通音乐的人多数排斥，诋毁他。

注释 ① 不(fǒu)：同“否”。 ② 水尺：古代用来调整音位高低的一种标准仪器。 ③ 旋相为宫：古代音乐十二律中的任何一律都可以作为宫音，其他各音阶随之相应变化，这种方法称旋相为宫之法。即下文的“旋宫”。

原文

又太子洗马苏夔以钟律自命[①]，尤忌宝常。夔父威，方用事，凡言乐者，皆附之而短宝常。数诣公卿怨望，苏威因诘宝常，所为何所传受。有一沙门谓宝常曰：“上雅好符瑞，有言征祥者，上皆悦之。先生当言就胡僧受学[②]，云是佛家菩萨

翻译

又有太子洗马苏夔，自命精通乐律，尤其妒忌万宝常，当时苏夔的父亲苏威正掌重权，所以凡是谈音乐的，都附和苏夔而批评宝常，宝常多次到公卿大臣那里诉苦，表示不满。苏威就责问宝常，所作的这些是从哪里学来的。有一个和尚对宝常说：“皇上常常喜好符瑞，有谈祥瑞征兆的，皇上都高兴。先生可以说是跟胡僧学来的，就说这是佛家菩萨所传授的音律，那么皇上一定喜

所传音律，则上必悦。先生所为，可以行矣。”宝常然之，遂如其言以答威。威怒曰：“胡僧所传，乃是四夷之乐，非中国所宜行也。”其事竟寝。宝常尝听太常所奏乐，泫然而泣。人问其故，宝常曰：“乐声淫厉而哀，天下不久相杀将尽。”时四海全盛，闻其言者皆谓为不然。大业之末，其言卒验。

宝常贫无子，其妻因其卧疾，遂窃其资物而逃。宝常饥馁，无人赡遗，竟饿而死。将死也，取其所著书而焚之，曰：“何用此为？”见者于火中探得数卷，见行于世，时论哀之。

开皇之世，有郑译、何妥、卢贲、苏夔、萧吉，并讨论坟籍，撰著乐书，皆为当世所用。至于天然识乐，不及宝常远矣。安马驹、曹妙达、王长通、郭令乐等，能造曲，为一时之妙，又习郑

欢。先生所作的东西，也就可以流行了。”宝常听从了他的话，就像他所说的那样来回答苏威，苏威愤怒地说：“胡僧所传授的，是外族的音乐，不是中国所应当流行的。”这事最后还是被停止了。宝常曾经听太常寺所演奏的音乐，泪流满面地哭泣起来。别人问他什么原因，他说：“乐声淫邪、剧烈而又含有哀怨。天下不久就要互相残杀，人差不多将被杀光了。”当时全国一派兴旺，听他说这话的人都不以为然。隋大业末年，这话终于应验了。

宝常贫穷，没有儿子，他的妻子因为他卧病不起，就偷了家里的财物逃走了，宝常没有吃的，也没有人赠送东西来养他，最后竟然饿死了。临死的时候，取出所编写的书，点火烧掉，说：“做这些有什么用啊。”见到的人在火里抢出几卷，流行于世，当时的舆论为此而哀伤。

开皇时期。有郑译、何妥、卢贲、苏夔、萧吉，一起讨论古代的典籍，编撰乐书，都被当代社会所采用。至于这些人懂音乐的天赋，比宝常差远了。安马驹、曹妙达、王长通、郭令乐等人能创编曲子，为一代佳妙之作，又学习俗乐，而宝常所作的，都归为雅正之音。这些人

声[3]，而宝常所为，皆归于雅。此辈虽公议不附宝常，然皆心服，谓以为神。

虽然在公众场合议论时不站在宝常一边，但心里却佩服他，把他看作神灵一般。

注释 ① 太子洗(xiǎn)马：东宫职官，属门下坊司经局，掌管东宫图书，为从五品上。 ② 胡僧：古代指西域来的僧侣。 ③ 郑声：古代郑地的地方音乐。后人用来指与雅乐不同的俗乐。因《论语·卫灵公》中有“郑声淫”之语，所以这种音乐被看作是淫荡的。

郑善果母传

导读

“列女”同“烈女”，重义轻生之士为烈士，有节操的妇女为烈女。封建社会大肆宣扬三从四德、贞义节烈，实际上是对妇女的一种残酷的迫害，在现代社会中不值得提倡。但本篇传记中所记载的郑善果母，还有其富贵不淫、教子有方的一面，可谓是古代妇女高尚道德情操的写照。（选自卷八〇）

原文

郑善果母者，清河崔氏之女也。年十三，出适郑诚，生善果。而诚讨尉迥，力战死于阵。母年二十而寡，父彦穆欲夺其志，母抱善果谓彦穆曰：“妇人无再见男子之义。且郑君虽死，幸有此儿。弃儿为不慈，背死为无礼。宁当割耳截发以明素心，违礼灭慈，非敢闻命。”善果以父死王事，年数岁，拜使持节、大将军，袭爵开封县公，邑一千户。开

翻译

郑善果的母亲，是清河姓崔人家的女儿。十三岁嫁给郑诚，生下善果。郑诚讨伐尉迟迥时拼命作战，死在战场上。善果母亲二十岁就守寡，她的父亲崔彦穆想改变女儿守节的志向，善果的母亲抱着善果对自己的父亲说：“女人没有再嫁男人的道理。况且郑君虽然死了，幸好还有这个孩子。抛弃孩子是不仁慈的，背叛死去的丈夫是不合礼法的。我宁可割去耳朵、剪掉头发来表明本心，违背礼义、抛弃仁慈，我不敢听从你这个命令。”善果因为父亲是为朝廷公事而死的，才几岁就被授予使持节、大将军，继承父亲的爵位开封县公，食

皇初，进封武德郡公。年十四，授沂州刺史[①]，转景州刺史，寻为鲁郡太守。

母性贤明，有节操，博涉书史，通晓治方。每善果出听事，母恒坐胡床[②]，于鄣后察之。闻其剖断合理，归则大悦，即赐之坐，相对谈笑。若行事不允，或妄瞋怒，母乃还堂，蒙被而泣，终日不食。善果伏于床前，亦不敢起。母方起谓之曰："吾非怒汝，乃愧汝家耳。吾为汝家妇，获奉洒扫，知汝先君[③]，忠勤之士也，在官清恪，未尝问私，以身徇国[④]，继之以死。吾亦望汝副其此心。汝既年小而孤，吾寡妇耳，有慈无威，使汝不知礼训，何可负荷忠臣之业乎？汝自童子承袭茅土，位至方伯，岂汝身致之邪？安可不思此事而妄加瞋怒，心缘骄乐，堕于公政！内则坠尔家风，或亡失官爵，外

邑一千户。开皇初年，进封为武德郡公。十四岁被任命为沂州刺史，又转任景州刺史，不久做了鲁郡太守。

他母亲品性贤明，有节操，广泛地涉猎了很多典籍，通晓治理家国的方法。每当善果去官府处理政事，他母亲常常坐在交椅上，在屏风后观察他。听到他分析裁断合理，回家便非常高兴，立即赏他坐下，面对面有说有笑。如果善果处理事情不妥当，或者胡乱生气发怒，母亲就回到屋里，蒙着被子哭泣，从早到晚不吃饭。善果趴在床前也不敢起身。母亲这才起来对他说："我不是对你发怒，而是感到我对你家有愧罢了。我身为你家主妇，有幸能为你家洒水扫地，知道你死去的父亲是个忠心耿耿为国勤劳的人，为官清廉恭谨，从来不过问私事，以身许国，不惜最后牺牲。我也希望你能符合他的这种志愿。你既然年纪很小就成了孤儿，我一个寡妇人家，有慈爱而无威严，使你不懂礼训，又怎么能承担起忠臣留下的事业呢？你在少年时代就继承了父亲的封爵，官职做到州郡长官，难道你是靠自己的力量获得这些的吗？怎么可以不想想这些事而妄自生气发怒！因为心上想着骄纵，逸乐，从而懈怠朝廷政事，对私来

则亏天子之法，以取罪戾。吾死之日，亦何面目见汝先人于地下乎？”

说就会使你家风堕落，或者丢掉官爵，对公来说也就损害天子王法，因此犯下罪过。我死的时候，又有什么脸面到地下与你父亲相见呢？”

注释 ① 沂州：治所在今山东临沂。 ② 胡床：一种可以折叠的轻便坐具。原为北方少数民族的用具，故名。 ③ 知：原误作“如”，此据《北史·郑善果母传》改。 ④ 徇：同“殉”，为了某种目的去死。

原文

母恒自纺绩，夜分而寐。善果曰：“儿封侯开国，位居三品，秩俸幸足，母何自勤如是邪？”答曰：“呜呼！汝年已长，吾谓汝知天下之理，今闻此言，故犹未也。至于公事，何由济乎？今此秩俸，乃是天子报尔先人之徇命也。当须散赡六姻[①]，为先君之惠，妻子奈何独擅其利，以为富贵哉！又丝枲纺织[②]，妇人之务，上自王后，下至大夫士妻，各有所制。若堕业者，是为骄逸。吾虽不知礼，其可自败名乎？”

自初寡，便不御脂粉，

翻译

善果的母亲常亲自纺线织布，要到半夜才去睡觉。善果说：“你的儿子封了公侯的爵位，被授予开国的称号，官位列在三品，俸禄很富足，母亲为什么还要这样亲自辛勤劳作呢？”母亲回答说：“哎！你年纪已经大了，我以为你懂得天下的道理了，今天听了你这话，才知道你还没有懂。至于公事，又怎么能办得好呢？今天这个俸禄，是天子对你父亲为国捐躯的报答。应当散发给所有应该赡养的亲戚，作为你父亲的恩惠，妻子和儿子怎么能独自享受这些利益，以此坐享富贵呢！而且丝麻纺织是妇女应做的事情，上自皇后，下至朝廷百官的妻子，各自都有所纺织制作。如果懈怠自己的事务，这就是骄纵逸乐。我虽然不懂礼法，难道可以自己败坏自

常服大练[③]。性又节俭，非祭祀宾客之事，酒肉不妄陈于前。静室端居，未尝辄出门閤。内外姻戚有吉凶事，但厚加赠遗，皆不诣其家。非自手作及庄园禄赐所得，虽亲族礼遗，悉不许入门。

善果历任州郡，唯内自出馔，于衙中食之，公廨所供[④]，皆不许受，悉用修治廨宇及分给僚佐。善果亦由此克己，号为清吏。炀帝遣御史大夫张衡劳之，考为天下最，征授光禄卿。其母卒后，善果为大理卿，渐骄姿[⑤]，清公平允遂不如畴昔焉[⑥]。

己的名声么？”

从一开始守寡，善果的母亲就不再使用脂粉，常常穿着粗帛做成的衣服。生性又很节俭，不是有祭祀或招待宾客这类事，是不会把酒肉妄自摆在面前的。平时闲居在清静的屋里，从来不随便走出家门。娘家、夫家的亲戚有了喜事丧事，只是多多馈赠礼品，一律不到他们家去。如果不是亲手所做的和自家庄园、俸禄赏赐所得的，即使是亲戚们的馈赠，她都不允许收进家门。

善果多次出任州郡长官，只是由他母亲替他准备饭食，在官府里吃。官署中所供给的，都不许接受，全部用来修理官舍以及分给同僚下属。善果也因此而克己奉公，被称做清官。隋炀帝派遣御史大夫张衡慰劳他，考核他的政绩，列为全国第一，征召回朝授予光禄卿。母亲去世后，善果做了大理卿，逐渐骄慢放纵起来，他的清廉公正、平允便不如从前了。

注释 ① 六姻：即六亲。此泛指亲戚。 ② 枲（xǐ）：大麻。 ③ 大练：粗帛。 ④ 廨（xiè）：官吏办公处。 ⑤ 姿（zì）：同“恣”。 ⑥ 畴（chóu）昔：从前。

旧唐书

黄永年　译注
章培恒　审阅

导 言

历时近三百年的唐代是我国历史上一个鼎盛的朝代。它不仅促使我国的封建经济得到一定程度的发展，孕育出光辉灿烂有国际影响的文化，而且出现过唐太宗、武则天、杜甫、韩愈、黄巢等好些知名度高、对人们有吸引力的历史人物。因此研究唐史早就是中外史学界感兴趣的课题，想知道一些唐代的人和事也成为人们的普遍要求。

怎样了解呢？读者们可以到唐朝故都，也就是今天的西安来看一看，看一看博物馆里陈列的出土文物和碑刻，看一看附近唐太宗的昭陵、唐高宗和武则天合葬的乾陵，还有唐玄宗和杨贵妃游乐旧地骊山。但这些旅游得来的知识总会让人感到太零碎，要系统一点、详细一点还得依靠书本。书本中最简明的当然要推历史教科书，只是现在通行的历史教科书多数写得欠生动；阅读《隋唐演义》之类的旧小说呢？生动是生动了，可和《三国演义》一样并没有完全按照历史事实编写；即使是蔡东藩编写的历史演义，也和真的历史有距离。要了解真实的历史，或者进一步研究历史，不能不读点古人纂修的内容详细的旧史书。这里给读者选译的《旧唐书》，就是其中较好的一部。

《旧唐书》是所谓“二十四史”里的一史。“二十四史”者并非二十四个朝代的史书，而只是起自上古、下迄明代大体相衔接的二十四部史书。即：《史记》《汉书》《后汉书》《三国志》《晋书》《宋书》《南齐书》《梁书》《陈书》《魏书》《北齐书》《周书》《隋书》《南史》《北史》《旧唐书》《新唐书》《旧五代史》《新五代史》，南宋时在以上十九史中去掉《旧唐书》《旧五代史》，合称“十七史”，以后加上《宋史》《辽史》《金史》《元史》，在明代称“二十一史”，清乾隆四年（1739）加上新修的《明史》和过去的《旧唐书》一式刊刻成为“二十三史”，乾隆四十九年（1784）又加刻《旧五代史》成为“二十四史”，并且都尊称为“正史”。所以这么做，一是因为这些史书多数是由政府主持纂修即所谓“官修”的，有些虽非官修，也经过时间考验被公认为权威著作；也因为这些史书的体裁都是所谓“纪传体”，这在旧史书中要算是一种最完善的体裁。称之为“正史”者，就包含了以上这两层意思①。

这种体裁为什么叫纪传体？是因为它一般由“本纪”“志”“表”“列传”四部分组成。这创始于《史记》，不过《史记》里不叫“志”而叫“书”，另外还在“列传”前多出个“世家”，到《汉书》把“世家”也写成“列传”，把“书”改称“志”，从此就一直沿用下去，只是有时候不修“表”，有时“志”也没有修，但“本纪”“列传”总是有的，所以从唐人开始就称之为纪传体史书。

为什么说这种纪传体在旧史书的各种体裁中最为完善，原因有四：（一）先看本纪，这通常也称纪，一个皇帝一个纪。唐代包括武则天在内先后有过二十一个皇帝，所以《旧唐书》里就有二十一个纪。这并非给皇帝们树碑立传，而只是以皇帝年号来纪年的编年史，而且所记载的都是国家大事。除开国皇帝或像唐太宗这种参与开国统一战争的皇帝会涉及一些没当皇帝之前的个人活动，皇帝的个人生活琐事都不记，只是由于当时我国并未采用公元纪年，要记国家大事写编年史只能用皇

① 民国时又纂修了两部这样的纪传史，一部是个人纂修的《新元史》，经北洋军阀政府承认为正史，再一部是北洋军阀政府官修的《清史稿》。后来有人把“二十四史”加上《新元史》或《清史稿》称为“二十五史”，也有把二者都加上去称为“二十六史”，但多数人还是习惯用“二十四史”这个名称。

帝年号来纪年而已。这种编年的本纪很有用处，依靠它才使我国保存了延续两千多年不间断的编年历史，其他编年史如《资治通鉴》之类在多数地方还得依据这纪传史的本纪。（二）志，是关于礼乐制度、服饰制度、职官编制、法令纂修、财经设施等过去所谓"典章制度"的分类记述；此外，还分类记述了自然现象、地理区划、文化典籍等事项。如《旧唐书》就有《礼仪》《音乐》《历》《天文》《五行》《地理》《职官》《舆服》《经籍》《食货》十个志。人们通过这些可以对当时的社会获得较为全面的了解。当然，记载这些典章制度的还有其他专书，但全面系统且头绪清楚的仍得首推纪传史里的志，而且有些专书的编纂还得依靠志里提供的史料。（三）表，一般是遇到文字叙述不方便时用表的形式把它列出来。如《史记》的《三代世表》是开列黄帝到西周的世系的，《十二诸侯年表》是开列周和鲁、齐、晋、秦等诸侯国大事的，《高祖功臣侯年表》是开列汉高祖所封诸侯的兴废的，《汉书》的《百官公卿度》是开列西汉中央重要职官的任免年月的。诸如此类，都能用简明的方式把有用的史料保存下来，尽管不便从头到尾去读，有需要时却可一查即得。但从《后汉书》起就都没有编写表，《旧唐书》也没有表，《新唐书》以后多数纪传史才恢复了表。（四）列传，也简称为传，占的篇幅最多，可以区分为"专传""类传"和所谓"四裔传"几部分。专传是给和时局有关系、有影响的重要人物立传，这倒不一定都是将相大臣，将相大臣中关系不大的就不给立传。类传是以类相从，把同一类人物排到一起立传，如《旧唐书》就有后妃、皇子、外戚、宦官、良吏、酷吏、忠义、孝友、儒学、文苑、方伎、隐逸、列女十三个类传。还有四裔传，则是给兄弟民族和外国立传，因为这些民族和国家都在四方边裔，过去习惯上称之为"四裔"。当然，除四裔传不专记人物，专传、类传的对象绝大多数是统治阶级内部的人物，这就是所谓时代的局限，不能要求古代的史书纂修者来给劳动人民立传，但被立传的统治阶级人物也并非一味被歌颂，史官有时会指出他们品德上、生活上有问题，甚至有些类传如酷吏传、宦官传的撰写还都会用否定的口气。更重要的是本纪所记载的国家大事一般很简略，欲知其详，多数时候得参考有关的列传，再加上志书提供了社会各个方面的情况，表则可以用来补纪、传以至志书的不足。这就是纪传体史书所体现的优越性，也就是过去有成就的史学家必须首先在纪传体史书上花工夫的原因。

这样详备的史书是怎样写出来的？凭个人的力量当然不可能。即使是《史记》，一般都说是司马迁一个人撰写的，其实大多数有现成的文献作为依据，而且他的父亲司马谈已经写好了一部分，司马迁再加以修订增补，是父子两代人合作。官修的就更复杂了，书上所题“×××等奉敕修”者，只是指此史书是姓“×”名“××”的宰相带领其他人奉皇帝之命（即所谓“敕”）纂修的，并非真由他动笔撰写，有的甚至只挂个名，从未过问纂修工作。这里选译的《旧唐书》就是这样的一部官修史书。书上题了“刘昫（xū）等奉敕撰”，其实刘昫只是在《旧唐书》修成时正好新任宰相，由他领衔进呈，于是在书上写了他的姓名。实际上真正主持纂修的是另一位宰相赵莹，他在后晋高祖天福六年（941）二月组成纂修班子，先后有张昭、贾纬、赵熙、郑受益、李为先、吕琦、尹拙等人参加，到后晋出帝开运二年（945）六月修成本纪二十卷、志三十卷、列传一百五十卷，一共二百卷的《旧唐书》。只是修成时赵莹调到地方上做节度使去了，这个功劳才落到了刘昫身上。

当然，赵莹等人纂修时也是有大量现成的文献作为依据的，否则本领再大也不可能在短短四年内就修成二百卷的大部头史书。要弄清楚其中的究竟，还得从唐代怎样纂修“国史”讲起。所谓国史，就是指本朝的历史。我国很早就形成了一个好传统，每个朝代都及时纂修自己的国史，等改朝换代后就可根据已修好的前朝国史比较顺利地修成纪传史。这种修国史在唐代已做得很认真，制度也相当完备。当时在宰相的办公机构门下省设置两名起居郎，中书省设置两名起居舍人，分别记皇帝的“行”和“言”。所谓记行，是记以皇帝名义处理的国家大事，每天皇帝上朝听政时起居郎随百官朝见，百官退出之后，皇帝和宰相议论国家大事，起居郎就在旁执笔记录，以后按年月日编成“起居注”。“起居”就是指皇帝的举动，“注”就是记载的意思。记言呢？当然也不是记皇帝随便说的话，而是指以皇帝名义发布的命令，当时按不同用途有“诏”“制”“敕”“册”“赦”“德音”“批答”等名称，统称为“诏令”，这些诏令随时由起居舍人在上朝时记录下来并加以汇总。每个季度终了时起居郎、起居舍人得把编写成卷的起居注和诏令送进纂修国史的专职机构——“史馆”。此外，还规定政府各有关部门要把纂修国史用得到的资料及时报送史馆。如各地发现所谓“祥瑞”由礼部报送，发现天文异状由太史局报送，兄弟民族和外国的情况由鸿胪寺报送，战争情况由兵部报送，变更音律、新造曲调由太常寺报送，州县废置和各地旌表所谓孝义由户部报送，法令变改、断狱新议由刑部报送，丰收荒歉和各色灾害由户部和州县报送，封授爵位由吏部司封司报送，中央和地方高级文武官员的任命由吏部、兵部分别报送，刺史、县令有善政异迹以及州县里发现了硕学异能、高人逸士、义夫节妇由考核人员报送，中央和地方高级文武官员去世由本部门、本州、本军报送，公主、百官去世后记述生平事迹的“行状”和赐谥的“谥议”也要报送，亲王入朝要由宗正寺报送，还授权史馆可随时行文给各部门索取其他用得上的史料。史馆本身则设置二至三名史官，通常由其他朝官兼任，有时也由起居郎兼任，名为史馆修撰，初入史馆的则名为直馆，后来又专称朝官兼任的为史馆修撰，非朝官入史馆工作的叫直馆，史馆修撰中又由一位官职较高的担任判馆事（主持馆务的意思），上面再派一位宰相兼任监修。当时对史馆人选一般都经过慎重选择，如修过《周书》的令狐德棻，修过《南史》《北史》的李延寿，天文数学专家李淳风，史学理论家刘知幾，古文大师韩愈，以及徐坚、吴兢、韦述、林宝、裴廷裕等人,都是先后充任过史官的知名人士。

当时修成的本朝史有两种:(一)实录,是根据起居注和诏令之类修成的编年史,通常在皇帝身后才修,一个皇帝修一部。已修成的计有高祖、太宗、高宗、则天皇后、中宗、睿宗、玄宗、肃宗、代宗、德宗、顺宗、宪宗、穆宗、敬宗、文宗、武宗一共十六朝的实录,其中有的由于政治原因修订改写还不止一个本子,剩下宣宗、懿宗、僖宗三朝没有修,昭宗和哀帝已是亡国之君也不再有人给他修。这种编年史之所以叫实录,是自吹在如实记录,这当然不会真有人相信,且不说史官们的阶级偏见,光皇帝或权臣们有形无形的压力,也会使事实在记录时受到歪曲。但所记大事的年月日之类总还是比较可靠的,而且内容也比较详细,在记载将相大臣或大名人去世时还要附上一篇小传,因此成为纂修国史以至后来纂修纪传体正史的主要依据。(二)正式修国史,这是指修纪传体的本朝史,和所有正史一样有本纪、列传,还要有志。本纪通常是根据实录改写,把次要的事情删除掉,大段的记述也压缩简练成一两句。志则主要根据各部门报送史馆的资料,列传可以根据实录里的大臣、名人的小传及报送征集来的行状、家传之类。最早在高宗时由令狐德棻修成这样的国史八十一卷,到玄宗时吴兢进而修改精简再加上续修的一共编成六十五卷,韦述在此基础上又增修成一百十二卷,外加"史例"一卷,柳芳又续修到肃宗乾元年间成为一百三十卷。同时柳芳个人还用编年体重写了一部《唐历》,计四十卷,到宣宗时得到皇帝肯定,并叫宰相崔龟从等人续修三十卷,一直写到宪宗年间,实际上成为另一种编年体的国史。另外纪传体的国史在柳芳以后也还续修了一些。所有这些,都为后来赵莹等人纂修《旧唐书》作了很好的准备。

光凭这些自然还不够。一则肃宗以后的国史还没有编定,宣宗以后连实录也没有,再则经唐末的战乱,已纂修好的实录和史馆的其他资料还有散失。因此在后梁末帝时有人就提出征集唐人的家传,要求抄集武宗以后的公文奏疏送交史馆。后唐时朝廷又搜访凑齐了实录，只是武宗的实录残存一卷无从复原。另外还下令保护各地的碑碣，搜访宣宗以来的野史。到赵莹着手纂修《旧唐书》时，参加此项工作的贾纬也提供了他所编纂的从武宗到唐亡的编年史《唐年补录》。而赵莹这位宰相又是个既有学问、又肯办实事的人，不仅设置重奖来鼓动人们进献史馆所缺乏的晚唐史料，还亲自制定了纂修本纪、志、传的具体办法。如纂修本纪需要把年月日弄得确切，需要编制一份从唐高祖武德元年(618)到昭宗天祐四年(907)的历本（即所谓“长历”），赵莹就提出要由管天文历法的司天台来完成。列传除依靠国史和已征集到的家传之类的材料，修史者还感到史料不足，就要求中央和地方高级文武官员把他们在唐代已显达的父亲、祖父的事迹写成材料上交史馆，更欢迎他们交出谱牒之类的材料。各个志需要的资料尤其是武宗以后的资料，史馆也掌握得不足，就要求中央各有关部门分别撰写提供。这些办法经皇帝认可后实施，再加上纂修班子的辛勤劳动，才终于修成了这部二百卷的《旧唐书》。

这部《旧唐书》总的说来是修得成功的，它保存了大量的史料，在记述唐代历史的旧史书中是内容最丰富、最全面的一部。尤其是宋以后除《顺宗实录》，所有唐代的实录、国史都失传了，这部《旧唐书》就成为了解和研究唐史的主要依据。当然，这并不是说它没有不足之处，尽管这些不足之处是第二位的。具体来说：（一）武宗以前的本纪都源出实录，肃宗以前的事迹还可直接根据国史的本纪，所记大事和年月日一般都比较可信。武宗以后没有实录可依据，只好就征集的零星史料排比编写，内容自不能如武宗以前充实。年月日也间或发生差错。（二）志一般修得不坏，资料既充实，叙述也颇有条理。只是讲到唐后期时总差一点，如《经籍志》只照抄玄宗时根据皇室藏书编写的《群书四部录》《古今书录》，以后的唐人著作都没有收进去，这可能是当时图书散失比较多，一时来不及重新征集编目。（三）列传部分肃宗以前多承用国史旧传，有些传里还称玄宗为“今上”即当今的皇上，有的传在最后还保存“史臣韦述曰……”一段议论，说明都是照抄韦述、柳芳递修的国史原文；有些传里又称德宗为“今上”，则是照抄柳芳以后续修的国史旧传原文。这样照抄过去所修史书也是常有的事情，可以避免因改写而走样，从保存史料真面目来说应算优点而非缺点。真正的缺点还在于唐后期的史料太贫乏，以致好些应该有传的在《旧唐书》里只好空缺不修。至于列传的记载尤其年月日之类往往会和本纪不一致，则是由于列传所根据的行状、家传多数出自儿孙们事后追忆，一般不如源出实录、国史的本纪来得精确。把这些不同的记载保存下来不强求统一，让读者自行判断抉择，这也是古人修史的一种可取的办法。

由赵莹等人纂修、由刘昫署名的这部书本来只叫《唐书》，并没有“旧”字；后来北宋时重新纂修了一部《唐书》，同时两部《唐书》不好区别，于是先有人把新修的加个“新”字叫《新唐书》，南宋以后又把刘昫署名的叫《旧唐书》。至于为什么还要纂修《新唐书》，是嫌《旧唐书》修得不理想，在北宋仁宗庆历五年（1045）下诏设“史局”重修，到嘉祐五年（1060）修成本纪十卷、志五十卷、表十五卷，列传一百五十卷，一共二百二十五卷的《新唐书》。其中本纪、志、表的纂修主要由欧阳修负责，列传主要由宋祁负责，所以通称欧阳修、宋祁等撰修。这部书确实有一些优点：如增补了不少《旧唐书》所没有的中晚唐人的列传，有些传《旧唐书》虽有，《新唐书》也增添了若干新资料；志的部分也新修了《仪卫志》《选举志》和《兵志》，其他几个志在内容上和《旧唐书》也颇有出入，如《艺文志》就不像《旧唐书》的《经籍志》那样只记到开元，把中晚唐人的著作也统统收了进去；还纂修了《宰相》《方镇》《宗室世系》《宰相世系》四种表；武宗以后的本纪也比《旧唐书》来得精确。但从大处来看这部《新唐书》未能真正超越《旧唐书》。它标榜“文省事增”，增多内容当然是好事，硬要文字简省，就必然把原有的史料简省得走样，甚至删削掉许多有用的东西。如《旧唐书》的本纪有二十卷，欧阳修所修的《新唐书》本纪压缩成十卷，弄得好多大事查不到。宋祁修的列传也是如此，一面增加内容，一面又把《旧唐书》原有的某些内容删削掉。宋祁还有个毛病，是喜欢用古字、怪字的所谓“涩体”，而且硬要用这种涩体古文把原来比较通顺易读的《旧唐书》列传统统改写，连《旧唐书》列传里用骈体文写的诏令、奏议之类也改写。由于他和欧阳修比赵莹等人知名，加上在宋朝人心目中本朝官修的比较权威，《新唐书》很快取代《旧唐书》挤进“十七史”的行列，但到了清代，仍恢复了《旧唐书》的正史地位。今天研究唐史的人一般都要以《旧唐书》为主要依据，《新唐书》只能起补充辅助作用。

二百卷的《旧唐书》自然不宜全译，只好选译。选译又只好以人物传记为主，因为十个志都太专门，本纪虽记国家大事，读起来则颇像流水账，都只宜供专门研究的人使用。人物最显赫的自然首推唐太宗李世民，但他是皇帝没有传，只有《太宗本纪》，好在这个《本纪》开头一大部分是写他在统一战争中的活动，读起来还不致使人索然无味。另一位大人物是宰相狄仁杰的传，因为此公也是旧小说里竭力描写的人物，译出来让读者看看他的历史真面目，也蛮有意思。妇女得有一位，那就选大家感兴趣的杨贵妃。有了宰相，再得找位大将，挑选了一阵还是郭子仪，因为从他的传里还可读到平定安史之乱的经过，省得再译安禄山等人的传。唐代中后期还有一些政治上的大事，如顺宗时王叔文集团的政治活动，文宗时李训、郑注等人的反宦官活动。因此从前者中选译了王叔文、王伾的传，从后者中选译了宦官传的总序和大宦官王守澄、仇士良的传。藩镇的传译了田承嗣的，因为此人是安史之乱后割据一方、带头闹独立的人物。文学文化方面选译了大诗人李白、杜甫和古文运动倡导人韩愈、柳宗元的传。以上的本纪、列传都按时代先后来排列而不完全遵照原书的卷次，因为这样多少可以看到历史是怎样地在进展。最后则译了农民起义首领黄巢的传作为结束。当然，读者朋友们若要想进一步掌握唐代历史的全貌，还得直接阅读原书和其他有关唐代的史书资料。

黄永年

太宗本纪

导读

唐太宗李世民是我国历史上一位比较有作为的皇帝。他做皇帝之前的军事政治活动，以及当上皇帝后的军国大事，大体上都记录在《旧唐书》的这个本纪里。因而近年来编写出版的若干唐太宗传记几无不以这个本纪作为主要依据。但这个本纪又是从唐人的国史抄来的，还有可能和国史一样都是直接用实录删节的，而《太宗实录》的前半部分早在贞观时就奉李世民本人之命破例提前纂修好，而且经他亲自审阅，自然要对他竭力歌颂，把唐朝说成是他一手创建的，他的政敌，大哥李建成、四弟李元吉以至父亲唐高祖李渊的功劳则统统被贬低抹杀。对此，我们阅读时必须注意识别。（选自卷二至三）

原文

太宗文武大圣大广孝皇帝讳世民[①]，高祖第二子也。母曰太穆顺圣皇后窦氏[②]。隋开皇十八年十二月戊午[③]，生于武功之别馆[④]。……幼聪睿，玄鉴深远，临机果断，不拘小节，时人莫能测也。

翻译

太宗文武大圣大广孝皇帝的名讳叫世民，是高祖李渊的第二个儿子。母亲是太穆顺圣皇后窦氏。隋开皇十八年（599）十二月二十二日在武功高祖另置的住宅里诞生。……从小就聪明有智慧，看问题深远，处事果断，不拘小节，使人们感到高深莫测。

注释 ① 太宗：是李世民这位皇帝死后的"庙号"，即在太庙立室奉祀而特立的名号。文武大圣大广孝皇帝：是给李世民上的"尊号"，尊号一般是生前上的。有时死后又加改，李世民的这个尊号是玄宗天宝时改上的。讳：我国封建社会里对皇帝、皇后以及自己的尊长如父亲、祖父等不得直称其名，叫避讳，纂修史书或写其他传记必须称名时也就只能叫"讳××"。 ② 太穆顺圣皇后：高宗上元时给窦氏改上的尊号。 ③ 戊午：旧史书常用干支记日，隋文帝开皇十八年(598)十二月的戊午日就是该月二十二日。 ④ 武功：在今陕西武功西。

原文

大业末，炀帝于雁门为突厥所围①，太宗应募救援，隶屯卫将军云定兴营。……及高祖之守太原②，太宗时年十八。有高阳贼帅魏刀儿自号"历山飞"③，来攻太原，高祖击之，深入贼阵，太宗以轻骑突围而进，射之，所向皆披靡，拔高祖于万众之中。适会步兵至，高祖与太宗又奋击，大破之。时隋祚已终④，太宗潜图义举，每折节下士，推财养客。群盗大侠⑤，莫不愿效死力。

翻译

大业末年，隋炀帝被突厥围困在雁门，太宗应募去救援，隶属于屯卫将军云定兴军。……到高祖出任太原留守时，太宗十八岁。有个高阳地方的绿林头目、自号"历山飞"的魏刀儿来攻打太原，高祖出兵抵敌，深入敌阵被困，太宗带了骑兵冲破重围，弓箭齐发，杀得敌人望风披靡，从万人之中把高祖解救出来。正好高祖的步兵也赶到，高祖和太宗再奋力战斗，终于大破敌军。这时隋朝的国运眼看完结了，太宗暗地里做起兵反隋的准备，不拿架子，结交贤能，不惜钱财，收养宾客，不论绿林好汉还是地方豪强，没有人不愿替他出力拼死。

注释 ① 雁门：在今山西代县附近。突厥：当时北方最强大的兄弟民族，隋初分裂为东突厥和西突厥，西突厥统辖地区约在今新疆和中亚的大部分地区，这里讲到的突厥都是指东突厥。② 太原：今山西太原。③ 高阳：在今河北高阳东。④ 祚：本指上天保佑赐福，旧时认为国家、皇室的存在全靠上天保佑，从而把皇位、国统、国家的命运都称为国祚。⑤ 群盗：当时把反抗政府或扰乱治安的武装力量，不论是农民起义军还是真正的盗匪，都笼统地称为群盗。

原文

及义兵起，乃率兵略徇西河[1]，克之，拜右领大都督，右三军皆隶焉，封敦煌郡公[2]。大军西上贾胡堡[3]，隋将宋老生率精兵二万屯霍邑以拒义师[4]。会久雨粮尽，高祖与裴寂议且还太原，以图后举。太宗曰："本兴大义以救苍生，当须先入咸阳[5]，号令天下。遇小敌即班师，将恐从义之徒，一朝解体。还守太原，一城之地，是为贼耳，何以自全？"高祖不纳，促令引发。太宗遂号泣于外，声闻帐中，高祖召问其故，对曰：

翻译

到高祖起义兵反隋，太宗领兵攻克西河，被高祖任命为右领大都督，右三军都归他指挥，并加了个敦煌郡公的封爵。接着大军西上到达贾胡堡，隋将宋老生率领二万精兵驻扎在霍邑拦阻。正碰上接连下大雨，军粮快吃尽，高祖和长史裴寂商量，准备暂时退回太原，等待有利时机再出动。太宗不以为然，说："我们起义本是为了拯救老百姓，应该抢先打进京城，以便号令天下。现在遇到小敌就回军，跟随我们的人弄得不好将会一哄而散。回军据守太原，区区一城之地，形同盗贼，怎能保全？"高祖不接受，催促他带队出发。太宗退出后放声大哭，高祖在营帐里听到了，把他叫进来问干什么，太宗回答道："我们这次出兵是反隋义举，只要奋勇向前必操胜算，退还必然涣散，兵众涣散于前，强

"今兵以义动，进战则必克，退还则必散，众散于前，敌乘于后，死亡须臾而至，是以悲耳！"高祖乃悟而止。八月己卯，雨霁，高祖引师趣霍邑。太宗恐老生不出战，乃将数骑先诣其城下，举鞭指麾，若将围城者，以激怒之。老生果怒，开门出兵，背城而阵，高祖与建成合阵于城东，太宗及柴绍阵于城南。老生麾兵疾进，先薄高祖，而建成坠马，老生乘之，高祖与建成军咸却。太宗自南原率二骑驰下峻阪⑥，冲断其军，引兵奋击，贼众大败，各舍仗而走。悬门发⑦，老生引绳欲上，遂斩之。平霍邑。

敌追击于后，眼看死到临头，所以禁不住悲哭啊！"高祖这下醒悟了，于是停止行动。到八月初一，雨止天晴，高祖带大军直取霍邑。太宗怕宋老生不应战，率领少数人马先到霍邑城下，举鞭指挥，装出要围城的样子，来激怒宋老生。宋老生果真被激怒了，开城出战，靠城墙摆开阵势，高祖和大儿子左领大都督陇西郡公李建成合军在城东结阵，太宗和高祖的女婿柴绍在城南结阵。宋老生挥兵猛进，先压向高祖军，建成不慎落马，宋老生乘势冲杀，高祖、建成两军都退却。这时太宗率领两名战将骑着马从南边高地顺陡坡冲下来，把宋老生军拦腰截断，再带领大军奋战，宋军大败，各自丢掉兵器乱窜。城上宋军怕敌兵冲进来，急忙放下门闸，宋老生被隔在城外，只好攀绳登城，被追兵赶上斩杀。霍邑就这样被平定。

注释　①西河：今山西汾阳。②敦煌郡公：隋初曾有敦煌郡，在今甘肃敦煌到玉门一带，这时已改为瓜州。这里所封只是随便取个敦煌的名义，并非真的以敦煌地区作为封地。③贾胡堡：在今山西灵石西南，其南就是霍邑。④霍邑：在今山西霍州。⑤咸阳：这里用来指隋朝的京城长安（即今陕西西安），并非指秦朝的旧都咸阳（今陕西咸阳东）。⑥阪（bǎn）：山坡。⑦悬门：古代在城门上加设的门闸，平时吊起来，紧急时放下，以堵住外敌不使冲入。

原文

至河东[①]，关中豪杰争走赴义[②]。太宗请进师入关，取永丰仓以赈穷乏[③]，收群盗以图京师，高祖称善。太宗以前军济河，先定渭北，三辅吏民及诸豪猾诣军门请自效者日以千计[④]，扶老携幼，满于麾下，收纳英俊，以备僚列，远近闻者，咸自托焉。师次于泾阳[⑤]，胜兵九万[⑥]，破胡贼刘鹞子[⑦]，并其众。留殷开山、刘弘基屯长安故城，太宗自趣司竹[⑧]，贼帅李仲文、何潘仁、向善志等皆来会，顿于阿城[⑨]，获兵十三万。长安父老赍牛酒诣旌门者不可胜纪[⑩]，劳而遣之，一无所受，军令严肃，秋毫无所犯。寻与大军平京城。

翻译

大军进入河东，关中豪杰争先恐后地来投军。太宗建议军队开进潼关，拿下永丰仓开仓济贫，招收绿林好汉以攻取京城长安，高祖很赞同。于是太宗带了前军渡过黄河，先控制渭水以北，三辅地区官吏、老百姓以及土豪地霸到营门口投效的一天多到上千起，扶老带小，挤满了军营，太宗从中挑选有真本领的作为自己的僚属，远近听到消息的都主动来投靠拉关系。部队进驻到泾阳，能打仗的战士已发展到九万，又打败胡人刘鹞子，并吞了他的人马。太宗留下殷开山、刘弘基驻守古长安旧城，自己进军司竹，绿林头目李仲文、何潘仁、向善志等都来进见，部队停驻到阿城，战士又扩充到十三万。长安父老送牛酒饮食到营门口的多得数不清，都说好话让他们回去，东西一概不接受，真是军令严肃，秋毫无犯。不久太宗的部队就和高祖、建成的大军会师，拿下京城长安。

注释 ① 河东：隋设河东郡，在今山西西南角，郡的治所河东则在今永济西黄河边上。 ② 关中：是古人在地理上的习惯用语，大体指今陕西秦岭以北的广大地区。 ③ 永丰仓：隋朝建立过好几个大粮仓，永丰仓即其一，在陕西潼关北边渭河入黄河处的南岸。 ④ 三辅：西汉时开始以长安为中心设置京兆尹的管辖区，加上左冯翊、右扶风合称三辅，隋代仍有京兆、冯翊、扶风三郡，因此仍可称三辅。 ⑤ 泾阳：今陕西泾阳。 ⑥ 胜兵：胜任战斗的部队。 ⑦ 胡：指西域胡人，也可称为西胡。这里所说的是魏晋以来入居陕北、关中的西胡后裔。 ⑧ 司竹：在今陕西周至。 ⑨ 阿城：在今陕西西安西、咸阳南。 ⑩ 赍(jī)：送，带。

原文

高祖辅政[①]，受唐国内史[②]，改封秦国公。会薛举以劲卒十万来逼渭滨，太宗亲击之，大破其众，追斩万余级[③]，略地至于陇坻[④]。义宁元年十二月，复为右元帅，总兵十万徇东都。及将旋，谓左右曰："贼见吾还，必相追蹑。"设三伏以待之。俄而隋将段达率万余人自后而至，度三王陵[⑤]，发伏击之，段达大败，追奔至于城下。因于宜阳、新安置熊、穀二州[⑥]，戍之而还。徙封赵国公。高祖受禅[⑦]，拜尚

翻译

高祖以大丞相、唐王的身份辅政，太宗被任命为唐国的内史，改封秦国公。不久，薛举带了十万精兵进逼到渭水边，太宗亲自出击，把敌人打得大败，追斩一万多人，兵锋西向一直到达陇坻。义宁元年十二月(618)，太宗又出任右元帅，统兵十万东进到达东都洛阳。到准备回师时，太宗对身边的人说："敌人看到我军撤回，一定要追赶。"因此设下三支伏兵等待敌人。过一会儿隋将段达果真带了一万多人从后赶来，正过三王陵时，伏兵齐起，段达大败。唐军直追到洛阳城下。于是在宜阳、新安设置熊、穀二州，留兵马戍守然后回长安。太宗改封赵国公。高祖受禅即皇帝位，拜太宗为尚书令、右武候

书令、右武候大将军[⑧]，进封秦王，加授雍州牧[⑨]。

大将军，进封秦王，加授雍州牧。

注释 ① 高祖辅政：李渊进入长安后先临时立隋炀帝孙代王杨侑（yòu）为皇帝，即隋恭帝，并改元义宁，自己做大丞相、唐王，名为辅政，实际上掌握了政权，这也是魏晋南北朝以来准备做开国皇帝的必经阶段。 ② 内史：隋代中枢设内史省，以内史为长官，和门下省的纳言同为宰相，这时高祖沿用隋制，叫李世民任自己唐国的内史。到唐朝建立后就改内史省为中书省，改内史为中书令，改纳言为侍中。 ③ 级：古代秦国的法律规定，在战争中斩得一个人头赐爵一级，后来就把斩下的人头叫首级，也简称为级。 ④ 陇坻（chí）：即陇山，在今陕西西部和甘肃交界处，南北走向。⑤ 三王陵：在今河南洛阳西南。 ⑥ 宜阳：在今河南宜阳西。新安：今河南新安。⑦ 受禅：这是魏晋南北朝夺取皇帝位置常用的办法，即由辅政的权臣对皇帝施加压力，叫他学古代传说中尧、舜禅让，下诏把皇帝的位置让给自己，自己又先假装谦让，最后不得已才接受，这就叫受禅，实际上是演戏给人看。 ⑧ 尚书令：尚书省是唐代掌管中枢行政的机构，省内分设吏、户、礼、兵、刑、工六部，六部长官叫某部尚书，副职叫某部侍郎，尚书省长官叫尚书令，副职叫尚书左仆射（yè）、右仆射，后因太宗做过尚书令，就不再任命别人充任，改以左、右仆射为长官。武候大将军：掌管警卫治安，在隋、唐之际是极为重要且显贵的武职。 ⑨ 雍州牧：唐初改隋京兆郡为雍州，州牧是其长官，到玄宗时又改为京兆府。

原文

武德元年七月[①]，薛举寇泾州[②]，太宗率众讨之，不利而旋。九月，薛举死，其子仁杲嗣立[③]，太宗又为元帅以击仁杲。相持于折墌

翻译

武德元年（618）七月，薛举入侵泾州，太宗带兵征讨，战败回长安。九月，薛举死了，儿子薛仁杲继立，太宗又出任元帅攻打薛仁杲。在折墌城下和薛仁杲军相对峙，深挖壕沟，高筑营垒坚持了六十多天。薛军有十多万，兵锋锐

城[4]，深沟高垒者六十余日。贼众十余万，兵锋甚锐，数来挑战，太宗按甲以挫之。贼粮尽，其将牟君才、梁胡郎来降，太宗谓诸将军曰："彼气衰矣，吾当取之。"遣将军庞玉先阵于浅水原南以诱之[5]，贼将宗罗睺并军来拒，玉军几败。既而太宗亲御大军，奄自原北，出其不意，罗睺望见，复回师相拒。太宗将骁骑数十入贼阵，于是王师表里齐奋，罗睺大溃，斩首数千级，投涧谷而死者不可胜计。太宗率左右二十余骑追奔，直趣折墌以乘之。仁杲大惧，婴城自守。将夕，大军继至，四面合围。诘朝，仁杲请降，俘其精兵万余人，男女五万口。……凯旋，献捷于太庙。拜太尉、陕东道行台尚书令[6]，镇长春宫[7]，关东兵马并受节度[8]。寻加左武候大将军、凉州总管[9]。

利，多次前来挑战，太宗就是不应不理，用这种办法挫伤敌人的锐气。薛军粮食供应不上了，将领牟君才、梁胡郎跑过来求降，太宗对将领们说："敌兵气势已衰，我们该出动了。"于是先叫将军庞玉在浅水原南边结阵来诱敌，敌将宗罗睺调集全军来对付庞玉，庞玉军差点儿就要被打垮。可过不一会儿，太宗亲自指挥的大队唐军出其不意地从原北杀过来，宗罗睺看到了，只好再掉过头来对付太宗军。太宗带上精锐数十骑冲进敌阵，和阵外的唐军内外奋力夹击，宗罗睺全军溃败，被斩杀几千人，投身涧谷跌死的不计其数。太宗带上身边二十余骑穷追不舍，一直到达折墌城下。薛仁杲吓慌了，只得凭城防守。傍晚，唐军大队赶到，四面合围。第二天清早，薛仁杲投降，俘虏薛军精兵一万多人，男女五万人。……太宗凯旋，到太庙告捷。高祖拜他为太尉、陕东道行台尚书令，出镇长春宫，潼关以东的兵马都归他节制调遣。不久又加授左武候大将军、凉州总管。

注释 ① 武德：义宁二年五月二十一日（公元618年6月19日）李渊即皇帝位后改年号为武德。 ② 泾州：在今甘肃泾川及其周围地区，治所安定，在今泾川北。 ③ 杲：音gǎo。 ④ 折墌城：在安定之西。 ⑤ 浅水原：在折墌城之东，今陕西长武北。 ⑥ 太尉：当时以太尉、司徒、司空为三公，都是正一品的荣誉性质的官职。陕东道行台：当时尚书省的分支机构，统管以洛阳为中心的广大地区，行台尚书令是其长官。 ⑦ 长春宫：在朝邑（今陕西大荔东），陕东道行台的驻在地。 ⑧ 关东：今陕西潼关以东。 ⑨ 凉州：今甘肃永昌以东、天祝以西地区，治所在今甘肃武威。

原文

宋金刚之陷浍州也①，兵锋甚锐。高祖以王行本尚据蒲州②，吕崇茂反于夏县③，晋、浍二州相继陷没④，关中震骇，乃手敕曰："贼势如此，难与争锋，宜弃河东之地，谨守关西而已。"太宗上表曰："太原王业所基，国之根本，河东殷实，京邑所资，若举而弃之，臣窃愤恨。愿假精兵三万，必能平殄武周⑤，克复汾、晋⑥。"高祖于是悉发关中兵以益之，又幸长春宫亲送太宗。二年十一月，太宗率众趣龙门关⑦，履冰而渡之，进屯柏壁⑧，与贼将宋金刚相持。

翻译

宋金刚攻陷了浍州，兵锋正锐利。高祖考虑到王行本这时还占据着蒲州，吕崇茂也在夏县叛乱，晋州、浍州又相继丢失，关中人心动摇，就下手敕道："敌军势大，难于迎敌，只能放弃河东，把潼关以西仔细守住就好。"太宗不以为然，上表说："太原是王业创建之所，国家根本重地，河东人口众多，财物充盈，京师得靠它支援，如果统统放弃，我实在气愤不甘心。我自愿要上三万精兵，准能歼灭刘武周，收复汾、晋。"高祖同意了，把关中部队尽数调拨给太宗以充实他的兵力，还亲自驾幸长春宫给太宗送行。武德二年（619）十一月，太宗带领大军赶到龙门关，踏冰过黄河，进驻柏壁，和敌将宋金刚相对峙。过不了多久，唐永安王李孝基又在夏县战败，唐将于筠、独孤怀恩、唐俭都被敌将寻

寻而永安王孝基败于夏县，于筠、独孤怀恩、唐俭并为贼将寻相、尉迟敬德所执。将还浍州，太宗遣殷开山、秦叔宝邀之于美良川⑨，大破之，相等仅以身免，悉虏其众，复归柏壁。于是诸将咸请战，太宗曰："金刚悬军千里，深入吾地，精兵骁将，皆在于此，武周据太原，专倚金刚以为捍，士卒虽众，内实空虚，意在速战。我坚营蓄锐以挫其锋，粮尽计穷，自当遁走。"三年二月，金刚竟以众馁而遁，太宗追之至介州⑩。金刚列阵南北七里以拒官军，太宗遣总管李世勣⑪、程咬金、秦叔宝当其北，翟长孙、秦武通当其南。诸军战小却，为贼所乘，太宗率轻骑击之，冲其阵后，贼众大败，追奔数十里，敬德、相率众八千来降。还令敬德督之，与军营相参，屈突通惧其为变，骤以

相、尉迟敬德所俘虏。寻相等引军将回浍州，太宗派殷开山、秦叔宝到美良川邀击，大破敌军，寻相等脱逃，余众全被俘获，唐军再回驻柏壁。这时将领们都求战，太宗说："宋金刚行军千里，深入我境内，精兵骁将都集中到了这里，刘武周盘踞太原，专靠宋金刚军给他出力，现在宋军看上去人马众多，其实后方已很空虚，所以急于求战。我们只需坚守营垒，蓄养锐气，来挫折他的锋芒，他最后粮食吃光，无计可施，就只能撤退。"武德三年(620)二月，宋金刚军果真由于饥疲撤退了，太宗紧追到介州。宋金刚摆开南北七里长的大阵来抵御唐军，太宗派总管李世勣、程咬金、秦叔宝打他南头，翟长孙、秦武通打他北头。交战中唐军稍稍后退，宋军乘势杀过来，哪知太宗早带了轻骑出击，直冲到宋军阵后，宋军大败。唐军追赶几十里，尉迟敬德、寻相领了八千残兵投降。太宗仍让尉迟敬德督带降军，和唐军错杂安营，屈突通怕降军有异动，急忙劝阻，太宗说："当年萧王推赤心置人腹中，能使人家都愿为他拼命出力。现在委任敬德，又有什么可顾虑呢？"这时候刘武周看到大势已去，投奔突厥。并、汾二州全境收复。高祖下诏书就在军

为请，太宗曰："昔萧王推赤心置人腹中[12]，并能毕命。今委任敬德，又何疑也？"于是刘武周奔于突厥，并、汾悉复旧地[13]。诏就军加拜益州道行台尚书令[14]。

中加拜太宗为益州道行台尚书令。

注释 ①浍州：今山西翼城、绛县等地区。②蒲州：在今山西永济西。③夏县：今山西夏县。④晋州：今山西临汾及其周围地区。⑤殄(tiǎn)：灭绝。⑥汾、晋：当时在晋州之北设有汾州，即今山西汾阳及其周围地区。这里说的汾、晋则是今山西地区的泛称。⑦龙门关：在今山西河津北，西临黄河。⑧柏壁：在今山西新绛西南。⑨美良川：在今山西夏县北、闻喜南。⑩介州：今山西介休。⑪李世勣(jì)：本姓徐，归唐后赐姓李，高宗永徽年间又因避太宗名讳去掉"世"字叫李勣。⑫萧王：东汉光武帝刘秀在称帝之前曾被封为萧王，他打败了铜马等农民军，封投降过来的农民军的首领们为列侯，怕他们还有顾虑，让他们各回原来的部队，自己轻骑往来巡行，以表示把他们完全当作自己人，于是这些首领说："萧王推赤心置人腹中，我们怎能不给他出死力！"⑬并：并州，即今山西太原及其周围地区。⑭益州道行台：尚书省在益州(今四川成都及其周围广大地区)的临时分支机构。

原文

七月，总率诸军攻王世充于洛邑[1]。师次榖州。世充率精兵三万阵于慈涧[2]，太宗以轻骑挑之，时众寡不敌，陷于重围，左右咸惧，太宗命左右先归，独留后殿，

翻译

这年七月，太宗总统各路兵马向盘踞洛阳的王世充进攻。大军开到榖州。王世充派三万精兵在慈涧列阵防守，太宗带领轻骑挑战。当时敌兵多，太宗的兵少，陷入了重围，身边的人都十分紧张，太宗叫他们先冲杀出去，自己单骑

世充骁将单雄信数百骑夹道来逼，交枪竞进[3]，太宗几为所败，太宗左右射之，无不应弦而倒，获其大将燕颀[4]。世充乃拔慈涧之镇归于东都。太宗遣行军总管史万宝自宜阳南据龙门[5]，刘德威自太行东围河内[6]，王君廓自洛口断贼粮道[7]，又遣黄君汉夜从孝水河中下舟师，袭回洛城，克之[8]。黄河以南，莫不响应，城堡相次来降。大军进屯邙山[9]。九月，太宗以五百骑先观战地，卒与世充万余人相遇，会战，复破之，斩首三千余级，获大将陈智略，世充仅以身免。其所署筠州总管杨庆遣使请降[10]，遣李世勣率师出轘辕道安抚其众[11]。荥、汴、洧、豫九州相继来降[12]，世充遂求救于窦建德。四年二月，又进屯青城宫[13]。营垒未立，世充众二万自方诸门临榖水而阵。

殿后。王世充的骁将单雄信指挥几百骑兵从两侧夹击，敌枪交刺，太宗差点儿支持不住，赶快跑马，左右放箭，敌兵无不应弦倒毙，还擒获王世充的大将燕颀。王世充让慈涧守军撤回洛阳。太宗派行军总管史万宝从宜阳南进占领龙门，刘德威从太行东出围困河内，王君廓到洛口切断敌军粮道，又派黄君汉乘天黑从孝水河出动战船袭取回洛城。黄河以南，无不响应唐军，王世充占有的城堡逐个归降。太宗率大军进驻北邙山。九月，太宗带了五百骑先观察战地，仓促间和王世充统带的万余人碰上，双方会战，又战败王军，斩首三千多人，擒获大将陈智略，王世充弃军逃跑。这时王世充所任命的筠州总管杨庆派使者见太宗请降，太宗派李世勣带兵马通过轘辕道到管州安抚降众。接着荥、汴、洧、豫等九州相继来降，王世充只得向窦建德求救。武德四年(621)二月，太宗又进驻青城宫。营垒还没筑好，王世充就带了二万人马出方诸门面临榖水摆开阵势。太宗率领精锐骑兵在北邙山上结阵，派屈突通带上五千步兵渡过榖水攻击敌军，同时告诫屈突通道："等两军交锋你赶快放烟，我会带领骑兵南下接应。"才一交锋，太宗的骑兵就

太宗以精骑阵于北邙山，令屈突通率步卒五千渡水以击之，因诫通曰："待兵交即放烟，吾当率骑军南下。"兵才接，太宗以骑冲之，挺身先进，与通表里相应。贼众殊死战，散而复合者数焉。自辰及午[14]，贼众始退，纵兵乘之，俘斩八千人。于是进营城下，世充不敢复出，但婴城自守，以待建德之援。太宗遣诸军掘堑，匝布长围以守之[15]。吴王杜伏威遣其将陈正通、徐召宗率精兵二千，来会于军所。伪郑州司马沈悦以武牢降[16]，将军王君廓应之，擒其伪荆王王行本。

冲杀下来，太宗自己一马当先，和屈突通军里外相呼应。敌军也拼死战斗，几度被冲散重新汇合。从辰时杀到午时，敌军才不支后退，太宗纵兵追赶，俘虏斩杀八千人。于是太宗进逼到洛阳城下扎营，王世充不敢再出战，只能凭城守御，等待窦建德来救援。太宗叫各军挖掘深沟，在洛阳城四周布下长围来困住王世充。这时，已降唐的吴王杜伏威派他的将领陈正通、徐召宗率领精兵二千，到太宗军会同作战。王世充的伪郑州司马沈悦献虎牢降唐，唐将王君廓出兵接应，生擒在虎牢的王世充侄儿伪荆王王行本。

注释 ① 洛邑：即东都洛阳，今河南洛阳。 ② 慈涧：在今河南新安、洛阳之间，北临穀水。 ③ 交枪竞进：明闻人本和其他本子都作"交抢"，据《通鉴》改正。 ④ 颀：音 qí。 ⑤ 龙门：即今洛阳南郊的龙门。 ⑥ 河内：今河南沁阳。 ⑦ 洛口：在洛水北流进入黄河之处。 ⑧ 回洛城：在今河南偃师北，北临黄河。 ⑨ 邙山：即北邙山，在今河南洛阳北郊。 ⑩ 管州：本误作"筠州"，据《通鉴》改正，即今河南郑州。 ⑪ 轘(huán)辕：山名，在今河南偃师东南。 ⑫ 荥(xíng)：荥州，今河南荥阳。汴：汴州，今河南开封。洧(wěi)：洧州，今河南鄢陵。豫：指豫州，今河南汝南及其周围地区。⑬ 青城宫：在洛阳城西的禁苑之中。⑭ 自辰及午：我国古代一昼夜分十二个时辰，自辰及午相当于今天的上午八、九点钟到中午的十二点、一点钟。⑮ 匝（zā）：环绕。⑯ 武牢：在今河南荥阳西北，东临汜（sì）水，原名虎牢，唐人避高祖的祖父李虎名讳而改称武牢。

原文

会窦建德以兵十余万来援世充，至于酸枣[①]。萧瑀、屈突通、封德彝皆以腹背受敌[②]，恐非万全，请退师穀州以观之。太宗曰："世充粮尽，内外离心，我当不劳攻击，坐收其敝。建德新破孟海公，将骄卒惰，吾当进据武牢，扼其襟要，贼若冒险与我争锋，破之必矣，如其不战，旬日间世充当自溃[③]。若不速进，贼入武牢，诸城新附，必不能守，二贼并力，将若之何？"通又请解围就险以候其变，太宗不许。于是留通辅齐王元吉以围世充，亲率步骑三千五百人趣武牢。建德自荥阳西上[④]，筑垒于板渚[⑤]，太宗

翻译

正在这时候，窦建德带上十多万兵马来救援王世充，已南进到酸枣。萧瑀、屈突通、封德彝等人都认为唐军腹背受敌，非万全之计，建议全军撤退到穀州等机会。太宗不同意，说："王世充这边粮食快吃完了，内外离心，我们已不再花气力进攻，可等他自己垮台。窦建德刚打掉孟海公，将领骄傲士卒懈怠，我们只需进据武牢，扼守住险要地带，他如果不顾险阻硬要和我们争锋，我们一定能把他打败，如果他逗留不战，过上一二十天王世充这边就要崩溃。如果我们不迅速行动，让窦建德进入武牢，新归附的城镇必不能固守，窦、王两家合力向我们攻击，我们将如何支持？"屈突通又建议解洛阳之围，据守邻近的险要地区等候时机，太宗也不同意。于是太宗留下屈突通协助四弟齐王李元吉围困王世充，自己亲自率领步骑三千五百人赶到武牢。这时窦建德正从荥阳西进，在板渚筑下营垒，太宗

屯武牢。相持二十余日，谍者曰："建德伺官军刍尽，候牧马于河北，因将袭武牢。"太宗知其谋，遂牧马河北以诱之。诘朝，建德果悉众而至，陈兵汜水[⑥]，世充将郭士衡阵于其南，绵亘数里，鼓噪，诸将大惧，太宗将数骑升高丘以望之，谓诸将曰："贼起山东[⑦]，未见大敌，今度险而嚣，是无政令，逼城而阵，有轻我心。我按兵不出，彼乃气衰，阵久卒饥，必将自退，追而击之，无往不克。吾与公等约，必以午时后破之[⑧]！"建德列阵，自辰至午，兵士饥倦，皆坐列，又争饮水，逡巡敛退[⑨]。太宗曰："可击矣！"亲率轻骑追而诱之，众继至，建德回师而阵，未及整列，太宗先登击之，所向皆靡，俄而众军合战，嚣尘四起，太宗率史大奈、程咬金、秦叔宝、宇文歆等挥幡而入，直突出其阵

驻守武牢。双方对峙了二十多天，唐军派出的侦察兵回来说："窦建德窥见我军战马已把附近的青草吃尽，将转移到黄河北岸去放牧，那时他就要来袭取武牢。"太宗知道了，就故意让战马过河放牧来引诱窦建德。第二天清早，窦建德果真全军出动，在汜水东岸摆开阵势，王世充部将郭士衡也在南边结阵，南北连接有好几里长，鼓声、喊杀声闹得惊天动地，唐军将领不免紧张起来。太宗带了几骑登上高丘一看，下来对将领们说："敌人起自山东，从未经历大战役，如今行军经过险要地区就大叫大闹，是不讲纪律，阵势敢摆到虎牢城下，是轻视我军。我们按兵不动，敌人的气焰就会低落下去，摆阵时间久了，战士饥疲，就得自行退却，这时我们出兵追击，必定所向无敌。我现在给诸公约定，准定过了午时就破敌！"窦建德的军阵从辰时摆到午时，士兵又饿又疲倦，都坐倒下来，又抢着喝水，窦建德迟疑了一会儿准备收兵退却。太宗说："该打了！"就亲自率领轻骑出营追赶，来吸引住敌军，大军跟在后边行动。窦建德回军重新摆阵迎敌，还没来得及排好行列，太宗就一马当先，所向披靡，接着全军投入战斗，尘埃四起。太宗带着史大奈、

后，张我旗帜，贼顾见之，大溃，追奔三十里，斩首三千余级，虏其众五万，生擒建德于阵。太宗数之曰：“我以干戈问罪，本在王世充，得失存亡，不预汝事，何故越境，犯我兵锋？”建德股栗而言曰：“今若不来，恐劳远取！”高祖闻而大悦，手诏曰：“隋氏分崩，崤、函隔绝[10]，两雄合势，一朝清荡，兵既克捷，更无死伤，无愧为臣，不忧其父，并汝功也！”乃将建德至东都城下，世充惧，率其官属二千余人诣军门请降，山东悉平。太宗入据宫城，令萧瑀、窦轨等封守府库，一无所取，令记室房玄龄收隋图籍[11]。于是诛其同恶段达等五十余人，枉被囚禁者悉释之，非罪诛戮者祭而诔之[12]。大飨将士[13]，班赐有差。高祖令尚书左仆射裴寂劳于军中。

程咬金、秦叔宝、宇文歆等勇将拿起旗幡冲入敌阵，一直杀到阵后，把旗幡张开，敌兵看到了军心大乱，彻底崩溃。唐军追赶三十里，斩杀敌兵三千多人，俘虏五万，就在阵上把窦建德生擒活捉。太宗斥责他说：“我这次兴师问罪，目标本是王世充，他的得失存亡和你有什么相干，你为什么越境前来，犯我兵锋？”窦建德腿发着抖对答道：“我这次如果不来，怕有劳你下次远征啊！”高祖接到捷报高兴极了，亲笔下了道诏书说：“自从隋家天下分崩离析，崤、函以东就隔绝不通，王世充、窦建德两雄合势，被你一旦扫荡干净，既打了大胜仗，又很少伤亡，真不愧是个好臣子，让为父的不再操心担忧，所有这一切都是你的功劳啊！”接着太宗把窦建德押送到洛阳城下，王世充知道大势已去，就带领部下官员二千多人到军营门前乞降，山东地区全部平定。太宗进入洛阳占领宫城，叫萧瑀、窦轨等人把府库封锁守卫好，自己一无所取，还叫记室参军房玄龄把隋朝留下的图书簿籍收管起来。于是把和王世充共同作恶的段达等五十多人都处死，被王世充无辜囚禁的统统释放，冤枉杀戮的祭奠致哀。还大摆筵席宴请将士，分别奖励赏赐。高祖也派尚书左仆射裴寂来军中慰劳。

注释 ① 酸枣：今河南延津。 ② 瑀：音 yǔ。 ③ 旬：古人以十天为一旬。 ④ 荥阳：今河南荥阳。 ⑤ 板渚：今河南荥阳之北，北临黄河。 ⑥ 汜水：在今河南荥阳西北，西临汜水，旧有汜水县，今改汜水镇。 ⑦ 山东：古代地理上的习惯用语，在战国、秦、汉时习惯用来概括华山或崤（xiáo）山以东、黄河中下游广大地区，有时连长江中下游也包括进去，唐初人说的山东则主要指今河南、山东、河北等地区。 ⑧ 午时：今中午十二点、一点钟。 ⑨ 逡（qūn）巡：欲进不进、欲退不退、迟疑不决叫逡巡。 ⑩ 崤：崤山，在今河南西部，黄河、洛水之间，主峰在今灵宝西。函：函谷关，在今灵宝东北。 ⑪ 记室：当时诸王、三公等的幕府里都可设置记室参军，工作类似于今天的秘书。 ⑫ 诔（lěi）：悼辞。 ⑬ 飨（xiǎng）：用酒食款待。

原文

六月，凯旋。太宗亲披黄金甲，陈铁马一万骑，甲士三万人，前后部鼓吹[①]，俘二伪主及隋氏器物辇辂[②]，献于太庙。高祖大悦，行饮至礼以享焉[③]。高祖以自古旧官不称殊功，乃别表徽号，用旌勋德。十月，加号天策上将、陕东道大行台，位在王公上，增邑二万户[④]，通前三万户，赐金辂一乘[⑤]，衮冕之服[⑥]，玉璧一双，黄金六千斤，前后部鼓吹及九部之乐[⑦]，班剑四十人[⑧]。

翻译

这年六月，大军凯旋。太宗亲自披上黄金甲，全副装备的一万骑兵和三万战士排成队列，前后部鼓吹奏起军乐，押着俘获的二名伪主王世充和窦建德，还有隋朝御用的器物辇辂，到太庙献俘告捷。高祖也很兴奋，亲自在太庙里行饮至礼宴请他们。高祖还考虑到历来所有的官职都和立了大功的太宗不相称，就另行创设徽号，来表彰太宗的勋劳，在十月里给太宗加号天策上将兼陕东道大行台，位在王公之上，增加食邑二万户，连原先的一共三万户，赐给金辂一辆，还有衮冕之服，一双玉璧、六千斤黄金，以及前后部鼓吹和九部之乐，四十人的班剑仪仗队伍。

注释 ① 前后部鼓吹：鼓吹，是汉代以来的有多种乐器合奏的军乐，后来也用于丧葬。部，就是乐队。 ② 辇(niǎn)：用人推拉的车子，以及用人抬的像轿子那样，但不加帘帷的东西，都叫辇，当时都专给帝后乘用。辂(lù)：车子。 ③ 饮至礼：古代外交或军事上取得胜利之后，到宗庙里饮酒庆贺，作为一种隆重的典礼，叫饮至礼。 ④ 增邑：当时有所谓"食邑"，给有功之臣食邑若干户，就是把这若干户应缴纳的赋税拨归此人所有。这里的增邑即增加食邑户数。 ⑤ 金辂：当时皇帝专用的一种车子。 ⑥ 衮(gǔn)冕：当时皇帝以及少数高级贵族专用的礼服叫衮，专用的礼帽叫冕。 ⑦ 九部之乐：隋及唐初在皇帝大宴会上由九种乐队演奏的音乐舞蹈。 ⑧ 班剑：古代饰有花纹的木剑，由持此木剑的若干人组成仪仗队伍。

原文

于时海内渐平，太宗乃锐意经籍，开文学馆以待四方之士，行台司勋郎中杜如晦等十有八人为学士，每更直阁下，降以温颜，与之讨论经义，或夜分而罢。

未几，窦建德旧将刘黑闼举兵反[①]，据洺州[②]。十二月，太宗总戎东讨。五年正月，进军肥乡[③]，分兵绝其粮道。相持两月，黑闼窘急求战，率步骑二万，南渡洺水，晨压官军。太宗亲率精骑，击其马军破之，乘胜蹂其步卒，贼大溃，斩首万余

翻译

这时海内逐渐平定，太宗就把精力用到经典文章上面，在秦王府开文学馆招待四方才学之士，让行台司勋郎中杜如晦等十八人充任学士，经常到太宗跟前轮直，太宗和颜悦色地和他们一起讨论经义，有时到半夜才休息。

过不了多久，窦建德的旧将领刘黑闼起兵反唐，占据了洺州。十二月，太宗总领部队从长安东出征讨。武德五年(622)正月，太宗进军肥乡，同时分兵切断敌军的运粮通道。双方相持了两个月，刘黑闼无计可施，急切求战，带了二万兵马向南渡过洺水，在清晨直逼唐军。太宗亲自率领精骑打败刘黑闼的马军，乘胜又向步兵冲杀，刘军溃败，一万多人被斩死。在这以前太宗已知道

级。先是，太宗遣堰洺水上流使浅[4]，令黑闼得渡，及战，乃令决堰，水大至，深丈余，贼徒既败，赴水者皆溺死焉。黑闼与二百余骑北走突厥，悉虏其众，河北平[5]。时徐圆朗阻兵徐、兖[6]，太宗回师讨平之，于是河、济、江、淮诸郡邑皆平。十月，加左右十二卫大将军[7]。……八年，加中书令。

刘黑闼要出动，叫人在洺水上流筑起水堰，使下流水浅，让刘军好涉水而过，仗打起来了，就叫人挖掉河堰放水，水很快涨到一丈多深，刘军败逃想重过洺水的都被淹死。刘黑闼只得带了二百多骑兵北逃投奔突厥，其余的统统被俘虏，河北宣告平定。当时还有个徐圆朗在徐、兖二州反唐，太宗回军也把他打掉，这时黄河、济水、长江、淮河一带的州县都平静下来，不再发生战争。十月，太宗被加授左右十二卫大将军。……武德八年(625)，再被加授中书令。

注释 ① 黑闼(tà)：胡人惯用的名字，也可写作黑獭。 ② 洺(míng)州：今河北永年及其周围地区。 ③ 肥乡：今河北肥乡。 ④ 堰(yàn)：筑水堰。 ⑤ 河北：当时地理上的习惯用语，大体指当时的黄河以北、太行山以东地区，略广于今河北省。 ⑥ 徐：徐州，今江苏徐州及其周围广大地区。兖(yǎn)：兖州，今山东兖州及其周围广大地区。 ⑦ 左右十二卫大将军：唐初有左右卫、左右骁卫、左右武卫、左右屯卫、左右领军卫、左右候卫，一共十二卫，都是负责宫廷和京城里的警卫工作的，后来还扩充到十六卫，每个卫的长官叫某卫大将军，这时授予太宗的是统管十二卫的大将军，其实只是虚衔并非实职。

原文

九年，皇太子建成、齐王元吉谋害太宗，六月四日，太宗率长孙无忌、尉迟

翻译

武德九年(626)，皇太子李建成、齐王李元吉要谋害太宗，六月四日，太宗率领长孙无忌、尉迟敬德、房玄龄、杜如

敬德、房玄龄、杜如晦、宇文士及、高士廉、侯君集、程知节、秦叔宝、段志玄、屈突通、张士贵等于玄武门诛之①。甲子，立为皇太子，庶政皆断决。……八月癸亥，高祖传位于皇太子，太宗即位于东宫显德殿。……癸酉，放掖庭宫女三千余人②，……丙子，立妃长孙氏为皇后。……

癸未，突厥颉利至于渭水便桥之北③，遣其酋帅执失思力入朝为觇④，自张形势，太宗命囚之。亲出玄武门，驰六骑幸渭水上，与颉利隔津而语，责以负约。俄而众军继至。颉利见军容既盛，又知思力就拘，由是大惧，遂请和，诏许焉，即日还宫。乙酉，又幸便桥，与颉利刑白马设盟，突厥引退。……

晦、宇文士及、高士廉、侯君集、程知节、秦叔宝、段志玄、屈突通、张士贵等人在玄武门把他俩杀死。八日，太宗被立为皇太子，所有政事都由他处理判断。……八月八日，高祖传位于皇太子，太宗继位于显德殿。……十八日，放出掖庭宫女三千多人。……二十一日，册立妃长孙氏为皇后。……

二十八日，突厥的颉利可汗入侵，到达渭水的便桥北头，派他手下的酋帅执失思力入朝窥测动静，并自夸兵力如何强大，太宗下令把他关起来。太宗亲自出玄武门，带上六名亲信重臣快马来到渭水边，和颉利可汗隔水对话，责备他违背盟约。等一会儿各路唐军也都赶到。颉利可汗看到唐军声势浩大，又知道执失思力已被拘留，害怕起来，就提出要讲和，太宗下诏准和，当天就回宫。三十日，太宗再驾幸便桥，和颉利可汗杀白马立盟约，突厥兵马撤退。……

注释 ① 程知节：就是程咬金，这时已改名知节。玄武门：宫城的北门，也就是皇帝所居住的大内的北门。 ② 掖庭：汉代妃嫔宫女居住的地方叫掖庭，唐代有掖庭宫，就在宫城西边，和大内贴邻。 ③ 便桥：架设在渭水上。也叫西渭桥，在今陕西咸阳南。 ④ 觇(chān)：窥看。

原文

冬十月……癸亥，立中山王承乾为皇太子。……

贞观元年春正月乙酉，改元。……夏，山东诸州大旱，令所在赈恤，无出今年租赋。……八月……关东及河南、陇右沿边诸州霜害秋稼[①]。九月辛酉，命中书侍郎温彦博、尚书右丞魏徵等分往诸州赈恤。……是岁，关中饥，至有鬻男女者。

二年……三月……丁卯，遣御史大夫杜淹巡关内诸州，出御府金宝，赎男女自卖者还其父母。……夏四月……初诏天下州县并置义仓[②]。……八月……河南、河北大霜，人饥。……

三年……六月戊寅，以

翻译

冬十月……八日，太宗立他和长孙皇后的长子中山王李承乾为皇太子。……

贞观元年(627)春正月元旦，改年号为贞观。……夏天，山东各州大干旱，下令受灾的地方由政府救济抚恤，并免缴本年的租税。……八月……潼关以东，黄河以南以及陇右沿边各州闹霜冻损害了秋季的庄稼。九月十二日，派中书侍郎温彦博、尚书右丞魏徵等分头去各州救济抚恤。……本年，关中粮食歉收，百姓有卖儿卖女的。

贞观二年(628)……三月……二十日，派御史大夫杜淹巡视关中各州，拿出皇帝内府的金银财宝，给杜淹收赎被卖的百姓儿女，还给他们的父母。……夏四月……下诏叫天下州县都设置义仓以救灾。……八月……河南、河北又发生大霜灾，百姓闹饥荒。……

贞观三年(629)……六月八日，因为天旱，太宗亲自审核囚犯罪案看有无旱亲录囚徒[3]，遣长孙无忌、房玄龄等祈雨于名山大川，中书舍人杜正伦等往关内诸州慰抚，又令文武官各上封事，极言得失。……是岁，户部奏言：中国人自塞外来归及突厥前后内附、开四夷为州县者[4]，男女一百二十余万口。

冤屈，派长孙无忌、房玄龄等到名山大川去求雨，派中书舍人杜正伦等到关内各州慰问抚恤，又叫文武百官上书奏事，对政事得失敞开说。……本年，户部上奏说：中国人从塞外回来的，加上突厥先后内附的和四夷开辟为州县的，有男女一百二十多万人。

注释　① 陇右：本是古代地理上的习惯用语，指陇山以西的广大地区，古人以西为右，故称陇右。贞观元年(627)二月将全国分为十道，陇右道是其一，相当今甘肃六盘山以西、青海青海湖以东地区，以后又扩展到新疆及中亚地区。这里所说的则仅指陇右道东部设置州县的地方。 ② 义仓：是当时的一种救荒措施，规定自王公以下不论谁的耕地每亩每年缴纳二升粟或麦或粳稻，存贮进当地的义仓，闹灾荒时就开仓救济灾民，或借贷给灾民作为种子，秋收后偿还。 ③ 录(lù)囚：审核囚犯的罪案。 ④ 中国人：这里专指生活在长城等边塞之内以汉族为主体的中国人，和今天的概念不一样。

原文

四年春正月乙亥，定襄道行军总管李靖大破突厥[1]。……二月……甲辰，李靖又破突厥于阴山[2]，颉利可汉轻骑远遁[3]。……三月庚辰，大同道行军副总管

翻译

贞观四年(630)正月九日，定襄道行军总管李靖大破突厥。……二月……八日，李靖又在阴山打垮突厥，颉利可汗轻装快马往远处逃跑。……三月十五日，大同道行军副总管张宝相生擒颉利可汗，送到京师长安。……由此

张宝相生擒颉利可汗④，献于京师。……自是西北诸蕃咸请上尊号为“天可汗”，于是降玺书册命其君长则兼称之。……是岁，断死刑二十九人，几致刑措⑤。东至于海，南至于岭，皆外户不闭，行旅不赍粮焉。

西北各族都请给大唐皇帝上尊号叫“天可汗”，太宗则定今后发布册命西北各族君长的诏书时就兼称“天可汗”。……本年，判死刑的只有二十九人，几乎做到了不必使用刑法。东边到海，西边到五岭，都做到外户不闭，来往的旅客可不必自带粮食。

注释 ① 定襄道行军总管：定襄，应是指颉利牙帐所在的定襄城（在今内蒙古自治区清水河境内）。当时有大征战都派大将出任某某道行军大总管或行军总管，这某某道只标志大致的方位或地区，并非都有这样的行政区划。 ② 阴山：在今内蒙古自治区。 ③ 可汗：古代北方兄弟民族柔然、突厥、回纥、蒙古的最高统治者的称号。 ④ 大同：今山西大同。 ⑤ 刑措：无人犯法，刑法可搁置不用。措，搁置。

原文

五年……秋八月……戊申，初令天下决死刑必三覆奏，在京诸司五覆奏。其日尚食进蔬食，内教坊及太常不举乐。……

六年……十二月辛未，亲录囚徒，归死罪者二百九十人于家，令明年秋末就刑。其后应期毕至，诏悉原之。是岁，党项羌前后内属

翻译

贞观五年（631）……秋八月……二十一日，开始则定全国各地判处死刑，要复奏过三次无疑义后才能执行，京城里有关部门判处死刑则要复奏过五次才能执行。执行死刑的那天，管皇帝饮食的尚食局只能进蔬食，管宫廷音乐歌舞的内教坊和太常寺不得演奏。……

贞观六年……十二月二十二日（633 年 2 月 6 日），太宗亲自审核囚犯罪案，把死刑罪犯二百九十人都暂时放回家，叫他们明年秋末来受刑。后来这

者三十万口[①]。

七年……八月，山东河南三十州水患，遣使赈恤。……十一月丁丑，颁新定《五经》[②]。……

八年……七月……山东河南、淮南大水，遣使赈恤。

九年……五月……庚子，太上皇崩于大安宫。壬子，李靖平吐谷浑于西海之上[③]，获其王慕容伏允[④]，以其子慕容顺光降，封为西平郡王，复其本国。……十二月甲戌，吐谷浑西平郡王慕容顺光为其下所弑[⑤]，遣兵部尚书侯君集率师安抚之，仍封顺光子诺曷钵为河源郡王，使统其众。……

些死刑犯都如期来到，太宗下诏全部免罪释放。本年，党项羌先后归附的有三十万人。

贞观七年(633)……八月，山东地区黄河以南的三十个州闹水患，派使者救济抚恤。……十一月三日，颁行新校定的《五经》。……

贞观八年(634)……七月……山东地区的河南、淮南闹水患，派使者救济抚恤。

贞观九年(635)……五月……六日，退位为太上皇的高祖李渊在大安宫逝世。十八日，李靖在西海边打平吐谷浑，国王慕容伏允被杀，伏允子慕容顺光投降，被封为西平郡王，恢复吐谷浑国让他统治。……十二月十二日，吐谷浑西平郡王慕容顺光又被部下所杀，派兵部尚书侯君集带兵去安抚，仍封顺光的儿子诺曷钵为河源郡王，叫他统治吐谷浑部落。……

注释 ① 党项羌：古代兄弟民族羌族中的一支，生活在今青海、甘肃、宁夏等地区。 ②《五经》：当时新定的《五经》是《周易》《尚书》《毛诗》《礼记》《春秋》，和汉人所说的《五经》略有出入。 ③ 吐谷(tǔ yù)浑：古代兄弟民族，生活在今青海北部到新疆东南部。西海：今青海省内的青海，当地也称之为青海湖。 ④ 获其王慕容伏允：慕容伏允实系在逃亡中被部下所杀。但获字本是猎获禽兽的意思，无论死的活的都可叫获，古代打仗时杀死敌人把尸体弄过来也可叫获，因此这里用获字也还讲得通。⑤ 弑(shì):封建社会把臣杀君、子杀父母都称为弑。

原文

十年春正月壬子,尚书左仆射房玄龄、侍中魏徵上梁、陈、齐、周、隋五代史[①],诏藏于秘阁。……夏六月……己卯,皇后长孙氏崩于立政殿。……

十一月春正月……庚子,颁新律、令于天下[②]……甲寅,房玄龄等进所修《五礼》[③],诏所司行用之。……秋七月癸未,大霔雨[④],穀水溢入洛阳宫,深四尺,坏左掖门,毁宫寺十九所。洛水溢,漂六百家。庚寅,诏以灾命百官上封事,极言得失。……壬寅,废明德宫及飞山宫之玄圃院,分给遭水之家,仍赐帛有差。……九月丁亥,河溢,坏陕州河北县[⑤],毁河阳中潬[⑥],幸白司马坂以观之,赐遭水之家粟帛有差。……

翻译

贞观十年(636)春正月二十一日,尚书左仆射房玄龄、侍中魏徵进呈纂修好的梁、陈、北齐、北周、隋五代的纪传史,太宗下诏收进皇家的藏书处秘阁里。……夏六月……二十一日,皇后长孙氏在立政殿逝世。

贞观十一年(637)春正月……十四日,新修的律、令颁行全国……二十八日,房玄龄等进呈所纂修的《五礼》,太宗下诏有关部门使用执行。……秋七月一日,大雨倾盆,穀水泛溢涌进洛阳宫,水有四尺深,冲坏左掖门,损毁宫寺十九所。洛水也泛溢,冲掉居民六百家。八日,太宗下诏叫百官上书奏事,对政事得失畅所欲言。……二十日,折掉洛阳明德宫和飞山宫的玄圃院,把砖瓦木材分给被大水冲毁房屋的居民,还分别赏赐绢帛。……九月六日,黄河又水涨泛滥,陕州河北县被破坏,河南府河阳县的中潬被冲毁,太宗驾幸中潬南面白司马阪观察水势,分充赏赐遭水灾人家粟米绢帛。……

注释 ① 梁、陈、齐、周、隋五代史：即今“二十四史”中的《梁书》《陈书》《北齐书》《周书》和《隋书》。 ② 律、令：律是正刑定罪用的法律，令是规定的各种制度准则。贞观时制订颁行的律、令都已失传，今存的《唐律》是高宗永徽年间重新修订的。③《五礼》：包括吉礼、宾礼、军礼、嘉礼、凶礼，所以叫《五礼》。贞观时纂修的已失传，今存有玄宗开元时重修的《大唐开元礼》。 ④ 霪(yín)：下雨过量。 ⑤ 陕州：今河南三门峡市及其周围地区，州治陕县在三门峡市西，北临黄河。河北县：在陕县西北，南临黄河。 ⑥ 河阳：县名，在今河南孟县南，南临黄河。潬(dàn)：河水中涨出的沙堆、沙堤。这里的“中潬”是指河阳县城西南方的黄河中的一片大沙堆，唐代在其上建有“中潬城”，并架浮桥连接两岸。

原文

十二年春正月乙未，吏部尚书高士廉等上《氏族志》一百三十卷[①]。……

十三年……自去冬不雨至于五月，甲寅，避正殿，令五品以上上封事，减膳罢役，分使赈恤，申理冤屈，乃雨[②]。……

十四年……二月……庚辰，左骁卫将军、淮阳王道明送弘化公主归于吐谷浑[③]。……八月……癸巳，交河道行军大总管侯君集平高昌[④]，以其地置西州。九月……乙卯，于西州置安

翻译

贞观十二年(638)春正月十五日，吏部尚书高士廉等进呈《氏族志》一百三十卷。……

贞观十三年(639)……从去年冬天到这年五月一直不下雨，五月十二日，太宗鉴于旱灾严重，自己抑制消耗，不在正殿听政，叫五品以上官员上书议论政事得失，自己减少膳食，停罢百姓的无偿劳役，派使者分头去救济抚恤，并为百姓申理冤屈，天这才下了雨。……

贞观十四年(640)……二月……十三日，左骁卫将军、淮阳王李道明送弘化公主到吐谷浑嫁给国王诺曷钵。……八月……二十八日，交河道行军大总管侯君集灭掉高昌，在高昌统治的地区设置西州。九月……二十一日，

西都护府。……

在西州设置安西都护府。……

注释 ①《氏族志》：排定姓氏门第高下的书，南北朝时最讲究门第，常修这类书，到唐代所谓门第实际上已不起作用。②乃雨：古人迷信，认为闹干旱时只要皇帝多做好事，天就会下雨。③弘化公主：唐宗室即皇帝本家的女儿，作为皇帝太宗的女儿嫁给吐谷浑王诺曷钵，才加个弘化公主的封号，后面要讲到的文成公主也是这样的宗室之女。④高昌：国名，统辖今新疆吐鲁番盆地及其周围广大地区，都城高昌在今吐鲁番县东。交河：是高昌的一个县，在都城高昌西。

原文

十五年春正月……丁丑，礼部尚书、江夏王道宗送文成公主归吐蕃[①]。……十二月……甲辰，李勣及薛延陁战于诺真水[②]，大破之，斩首三千余级，获马万五千匹。……

十六年……冬十一月丙辰，狩于岐山[③]。……丁卯，宴武功士女于庆善宫南门[④]，酒酣，上与父老等涕泣论旧事，老人等递起为舞，争上万岁寿，上各尽一杯。……

翻译

贞观十五年(641)春正月……十五日，礼部尚书、江夏王李道宗送文成公主到吐蕃嫁给松赞干布。……十二月……十七日，李勣和薛延陁在诺真水交战，大破薛延陁，斩杀三千多人，虏获马匹一万五千。……

贞观十六年(642)……冬十一月四日，太宗到岐山狩猎。……十一日，太宗在他诞生地庆善宫的南门宴请武功当地人士和妇女，酒喝够了，太宗和父老们讲说旧事，都禁不住流下了眼泪，老人们一个个起来舞蹈，抢着给太宗敬酒呼万岁，太宗也一一干杯。……

注释 ① 吐蕃：藏族当时在青藏高原建立的政权。② 李勣：当时还叫李世勣，这里已称李勣是后来史官所追改。薛延陁：古代兄弟民族铁勒诸部之一。诺真水：在今内蒙古呼和浩特西北。③ 岐山：山名，在今陕西岐山北。④ 庆善宫：太宗诞生的住宅所改建。

原文

十七年春二月……戊申[①]，诏图画司徒、赵国公长孙无忌等勋臣二十四人于凌烟阁。……夏四月庚辰朔[②]，皇太子有罪，废为庶人[③]，汉王元昌、吏部尚书侯君集并坐与连谋伏诛。丙戌，立晋王治为皇太子。……癸巳，魏王泰以罪降爵为东莱郡王。……

翻译

贞观十七年(643)……二月二十八日，太宗下诏把司徒、赵国公长孙无忌等勋臣二十四人的像画到凌烟阁上。……夏四月一日，因皇太子李承乾有罪，被废为庶人，太宗弟汉王李元昌、吏部尚书侯君集都因为和李承乾通谋被杀。七日，立太宗第九子、长孙皇后生的第三个儿子晋王李治，即后来的高宗为皇太子。……十四日，太宗第四子、长孙皇后生的第二个儿子魏王李泰因罪降爵为东莱郡王。……

注释 ① 二月戊申：明闻人诠本及其他本子在“戊申”前都没有“二月”二字，把戊申放到本年正月下边，但这年正月并无戊申这一天，今据《新唐书·本纪》和《通鉴》径补“二月”二字。② 朔：夏历以每月的初一这天为朔，十五这天为望。③ 庶人：无官爵头衔的百姓。

原文

十八年……冬十月……甲寅，……安西都护郭孝恪帅师灭焉耆[①]。……十一月

翻译

贞观十八年(644)……冬十月……十四日，……安西都护郭孝恪领军灭掉焉耆。……十一月二日，太宗到达洛阳

壬申[②],车驾至洛阳宫。……庚子……发天下甲士,召募十万,并趣平壤,以伐高丽[③]。……

十九年春二月庚戌,上亲统六军发洛阳[④]。乙卯,诏皇太子留定州监国[⑤]。……三月壬辰,上发定州。……五月丁丑,车驾渡辽。甲申,上亲率铁骑与李勣会,围辽东城[⑥]……拔之。……秋七月,李勣进军攻安市城[⑦],至九月不克,乃班师。冬十月丙辰,入临渝关[⑧],皇太子自定州迎谒。……十二月戊申,幸并州。

宫。……三十日,调发全国战士,再召募十万,都向平壤进发,去打高丽。……

贞观十九年(645)春二月十二日,太宗亲自统率大军从洛阳出发。十七日,太宗下诏留皇太子李治在定州监国。……三月二十九日,太宗从定州出发。……五月十日,太宗渡过辽水。十七日,太宗亲自率领骑兵和李勣军会合,包围辽东城……攻了下来。……秋七月,李勣进军攻打安市城,到九月还攻不下,就只好班师回军。冬十月十三日,太宗带了大军进入临渝关,皇太子李治从定州来迎接进见。……十二月十四日,太宗驾幸并州。

注释 ① 恪:音 kè。焉耆(qí):国名,在今新疆焉耆。 ② 壬申:明闻人诠本和其他本子都作“壬寅”,但本年十一月并无壬寅这一天,今据《通鉴》径改作“壬申”。③ 高丽:国名,国都平壤即今朝鲜平壤。 ④ 六军:我国古代常说天子统率六军,这里的“六军”是习惯用语,并非真的正好六支军队。 ⑤ 定州:今河北定州及其周围地区,州治安喜即今定州。监国:古代君主外出或因故不能听政,由太子或其他亲属代行职权,叫监国。 ⑥ 辽东城:今辽宁辽阳。 ⑦ 安市城:在今辽宁盖州东北。⑧ 临渝关:也叫临闾关、渝关或榆关,在今河北抚宁榆关镇,明初修复时向东北方向移置,并改名山海关。

原文

二十年春正月……丁丑，遣大理卿孙伏伽、黄门侍郎褚遂良等二十二人，以六条巡察四方，黜陟官吏。……三月己巳，车驾至京师。……六月，遣兵部尚书、固安公崔敦礼，特进、英国公李勣，击破薛延陁于郁督军山北①，前后斩首五千余级，虏男女三万余人。……秋八月……己巳，幸灵州②。……九月甲辰，铁勒诸部落俟斤、颉利发等遣使相继而至灵州者数千人③，来贡方物，因请置吏，咸请至尊为可汗④。于是北荒悉平，为五言诗勒石以序其事。……冬十月……丙戌，至自灵州。

翻译

贞观二十年(646)春正月……十四日，太宗派大理卿孙伏伽、黄门侍郎褚遂良等二十二人，用六条要求来分头巡察全国各地，地方官做得好的可奖励提升，不称职的要贬斥。……三月七日，太宗回到京师长安。……六月，派出的兵部尚书、固安公崔敦礼和特进、英国公李勣在郁督军山北边打垮薛延陁，先后斩杀五千多人，俘虏男女三万多人。……秋八月……十日，太宗驾幸灵州。……九月十五日，铁勒各部落的俟斤、颉利发等接连派出几千使者到灵州，来进贡当地土产，请求唐朝在当地派设官吏，还都请求唐朝皇帝兼做他们的可汗。于是北边完全平定，太宗做了五言诗刻在石碑上，来记述这件大喜事。……冬十月……二十八日，太宗从灵州回到长安。

注释 ① 郁督军山：即今新疆的天山。 ② 灵州：在今宁夏中卫、中宁以北地区。 ③ 铁勒：古代少数民族，薛延陀、回纥等部均由铁勒分出。俟斤、颉利发：都是铁勒部落酋长的称号。 ④ 至尊：古代臣下称皇帝为至尊。

原文

二十一年……于突厥之北至于回纥部落，置驿六十六所，以通北荒焉。

二十二年……五月庚子，右卫率长史王玄策击帝那伏帝国①，大破之，获其王阿罗那顺及王妃子等，虏男女万二千人、牛马二万余以诣阙②。使方士那罗迩娑婆于金飙门造延年之药。……闰月丁丑朔，昆山道总管阿史那社尔……破龟兹、大拨等五十城③，虏数万口，执龟兹王诃黎布失毕以归，龟兹平，西域震骇④。副将薛万彻胁于阗王伏阇信入朝⑤。……

翻译

贞观二十一年(647)……在突厥之北到回纥部落居住的地方，设置六十六所驿，畅通北边的交通。

贞观二十二年(648)……五月二十日，右卫率长史王玄策进攻帝那伏帝国，把它打垮，俘获国王阿罗那顺和王妃、王子，还有男女一万二千人，牛马二万多，都送到长安。太宗叫该国的方士那罗迩娑婆在金飙门替他制造所谓延年益寿的药物。……闰十二月一日，昆山道总管阿史那社尔……攻下龟兹、大拨等五十城，俘虏好几万人，龟兹王诃黎布失毕也被俘获带回长安，龟兹平定，整个西域都为之震动。阿史那社尔的副将薛万彻也胁迫于阗王伏阇信入朝长安。……

注释　① 帝那伏帝国：即印度半岛的中天竺国，王玄策出使天竺，中天竺国王阿罗那顺袭击王玄策，王玄策调动吐蕃和泥婆罗(今尼泊尔)兵攻克中天竺国都城。② 阙：本是指宫阙，即宫殿等前面左右相对的高台式的建筑物。这里指皇帝居住的地方，也就是指京师长安。③ 昆山：昆仑山，西起帕米尔高原东部，横贯新疆、西藏，东入青海的大山脉。龟(qiū)兹：国名，在今新疆库车。大拨：龟兹境内城名。④ 西域：古代在地理上的习惯用语，狭义的指玉门关(今甘肃敦煌西北)以西、葱岭以东的广大地区，广义的则指玉门关以西所能到达的地区包括中亚、西亚、印度、欧洲东部和非洲北部都可通称西域。这里用的西域是狭义的。⑤于阗：国名，在今新疆和田。阇：音 shé。

原文

二十三年……二月……丁亥，西突厥肆叶护可汗遣使来朝。……四月己亥，幸翠微宫[1]。……五月……己巳，上崩于含风殿，年五十二。遗诏皇太子即位于柩前[2]。……八月丙子，百僚上谥曰文皇帝，庙号太宗。庚寅，葬昭陵[3]。上元元年八月，改上尊号曰文武圣皇帝，天宝十三载二月[4]，改上尊号为文武大圣大广孝皇帝。

翻译

贞观二十三年(649)……二月……十二日，西突厥肆叶护可汗派使者来朝见。……四月二十五日，太宗驾幸翠微宫。……五月……二十六日，太宗在翠微宫的含风殿里逝世，享年五十二岁。遗诏叫皇太子李治在灵柩前即位。……八月四日，百官给上谥号叫文皇帝，庙号叫太宗。十八日，葬于昭陵。高宗上元元年(674)八月，改上尊号叫文武圣皇帝，玄宗天宝十三载(754)二月，又改上尊号叫文武大圣大广孝皇帝。

注释 ①翠微宫：在长安南终南山上。②柩(jiù)：棺木里已安放了尸体称作柩。③昭陵：在今陕西礼泉的九嵕(zōng)山上。自西汉以来皇帝的陵墓习惯上都得加个好字眼，唐太宗陵称昭陵也是如此。④天宝十三载：玄宗天宝三年(744)起改“几年”为“几载”，到肃宗至德三载(758)二月改年号为乾元时才不称“载”仍称“年”。

狄仁杰传

导读

狄仁杰在武则天统治时期任宰相，是我国历史上有名的清官、好宰相。通过这篇传记，我们看到这类清官、好宰相的真实面貌，他们一方面苦心维护封建统治，另一方面又关注民间疾苦，有限度地为老百姓做点好事。此外，武则天统治时期的社会问题和政治、军事上的问题，在这篇传记里也有所透露，读起来比那种一味歌功颂德的文字要真切得多。(选自卷八九)

原文

狄仁杰，字怀英，并州太原人也。祖孝绪，贞观中尚书左丞。父知逊，夔州长史[①]。仁杰儿童时，门人有被害者，县吏就诘之，众皆接对，唯仁杰坚坐读书。吏责之，仁杰曰："黄卷之中[②]，圣贤备在，犹不能接对，何暇偶俗吏，而见责耶！"

后以明经举[③]，授汴州判佐[④]。时工部尚书阎立本为河南道黜陟使[⑤]，仁杰为

翻译

狄仁杰，字怀英，并州太原人。祖名孝绪，贞观中做到尚书左丞。父名知逊，做到夔州长史。当仁杰还是儿童的时候，家里有个门客被人杀害，县吏前来查问，家里的人都出来接待应酬，只有他一动不动地坐着读书。县吏责怪他，他说："书本里面有这么多圣贤，忙得我接待不过来，哪有时间来给你这样的俗吏打交道，你责怪我干什么！"

后来仁杰举明经科，被派到汴州去做佐史。当时工部尚书阎立本是河南道的黜陟使，仁杰被州吏诬告，阎立本弄清了情况，知道仁杰是个好官，对仁

吏人诬告，立本见而谢曰："仲尼云：'观过知仁矣⑥。'足下可谓海曲之明珠⑦，东南之遗宝！"荐授并州都督府法曹⑧。其亲在河阳别业⑨，仁杰赴并州，登太行山，南望见白云孤飞，谓左右曰："吾亲所居，在此云下！"瞻望伫立久之⑩，云移乃行。仁杰孝友绝人，在并州有同府法曹郑崇质，母老且病，当充使绝域，仁杰谓曰："太夫人有危疾，而公远使，岂可贻亲万里之忧！"乃诣长史蔺仁基，请代崇质而行。时仁基与司马李孝廉不协，因谓曰："吾等岂独无愧耶？"由是相待如初。

杰致歉说："孔子讲过：'看君子的所谓过失，就能知道他的好品德。'你真可算是未被人们发现的海湾明珠，未经人搜罗的东南珍宝啊！"于是推荐他充任并州都督府的法曹参军事。当时仁杰的父母在河阳别墅里居住，仁杰从汴州去并州，路过太行山，在山上看到南边有片白云在飘移，对身边的人说："我父母住的地方，就在这白云下边啊！"站着看了好长时间，等白云移远了才继续赶路。仁杰之讲孝道、重友情非常人所能企及。在并州任职时，有同府法曹参军事叫郑崇质的，他的母亲既老且病，而他或许要被派出使边远地方，仁杰对他说："你老太太病得不轻，而你却要出远门，让老太太挂念万里之外的亲人，这怎么行呢！"于是仁杰去见都督府长史蔺仁基，要求代替郑崇质出使。当时蔺仁基和府司马李孝廉正闹矛盾，被仁杰的行为感动了，对李孝廉说："难道我们不觉得惭愧吗？"从此两人恢复了正常的关系。

注释 ① 夔(kuí)州：今重庆奉节。 ② 黄卷：即书本，当时书本用黄纸抄写，作卷轴式，因而可叫黄卷。 ③ 明经：唐代科举中的一种主要科目。 ④ 判佐：唐代府、都督府、都护府等都设有功曹、仓曹、户曹、兵曹、法曹、士曹六参军事，州也有司功、司仓、司户、司兵、司法、司士六参军事，参军事下又有佐史，判佐即指这种佐史。

⑤ 河南道：贞观时十道之一，大体有今河南、山东二省的黄河以南地区。 ⑥ 观过知仁矣：见《论语·里仁》，原文是“观过斯知仁矣”。 ⑦ 足下：古人常尊称对方为足下。 ⑧ 法曹：法曹参军事的简称。 ⑨ 河阳：县名，在今河南孟州南，南临黄河。 ⑩ 伫（zhù）：站立了好久。

原文

仁杰仪凤中为大理丞[①]，周岁断滞狱一万七千人，无冤诉者。时武卫大将军权善才坐误斫昭陵柏树，仁杰奏罪当免职，高宗令即诛之，仁杰又奏罪不当死，帝作色曰：“善才斫陵上树，是使我不孝，必须杀之！”左右瞩仁杰令出[②]，仁杰曰：“……陛下作法[③]，悬之象魏[④]，徒、流、死罪，俱有等差，岂有犯非极刑，即令赐死？法既无常，则万姓何所措其手足[⑤]？……今陛下以昭陵一株柏杀一将军，千载之后，谓陛下为何主。此臣所以不敢奉制杀善才，陷陛下于不道！”帝意稍解，善才因而免死。居数日，授仁杰

翻译

仪凤年间仁杰做大理丞，清理大量疑难积案，一年中判处有罪或无罪释放的多至一万七千人，没有一个认为冤屈再要求申诉的。有个武卫大将军叫权善才，因为误砍了太宗昭陵上的柏树，仁杰上奏罪该免职，高宗认为太轻了，叫马上把他处死，仁杰又上奏说此人罪不当死，高宗生气了，板着脸说：“此人斫昭陵上的树，是陷我于不孝，必须杀掉！”旁边的人示意仁杰赶快走开，仁杰不理睬，说：“……陛下制定法律，公之于众，无论徒刑、流放刑、死刑，都得按照罪行的大小轻重来判处，哪有所犯并非死罪，就叫判处死刑？刑法既无常规，教万民该怎么行动、如何自处？……现在陛下为了昭陵的一株柏树就可杀掉一位将军，那千年以后人们将把陛下看成是什么样的皇帝呢。这就是臣不敢听陛下的命令杀权善才的道理，这会使陛下陷于无道啊！”高宗的态度缓和一些了，权善才因之得以免死。过了几

侍御史[⑥]。

天，高宗任命仁杰为侍御史。

注释 ①大理丞：大理寺是当时中央的审判机关，长官是卿，副职是少卿，下设六丞做具体工作。②瞩(zhǔ)：注视。③陛下：古代对皇帝的一种尊称。④象魏：古代天子、诸侯宫门外的阙也叫象魏。制定了法律就在象魏上悬挂公布。唐律当然不用再在这里公布，"悬之象魏"者只是公之于众的意思。⑤何所措其手足：这是从《论语·子路》所说的"刑罚不中，则民无所措手足"这句话套来的。措，置放。无所措手足，就是不知如何是好。⑥侍御史：唐代中央的监察兼司法机关是御史台，长官叫御史大夫，副职叫御史中丞，其下有侍御史、殿中侍御史、监察御史各若干人。

原文

时司农卿韦机兼领将作、少府二司，高宗以恭陵玄宫狭小[①]，不容送终之具，遣机续成其功，机于埏之左右为便房四所[②]。又造宿羽、高山、上阳等宫[③]，莫不壮丽。仁杰奏其太过，机竟坐免官。左司郎中王本立恃宠用事，朝廷慑惧，仁杰奏之，请付法寺。高宗特原之，仁杰奏曰："国家虽乏英才，岂少本立之类，陛下何惜罪人而亏王法？必欲曲赦本立，请弃臣于无人之

翻译

当时司农卿韦机兼管将作、少府二司，高宗认为给太子李弘兴建的恭陵墓穴狭小，安放不下殉葬的东西，叫韦机再去稍微扩大一下，韦机却在墓道两旁扩充了四所偏房。另外，韦机在洛阳修造宿羽、高山、上阳等离宫，也都修得宏伟漂亮。仁杰上奏指责韦机做得太过分了，韦机最终因之免职。还有个左司郎中叫王本立的恃宠擅权，政府里的人都怕他不敢多说，仁杰上奏指出此人的问题，建议交付大理寺。高宗要破例原宥他，仁杰说："国家即使缺乏英才，难道少不了王本立之类，陛下为什么为了怜惜罪人而破坏王法呢？一定要曲法以赦王本立，那就请免臣的官，把臣放

境，为忠贞将来之诫。”本立竟得罪，繇是朝廷肃然[④]。寻加朝散大夫[⑤]，累迁度支郎中[⑥]。

逐到边远无人之地，作为日后忠心报国者的鉴诫。”王本立最终被判了罪，朝廷的风气大为好转。不久仁杰被加授朝散大夫，几度升迁做上度支郎中。

注释 ① 恭陵：高宗太子李弘的墓，因李弘早死，被追谥为孝敬皇帝，所以他的墓也按皇帝规格而命名为恭陵。玄宫：皇帝墓穴的专称。② 埏(yán)：墓道。③ 宿羽、高山、上阳等宫：都是洛阳的离宫。④ 繇(yóu)：由。⑤ 朝散大夫：唐代除正式的职官即职事官，还设有文武散官、勋官和爵，都仅是荣誉性职称，朝散大夫是从五品下阶的文散官。⑥ 度支郎中：唐尚书省六部二十四司，司的负责人叫郎中，副的叫员外郎，度支是户部的一个司。

原文

高宗将幸汾阳宫[①]，以仁杰为知顿使[②]。并州长史李冲玄以道出妒女祠[③]，俗云盛服过者必致风雷之灾，乃发数万人别开御道，仁杰曰：“天子之行，千乘万骑，风伯清尘，雨师洒道[④]，何妒女之害耶？”遽令罢之[⑤]。高宗闻之，叹曰：“真大丈夫也！”

翻译

高宗将驾幸并州汾阳宫，派仁杰充任知顿使。并州长史李冲玄考虑到御驾要经过妒女祠，而民间传说穿着漂亮一些会恼怒妒女神，会招致风雷之灾，就调发几万老百姓来另开一条御道，仁杰说：“天子出行，千乘万骑，风伯清扫尘埃，雨师湿润道路，哪有什么妒女敢捣乱？”立即命令停止开路。高宗知道了，赞叹道：“这真是大丈夫啊！”

注释 ① 汾阳宫：在汾阳，今山西宁武西南管涔(cén)山上。② 知顿使：唐代的所谓使都是临时的差使而不算正式职官，知顿使是负责途中休养供应等工作。③ 妒女祠：在今山西昔阳。④ 风伯：风神。雨师：雨神。⑤ 遽(jù)：立刻。

原文

俄转宁州刺史[①]，抚和戎、夏，人得欢心，郡人勒碑颂德。御史郭翰巡察陇右，所至多所按劾，及入宁州境内，耆老歌刺史德美者盈路，翰既授馆，召州吏谓之曰："入其境，其政可知也，愿成使君之美[②]，无为久留。"州人方散。翰荐名于朝，征为冬官侍郎[③]，充江南巡抚使[④]。吴楚之俗多淫祠[⑤]，仁杰奏毁一千七百所，唯留夏禹、吴太伯、季札、伍员四祠。

翻译

不久仁杰转任宁州刺史，安抚当地的汉族和其他各民族，调和他们之间的关系，博得大家的欢心，州里给他立碑歌颂德政。御史郭翰巡察陇右，所到之处地方官多被弹劾处理，进入宁州州境，一路上人们尽讲刺史的好话，郭翰到馆舍坐定，就把州吏找来说："我进入州境，就知道刺史的政绩是怎样了。我要成人之善，不用在这里多停留。"聚集在外边的百姓听了才放心离开。接着郭翰把狄仁杰的名字向朝廷推荐，被征为冬官侍郎，充任江南安抚使。吴楚民间淫祠极多，仁杰奏请毁掉一千七百所，只留下确有功业值得祭祀的夏禹、吴太伯、季札、伍员四位的祠庙。

注释 ① 宁州：今甘肃宁县及其周围地区。刺史：州的长官。 ② 使君：对刺史的尊称。 ③ 冬官：武则天称帝后改尚书省为文昌台，六部为天、地、春、夏、秋、冬六官，冬官即工部。 ④ 江南巡抚使：临时的差使，巡察安抚长江中下游当时所谓江南地区。 ⑤ 吴楚：当时地理上的习惯用语，即今江苏到湖北的长江中下游地区。淫祠：不列入国家祀典而由民间自发祭拜的祠庙。

原文

转文昌右丞[①]，出为豫州刺史。时越王贞称兵汝

翻译

仁杰转任文昌右丞，又外任豫州刺史。正值越王李贞在汝南起兵失败，连

南事败[2]，缘坐者六七百人，籍没者五千口。司刑使逼促行刑，仁杰哀其诖误[3]，缓其狱，密表奏曰："臣欲显奏，似为逆人申理，知而不言，恐乖陛下存恤之旨，表成复毁，意不能定。此辈咸非本心，伏望哀其诖误。"特敕原之，配流丰州[4]。豫囚次于宁州，父老迎而劳之曰："我狄使君活汝辈邪?"相携哭于碑下，斋三日而后行。豫囚至流所，复相与立碑颂狄君之德。

带被处死刑的有六七百人，家属被籍没为奴婢的有五千口。大理寺逼促仁杰行刑，仁杰哀怜这些人都是被牵累的，就设法拖延，同时秘密上奏道："臣如果公开上奏，好像是替叛逆说话，臣如果知而不言，又怕有悖于陛下用刑审慎、不轻易诛杀的旨意，因此表写成了又毁掉，定不了主意。其实这些人谋叛确实都并非出于本心，而只是被连累，还得乞求陛下怜悯。"武则天接受他的请求，下诏赦予以减免，改为配流丰州。这批人去丰州中途经过宁州，宁州的父老们对他们接待慰问，说："是我们的狄使君救活你们的吧！"大家拉着手到狄仁杰的德政碑下痛哭，为狄仁杰斋戒三日以求福，然后离开宁州。到配流地丰州，又集资立碑歌颂狄仁杰的功德。

注释 ① 文昌右丞：唐尚书省设左右丞，作为左右仆射的辅佐，这时尚书省改为文昌台，文昌右丞实即尚书右丞。 ② 越王贞：太宗第八子，起兵反武则天，失败自杀。汝南：今河南汝南及其周围地区。 ③ 诖(guà)误：牵累。 ④ 丰州：在今内蒙古河套地区西北部及其迤北一带。

原文

初，越王之乱，宰相张光辅率师讨平之，将士恃功，多所求取，仁杰不之应。

翻译

前此，越王李贞作乱，是宰相张光辅带兵来平定的，手下将士自恃有功，多次无理向州里索取，仁杰不予理睬。

光辅怒曰："州将轻元帅耶[①]？"仁杰曰："乱河南者，一越王贞耳。今一贞死而万贞生。"光辅质其辞，仁杰曰："明公董戎三十万，平一乱臣，不戢兵锋[②]，纵其暴横，无罪之人，肝脑涂地，此非万贞何邪？且凶威胁从，势难自固，及天兵暂临，乘城归顺者万计，绳坠四面成蹊。公奈何纵邀功之人，杀归降之众？但恐冤声腾沸，上彻于天。如得尚方斩马剑加于君颈[③]，虽死如归。"光辅不能诘，心甚衔之，还都，奏仁杰不逊。左授复州刺史[④]。

张光辅发怒了，说："你这个州将轻视我元帅吗？"仁杰说："在河南作乱的，本只是一个越王李贞，现在一个李贞才死，上万个李贞又出现了。"张光辅质问他这话是什么意思，仁杰说："明公统兵三十万，打平一个乱臣，却不收敛兵锋，而放纵将士横行施暴，弄得无罪的人肝脑涂地，这不是上万个李贞又是什么？何况州人屈于李贞凶威胁从作乱，本就无心自固，天兵一到，登城归顺的数以万计，用绳子坠下把城四周都踏得尽是脚印，你怎能放纵邀功者乱杀这些归降的人？只怕冤声腾沸，连上天都听到了。我如有尚方斩马剑来斩你的头，虽死也甘心。"张光辅无话可说，怀恨在心，回到长安后对武则天说狄仁杰对朝廷不恭顺，仁杰被降调到复州任刺史。

注释 ① 州将：当时刺史也管军事，因此可称之为州将。 ② 戢（jí）：收敛。 ③ 尚方斩马剑：西汉成帝时朱云在朝廷上指责佞臣张禹，要求皇帝赐尚方斩马剑杀他的头。尚方是当时制造御用器物的机构，斩马剑是说剑锋利得可以斩马。狄仁杰在这里即用朱云的典故。 ④ 复州：今湖北沔（miǎn）阳及其周围地区。

原文

入为洛州司马[①]。天授二年九月丁酉，转地官侍郎判尚书、同凤阁鸾台平章

翻译

后来仁杰又被调任洛州司马。天授二年（691）九月三十日，升任地官侍郎判尚书、同凤阁鸾台平章事。武则天

事[②]。则天谓曰："卿在汝南时，甚有善政，欲知谮卿者乎[③]？"仁杰谢曰："陛下以臣为过，臣当改之。陛下明臣无过，臣之幸也。臣不知谮者，并为善友，臣请不知。"则天深加叹异。

对他说："卿在汝南的时候，很有政绩，想知道是谁在说卿的坏话吗？"仁杰拜谢道："陛下如果认为臣有过失，臣应该改过，现在陛下既弄清楚臣并无过失，臣就很幸运了。臣确实不知道谁在说坏话，想来都是同朝的友好，臣请求不要让臣知道。"武则天大为赞叹。

注释 ① 洛州：今河南洛阳及其周围地区。 ② 地官侍郎判尚书：以地官侍郎身份做尚书应做的工作。同凤阁鸾台平章事：唐初正式的宰相是左右仆射、中书令和侍中，不久职位稍低的也可加"同中书门下三品""同中书门下平章事"而为宰相，到武则天时左、右仆射不加同中书门下平章事的就不再算宰相。武则天又改中书省为凤阁，门下省为鸾台，这同凤阁鸾台平章事也就是同中书门下平章事，狄仁杰当上了宰相。 ③ 谮(zèn)：说人的坏话。

原文

未几，为来俊臣诬构下狱。时一问即承者例得减死，来俊臣逼胁仁杰，令一问承反，仁杰叹曰："大周革命，万物唯新，唐朝旧臣，甘从诛戮，反是实。"俊臣乃少宽之。判官王德寿谓仁杰曰："尚书必得减死。德寿意欲求少阶级[①]，凭尚书牵杨执柔可乎？"仁杰曰："若

翻译

不久，仁杰被酷吏来俊臣诬构下狱。当时一次审问就认罪的照例可以减罪不死，来俊臣逼胁仁杰，要他一审问就承认谋反，仁杰叹口气说："大周革命，万物唯新，我是唐朝的旧臣，自甘遭受诛戮，谋反是实。"来俊臣见承认了就对他稍放松了一些。来俊臣手下的判官王德寿对仁杰说："你尚书定能减罪不死。我德寿想升个官职，请尚书把杨执柔牵连进案子里行不行？"仁杰说："凭什么牵连他呢？"王德寿说："尚书任

何牵之?”德寿曰:“尚书为春官时[②],执柔任其司员外,引之可也。”仁杰曰:“皇天后土[③],遣仁杰行此事!”以头触柱,流血被面,德寿惧而谢焉。既承反,所司但待日行刑,不复严备。仁杰求守者得笔砚,拆被头帛书冤,置绵衣中,谓德寿曰:“时方热,请付家人去其绵。”德寿不之察。仁杰子光远得书,持以告变,则天召见,览之,而问俊臣,俊臣曰:“仁杰不免冠带,寝处甚安,何由伏罪?”则天使人视之,俊臣遽命仁杰巾带而见使者,乃令德寿代仁杰作谢死表,附使者进之。则天召仁杰,谓曰:“承反何也?”对曰:“向若不承反,已死于鞭笞矣[④]。”“何为作谢死表?”曰:“臣无此表。”示之,乃知代署也,故得免死,贬彭泽令[⑤]。武承嗣屡奏请诛之,则天曰:“朕好生恶杀,志在

职春官的时候,杨执柔正做司里的员外郎,借此牵连他就行。”仁杰叫道:“上有天,下有地,你竟叫我狄仁杰干这种事情!”用头猛撞柱子,撞得满脸是血,王德寿害怕了,连忙向仁杰认错。这时仁杰既已承认谋反,上面只等日子执行,不再严加管束。仁杰向看守人讨来笔砚,拆块做被子的帛在上面书写冤情,塞进棉衣里,对王德寿说:“天热了,请交给我家里人把棉去掉。”王德寿没有细看就送出去了。仁杰的儿子光远从棉衣里发现帛书,立即拿上向武则天告变求见,武则天召见,看了帛书,问来俊臣,来俊臣说:“仁杰下狱后,我连冠带都没给他除去,他在里面可以安适地睡觉活动,如果不是真谋反,为什么要承认有罪?”武则天派使者去监狱察看,来俊臣赶忙叫仁杰穿着整齐去见使者,并叫王德寿替仁杰写了一通承认死罪向武则天谢恩的表文,交给使者进呈给武则天。武则天把仁杰召来,对他说:“你怎么承认谋反啊?”仁杰回答道:“那时我如不承认谋反,早被打死了。”武则天说:“你为什么写谢死表?”仁杰说:“臣没有这个表。”武则天把表给他看,才知道是别人代他署名,狄仁杰因此得以免死,贬到彭泽去做县令。武则天的内侄

恤刑，涣汗已行[6]，不可更返。”

魏王武承嗣多次奏请把他杀掉，武则天说：“朕好生恶杀，一贯主张用刑审慎，命令已经发出，不可以收回变更。”

注释 ① 阶级：指官阶品级，并非今天所说的阶级。 ② 春官：狄仁杰只在地官、冬官两部门做过官，这春官可能有错误。 ③ 后土：土就是地，后就是王，后土就是古人信仰中土地的神灵。 ④ 笞（chī）：鞭打，杖击。 ⑤ 彭泽：在今江西彭泽东。令：当时县的长官叫令。 ⑥ 涣汗：帝王发布号令，像身上出汗那样散发出去。涣，散。

原文

万岁通天年，契丹寇陷冀州[1]，河北震动，征仁杰为魏州刺史[2]。前刺史独孤思庄惧贼至，尽驱百姓入城，缮修守具。仁杰既至，悉放归农亩，谓曰：“贼犹在远，何必如是。万一贼来，吾自当之，必不关百姓也。”贼闻之自退，百姓咸歌诵之，相与立碑以纪恩惠。俄转幽州都督[3]。

翻译

万岁通天这一年（696），契丹攻陷冀州，河北震动，起用仁杰为魏州刺史。前任刺史独孤思庄害怕契丹杀来，把四郊的百姓都赶进城里，给他修缮守城器械。仁杰一到，却把他们放回农村种地，说：“契丹远着呢，何必这么紧张。万一真来了，有我抵挡着，必不连累百姓。”契丹知道了自动退走，百姓都歌颂这位新刺史，集资立碑来记他的恩惠。不久仁杰升转为幽州都督。

注释 ① 契丹：古代的兄弟民族，生活在今河北、辽宁一带。冀州：今河北冀州及其周围地区。 ② 魏州：今河北大名及其周围地区。 ③ 幽州：今北京及其周围地区。都督：当时幽州设置都督府，以都督为长官。

原文

神功元年，入为鸾台侍郎同凤阁鸾台平章事[①]，加银青光禄大夫[②]，兼纳言[③]。仁杰以百姓西戍疏勒等四镇[④]，极为雕弊，乃上疏曰："……近者国家频岁出师，所费滋广，西戍四镇，东戍安东[⑤]，调发日加，百姓虚弊。开守西域，事等石田，费用不支，有损无益。转输靡绝，杼轴殆空[⑥]，越碛逾海，分兵防守，行役既久，怨旷亦多。……方今关东饥馑，蜀汉逃亡[⑦]，江淮以南，征求不息，人不复业，则相率为盗，本根一摇，忧患不浅。其所以然者，皆为远戍方外，以竭中国[⑧]，争蛮貊不毛之地[⑨]，乖子养苍生之道也。……如臣所见，请捐四镇以肥中国，罢安东以实辽西，省军费于远方，并甲兵于塞上……令边城警守备，远斥候[⑩]，聚军实，蓄威武，

翻译

神功元年(697)，仁杰内调任鸾台侍郎同凤阁鸾台平章事，加授银青光禄大夫，兼纳言。仁杰认为百姓远戍西边的疏勒等四镇，这事弄得民力凋敝，就上疏说："……近来国家每年出兵，费用不断增加，西戍四镇，东戍安东，调发去戍守的人员不断增多，百姓被弄得穷困疲敝。而到西域去开拓疆土调兵防守，等于耕种石田，何况费用已感不支，实在是有损无益。不断地转运粮食，车轴都快磨掉一层，越过沙碛、跨过大海去分兵防守，时间又久，盼丈夫、想妻子的就愈来愈多。……如今关东正闹饥荒，蜀汉人户大量逃亡，江淮以南的租赋又征求不息，百姓无法安居乐业，就会相率为盗，根本一旦动摇，为患将不堪设想。其所以如此，都由于远戍塞外，挤干了内地的物力人力，这真是徒争蛮貊不毛之地，而背离了爱惜百姓的古训啊！……依臣所见，请捐弃四镇来富裕内地，停罢安东用来充实辽西，省掉经营远方的经费，集中兵力到边塞之上……让边城守御得严一些，斥候放得远一些，积聚实力，蓄养威武。这样以逸待劳，战士的精力就加倍充沛，以主御客，我方就占得更多的便利主动。坚

以逸待劳，则战士力倍，以主御客，则我得其便，坚壁清野，则寇无所得，自然贼深入必有颠踬之虑[11]，浅入必无虏获之益。如是数年，可使二虏不击而服矣[12]。”……事虽不行，识者是之。寻检校纳言[13]，兼右肃政台御史大夫[14]。

壁清野，则敌人在塞外将一无所获，敌人如果深入自然要吃大亏，浅入又掳掠不到什么，过上几年，管教奚、契丹不打就会降伏。”……这个建议虽没有见诸实施，有识之士都认为很有道理。过了不多日子仁杰又检校纳言，并兼任右肃政台御史大夫。

注释 ①鸾台侍郎：即门下侍郎，是侍中的助理。②银青光禄大夫：从三品的文散官。③纳言：武则天一度改侍中为纳言。④疏勒等四镇：疏勒、龟兹、于阗、焉耆四镇统称安西四镇。疏勒：今新疆喀什。⑤安东：当时设有安东都护府，治所在今辽宁抚顺北。⑥杼（zhù）轴殆空：杼是柞树，杼轴是柞树制成的车轴。《诗·小雅·大东》有“大东小东，杼轴其空”的句子，是说车子往来于大东、小东两地，把车轴都磨掉一层，和轮子之间出现了空隙。狄仁杰就是用此典故。⑦蜀汉：古代地理上的习惯用语，指今四川和陕西交界的汉中地区。⑧中国：指我国内地而言，和今天的概念不一样。⑨貊（mò）：先秦时少数民族。⑩斥候：远出侦察敌情的士兵。⑪颠：跌倒。踬（zhì）：绊倒。⑫二虏：这里指契丹和与契丹在一起的奚，这两个兄弟民族是武则天最感到难于对付的。⑬检校：唐代有所谓检校官，即不占正额而加授的官职。⑭肃政台：武则天改御史台为肃政台。

原文

圣历初，突厥侵掠赵、定等州[1]，命仁杰为河北道元帅[2]，以便宜从事[3]。突厥尽杀所掠男女万余人，从

翻译

圣历初年（698），突厥侵掠赵、定等州，派仁杰出任河北道元帅，让便宜从事。突厥把掳掠的男女一万多人都杀光，从五回道撤退回去，仁杰统率十万

五回道而去[4]，仁杰总兵十万追之不及。便制仁杰河北道安抚大使。时河朔人庶[5]，多为突厥逼胁，贼退后惧诛，又多逃匿。仁杰上疏曰："……臣闻持大国者不可以小道，理事广者不可以细分，人主恢弘[6]，不拘常法。罪之则众情恐惧，恕之则反侧自安[7]。伏愿曲赦河北诸州，一无所问。……"制从之。军还，授内史[8]。

兵马不曾赶得上。又下诏制叫仁杰充任河北道安抚大使。当时河北居民多曾被迫归附过突厥，突厥撤走后害怕被官兵追究杀害，又纷纷出逃躲藏。仁杰上疏说："……臣听说过，主持大国的不应专去关注小事情，处理问题面广不应推求得太仔细，做人主的气度博大宽宏，对这等事情可不必拘于常法。如果苛罪大伙就紧张恐惧，宽恕他们则不稳定的局面自然消除。请求曲法赦免河北各州，概不追究过问。……"下诏制听从仁杰的请求。大军返回，仁杰被任命为内史。

注释　① 赵州：今河北赵州及其周围地区。 ② 河北道：唐十道之一，相当今河北、辽宁以及河南、山东二省当时黄河以北地区。 ③ 便宜从事：准许斟酌情势，适宜怎么办就怎么办，不必请示，叫便宜从事。 ④ 五回：岭名，在今河北易县西。 ⑤ 河朔：古称北方为朔方，河朔即河北。 ⑥ 人主：人的主宰者，是对皇帝的一种称呼。 ⑦ 反侧：顾虑不安。 ⑧ 内史：武则天又把中书令改称内史。

原文

圣历三年，则天幸三阳宫[1]，王公百僚咸经侍从。唯仁杰特赐宅一区，当时恩宠无比。

是岁六月，左玉钤卫大将军李楷固、右武威卫将军

翻译

圣历三年（700），武则天驾幸三阳宫，王公百官都随驾侍从，只有仁杰特赐一所住宅居住，恩宠之深重在当时没人比得上。

这年六月，左玉钤卫大将军李楷固、右武威卫将军骆务整征讨契丹余众

骆务整讨契丹余众擒之，献俘于含枢殿。则天大悦，特赐楷固姓武氏。楷固、务整，并契丹李尽忠之别帅也。初，尽忠之作乱，楷固等屡率兵以陷官军，后兵败来降，有司断以极法。仁杰议以为楷固等并有骁将之才，若恕其死，必能感恩效节，又奏请授其官爵，委以专征，制并从之。及楷固等凯旋，则天召仁杰预宴，因举觞亲劝，归赏于仁杰，授楷固左玉钤卫大将军，赐爵燕国公。

则天又将造大像，用功数百万，令天下僧尼每日人出一钱，以助成之。仁杰上疏谏曰："……比年已来，风尘屡扰，水旱不节，征役稍繁，家业先空，疮痍未复[②]，此时兴役，力所未堪。伏惟圣朝，功德无量，何必要营大像，而以劳费为名，虽敛僧钱，百未支一，尊容既广，

并有所擒获，到含枢殿献俘，武则天大为高兴，破格给李楷固赐姓武。这李楷固和骆务整本来都是契丹首领李尽忠手下的将帅。当初李尽忠叛乱，李楷固等多次领兵歼灭过官军，后来兵败投降，主管者要处以极刑，仁杰认为楷固等都是骁将之才，如果恕其死罪，一定能感恩效忠，仁杰还奏请授予楷固等官爵，让他们独当一面替朝廷作战出力，武则天下诏制完全听从仁杰的意见办。这时李楷固等凯旋，武则天请仁杰参加宴会，会上亲自举杯劝酒，认可仁杰的功劳，并有赏赐，同时任命李楷固为左玉钤卫大将军，赐爵燕国公。

武则天又准备造大佛像，工程大到要花钱几百万，下令全国僧尼每天每人出一文钱作为资助。仁杰上疏劝道："……近年来战争频起，水旱失时，征役繁重，百姓家业已被弄空，国家创伤还未平复，这时要搞大工程，实无力量承担。何况当今圣朝功德无量，何必还要营造大像，担上个劳民伤财的坏名声，虽说征收僧钱，还抵不上总用款的百分之一，佛像又大，不能露天供养，即使盖上一百层的大屋子，怕也不好容纳，此外走廊偏殿也都不能缺少，有人还说不损国财，不伤百姓，对人主如此欺瞒，能

不可露居，覆以百层，尚忧未遍，自余廊庑，不得全无，又云不损国财，不伤百姓，以此事主，可谓尽忠？臣今思惟，兼采众议，咸以为如来设教，以慈悲为主，下济群品，应是本心，岂欲劳人，以存虚饰。……”则天乃罢其役。

是岁九月病卒。则天为之举哀，废朝三日，赠文昌右相[3]，谥曰文惠。……

说是在尽忠？臣再三考虑，并听取了大家的意见，都认为如来创设佛教，主旨原是慈悲，救济众生，给予利益，应该是佛的本心，怎愿意劳役大众，来图个外表的壮观。……”武则天听从了，停罢这个大工程。

这年九月，仁杰因病逝世。武则天给他举行了哀悼仪式，停止朝会三天，追赠他为文昌右相，赐谥号叫文惠。……

注释 ① 三阳宫：在告成县，今河南登封南。 ② 痍（yí）：创伤。 ③ 文昌右相：武则天时改尚书左右仆射为文昌左右相。

原文

初，中宗在房陵[1]，而吉顼、李昭德皆有匡复谠言[2]，则天无复辟意[3]，唯仁杰每从容奏对[4]，无不以子母恩情为言，则天亦渐省悟，竟召还中宗，复为储贰。……仁杰前后匡复奏对凡数万言，开元中北海太守李邕撰为《梁公别传》[5]，备载其辞。

翻译

当初，中宗被放逐在房陵，吉顼、李昭德都曾进言要中宗复位，而武则天听不进去，不曾有复辟的想法。只有仁杰多次婉转地谈起这件事情，都从母子恩情劝说，使武则天逐渐省悟，终于召还中宗，仍让他当了皇太子。……仁杰先后请求让中宗复位的言论有好几万字，开元中北海太守李邕根据这些撰写成《梁公别传》，详细记载了仁杰的劝谏言

原文	译文
中宗返正，追赠司空。睿宗追封梁国公⑥。	辟。中宗复位做了皇帝，追赠仁杰为司空。睿宗追封他为梁国公。

注释 ① 中宗在房陵：中宗即武则天和高宗所生第三子李显，高宗死后即位，很快被武则天废为卢陵王，放逐到房陵即今湖北房县。② 谠(dǎng)：正直。③ 复辟：这里的“辟”是指君主，君主被废后又复位叫复辟，今天则引申为凡被打倒过的旧势力重新掌权都叫复辟。④ 从容：不急迫。⑤ 北海：玄宗时曾改青州为北海郡，在今山东青州及其周围地区。⑥ 睿宗：武则天和高宗所生第四子李旦，在中宗死后通过政变当上皇帝，玄宗李隆基是他的第三子。

玄宗杨贵妃传

导读

唐玄宗的杨贵妃是古代后妃中著名的美人。有人甚至认为玄宗后期政局败坏，酿成天宝之乱，沉溺于杨贵妃的美色是其主要原因。事实上，玄宗前期作出的致使出现开元之治的若干重大措施，到天宝时并未有所变更，天宝时的经济仍旧继续上升，天宝末年安禄山的叛乱另有其原因，不能叫杨贵妃来承担责任。当然，从这篇传记里还是可以看到杨贵妃及其一家承受玄宗恩宠、骄奢淫逸的情况。（选自卷五一）

原文

玄宗杨贵妃，高祖令本，金州刺史[①]。父玄琰[②]，蜀州司户[③]。妃早孤，养于叔父河南府士曹玄璬[④]。

翻译

玄宗贵妃杨氏，高祖名令本，做到金州刺史，父名玄琰，做过蜀州司户。贵妃从小父母双亡，寄养在叔父河南府士曹参军事杨玄璬家里。

注释 ① 金州：在今陕西石泉东、旬阳西。② 琰：音 yǎn。③ 蜀州：在今重庆。④ 河南府：开元时改洛州为河南府，今河南洛阳及其周围地区。

原文

开元初，武惠妃特承宠遇，故王皇后废黜。二十四年惠妃薨[①]，帝悼惜久之。

翻译

开元初年，武惠妃受到玄宗的特殊宠爱，王皇后为此被废黜。开元二十四年(736)惠妃去世，玄宗悲痛了好多日

后庭数千，无可意者，或奏玄琰女姿色冠代②，宜蒙召见。时妃衣道士服，号曰太真。既进见，玄宗大悦，不期岁，礼遇如惠妃。太真姿质丰艳，善歌舞，通音律，智算过人，每倩盼承迎③，动移上意。宫中呼为娘子④，礼数实同皇后。有姊三人，皆有才貌，玄宗并封国夫人之号，长曰大姨封韩国，三姨封虢国，八姨封秦国，并承恩泽，出入宫掖，势倾天下。

子。当时后廷的妃嫔宫女有好几千，但没有一个能使玄宗中意。有人对玄宗说杨玄琰的女儿姿色为当代第一，不妨召见。这时贵妃是女道士打扮，还有个道号叫太真。可一见之下玄宗就很满意，不到一年，地位待遇就如同过去的武惠妃。贵妃长得丰满艳丽，擅长歌舞，通晓音乐，耍聪明、玩心眼比谁都行，经常用笑靥媚眼来奉迎玄宗，把玄宗弄得失去了主意。宫里都叫她娘子，一切规格等同皇后。贵妃还有三个姐姐，都颇具才貌，玄宗统统封为国夫人，年龄长的大姨姐封韩国夫人，三姨姐封虢国夫人，八姨姐封秦国夫人，都为玄宗所宠爱，出入宫廷，权势倾动天下。

注释 ① 薨(hōng)：周代诸侯死叫薨，唐代二品以上官死叫薨。 ② 或奏玄琰女：杨贵妃虽是杨玄琰之女，但此时早成为玄宗和武惠妃亲生的寿王李瑁之妻，玄宗是占儿媳为妃，但对此唐人写国史自不便明说。 ③ 倩(qiàn)：笑靥(yè)美好貌。 ④ 娘子：即旧社会之所谓太太、主妇。

原文

天宝初，进册贵妃。妃父玄琰累赠太尉、齐国公，母封凉国夫人，叔玄珪光禄卿，再从兄铦鸿胪卿，锜侍御史尚武惠妃女太华公

翻译

天宝初年，杨妃被册封为仅次于皇后的正一品的贵妃。贵妃父杨玄琰多次追赠到太尉、齐国公，母封凉国夫人，叔父杨玄珪做了光禄卿，同曾祖的堂兄杨铦做了鸿胪卿，杨锜做了侍御史并娶

主[①]，以母爱礼遇过于诸公主，赐甲第连于宫禁。韩、虢、秦三夫人与铦、锜等五家每有请托，府、县承迎[②]，峻如诏敕，四方赂遗，其门如市。

武惠妃女儿太华公主为妻，而这位太华公主又是由于武惠妃当年被宠爱而待遇超越其他公主，所赐大住宅和宫禁相毗连。这韩、虢、秦三位国夫人和杨铦、杨锜等五家打招呼要办什么事，京兆府和长安、万年两县赶忙奉迎承办，和皇帝的诏敕一样灵，四方贿赂馈赠，门庭如市。

五载七月，贵妃以微谴送归杨铦宅。比至亭午，上思之不食。高力士探知上旨，请送贵妃院供帐、器玩、廪饩等办具百余车[③]，上又分御馔以送之[④]。帝动不称旨，暴怒笞挞左右[⑤]，力士伏奏请迎贵妃归院。是夜，开安兴里门入内[⑥]，妃伏地谢罪，上欢然慰抚。翌日，韩、虢进食，上作乐终日，左右暴有赐与。

天宝五载(746)七月，贵妃为了点小事被玄宗谴责，叫送回杨铦家里。到了中午，玄宗想念她吃不下饭。大宦官高力士摸到了玄宗的心意，请玄宗把贵妃院里张挂的帷帐、陈设的家具玩物，还有平时供应贵妃的饮食装上一百多车，玄宗又分了自己的御膳，一起送到杨宅。可玄宗仍什么都不如意，发脾气毒打身边伺候的人，于是高力士跪下来请求迎接贵妃回院。当夜，打开安兴坊坊门把贵妃迎回大明宫，贵妃伏地谢罪，玄宗满面笑容地慰抚了一通。第二天，韩、虢二夫人准备好盛筵送进宫里，玄宗玩了一整天乐曲舞蹈，大把大把地赏赐身边的人。

注释　① 尚：是带有高攀性质的匹配，所以娶皇帝女儿某公主为妻时要叫尚某公主。② 府、县：开元时改雍州为京兆府，县是长安、万年两县，府治、县治都在长安城内。③ 廪饩(lǐn xì)：规定供应的饮食。④ 馔(zhuàn)：饮食。⑤ 挞(tà)：用鞭子、棍子打。⑥开安兴里门入内：里也就是坊，坊有坊门，到夜深全城所有的坊门都关闭起来，谁也不许出入，这次开杨铦住宅所在的安兴坊门让贵妃回宫，是玄宗下令特许，所以传里要特为写上一句。

原文

自是宠遇愈隆。韩、虢、秦三夫人岁给钱千贯[①]，为脂粉之资。铦授三品、上柱国，私第立戟[②]。姊妹昆仲五家，甲第洞开，僭拟宫掖[③]，车马仆御，照耀京邑，递相夸尚。每构一堂，费逾千万计，见制度宏壮于己者，即彻而复造，土木之工，不舍昼夜。玄宗颁赐及四方献遗，五家如一，中使不绝[④]。开元以来，豪贵雄盛，无如杨氏之比也。玄宗凡有游幸，贵妃无不随侍，乘马则高力士执辔授鞭[⑤]。宫中供贵妃院织绵、刺绣之工凡七百人，其雕刻、镕造又数百人，扬、益、岭表刺史[⑥]，必求良工造作奇器异服，以奉贵妃献贺，因致擢居显

翻译

从此贵妃更加受到恩宠。韩、虢、秦三位夫人每人每年赏钱一千贯，作为脂粉费。杨铦官授三品，还加了个正二品的上柱国头衔，住宅门前立戟。姐妹兄弟五家，都仿照宫禁的格局盖起大宅子，车马仆御在京城里都是最奢华的，还互相比阔气，斗豪富。盖所厅堂不止一千万钱，看到别家更大更好压倒了自己，又马上拆掉重盖，大兴土木，昼夜不停。玄宗每有赏赐，还有四方贿赂馈赠的，都得五家如一，中使往来不绝。开元以来，讲起豪贵雄盛来，没有谁能比得上杨家。玄宗凡有游幸，贵妃没有一次不带在身边，贵妃骑马，大宦官高力士就给拉缰绳、递马鞭。宫里专供贵妃院织绵、刺绣的就有七百个工人，雕刻、镕造的又有好几百人，全国最富有的扬州、益州以及岭南各州的刺史还得找高手工人制造奇器异服，向贵妃进献，好借此再升大官。玄宗每年十月驾幸骊山华清宫，贵妃同曾祖的堂兄杨国忠等姐妹五家扈从，一家一个队伍，穿着一

位。玄宗每年十月幸华清宫⑦，国忠姐妹五家扈从，每家为一队，着一色衣，五家合队，照映如百花之焕发，而遗钿坠舄⑧，瑟瑟珠翠⑨，璨瓓芳馥于路⑩。而国忠私于虢国，而不避雄狐之刺⑪，每入朝或联镳方驾⑫，不施帷幔⑬。每三朝庆贺⑭，五鼓待漏⑮，靓妆盈巷⑯，蜡炬如昼。而十宅诸王、百孙院婚嫁⑰，皆因韩、虢为绍介，仍先纳赂千贯而奏请，罔不称旨。

色衣服，五家合起来就像百花竞放，而一路上掉下的花钿，遗下的鞋子，甚至还有瑟瑟珠翠，灿烂耀目，香气不绝。这个杨国忠还私通虢国夫人，不顾旁人指点议论，每当入朝，国忠和虢国夫人并辔走马，虢国夫人连幛幕都不用。每当元旦庆贺，五鼓待漏，涂抹脂粉、装束美丽的侍女满街满巷，蜡烛照得和白昼一样。十王宅、百孙院里有婚嫁，都得请韩国、虢国介绍，事先还要送进上千贯的贿赂，然后向玄宗奏请，再没有不准许。

注释 ① 贯：我国古代用的铜钱中心有方孔，可以用绳穿到一起，贯就是穿钱的绳，一贯是钱一千文。 ② 立戟：唐代三品官以上可在门前立戟。 ③ 僭(jiàn)：超越本分。 ④ 中使：使是使者，中是皇宫，从皇宫里派出传达命令、办大小事情的宦官当时都叫作中使。 ⑤ 辔(pèi)：驾驭牲口的缰绳。 ⑥ 扬：扬州，今江苏扬州及其周围地区。岭表：即岭外、岭南，古代地理上习惯用语，指五岭山脉以南的广大地区。 ⑦ 华清宫：在今陕西临潼骊山上。 ⑧ 钿(diàn)：花钿，当时流行的一种用珠翠金宝制成的花朵形状首饰。舄(xì)：古人穿的一种复底鞋。 ⑨ 瑟瑟：碧色的珠。翠：绿色的宝石。 ⑩ 璨瓓(càn làn)：灿烂。馥(fù)：香气。 ⑪ 雄狐之刺：《诗・齐风・南山》有"雄狐绥绥"的话，古人认为是讥刺和妹妹通奸的齐襄公，后来就把发生这类丑事说成是雄狐之刺。 ⑫ 镳(biāo)：勒在马口旁的一种马具。 ⑬ 帷幔(màn)：幛幕。 ⑭ 三朝(zhāo)：古人把旧历正月初一称为三朝，因为这是一年之朝、一月之朝、一日之朝。 ⑮ 五鼓待漏：古代一夜分作五更，每更大体相当今两小时，到时要打鼓，所以又叫五鼓。这里的五鼓是指第五鼓。漏：古代的计时器。五鼓即五更天，百官聚集到殿庭等待朝见皇帝，叫五鼓待漏。⑯ 靓(jìng)：指化妆打扮。⑰ 十宅诸王、百孙院：玄宗在长安城里盖了十王院让皇子们居住，孙子多了又盖百孙院给居住，以防止他们和朝官结交有不轨行动。

原文

天宝九载，贵妃复忤旨，送归外第，时吉温与中贵人善①，温入奏曰："妇人智识不远，有忤圣情。然贵妃久承恩顾，何惜宫中一席之地使其就戮，安忍取辱于外哉！"上即令中使张韬光赐御馔。妃附韬光泣奏曰："妾忤圣颜，罪当万死，衣服之外，皆圣恩所赐，无可遗留，然发肤是父母所有。"乃引刀剪发一缭附献②。玄宗见之惊惋，即使力士召还。

国忠既居宰执，兼领剑南节度③，势渐恣横。十载正月望夜，杨家五宅夜游，与广平公主骑从争西市门④，杨氏奴挥鞭及公主衣，公主堕马，驸马程昌裔扶公

翻译

天宝九载(750)，贵妃又触犯了玄宗，被遣送出宫。有个户部郎中叫吉温的和大宦官们相熟，知道了，就求见玄宗说："妇女见识短浅，触犯了陛下，但贵妃多年承受陛下恩宠，陛下珍惜宫中一席之地让她就死，却忍心叫她到外边去丢脸！"玄宗马上派宦官张韬光给贵妃送去御膳。贵妃哭着叫张韬光代她向玄宗说："妾触犯圣颜，罪该万死，衣服和余外所有的东西都是圣恩之所赐予，没有可以献上留念的，只有头发和身子是妾父母所给。"随即用剪刀铰下一缕长发交给张韬光进献。玄宗看了既吃惊又怜惜，赶快叫高力士把贵妃召回宫里。

杨国忠做了宰相，又兼领剑南节度使，更加恣横不法。天宝十载(751)正月十五晚上，杨家五宅夜游，和玄宗女广平公主的随从争过西市门，杨氏家奴抡鞭子打到公主衣服上，公主惊恐跌下马来，驸马程昌裔去扶也被打了几鞭，

主，因及数挝[5]。公主泣奏之，上令杀杨氏奴，昌裔亦停官。国忠二男昢、暄，妃弟鉴[6]，皆尚公主[7]，杨氏一门尚二公主、二郡主。贵妃父、祖立私庙，玄宗御制家庙碑文并书，玄珪累迁至兵部尚书。

天宝中，范阳节度使安禄山大立边功[8]，上深宠之。禄山来朝，帝令贵妃姐妹与禄山结为兄弟，禄山母事贵妃，每宴赐锡赉稠沓[9]。及禄山叛，露檄数国忠之罪[10]。

公主气得去找玄宗哭诉，玄宗叫把这个家奴杀掉，可程昌裔也被免官。杨国忠两个儿子杨昢、杨暄，贵妃堂弟杨鉴，都娶了公主、郡主，加上娶公主的杨锜，一门娶有两个公主、两个郡主。贵妃父、祖都立家庙，玄宗给家庙撰制并书写了碑文。杨玄珪迁升到兵部尚书。

天宝中，范阳节度使安禄山大立边功，深受玄宗宠信。安禄山入朝，玄宗叫贵妃的姐妹和安禄山结成兄弟，安禄山则拜贵妃为母，经常不断地宴会赏赐。到后来安禄山造反时，竟散发檄文声讨杨国忠的罪恶。

注释 ① 中贵人：古代称大宦官为中贵人。 ② 缭（liáo）：缕。 ③ 节度：节度使，睿宗、玄宗时为了巩固边境防御，先后设置了九个节度使，节度使在其管区内掌握军政大权，一般拥有几万兵马，州刺史都成为其下属。因为这是当时的新措施，不见于原先的职官编制，只作为一种差使，所以叫作“使”。剑南节度使管领今四川中部，治所在今成都。 ④ 西市门：长安城里划出东、西两个商业区，叫东市、西市，和居民区的坊有坊门一样也都有市门。 ⑤ 挝（zhuā）：打。 ⑥ 昢：音 pèi。 ⑦ 皆尚公主：杨暄、杨鉴尚的其实只是郡主。 ⑧ 范阳节度使：即幽州节度使，管领今河北怀来、永清、房山以东，长城以南地区，治所在幽州即今北京。 ⑨ 沓（tà）：繁多。 ⑩ 檄（xí）：古代用于声讨、征伐的文告。

原文

河北盗起，玄宗以皇太子为天下兵马元帅，监抚军国事。国忠大惧，诸杨聚哭，贵妃衔土陈请，帝遂不行内禅①。及潼关失守，从幸至马嵬，禁军大将陈玄礼密启太子诛国忠父子。既而四军不散②，玄宗遣力士宣问，对曰："贼本尚在。"盖指贵妃也。力士复奏，帝不获已，与妃诀，遂缢死于佛室③，时年三十八，瘗于驿西道侧④。

翻译

安禄山在河北起兵造反，玄宗叫皇太子李亨(即后来的肃宗)做天下兵马大元帅，并准备御驾亲征，留太子在长安监抚军国政事。杨国忠极为恐惧，杨家姐妹兄弟凑在一起痛哭，贵妃衔着土块向玄宗陈说请求，玄宗才没有实行内禅。到潼关失守，杨国忠等跟随玄宗逃到马嵬驿，禁军大将陈玄礼秘密启请太子，诛杀杨国忠父子。过后四军将士仍聚集不散，玄宗派高力士询问，他们说："杨贼的根子还没有除掉。"指的就是贵妃。高力士回奏，玄宗没有办法，只得和贵妃诀别，让贵妃勒死在佛堂里，贵妃这年三十八岁，掩埋在驿馆西面大路旁边。

注释 ① 内禅：皇帝本人健在时，让皇太子提前即位，自己退位做太上皇，叫内禅。唐代发生过的几次内禅都是被迫的，并非真出于老皇帝自愿。 ② 四军：当时的禁军是左右羽林、左右龙武共四军。 ③ 缢(yì)：勒死、吊死。 ④ 瘗(yì)：埋葬。驿：古代在交通要道由政府设置驿，是递送公文的人和来往官员住宿、换马的处所。马嵬(wéi)设有驿站。

原文

上皇自蜀还①，令中使祭奠，诏令改葬。礼部侍郎李揆曰："龙武将士诛国忠，

翻译

玄宗逃到成都后成了太上皇，长安收复后从成都回来，派宦官去马嵬驿祭奠贵妃，还准备下诏改葬。礼部侍郎李

以其负国兆乱。今改葬故妃，恐将士疑惧，葬礼未可行。”乃止。上皇密令中使改葬于他所。初瘗时以紫褥裹之，肌肤已坏，而香囊仍在，内官以献，上皇视之凄惋，乃令图其形于别殿，朝夕视之。

马嵬之诛国忠也，虢国夫人闻难作，奔马至陈仓[2]，县令薛景仙率人吏追之，走入竹林，先杀其男裴徽及一女，国忠妻裴柔言：“娘子为我尽命。”即刺杀之，已而自刎[3]不死，县吏载之，闭于狱中，犹谓吏曰：“国家乎？贼乎？”吏曰：“互有之。”血凝至喉而卒，遂瘗于郭外。……

揆劝谏说：“龙武军将士诛杀杨国忠，是因为他有负于国家，助长了安禄山的变乱。现在改葬贵妃，怕将士们会疑惧，不宜正式礼葬。”于是太上皇不再公开举行葬礼，只密令宦官把贵妃遗体迁葬。当初掩埋用紫褥包裹，迁葬时肌体已变坏，只有平时佩带的香囊还在，宦官把它献给太上皇，太上皇看了十分难过，就叫人在偏殿画上贵妃的图像，早晚去看望。

在马嵬驿诛杀杨国忠时，虢国夫人听到出了事，带上儿女和杨国忠妻裴柔快马逃到陈仓，县令薛景仙带人去追赶，虢国夫人躲进竹林里，先杀掉儿子裴徽和女儿，裴柔说：“请娘子为我尽命。”虢国夫人马上把她刺死，接着自己抹了脖子，还不曾死，县吏把她弄上马载到监牢里，她还问县吏：“是皇上要杀我？还是谁在作乱？”县吏说：“都是。”她因血凝在咽喉死去，被掩埋在县城外。……

注释 ① 上皇：太上皇，当时皇太子肃宗已自立于灵武，玄宗被迫成了太上皇。② 陈仓：在今陕西宝鸡东。③ 刎(wěn)：用刀割颈。

李白、杜甫传

导读

我国封建社会从带有领主制残余的魏晋南北朝，到唐代进入纯粹租佃制的封建社会，诗歌的体式风格也随之一新。所谓“诗圣”杜甫和“诗仙”李白，就都是在诗歌创新上作出贡献并得到后人承认的人物。《文苑传》里这两篇李白、杜甫的传记虽比较简略，但基本上写出了“诗仙”“诗圣”不同的风格，仍值得一读。另外，杜甫传里转述了中唐诗人元稹对李、杜的长篇评论，今天看来仍比较公允，所以也择要选译。（选自卷一九〇）

原文

李白，字太白，山东人[①]。少有逸才，志气宏放，飘然有超世之心。父为任城尉[②]，因家焉。少与鲁中诸生孔巢父、韩沔、裴政、张叔明、陶沔等隐于徂徕山[③]，酣歌纵酒，时号“竹溪六逸”。

翻译

李白，字太白，山东人。从小才思俊逸，志气宏放，飘飘然有超脱尘世之心。父亲做任城县尉，因之安家任城。少年时和鲁中文士孔巢父、韩沔、裴政、张叔明、陶沔等隐居在徂徕山，狂歌纵酒，当时人称之为“竹溪六逸”。

注释 ① 山东人：这个山东是前面已说过的古代地理上的习惯用语，因为李白从小生活在任城等地，所以元稹称他为山东人，这里跟着元稹认为他是山东人。 ② 任城：今山东济宁。尉：辅佐县令掌管武备的地方官。 ③ 鲁：地理上的习惯用语，指今山东省泰山以南的地区。徂徕（cú lái）山：在今山东泰安东南。

原文

天宝初,客游会稽[①],与道士吴筠隐于剡中[②]。既而玄宗诏筠赴京师,筠荐之于朝,遣使召之,与筠俱待诏翰林[③]。白既嗜酒,日与饮徒醉于酒肆。玄宗度曲,欲造乐府新词[④],亟召白,白已卧于酒肆矣。召入,以水洒面,即令秉笔,顷之,成十余章,帝颇嘉之。尝沉醉殿上,引足令高力士脱靴,由是斥去。

翻译

天宝初年,出游会稽,和道士吴筠在剡中隐居。后来玄宗下诏召吴筠进京,吴筠就向朝廷推荐李白,玄宗也派使者把李白召去,和吴筠一起待诏翰林院。李白爱喝酒,每天和酒友们醉倒在酒店里。有天玄宗唱曲,想编个新歌词,派人赶快把李白找来,李白却又在酒店里醉倒了。弄进宫后,叫人用水洒在他脸上醒酒,让他马上执笔,不一会李白就写成十几篇,很博得玄宗的赞赏。有一次李白竟醉倒在殿上,伸脚命令大宦官高力士给他脱靴子,由此得罪而被放出京师。

注释 ① 会稽:今浙江绍兴。 ② 剡(yǎn):县名,今浙江嵊州。 ③ 待诏翰林:唐代设翰林院,养一批能做文章、懂经学、擅书法、会下棋的人以至卜祝、僧道之流,等待皇帝随时召唤,叫待诏翰林。 ④ 乐府:汉魏至唐可以入乐歌唱的诗叫乐府或乐府诗。

原文

乃浪迹江湖,终日沉饮。时侍御史崔宗之谪官金陵[①],与白诗酒唱和[②]。尝月夜乘舟,自采石达金陵[③],白衣宫锦袍,于舟中顾瞻笑傲,傍若无人。初,贺

翻译

于是李白浪迹江湖,整天埋头痛饮。正好有个侍御史崔宗之也被贬到金陵做官,就和李白诗赋喝酒,唱和酬答。曾经在月夜乘船,自采石矶开回金陵,李白穿上宫锦袍,在船上顾盼笑傲,旁若无人。当初贺知章见到李白,极为

知章见白，赏之曰："此天上谪仙人也。"

禄山之乱，玄宗幸蜀，在途以永王璘为江淮兵马都督、扬州节度大使，白在宣州谒见[4]，遂辟为从事[5]。永王谋乱，兵败，白坐长流夜郎[6]，后遇赦得还。竟以饮酒过度，醉死于宣城。有文集二十卷，行于时。

杜甫，字子美，本襄阳人[7]，后徙河南巩县[8]。曾祖依艺，位终巩令。祖审言，位终膳部员外郎，自有传。父闲，终奉天令[9]。

称赏，曾说："此天上谪仙人也。"

安禄山造反，玄宗逃往成都，中途派第十六子永王李璘出任江淮兵马都督、扬州节度大使。李白在宣城谒见永王，被委任为从事。永王图谋作乱，兵败，李白连坐被流放到夜郎，后来遇赦得以回来。最终因为喝酒过度，醉死在宣城。留有诗文集二十卷，流传于世。

杜甫，字子美，上代本是襄阳人，后来迁居到河南巩县。曾祖名依艺，做到巩县县令。祖名审言，做到膳部员外郎。《唐书》里另有他的传。父名闲，做到奉天县令。

注释 ① 金陵：今江苏南京。 ② 唱和：互相赋诗酬答，一唱一和，叫唱和。 ③ 采石：即采石矶，在今安徽马鞍山市长江东岸。 ④ 宣城：今安徽宣城。 ⑤ 从事：自汉至唐中央和地方高级长官自行任命的僚属叫从事。 ⑥ 夜郎：在今贵州正安西北。 ⑦ 襄阳：在今湖北襄阳。 ⑧ 巩县：在今河南巩县西。 ⑨ 奉天：今陕西乾县。

原文

甫天宝初应进士，不第。天宝末，献《三大礼赋》，玄宗奇之，召试文章，授京兆府兵

翻译

杜甫在天宝初年应考进士科，没有考上。天宝末年，献上《三大礼赋》，玄宗读了大为惊奇，召来考试他的文章，

曹参军。十五载，禄山陷京师，肃宗征兵灵武①，甫自京师宵遁赴河西②，谒肃宗于彭原郡③，拜右拾遗④。房琯布衣时与甫善⑤，时琯为宰相，请自帅师讨贼⑥，帝许之。其年十月，琯兵败于陈涛斜⑦，明年春琯罢相。甫上疏言琯有才，不宜罢免。肃宗怒，贬琯为刺史，出甫为华州司功参军⑧。时关畿乱离⑨，谷食踊贵，甫寓居成州同谷县⑩，自负薪采梠⑪，儿女饿殍者数人⑫。久之，召补京兆府功曹。

叫他做京兆府的兵曹参军事。天宝十五载(756)，安禄山的叛军攻陷京师。肃宗在灵武征召兵马，杜甫趁黑夜从长安出逃准备去河西，在彭原郡见到肃宗，被任命为右拾遗。有位房琯，在没有做官之前就和杜甫是朋友，这时做了宰相，自告奋勇带兵讨伐叛军，肃宗同意了，哪知这年七月在陈涛斜吃了败仗，第二年就被罢相。杜甫上疏说房琯有才略，不应该罢免。肃宗发怒，把房琯贬出去当刺史，杜甫也外任华州司功参军事。当时关中京畿正乱得厉害，粮价飞涨，杜甫只得暂时住在成州的同谷县，亲自背柴采野菜，儿女都饿死了几个。过了好久，才召回长安做京兆府的功曹参军事。

注释 ① 灵武：天宝时改灵州为灵武郡，郡治回乐即朔方节度使治所。 ② 河西：汉、唐时地理上的习惯用语，指今甘肃、青海两省黄河以西的河西走廊与湟水流域，睿宗时置河西节度使，管辖河西走廊。治所在今甘肃武威。 ③ 彭原郡：宁州所改，郡治定安即今甘肃宁县。 ④ 右拾遗：武则天时开始设置门下省左拾遗二员，中书省右拾遗二员，都是从八品上阶，跟从皇帝随时进谏。 ⑤ 琯：音 guǎn。 ⑥ 帅：统率。 ⑦ 陈涛斜：在今陕西咸阳东。 ⑧ 华(huà)州：今陕西华州、华阴、潼关等地区。 ⑨ 关畿：关中、京畿。 ⑩ 成州：今甘肃成县、西和、礼县等地区。同谷：今甘肃成县。 ⑪ 梠(lǚ)：是屋檐，屋檐不能采，应是“旅”字之误，旅可以解释为野生的植物，如野菜、野谷之类。 ⑫ 殍(piǎo)：饿死。

原文

上元二年冬，黄门侍郎、郑国公严武镇成都[①]，奏为节度参谋、检校尚书工部员外郎，赐绯、鱼袋[②]。武与甫世旧，待遇甚隆。甫性褊躁[③]，无器度，恃恩放恣，尝凭醉登武之床[④]，瞪视武曰[⑤]："严挺之乃有此儿[⑥]！"武虽急暴，不以为忤。甫于成都浣花里种竹植树，结庐枕江，纵酒啸咏，与田畯野老相狎荡无拘检[⑦]。严武过之，有时不冠，其傲诞如此。

翻译

肃宗上元二年(761)冬天，黄门侍郎、郑国公严武出镇成都任西川节度使，奏请杜甫来做参谋，并检校尚书工部员外郎，赐绯，佩鱼袋。严武和杜甫是世交，对他极为礼貌亲厚，杜甫则心胸狭隘，脾气急躁，气量窄小，倚仗恩遇言行都很随便。有次喝醉了登上严武的坐床，瞪起眼睛对着严武说："严挺之居然有你这样的儿子！"严武的脾气虽也不好，却仍不见怪。杜甫在成都的浣花里种竹植树，江边盖了所草堂作为住宅，喝酒咏诗，和农夫村翁亲密无间，不摆官架子。严武去看他，他有时连帽子也不戴就接待，真是够狂够放诞。

注释　① 成都：今四川成都。 ② 赐绯：绯，红色。唐代规定四品官的衣服用深绯色，五品浅绯色。赐绯就是赐予四五品服色。鱼袋：唐代规定五品以上要随身佩带鱼符，鱼袋即用来装鱼符。 ③ 褊(biǎn)：狭隘。 ④ 床：唐及唐以前我国坐具、卧具都称为床，这里的床是坐具。 ⑤ 瞪(dèng)：怒目直视。 ⑥ 严挺之：严武的父亲名挺之。 ⑦ 田畯(jùn)：周代掌田土和生产的官员叫田畯，这里仅指农夫而已。

原文

永泰元年夏，武卒，甫无所依。及郭英乂代武镇成都[①]，英乂武人粗暴，无能刺谒，乃游东蜀依高适[②]，既

翻译

代宗永泰元年(765)，严武去世，杜甫失去了依靠。接着郭英乂来成都接替严武，这是个武人，态度粗暴，杜甫无从拜谒讨乞，就去东蜀投靠高适，刚到

至而适卒。是岁，崔宁杀英乂，杨子琳攻西川，蜀中大乱，甫以其家避乱荆楚[3]。扁舟下峡，未维舟而江陵乱[4]，乃溯沿湘流，游衡山，寓居耒阳[5]。甫尝游岳庙，为暴水所阻，旬日不得食，耒阳聂令知之，自棹舟迎甫而还[6]。永泰二年，啖牛肉、白酒[7]，一夕而卒于耒阳，时年五十九。

高适就死了。这年，崔宁杀掉郭英义，杨子琳又进攻西川，蜀中大乱，杜甫带着全家老小避乱到荆楚。坐着小船出长江三峡，还没停船，江陵又发生乱事，就沿着湘水南下，游了一次衡山，最后来耒阳定居。杜甫游衡山南岳庙时，水暴涨把他困住，十多天弄不到吃的，耒阳聂县令知道了，赶忙摆了条船把他接出来。永泰二年(766)杜甫吃了牛肉白酒，一个晚上就病死在耒阳，时年五十九岁。

注释　① 乂：音 yì。② 东蜀：肃宗时改剑南节度使为剑南东川、西川两节度使，东川以梓州(今四川三台)为治所，西川仍以成都为治所。东蜀即指东川节度辖区。③ 荆楚：古代地理上的习惯用语，大体相当今湖北地区。④ 江陵：今湖北江陵。⑤ 耒阳：今湖南耒阳。⑥ 棹(zhào)：摇船。⑦ 啖(dàn)：吃。

原文

子宗武，流落湖湘而卒。元和中，宗武子嗣业自耒阳迁甫之柩，归葬于偃师县西北首阳山之前。

天宝末诗人甫与李白齐名，而白自负文格放达，讥甫龌龊[1]，而有“饭颗山”之嘲诮[2]。元和中，词人元

翻译

子宗武，流落在湖湘地区去世。宪宗元和中，宗武的儿子嗣业从耒阳迁走杜甫的棺木，归葬在偃师县西北首阳山前。

天宝末年的诗人杜甫和李白齐名，而李白以文格放达自负，讥笑杜甫作诗拘于细节而气势格局不够开阔，曾写了一首“饭颗山”的诗嘲诮杜甫。到元和

稹论李、杜之优劣曰[3]："予读诗至杜子美而知小大之有所总萃焉，……盖所谓上薄《风》《骚》[4]，下该沈、宋[5]，言夺苏、李[6]，气吞曹、刘[7]，掩颜、谢之孤高[8]，杂徐、庾之流丽[9]，尽得古今之体势，而兼人人之所独专矣。使仲尼考锻其旨要，尚不知贵其多乎哉[10]！苟以为能所不能，无可无不可，则诗人已来未有如子美者。是时山东人李白，亦以文奇取称，时人谓之'李杜'，予观其壮浪纵恣，摆去拘束，模写物象，及乐府歌诗，诚亦差肩于子美矣。至若铺陈终始，排比声韵，大或千言，次犹数百，词气豪迈，而风调清深，属对律切，而脱弃凡近，则李尚不能历其藩翰，况堂奥乎！……"自后属文者以稹论为是。甫有文集六十。

中，诗人元稹重新评论李、杜的优劣。他说："我读诗读到杜子美才知道小大之有所总汇……所谓上则逼近《风》《骚》，下则兼包沈、宋，言辞超越苏、李，气势平吞曹、刘，压倒颜、谢的孤高，间杂徐、庾的流丽，备具了古今的体势，兼有了各家的专长。如果让孔子来评价衡量，对这种多才多艺恐怕也会称赏吧！从无所不能，无可无不可来说，可说从有诗人以来没有人能比得上子美的。当时山东人李白也以文奇见称，被人们合称'李杜'，我看他的作品壮阔纵放，摆脱拘束，所描写景物的小诗和乐府歌诗确也可以和子美并肩比美，但讲到五言长律之能铺陈终始，安排声韵，长的多至上千言，短的也有几百字，词气既能豪迈，而风调又能清深，对偶既精工协律，而又能不沦于凡俗，则李连子美的边都没有摸到，更谈不到升堂入室了！……"以后作诗的都同意元稹的评论。杜甫留有诗文集六十卷。

注释 ① 龌龊(wò chuò):气量局限,拘于细节。 ②“饭颗山”之嘲诮:这是指李白《戏赠杜甫》的诗,原文是:“饭颗山头逢杜甫,顶戴笠子日卓午。借问别来太瘦生,总为从前作诗苦。” ③ 词人元稹:元稹是和白居易齐名的诗人,这里所谓“词人”的“词”是指文词,不是晚唐以后盛行的填词之词。元稹的这段议论见于他给杜甫所写的墓志铭里。 ④《风》《骚》:指《诗经・国风》和《离骚》。 ⑤ 沈、宋:唐前期的沈佺期、宋之问。 ⑥ 苏、李:指收入《文选》里的传为西汉苏武、李陵的五言诗,其实都是后人拟托的。 ⑦ 曹、刘:三国时曹植、刘桢。 ⑧ 颜、谢:南朝前期的颜延之、谢灵运。 ⑨ 徐、庾:南朝后期的徐陵、庾信。 ⑩ 多乎哉:原文见《论语・子罕》,太宰说孔子“何其多能”。孔子说:“吾少也贱,故多能鄙事,君子多乎哉?不多也。”

郭子仪传

导读

安禄山在河北叛乱以后，唐朝可用的只剩下西北地区的边兵，而其中建制完整、实力强大的首推朔方节度使，其领袖郭子仪由此成了“再造王室，勋高一代”的元老重臣。通过这篇翔实的传记，我们可以看到这位元老重臣在东定河北、西御吐蕃中所起的真实作用，同时对这个大动荡时期的军事政治形势，以及中央政权对地方军事集团既利用又猜忌的微妙关系，也都可以有所了解。（选自卷一二〇）

原文

郭子仪，华州郑县人[①]。父敬之，历绥、渭、桂、寿、泗五州刺史[②]，以子仪贵，赠太保，追封祁国公。

翻译

郭子仪，是华州郑县人，父名敬之，历任绥、渭、桂、寿、泗五州刺史，后来子仪显贵了，还被追赠太保，追封祁国公。

注释 ① 华州郑县：今陕西华州。 ② 绥、渭、桂、寿、泗五州：绥州，在今陕西绥德及其周围地区。渭州，在今甘肃陇西及其周围地区。桂州，在今广西桂林及其周围地区。寿州，在今安徽寿县及其南部地区。泗州，今江苏泗洪及其周围地区。

原文

子仪长六尺余，体貌秀杰。始以武举高等补左卫长史[①]，累历诸军使[②]。天

翻译

子仪身高六尺多，长得既漂亮又伟岸。最初考武举以高等成绩当上左卫长史，再在外边多次充任军使。玄宗天

宝八载，于木剌山置横塞军及安北都护府，命子仪领其使，拜左卫大将军[③]。十三载，移横塞军及安北都护府于永清栅北筑城[④]，仍改横塞为天德军，子仪为之使，兼九原太守、朔方节度右兵马使[⑤]。

宝八载(749)，在木剌山设置横塞军和安北都护府，任子仪为军使，拜左卫大将军。十三载(754)，移横塞军和安北都护府在永清栅北筑城，并改称横塞军为天德军，仍旧任子仪为军使，兼九原太守、朔方节度右兵马使。

注释　① 武举：武则天时开始设置的考选军事人才的科目。左卫长使：唐有所谓十二卫大将军，左卫是其一，都是掌管宫廷警卫的，但早就有名无实，长史是大将军、将军手下的从六品文职事官。 ② 军使：唐在边塞要地设置军，受都督、节度使等管辖，其长官叫军使。 ③ 拜左卫大将军：这实际是虚衔，其正式官职是横塞军使。 ④ 永清栅北筑城：在今内蒙古乌拉特前旗北，乌加河东岸。 ⑤ 九原太守：天宝时改丰州为九原郡，改州刺史为郡太守。右兵马使：当时节度使下设兵马使，是执掌兵权的高级军职。

原文

十四载，安禄山反，十一月以子仪为卫尉卿兼灵武郡太守充朔方节度使[①]，诏子仪以本军东讨。遂举兵出单于府[②]，收静边军[③]，斩贼将周万顷，传首阙下。禄山遣大同军使高秀岩寇河曲[④]，子仪击败之，进收云

翻译

天宝十四载(755)，安禄山造反，十一月子仪被提升为卫尉卿兼灵武郡太守充朔方节度使，下诏叫子仪率领朔方本军兵马东进讨伐。子仪提兵出单于都护府，收复静边军，擒斩贼将周万顷，把首级传送京师。安禄山派大同军使高秀岩侵犯河曲，子仪把他打败，进军收复云中、马邑，打开东陉关，因功加授御史大夫。天宝十五载(756)正月，贼

中[5]、马邑[6]，开东陉[7]，以功加御史大夫。十五载正月，贼将蔡希德陷常山郡[8]，执颜杲卿，河北郡县皆为贼守。二月，子仪与河东节度使李光弼率师下井陉[9]，拔常山郡，破贼于九门[10]，南攻赵郡[11]，生擒贼四千，皆舍之，斩伪太守郭献璆[12]，获兵仗数万。师还常山，贼将史思明以数万人踵其后，我行亦行，我止亦止。子仪选骁骑五百更挑之，三日至行唐[13]，贼疲乃退，我军乘之，又败于沙河[14]。禄山闻思明败，乃以精兵益之，我军至恒阳[15]，贼亦随至。子仪坚壁自固，贼来则守，贼去则追，昼扬其兵，夕袭其幕，贼人不及息。数日，光弼议曰："贼怠矣，可以战。"六月，子仪、光弼率仆固怀恩、浑释之、陈回光等阵于嘉山[16]，贼将史思明、蔡希德、尹子奇等亦结阵而至，一战

将蔡希德攻陷常山郡，太守颜杲卿被俘，河北各郡县都投向叛军。二月，子仪和河东节度使李光弼领兵出井陉口，攻克常山郡，在九门打败叛军，往南攻打赵郡，俘虏四千都释放，只杀了伪太守郭献璆，取得好几万兵器装备。回军常山，贼将史思明带了几万兵马在后边追踪，官军行动他们也行动，官军休息他们也休息。子仪就选派五百骁骑轮番挑战磨缠，磨上三天到了行唐，叛军疲乏想退却，官军乘势回军攻击，又大败叛军于沙河。安禄山接到史思明的败报，再给他加派精兵，等官军到达恒阳，史思明军又跟踪来到。子仪凭营垒自卫，叛军来就守御，叛军退就出击，白天陈兵扬威，夜晚偷袭敌营，弄得叛军谁都无法休息。这样相持了几天，李光弼对子仪说："贼兵疲怠了，可以打了。"六月，子仪、光弼统率仆固怀恩、浑释之、陈回光等在嘉山列阵，贼将史思明、蔡希德、尹子奇等也结阵进逼，一仗打下来把叛军杀得大败，斩杀四万人，生擒五千人，还夺得五千匹战马，史思明丢掉头盔光着脚逃往博陵。于是河北十余郡的将士都杀死叛军所派守将迎候王师，子仪准备北上进取范阳，官军声势大振。

败之，斩馘四万级[17]，生擒五千人，获马五千匹，思明露发跣足奔于博陵[18]。于是河北十余郡皆斩贼守者以迎王师，子仪将北图范阳，军声大振。

注释 ① 卫尉卿：卫尉寺长官，从三品，由于节度使本身无品级，所以必须同时授予个有品级的官作为他的本职，实际只是虚衔性质。 ② 单于府：单于都护府，所辖相当今内蒙古阴山、河套一带。 ③ 静边军：在单于都护府东北。 ④ 河曲：今内蒙古河套的黄河弯曲之处。 ⑤ 云中：天宝时改云州为云中郡，今山西大同及其周围地区。 ⑥ 马邑：天宝时改朔州为马邑，今山西朔州及其周围地区。 ⑦ 东陉：东陉关，在今山西代县东。 ⑧ 常山郡：天宝时改恒州为常山郡，在今河北正定、灵寿、阜平等地区。 ⑨ 井陉：井陉口，也叫土门，在常山郡井陉县东南，今河北井陉县东，是从太行山区进入华北平原的要隘。 ⑩ 九门：古常山九门县，在今河北正定西。 ⑪ 赵郡：天宝时以赵州为赵郡。 ⑫ 璆：音 qiú。 ⑬ 行唐：今河北行唐。 ⑭ 沙河：行唐东边的水道。 ⑮ 恒阳：今河北曲阳。 ⑯ 嘉山：山名，在恒阳。 ⑰ 斩馘(guó)：古代割取所杀敌人的左耳叫馘。这里的馘也就是斩首的意思。 ⑱ 跣(xiǎn)：赤脚。博陵：天宝时改定州为博陵郡，郡治安喜，在今河北定州。

原文

是月，哥舒翰为贼所败，潼关不守，玄宗幸蜀，肃宗幸灵武。子仪副使杜鸿渐为朔方留后[1]，奏迎车驾。七月，肃宗即位，以贼据两

翻译

可就在当月，哥舒翰被叛军打败，潼关失守，玄宗逃到成都，肃宗北上灵武。子仪的节度副使杜鸿渐任朔方留后，上表迎接肃宗。七月，肃宗在灵武即位，鉴于叛军已占领西京长安，得先设法收复，就下诏让郭子仪班师回军。

京，方谋收复，诏子仪班师。八月，子仪与李光弼率步骑五万至自河北。时朝廷初立，兵众寡弱，虽得牧马，军容缺然。及子仪、光弼全师赴行在[2]，军声遂振，兴复之势，民有望焉。诏以子仪为兵部尚书同中书门下平章事[3]，依前灵州大都督府长史、朔方军节度使[4]。肃宗大阅六军，南趋关辅，至彭原郡。宰相房琯请兵万人，自为统帅以讨贼，帝素重琯，许之，兵及陈涛，为贼所败，丧师殆尽。方事讨除，而军半殪[5]，唯倚朔方军为根本。十一月，贼将阿史那从礼以同罗、仆骨五千骑出塞，诱河曲九府六胡州部落数万[6]，欲迫行在，子仪与回纥首领葛逻支往击败之，斩获数万，河曲平定。

八月，子仪和李光弼统率步骑五万从河北赶回灵武。当时朝廷刚在灵武建立，朔方主力东征后留下的兵众寡弱，放牧的战马虽多，总组织不起像样的部队。这时子仪、光弼全师到达，军势大振，大家才感到有恢复的希望。肃宗下诏提升郭子仪为兵部尚书同中书门下平章事，照旧任灵州大都督府长史、朔方军节度使。肃宗检阅官兵，亲自统率南下进取关中，到达彭原郡。宰相房琯要求拨给一万兵马，自己充任统帅讨伐叛军，肃宗一向看重房琯，同意了，结果房琯进到陈涛斜，被叛军打败，官兵死伤殆尽。这一下用来讨贼的兵马几乎损失了一半，更只有依靠朔方军作为兴复的资本。十一月，贼将阿史那从礼率领同罗、仆骨五千骑出塞，煽诱河曲九府六胡州部落几万人马，想进逼灵武。子仪带了回纥首领葛逻支前去把他打败，斩杀俘获好几万人，河曲地区得以平定。

注释 ① 留后：节度使外出作战或入京朝觐，指派人留在治所临时代职叫留后，安史乱后节度使死去临时代职的也叫留后。 ② 行在：皇帝出京后的临时驻在地叫行在。 ③ 兵部尚书同中书门下平章事：这实际是虚衔。 ④ 灵州大都督府长史：这是朔方节度使照例的兼职，当时大都督一般要由亲王充任，所以节度使只能是长史。⑤ 殪(yì)：死。⑥ 河曲九府六胡州：灵州境内黄河弯曲处所安置的若干突厥部落，统之以都督府和所谓羁縻州，和正式的州、县有区别。

原文

贼将崔乾祐守潼关，二年三月，子仪大破贼于潼关，崔乾祐退保蒲津[①]。时永乐尉赵复、河东司户韩旻、司士徐炅[②]、宗子李藏锋等陷贼在蒲州，四人密谋俟王师至则为内应，及子仪攻蒲州，赵复等斩贼守陴者[③]，开门纳子仪。乾祐与麾下数千人北走安邑[④]，安邑百姓伪降，乾祐兵入将半，下悬门击之，乾祐未入，遂得脱身东走。子仪遂收陕郡永丰仓。自是潼、陕之间，无复寇钞。

翻译

当时贼将崔乾祐把守潼关，肃宗至德二年(757)三月，子仪大破叛军于潼关，崔乾祐退守蒲津。这时永乐县尉赵复、河东郡司户参军事韩旻、司士参军事徐炅、宗室李藏锋四人失陷在蒲州，他们密谋官兵一到就内应，等子仪进攻蒲州，他们杀死在城头女墙上防守的贼兵，开城迎进郭子仪军。崔乾祐和手下几千人逃到安邑，安邑的百姓假装投降，等叛军进城将及一半，放下闸门痛击闸在城里的叛军，崔乾祐正巧未入城，才能脱身东逃。子仪乘势收复了陕郡的永丰仓。自此潼关、陕郡之间再没有叛军来骚扰。

注释 ① 蒲津：蒲津关，在蒲州河东县，今山西永济西，西临黄河。② 炅：音jiǒng。③ 陴(pí)：城墙上的女墙。④ 安邑：在今山西运城东。

原文

是月，安禄山死，朝廷

翻译

本月，安禄山死去，朝廷计划大行

欲图大举，诏子仪还凤翔[①]。四月，进位司空，充关内河东副元帅。五月，诏子仪帅师趋京城。师于潏水之西[②]，与贼将安太清、安守忠战，王师不利，其众大溃，尽委兵仗于清渠之上[③]。子仪收合余众保武功，诣阙请罪，乞降官资，乃降为左仆射，余如故。九月，从元帅广平王率蕃汉之师十五万进收长安[④]。回纥遣叶护太子领四千骑助国讨贼，子仪与叶护宴狎修好，相与誓平国难，相得甚好。子仪奉元帅为中军，与贼将安守忠、李归仁战于京西香积寺之北，王师结阵横亘三十里，贼众十万陈于北。归仁先薄我军，我军乱，李嗣业奋命驰突，擒贼十余骑乃定。回纥以奇兵出贼阵之后夹攻之，贼军大溃，自午至酉斩首六万级[⑤]。贼将张通儒守长安，闻归仁等败，是夜

动，下诏召子仪回凤翔。四月，子仪进位为司空，充任关内河东副元帅，五月，下诏叫子仪统率大军进取京城长安。子仪大军到达长安郊外潏水的西边，和贼将安太清、安守忠打了一仗，没打好，兵众溃散，器械都丢弃在清渠边上。子仪收合余众退保武功，自己去见肃宗请罪，要求降他的官职，肃宗只降他为尚书左仆射，其余一切职务照旧。九月，子仪跟随元帅广平王统率蕃汉兵马十五万进攻长安。回纥派叶护太子率领四千骑兵助唐讨贼，子仪宴请叶护，共同立誓解救国难，相处得很融洽。子仪自己奉元帅广平王作为中军，和贼将安守忠、李归仁在京城西郊香积寺之北会战。官军结阵横亘三十里，叛军十万在阵北结兵。李归仁先向官军进攻，官军阵乱，李嗣业奋勇冲突，擒杀叛军十余骑才稳住阵脚。回纥出奇兵到叛军阵后夹攻，叛军崩溃，从午时杀到酉时，斩杀叛军六万人。贼将张通儒驻守长安，听到李归仁等战败，连夜逃奔陕郡。第二天，广平王进入京师，老幼百万夹道欢呼，流着眼泪说："想不到今天还能看到官军。"广平王让战士休息三天，继续东进。肃宗在凤翔得到捷报，百官都为他庆贺，他因为宗庙被烧毁，悲哭不能自

奔陕郡。翌日，广平王入京师，老幼百万，夹道欢叫涕泣而言曰："不图今日复见官军。"广平王休士三日，率师东趋。肃宗在凤翔闻捷，群臣称贺，帝以宗庙被焚，悲咽不自胜，臣僚无不感泣。

控，百官也被感动得哭泣。

注释 ① 凤翔：今陕西凤翔。 ② 潏(jué)水：源出南山太一谷，经长安城南，又北上经城西入于渭水。 ③ 清渠：在长安城西。 ④ 广平王：就是后来的代宗李豫。 ⑤ 自午至酉：今中午十二点钟到晚上六、七点钟。

原文

十月，安庆绪遣严庄悉其众十万来赴陕州[①]，与张通儒同抗官军。贼闻官军至，悉其众屯于陕西，负山为阵，子仪以大军击其前，回纥登山乘其背，遇贼潜师于山中，与斗过期，大军稍却，贼分兵三千人，绝我归路，众心大摇，子仪麾回纥令进，尽杀之，师驰至其后，于黄埃中发十余箭，贼惊顾

翻译

这年十月，杀禄山自立为皇帝的安庆绪把十万叛军悉数交付严庄开到陕州，和张通儒共同抵抗官军。叛军听官军来了，全军都屯集到州西，靠山结阵，子仪指挥大军在正面攻打，让回纥登山从敌阵背面袭击，在山里遇到伏击，多打了一会，正面的官军看回纥还未有动静，稍稍退却，叛军分兵三千想来切断退路，官军军心动摇。子仪传令回纥赶快行动，回纥把伏兵杀尽，赶到叛军阵后，在满天黄尘中射了十几箭，叛军大惊，互相看着说："回纥来了。"即时全线

曰:“回纥来!”即时大败,僵尸遍山泽。严庄、张通儒走归洛阳,遂与安庆绪渡河保相州[②]。子仪奉广平王入东都,陈兵于天津桥南,士庶欢呼于路,伪侍中陈希烈、伪中书令张垍等三百余人素服请罪[③],王慰抚遣之。是时河东、河西、河南贼所盗郡邑皆平。以功加司徒,封代国公,食邑千户。寻入朝,天子遣兵仗戎容迎于灞上[④],肃宗劳之曰:“虽吾之家国,实由卿再造。”子仪顿首感谢。

崩溃,被斩杀的尸体遍满山泽。严庄、张通儒逃回洛阳,再和安庆绪放弃洛阳渡过黄河据守相州。子仪奉广平王进入东都洛阳,大军陈列在天津桥南,居民沿路欢呼,伪侍中陈希烈、伪中书令张垍等三百多人穿着白色的丧服向广平王请罪,广平王安抚后都放回。这时河东和河西南被叛军占领的地区都告恢复。子仪因功加授司徒,封代国公,食邑一千户。不久子仪入朝,肃宗派军队摆好队伍,到灞上迎接,肃宗慰劳子仪说:“这虽是我的家国,其实全靠卿重新建造。”子仪叩头感谢。

注释 ① 安庆绪:安禄山长子,杀禄山后嗣位为伪燕皇帝。 ② 相州:今河南安阳及其周围地区。 ③ 垍:音 jì。 ④ 灞上:当时灞桥东端、灞水东岸之地叫灞上。

原文

十二月,还东都,命子仪经营北讨。乾元元年七月,破贼河上,擒伪将安守忠以献,遂朝京师,敕百僚班迎于长乐驿,帝御望春楼待之,进位中书令。九月,

翻译

这年十二月,子仪回到洛阳,奉命作准备北上讨伐叛军。乾元元年(758)七月,子仪在河上打败叛军,生擒贼将安守忠送长安,自己也入朝。肃宗让百官排班在长乐驿迎接,亲自在望春楼等候,进子仪为中书令。九月,子仪奉诏

奉诏大举，子仪与河东节度使李光弼、关内节度使王思礼、北庭行营节度李嗣业、襄邓节度使鲁炅、荆南节度季广琛、河南节度使崔光远、滑濮节度许叔冀、平卢兵马使董秦等九节度之师讨安庆绪[①]。帝以子仪、光弼俱是元勋，难相统属，故不立元帅，唯以中官鱼朝恩为观军容宣慰使[②]。十月，子仪自杏园渡河围卫州[③]，安庆绪与其骁将安雄俊、崔乾祐、薛嵩、田承嗣悉其众来援，分为三军，子仪阵以待之，预选射者三千人伏于壁内，诫之曰："俟吾小却，贼必争进，则登城鼓噪、弓弩齐发以迫之。"既战，子仪伪遁，贼果乘之，及垒门，遽闻鼓噪，俄而弓弩齐发，矢注如雨，贼徒震骇，子仪整众追之，贼众大败。是役也，获伪郑王安庆和以献，遂收卫州。进军趋邺[④]，与

书开始大规模军事行动，和河东节度使李光弼、关内节度使王思礼、北庭行营节度使李嗣业、襄邓节度使鲁炅、荆南节度使季广琛、河南节度使崔光远、滑濮节度使许叔冀、平卢兵马使董秦，一共动用九个节度使的兵马征讨安庆绪。肃宗考虑到郭子仪、李光弼都是国家元勋，不便有所统属，就没有任命元帅，只派大宦官鱼朝恩去担任观军容宣慰使。十月，子仪从杏园渡过黄河围攻卫州，安庆绪带领骁将安雄俊、崔乾祐、薛嵩、田承嗣倾巢出动来救援，在州城外分列三军，子仪也摆开阵势，并预先选了三千射手埋伏在营垒里，吩咐说："等我军稍向后退，敌兵准会争先杀过来，你们就登上营垒大声鼓噪，对准他们弓弩齐发。"双方接触后子仪果真伪装退却，叛军赶上来，才到垒门，立即响起一片鼓噪声，接着弓弩齐发，箭如雨下，叛军惊恐失措，子仪指挥大队官兵追杀，叛军大败。子仪擒获伪郑王安庆和送入京师，自己和大军进入卫州。再北上进攻安庆绪盘踞的邺城，在城外愁思冈打了一仗，叛军又打败，官军就扎下连营围城。安庆绪派薛嵩带了自己的十匹好马献给史思明求救，还答应把皇帝的称号让给史思明。乾元元年十二月

贼再战于愁思冈[⑤]，贼军又败，乃连营围之。庆绪遣薛嵩以所乘马十匹求救于史思明，且言禅代。十二月，思明遣将李归仁率众赴之，营于滏阳[⑥]。二年正月，史思明自率范阳精卒复陷魏州，乃伪称燕王。王师虽众，军无统帅，进退无所承禀，自冬徂春，竟未破贼，但引漳水以灌其城，城中食尽。……二月，思明率众自魏州来。李光弼、王思礼、许叔冀、鲁炅前军遇贼于邺南，与之接战，夷伤相半，鲁炅中流矢。子仪为后阵，未及合战，大风遽起，吹沙拔木，天地晦暝，跬步不辨物色[⑦]，我师溃而南，贼军溃而北，委弃兵仗、辎重累积于路。诸军各还本镇，子仪以朔方军保河阳，断浮桥，有诏令留守东都。三月，以子仪为东都畿、山南东道、河南诸道行营元帅。中官鱼

(760)，史思明派部将李归仁带兵前往，在滏阳扎营。乾元二年(760)正月，史思明亲自率领范阳精兵南下，再次攻陷魏州，自称燕王。当时官军人数虽多，没有统帅，行动进退都无处请示，从上年冬天到这年春天，还破不了城，只能引漳水来灌城，城里也已把粮食吃尽。……这年二月，史思明率领大队人马从魏州来到邺城。李光弼、王思礼、许叔冀、鲁炅作为前军先在城南和史思明接战，互有死伤，鲁炅也中了一箭。子仪是后阵，还没有来得及和叛军交战，突然刮起大风，飞沙拔木，天地昏黑，半步之内都辨认不清，官军向南溃退，叛军往北溃退，兵器、军粮丢弃得满路都是。官兵各军都回本镇，子仪带领朔方军保住河阳，并拆断架在黄河上的浮桥，肃宗下诏叫子仪留守东都洛阳。三月，肃宗任命子仪为东都畿、山南东道、河南诸道行营元帅。大宦官鱼朝恩一向妒忌子仪，怕他立功，趁这次朔方军没有打好仗，在肃宗面前攻击子仪，不久子仪被召回京师。肃宗改派第二子赵王系为天下兵马元帅，李光弼为副元帅，把陕州以东的军事交给李光弼以代替子仪。子仪的兵权虽失掉了，但仍忠心于王室，想到战乱还

朝恩素害子仪之功，因其不振媒孽之，寻召还京师。天子以赵王系为天下兵马元帅，李光弼副之，委以陕东军事，代子仪之任。子仪虽失兵柄，乃心王室，以祸难未平，不遑寝息。

未平息，寝食不安。

注释 ① 关内节度使：自朔方分出。北庭行营节度：北原庭为玄宗时九节度之一，治所在今新疆奇台西，李嗣业只是北庭一支部队的统帅，所以叫行营节度。襄邓节度使：治所在今湖北襄阳。荆南节度：治所在今湖北江陵。河南节度使：治所在今河南开封。滑濮节度：治所在今河南滑县。平卢：平卢节度使，也是玄宗时九节度使之一，当时治所在今辽宁朝阳。 ② 观军容宣慰使：全称是军观容宣慰处置使，代表皇帝去监督九节度使，实际成为元帅。 ③ 卫州：治所在汲县，即今河南卫辉。杏园就在汲县之南，南临黄河。 ④ 邺：天宝时改相州为邺郡。这里指的邺其治所即今河南安阳。 ⑤ 愁思冈：在安阳西。 ⑥ 滏(fǔ)阳：今河北磁县。 ⑦ 跬(kuǐ)：举足一次叫跬，也就是半步叫跬。

原文

俄而史思明再陷河洛[1]，朝廷旰食[2]，复虑蕃寇逼迫京畿，三年正月，授子仪邠宁、鄜坊两镇节度使[3]，仍留京师。言事者以子仪有社稷大功，今残孽未除，不宜置之散地。肃宗深然

翻译

很快史思明再度攻占河洛，朝廷担忧无法抵御，又怕吐蕃入侵京畿，于是在乾元三年(760)正月，让子仪兼领邠宁、鄜坊两镇节度使，仍留在京师。有人上奏说子仪有大功于社稷，今河北残孽未除，不应置之闲散。肃宗很同意，在上元元年(760)九月，任命子仪为诸道兵马都统，管崇嗣为副都统，要叫他

之，上元元年九月[4]，以子仪为诸道兵马都统，管崇嗣副之，令率英武、威远等禁军及河西、河东诸镇之师，取邠宁、朔方、大同、横野，径抵范阳。诏下旬日，复为朝恩所间，事竟不行。

统率英武、威远等禁军和河西、河东各镇的部队，取道邠宁、朔方、大同、横野直抵范阳。诏书下了才十天，又被鱼朝恩进了谗言，仍然没有能执行。

注释　① 河洛：古代地理上的习惯用语，指黄河、洛水之间的地区，包括东都洛阳在内。 ② 旰(gàn)食：因事繁忧延迟到天晚了才吃饭。旰，天晚。 ③ 邠(bīn)宁：节度使治所在今陕西彬州。鄜(fū)坊：节度使治所在今陕西黄陵南。 ④ 上元元年：乾元三年闰四月改年号为上元，上元元年和乾元三年是同一年。

原文

上元二年二月，李光弼兵败于邙山，河阳失守，鱼朝恩退保陕州。三年二月，河中军乱[1]，杀其帅李国贞，时太原节度邓景山亦为部下所杀，恐其合从连贼，朝廷忧之，后辈帅臣，未能弹压，势不获已，遂用子仪为朔方、河中、北庭、潞、仪、泽、沁等州节度行营兼兴平、定国副元帅[2]，充本管观察处置使，进封汾阳郡王，

翻译

上元二年(761)二月，李光弼在北邙山战败，河阳失守，鱼朝恩退守陕州。三年(762)二月，河中军发生变乱，杀死节度使李国贞，当时太原节度使邓景山也被部下所杀，朝廷担心这两镇联合起来投向叛军，而后辈将领又未必有能力弹压，不得已只好起用子仪为朔方、河中、北庭、潞、仪、泽、沁等州节度行营兼兴平、定国等军副元帅，充本管观察处置使，进封汾阳郡王，出镇绛州。三月，子仪要向肃宗告辞到任。当时肃宗有病，臣下没有能进见的，子仪要求道："老臣这次受命，将死在外边了，现在见

出镇绛州[③]。三月，子仪辞赴镇。肃宗不豫，群臣莫有见者，子仪请曰："老臣受命，将死于外，不见陛下，目不瞑矣！"帝乃引至卧内，谓子仪曰："河东之事，一以委卿。"子仪呜咽流涕。赐御马、银器、杂彩，别赐绢四万匹、布五万端以赏军[④]。子仪至绛，擒其杀国贞贼首王元振数十人诛之。太原辛云京闻子仪诛元振，亦诛害景山者，由是河东诸镇率皆奉法。

不到陛下，今后将死不瞑目！"肃宗就叫人把子仪引进卧室，对子仪说："河东的事情，一概交付给卿了。"子仪流着泪哭出声来。肃宗把御马、银器、杂彩赏赐给子仪，还赐绢四万匹、布五万端让子仪带去赏军。子仪到了绛州，把杀害李国贞的首恶王元振等几十个人抓起来杀掉，太原的新任节度使辛云京听到郭子仪杀了王元振，也把杀害邓景山的人处死，从此河东各镇都遵奉王法。

注释 ① 河中：河中节度使管区，治所在今山西永济西。 ② 潞、仪、泽、沁等州：即指泽潞节度使，治所在今山西长治。 ③ 绛州：治所在今山西新绛。 ④ 匹：唐代绢以匹计，一匹有四丈。端：唐代布以端计，一端有六丈。

原文

四月，代宗即位。内官程元振用事，自矜定策之功[①]，忌嫉宿将，以子仪功高难制，巧行离间，请罢副元帅，加实封七百户[②]，充肃宗山陵使[③]。子仪既谢恩，上

翻译

这年四月，代宗李豫即位。宦官程元振弄权，自夸有拥立代宗之功，对大将们既讨厌又顾忌，认为子仪功高难制，使用诡计进行离间，子仪被罢掉副元帅，加实封七百户，充任肃宗山陵使。子仪谢恩后，上表进献代宗前后赐给他

表进代宗所赐前后诏敕[4]，因自陈诉……诏答曰："朕不德不明，俾大臣忧疑，朕之过也，朕甚自愧，公勿以为虑。"代宗以子仪顷同患难，收复两京[5]，礼之逾厚。时史朝义尚据洛阳[6]，元帅雍王率师进讨[7]，代宗欲以子仪副之，而鱼朝恩、程元振乱政，杀裴茙、来瑱[8]。子仪既为所间，其事遂寝，乃留京师。

的诏敕，并陈诉自己的心迹……代宗下诏回答说："朕不德不明，弄得大臣疑惧担忧，是朕的过错，朕感到很惭愧，请公不要再因此而有什么顾虑。"代宗在做广平王时和子仪共过患难，一起收复过东西两京，对他确实更为优礼。当时史朝义还盘踞在洛阳，元帅雍王李适统大军进讨，代宗要用子仪为副元帅，而大宦官鱼朝恩、程元振乱政，杀害了襄邓防御史裴茙和山南东道节度使来瑱，子仪既被他们所离间，仍未能出任副元帅而留在京师。

注释 ① 定策：古人把拥立皇帝叫定策。 ② 实封：可以按照所封户数去取得其租税的，叫实封。 ③ 山陵使：皇帝的陵墓叫山陵，皇帝死后所派总管丧葬工作的大臣叫山陵使。 ④ 代宗：明闻人诠本和其他所有本子都作肃宗，但从陈诉的内容来看只能是代宗，今径改正。 ⑤ 两京：唐代以西京长安、东京洛阳为两京。 ⑥ 史朝义：史思明长子，杀思明自立为伪皇帝。 ⑦ 雍王：代宗子李适(kuò)，后立为皇帝，庙号德宗。 ⑧ 茙：音 róng。瑱：音 tiàn。

原文

俄而梁崇义据襄阳叛，仆固怀恩阻兵于汾州，引回纥、吐蕃之众入寇河西。明年十月，吐蕃陷泾州，虏刺史高晖，晖遂与蕃军为乡

翻译

不久，梁崇义据襄阳反叛，仆固怀恩也在汾州和朝廷对抗，还引了回纥、吐蕃的兵马入侵河西。第二年(763)十月，吐蕃攻陷泾州，俘虏刺史高晖，高晖投降吐蕃并充当向导，引吐蕃深入京

导[①]，引贼深入京畿，掠奉天、武功，济渭而南，缘山而东。渭北行营兵马使吕日将逆城于盩厔[②]，自辰至酉[③]，杀蕃军数千，然其徒多殒，贼将逼京师。君上计无所出，遽诏子仪为关内副元帅，出镇咸阳。子仪自相州不利，李光弼代掌兵柄，及征还朝廷，部曲散去[④]，及是承诏，部下唯二十骑，强取民家畜产以助军。至咸阳，蕃军已过渭水，其日天子避狄幸陕州，子仪闻上避狄，雪涕还京，至则车驾已发。射生将王献忠从驾，沿路遂以四百骑叛，仍逼丰王已下十王欲投于贼[⑤]，子仪入开远门遇之，诘丰王等所向，遂护送行在。子仪以三千骑傍南山至商州[⑥]，得武关防兵及六军散卒四千人[⑦]，招辑亡逸，其军浙振。蕃寇犯京城，得故邠王守礼孙广武王承宏[⑧]，立帝号，假署百

畿，抢掠奉天、武功，渡过渭水南下，沿南山东进。渭北行营兵马使吕日将在盩厔迎战，从辰时打到酉时，杀死几千吐蕃兵，而官军也多战死，吐蕃眼看进逼京师。代宗束手无策，赶忙下诏让郭子仪出任关内副元帅，出镇咸阳。可是子仪从相州失败后就由李光弼代掌兵权，召回京师后部曲又多离散，到这时接到诏书，部下只剩下二十多人有马可骑，就强取民间畜养的来补充。到达咸阳，吐蕃已过渭水，当天代宗也逃出长安去陕州，子仪得知了这件事，擦干眼泪赶回长安，代宗已经出发了。有个禁军的射生将王献忠随从扈驾，在路上煽诱四百骑兵叛变，还胁逼丰王以下十个亲王去投顺吐蕃，正好子仪进入长安开远门，和这伙碰上，诘问上哪里去，把丰王等拦下来送给代宗。子仪自己再带了三千骑兵沿着南山到商州，招收到武关防兵和禁军逃散的战士四千人，其他散兵败卒也都来归附，军势渐盛。吐蕃这时已打进长安，找到已故邠王李守礼的孙儿广武王李承宏，立为皇帝，还临时任命了一批官员。子仪派六军兵马使张知节、乌崇福、羽林军使长孙全绪等带上一万人马为先锋，在韩公堆扎营，大张旗帜，鼓声震动山谷。长孙全

官。子仪遣六军兵马使张知节、乌崇福、羽林军使长孙全绪等将兵万人为前锋，营于韩公堆，盛张旗帜，鼓鞞震山谷⑨。全绪遣禁军旧将王甫入长安，阴结少年豪侠以为内应，一日，齐击鼓于朱雀街，蕃军惶骇而去。大将李忠义先屯兵苑中，渭北节度使王仲升守朝堂，子仪以大军续进，至浐西，射生将王抚自署为京兆尹，聚兵二千人，扰乱京城，子仪召抚杀之。诏子仪权京城留守。

绪又派禁军旧将王甫混进长安，暗地里联络一些少年豪侠作为内应。一天，在朱雀大街上这伙人一齐擂响战鼓，吐蕃害怕起来，撤出了长安。大将李忠义先带兵开进禁苑驻守，渭北节度使王仲升驻守朝堂，子仪统率大军继续前进，到达浐水西边。有个射生将王抚自称京兆尹，聚兵二千人，扰乱京城，子仪把他召来杀掉。代宗下诏叫子仪临时担任京城留守。

注释 ① 乡：音 xiàng。 ② 盩厔(zhōu zhì)：今陕西周至。 ③ 自辰至酉：今上午八、九点钟到晚上六、七点钟。 ④ 部曲：大将个人蓄养的私兵，一般都颇有战斗力。 ⑤ 丰王：玄宗第二十六子李珙(gǒng)。 ⑥ 商州：今陕西商州及其周围地区。 ⑦ 武关：在商州，在今陕西丹凤东南。 ⑧ 邠王守礼孙广武王承宏：广武王承宏是邠王守礼之子，明闻人诠本和其他本子以至《通鉴》都错成了“孙”。 ⑨ 鞞(pí)：同“鼙”，古代军中所用小鼓。

原文

自西蕃入寇，车驾东幸，天下皆咎程元振①，东宫屡

翻译

自从吐蕃入侵，皇上车驾东幸，天下都归罪大宦官程元振，皇太子即前雍

论之，元振惧，又以子仪复立功，不欲天子还京，劝帝且都洛阳以避蕃寇，代宗然之。下诏有日，子仪闻之，因兵部侍郎张重光宣慰回，附章论奏……代宗省表垂泣，谓左右曰："子仪用心，真社稷臣也。可亟还京师。"十一月，车驾自陕还宫，子仪伏地请罪，帝驻车劳之曰："朕用卿不早，故及于此。"乃赐铁券[2]，图形凌烟阁。

是时，河北副元帅仆固怀恩方顿军汾州，掠并、汾诸县以为己邑。乃以子仪兼关内河东副元帅、河中节度观察使，出镇河中。蕃戎既退，仆固怀恩部下离散，是月，怀恩子玚主兵榆次[3]，为帐下将张惟岳所杀，传首京师，惟岳以玚之众归于子仪。怀恩惧，弃其母而走灵州。明年九月，以子仪守太尉，充北道邠宁、泾原、河西已东通和蕃及朔方招抚观察使[4]，其关

王李适多次有议论，程元振很害怕，又看到郭子仪再度立了大功，不想让代宗回长安，劝他暂且迁都洛阳以避吐蕃。代宗同意，下了诏书。几天后，郭子仪知道了，趁兵部侍郎张重光来长安后回陕州，就附上奏章劝阻……代宗看后流着泪对身边的人说："子仪这样为朕着想，真是社稷之臣啊！朕应该赶快回京师。"十一月，代宗车驾从陕州回宫，子仪伏地请罪，代宗停下车慰劳说："朕没有早一点用卿，才会出现这样的局面。"赐子仪铁券，在凌烟阁画上子仪的图像。

这时，河北副元帅仆固怀恩仍带着部队停驻在汾州，还掠取并、汾两州的县城归自己管辖。代宗派子仪兼任关内河东副元帅、河中节度观察使，出镇河中。当时吐蕃已经撤退，仆固怀恩的部下看到形势不利纷纷离散，怀恩的儿子仆固玚在榆次用兵，也在这个月里被帐下将张惟岳所杀，首级传送京师，余众由惟岳统带投归子仪。仆固怀恩紧张起来，丢下他的母亲逃往灵州。明年(765)九月，代宗以子仪守太尉，充任北道邠宁、泾原、河西通和蕃及朔方招抚观察使，本来担任的关内河东副元帅和中书令都依旧不动。子仪考虑到仆固怀恩还未除掉，招抚观察使的差使不好推却，

内河东副元帅、中书令如故。子仪以怀恩未诛，不宜让使，坚辞太尉……优诏不许⑤，子仪见上感泣恳让，乃止。

而太尉这个正一品的称号则坚决不能接受……代宗优诏不许，子仪再次求见太宗，哭着推辞，才算辞掉。

注释 ① 咎(jiù)：归罪。 ② 铁券：用铁铸成，上有文字，由皇帝颁赐给身份特别高贵的功臣，其后裔如果犯罪，凭此可要求减罪赦免。 ③ 玚：音 chàng。榆次：今山西榆次。 ④ 泾原：指泾原节度使管区，治所在泾州安定，今甘肃泾川县北。 ⑤ 优诏：诏书里对臣下褒扬、慰劳或说其他好话，叫优诏。

原文

十月，仆固怀恩引吐蕃、回纥、党项数十万南下，京师大恐，子仪出镇奉天。帝召子仪问御戎之计，子仪曰："以臣所见，怀恩无能为也。"帝问其故，对曰："怀恩虽称骁勇，素失士心，今所以能为乱者，引思归之人耳。怀恩本臣偏将，其下皆臣之部曲，臣恩信尝及之，今臣为大将，必不忍以锋刃相向，以此知其无能为也。"虏寇邠州，子仪在泾阳，子仪令长男朔方兵马使曜率师援之，与邠宁节度使白孝德闭

翻译

这年十月，仆固怀恩带引吐蕃、回纥、党项几十万兵马南下，京城里大为紧张，子仪奉诏出镇奉天。临行时，代宗召子仪问用什么办法来抵御，子仪说："照臣看来，怀恩并不能有所作为。"代宗问为什么，子仪回答道："怀恩虽号称骁勇，其实在军中一向不得人心，这次所以能作乱，是原先跟他外逃的人想回来的缘故。怀恩本是臣的偏将，跟他外逃的人都是臣的部下，臣对他们颇有恩信，如今臣为大将，他们必不忍以锋刃相向，因此臣知道他不能有所作为。"吐蕃这时已入侵邠州，子仪还在泾阳，就派长子朔方兵马使郭曜领兵增援邠州，和邠宁节度使白孝德闭城拒守。仆固怀恩军先锋到达奉天，逼近城下挑

城拒守。怀恩前锋至奉天，近城挑战，诸将请击之，子仪止之曰："夫客兵深入，利在速战，不可争锋，彼皆吾之部曲，缓之自当携贰，若迫之，是速其战，战则胜负未可知。敢言战者斩!"坚壁待之，果不战而退。子仪自泾阳入朝，帝御安福门待之，命子仪楼上行朝见之礼，宴赐隆厚。十一月，以子仪为尚书令，上表恳辞……答诏不允。翌日敕所司令子仪于尚书省视事，诏宰相百僚送上，遣射生五百骑执戟翼从，自朝堂至省，赐教坊乐。子仪不受，复上表曰："臣伏以尚书令，武德之际，太宗为之……自后因废此官，永代作则。陛下守文继体，固当奉而行之，岂可猥私老臣，隳厥成式[①]，上掩陛下之德，下贻万方之非。臣虽至愚，安敢轻受。……"手诏答曰："优崇之命，所以报功……顾循时议，佥谓允

战，将领们要出击，子仪制止说："客兵深入，利于速战，不宜与之争锋，他们过去都是我的部下，缓一下他们就会动摇离散，如果我们出战，是促使他们动手，动起手来胜负就很难说。谁再说出战，我就杀他的头!"于是坚守营垒等待着，对方果真不战而退。子仪从泾阳入朝，代宗到安福门上迎候，叫子仪上门楼行朝见之礼，宴请赏赐隆重优厚。十一月，拜子仪为尚书令，子仪上表恳辞……代宗答诏不允。第二天，代宗叫尚书省请子仪到任，叫宰相百官送子仪上任，还派自己的警卫——射生五百骑执戟分列两侧。子仪仍不肯接受，再次上表说："臣认为尚书令在武德时太宗皇帝曾做过……因此以后就废止这个官职，并成为后世必须遵循的准则。陛下继承先业，恪遵祖宗法度，自当本此办理，怎能随便施恩老臣，而破坏陈规，上则有损陛下圣德，下则招来万方的非议。臣虽说昏愚已极，也哪敢轻易领受。……"代宗亲笔写诏书答复说："下诏对卿优崇，是报答卿的功绩，……朕听取舆论，也都说完全应该这么办理，而卿一再上奏，恳辞不受……这种嘉言懿行，应对外宣布，编入国史。"派大宦官鱼朝恩传宣诏书，并赏赐子仪美人卢

谐，而屡拜封章，恳怀让挹……宜宣示于外，编之史册。”遣内侍鱼朝恩传诏，赐美人卢氏等六人，从者八人，并车服、帷帐、床蓐、珍玩之具。时蕃虏屡寇京畿，倚蒲、陕为内地，常以重兵镇之。永泰元年五月，以子仪都统河南道节度行营，出镇河中。

氏等六人，侍女八人，还有车马、衣服、帷帐、床褥、珍宝玩好等。当时吐蕃屡次入侵京畿。朝廷把蒲、陕二州作为退路，常用重兵镇守，代宗永泰元年(765)五月，派子仪都统河南道节度行营，出镇河中。

注释　① 隳(huī)：毁坏。

原文

八月，仆固怀恩诱吐蕃、回纥、党项、羌、浑、奴剌，山贼任敷、郑庭、郝德、刘开元等三十余万南下。先发数万人掠同州[①]，期自华阴趋蓝田[②]，以扼南路，怀恩率重兵继其后。回纥、吐蕃自泾、邠、凤翔数道寇京畿，掠奉天、醴泉[③]，京师震恐。天子下诏亲征，命李忠臣屯东渭桥，李光进屯云

翻译

这年八月，仆固怀恩又诱引吐蕃、回纥、党项、羌、浑、奴剌等族以及山贼任敷、郑庭、郝德、刘开元等三十多万兵马南下。先出几万兵马抢掠同州，要从华阴直取蓝田，来切断南路，仆固怀恩带领重兵跟随前进。回纥、吐蕃则从泾州、邠州、凤翔几路入侵京畿，洗劫了奉天、醴泉，京师震动。代宗下诏亲征，派李忠臣军屯渭桥，李光进军屯云阳，马璘、郝玉廷军屯便桥，骆奉仙、李日越军屯盩厔，李抱玉军屯凤翔，周智光军屯同州，杜冕军屯坊州，代宗统率禁军屯

阳[4]，马璘、郝廷玉屯便桥，骆奉先、李日越屯盩厔，李抱玉屯凤翔，周智光屯同州，杜冕屯坊州[5]，天子以禁军屯苑内。京城壮丁，并令团结，城二门塞其一。鱼朝恩括士庶私马，重兵捉城门，市民由窦穴而遁去，人情危迫。是时急召子仪自河中至，屯于泾阳，而虏骑已合，子仪一军万余人，而杂虏围之数重。子仪使李国臣、高升拒其东，魏楚玉当其南，陈回光当其西，朱元琮当其北，子仪率甲骑二千出没于左右前后。虏见而问曰："此谁也？"报曰："郭令公也[6]。"回纥曰："令公存乎？仆固怀恩言天可汗已弃四海，令公亦谢世，中国无主，故从其来。今令公存，天可汗存乎[7]？"报之曰："皇帝万岁无疆！"回纥皆曰："怀恩欺我。"子仪又使谕之曰："公等顷年远涉

禁苑之内。京城里的壮丁都叫组织起来，城门有两个就堵掉一个。鱼朝恩搜刮官员、民家所有的马匹，还用重兵看守城门，居民从城墙下面的小洞逃出长安，情况极为危急。这时，代宗赶忙把子仪从河中召回，叫他屯驻泾阳，而回纥、吐蕃的骑兵已经在城下合围，子仪一军只有万余人，被敌骑重重围困。子仪派李国臣、高升在东，魏楚玉在南，陈回光在西，朱元琮在北，四面抵御防守，自己带了二千铁骑出入前后左右。敌兵看到了，问道："这是谁啊？"官军回答说："是郭令公！"回纥说："令公还健在吗？仆固怀恩说天可汗已去世，令公也已去世，中国无主，所以我们跟他来。如今令公还健在，天可汗健在吗？"回答说："皇帝万寿无疆！"回纥都说："怀恩欺骗了我们！"子仪又叫人开导他们说："公等当年远涉万里，来为我们剪除凶逆，收复二京，当时子仪和公等同甘苦共患难的情景，哪天都不会忘掉。如今公等忽然抛弃了老朋友，去帮助叛臣，何其不明智啊！何况怀恩这种人连主子都能背叛，母亲都会抛弃，对公等哪会有什么好心眼！"回纥说："我们以为令公去世了，否则，怎会来到这里！令公真健在，能让我们见见面吗？"子仪准

万里，剪除凶逆，恢复二京，是时子仪与公等周旋艰难，何日忘之。今忽弃旧好，助一叛臣，何其愚也！且怀恩背主弃亲，于公等何有。”回纥曰：“谓令公亡矣，不然，何以至此！令公诚存，安得而见之？”子仪将出，诸将谏曰：“戎狄之心，不可信也，请无往。”子仪曰：“虏有数十倍之众，今力固不敌，且至诚感神，况虏辈乎？”诸将曰：“请选铁骑五百卫从。”子仪曰：“适足以为害也。”乃传呼曰：“令公来！”虏初疑，持满注矢以待之，子仪以数十骑徐出，免胄而劳之曰⑧：“安乎？久同忠义，何至于是？”回纥皆舍兵下马，齐拜曰：“果吾父也！”子仪召其首领，各饮之酒，与之罗锦，欢言如初。子仪说回纥曰：“吐蕃本吾舅甥之国⑨，无负而至，是无亲也。若倒戈乘之，如拾地芥耳。

备去和他们见面，将领们说：“戎狄之心，不可轻信，请切莫去。”子仪说：“敌人比我们多出几十倍，要论兵力本来就无法抵敌，只要至诚，连神明都能感动，何况这些蕃虏。”将领们说：“请挑选铁骑五百跟随保卫。”子仪说：“这反要坏事的。”于是传呼道：“令公来了！”回纥开始还不相信，拉满弓、搭上箭等待着，子仪带了几十骑缓缓地来，脱掉头盔对回纥慰问道：“大家好吧？我们一向同讲忠义，何至于这个样子？”回纥都丢掉兵器，下马齐拜，说：“真吾父也！”子仪把回纥首领们召过来，请他们喝酒，送他们罗锦，像以往一样欢笑交谈。子仪劝他们道：“吐蕃本是我舅甥之国，我们没有对不起他们而他们入侵，是他们背弃了亲戚，如果你们乘势倒戈，收拾他们，可比从地上拾个芥子都容易。他们所带羊马遍布原野，长达几百里，这是上天所赐，不该失去机会。你们既帮我们驱逐吐蕃，而又可借此获利，和我们重修前好，然后凯旋，这岂非两全其美吗？”正好这时仆固怀恩暴死鸣沙，回纥失去了统摄，就答应下来，派首领石野那等入朝，子仪派朔方兵马使白元光和回纥会合行动。吐蕃知道了回纥变心，连夜奔逃，回纥与白元光追赶，子仪率

其羊马满野，长数百里，是为天赐，不可失也。今能逐戎以利举，与我继好而凯旋，不亦善乎！”会怀恩暴死于鸣沙[10]，群虏无所统摄，遂许诺，乃遣首领石野那等入朝，子仪遣朔方兵马使白元光与回纥会军。吐蕃知其谋，是夜奔退，回纥与元光追之，子仪大军继其后，大破吐蕃十余万于灵武台西原，斩首五万，生擒万人，收其所掠士女四千人，获牛羊驼马三百里内不绝。子仪自泾阳入朝，加实封二百户，还镇河中。

领大军跟上，大破吐蕃十余万众于灵武台西原，斩杀五万人，生擒一万人，救出所虏的四千男女，俘获的牛羊驼马列队行进长达三百里。子仪从泾阳入朝，加实封三百户，回镇河中。

注释　① 同州：今陕西大荔到韩城一带，治所在今大荔。 ② 蓝田：今陕西蓝田。 ③ 醴泉：今陕西礼泉。 ④ 云阳：在今陕西三原西。 ⑤ 坊州：今陕西黄陵、宜君一带，州治中部县即鄜坊节度使治所。 ⑥ 郭令公：郭子仪当时是中书令，所以被称为令公。 ⑦ 天可汗：自唐太宗被称为天可汗后，兄弟民族相沿都称唐朝皇帝为天可汗。 ⑧ 胄(zhòu)：头盔。 ⑨ 吐蕃本吾舅甥之国：唐太宗把文成公主嫁给吐蕃松赞干布，因而唐朝皇帝和吐蕃君主之间就有着舅、甥关系。 ⑩ 鸣沙：县名，属灵州，在今宁夏灵武西南。

原文

大历元年十二月，华州节度使周智光杀监军张志斌谋叛。帝以同、华路阻，召子仪女婿工部侍郎赵纵受口诏往河中，令子仪起军讨之，纵请为蜡书，令家僮间道赐子仪。奉诏大阅军戎，将发，同、华将吏闻军起，乃斩智光父子，传首京师。二年二月，子仪入朝，宰相元载、王缙、仆射裴冕、京兆尹黎干、内侍鱼朝恩共出钱三十万，置宴于子仪第，恩出罗锦二百匹为子仪缠头之费①，极欢而罢。九月，吐蕃寇泾州，诏子仪以步骑三万自河中移屯泾阳。十月，蕃军退至灵州，邀击败之，斩馘二万。十二月，盗发子仪父墓，捕盗未获，人以鱼朝恩素恶子仪，疑其使之，子仪心知其故。及自泾阳将入，议者虑其构变，公卿忧之。及子仪入见，帝

翻译

代宗大历元年(766)十二月，华州节度使周智光杀监军宦官张志斌叛乱。代宗因为同州、华州一路已被周智光军截断，就把子仪女婿工部侍郎赵纵召来，口授密诏，让其去河中叫郭子仪起兵讨伐智光，赵纵请写成蜡书，叫家僮从小路送到河中。子仪奉诏检阅兵马，准备行动。同、华的将吏知道了，就杀掉周智光父子送首级到京师。大历二年(767)二月，子仪入朝，宰相元载、王缙、仆射裴冕、京兆尹黎干、内侍省内侍鱼朝恩共同出钱三十万，在子仪宅第里办了个大宴会，代宗拨出罗锦二百匹，送给子仪作为他赏赐歌伎之用，极尽欢洽而罢。九月，吐蕃又入侵泾州，代宗下诏叫子仪率领步骑三万从河中移屯泾阳。十月，吐蕃退到灵州。子仪赶上把蕃兵打败，斩杀二万人。十二月，子仪父亲的坟墓被盗掘，凶犯抓不到，人们鉴于鱼朝恩一向反对子仪，都怀疑是他指使人这么干的，子仪心里也很明白。等子仪打败吐蕃，将从泾阳入朝，就有人议论他会不会因此有什么反对朝廷的行动，公卿中也多为此担忧。等到子仪入见代宗，代宗谈起这件事，子仪号啕大哭，说：“臣长期主持军事，不

言之，子仪号泣奏曰："臣久主兵，不能禁暴，军士残人之墓，固亦多矣。此臣不忠不孝，上获天谴，非人患也！"朝廷乃安。三年三月，还河中。八月，吐蕃寇灵武，九月，诏子仪率师五万自河中移镇奉天。是月白元光大破吐蕃于灵武。十月，子仪入朝，还镇河中。

能禁绝兵士骚扰百姓，把百姓的坟墓已经破坏得够多了。现在发生这样的事情，是臣不忠不孝，招来上天的惩罚，并非真有人跟臣过不去啊！"朝廷上这才安静下来。大历三年(768)三月，子仪回河中。八月，吐蕃入侵灵武。九月，下诏让子仪带领五万兵马移镇奉天。同月子仪部将白元光大破吐藩于灵武。十月，子仪入朝，回镇河中。

注释 ① 缠头：我国古代歌舞者把锦帛缠在头上作装饰，叫作缠头，后来把赏赐歌舞者锦帛、财物也叫缠头。

原文

时议以西蕃侵寇，京师不安，马璘虽在邠州，力不能拒，乃以子仪兼邠宁庆节度[1]，自河中移镇邠州，徙马璘为泾原节度使。八年十月，吐蕃寇泾州，子仪遣先锋兵马使浑瑊[2]逆战于宜禄[3]，不利。会马璘设伏于潘原[4]，与瑊合击，大破蕃军，俘斩数万计。回纥赤心卖马一万匹，有司以国计不

翻译

朝廷认为吐蕃经常入侵，京师不得安宁，虽有马璘在邠州镇守，仍无力抵御，于是让子仪兼任邠宁庆节度使，从河中移镇邠州，马璘调任泾原节度使。大历八年(773)十月，吐蕃入侵泾州，子仪派先锋兵马使浑瑊到宜禄迎敌，被打败。马璘在潘原设下埋伏，会同浑瑊袭击吐蕃，打了胜仗，斩杀、俘虏了几万吐蕃兵。回纥使者赤心卖马给唐朝，有一万匹，主管者考虑到国家经费不充裕，提出只买一千匹，子仪认为回纥先后为

充，请市千匹，子仪以回纥前后立功，不宜阻意，请自纳一年俸物充回纥马价，虽诏旨不允，内外称之。九年，入朝，代宗召对延英，语及西蕃充斥，苦战不暇，言发涕零。既退，复上封论备吐蕃利害曰："……臣伏以陛下横制胜之术，力非不足，但虑简练未精，进退未一，时淹师老，地阔势分。愿陛下更询谠议，慎择名将，俾之统军，于诸道各抽精卒，成四五万，则制胜之道必矣，未可失时。臣又料河南、河北、山南、江淮小镇数千[⑤]，大镇数万，空耗月饩，曾不习战，臣请抽赴关中，教之战阵，则军声益振，攻守必全，亦长久之计也。臣猥蒙任遇，垂二十年，今齿发已衰，愿避贤路[⑥]，止足之诫[⑦]，神明所鉴。"诏曰："卿忧深虑远，殊沃朕心，始终依赖，未可执辞也！"

国家立功，不好使他们失望，自愿缴纳个人一年的俸禄，抵充回纥马价，虽然代宗没有同意，仍博得朝廷内外的称赏。大历九年(774)，子仪入朝，代宗请子仪到延英殿谈话，谈到吐蕃兵多势众，官军苦战不得休息，谈着就流下来眼泪。退出后，又上了个奏章，议论防御吐蕃的得失，说："……臣认为陛下所持制胜之术，就兵力来讲，已不算太少，只是选择训练还远不够精严，进退动作还未能整齐，加之长期备战，将士易于疲乏，防区辽阔，兵力必然分散。希望陛下更多地征询臣下的意见，认真挑选名将来统带部队，再从各道抽调精兵，合起来有四五万人，就准能克敌制胜，时机紧迫，千万不要拖延。此外，河南、河北、山南、江淮等处的节镇，小者兵马几千，大者几万，徒然按月颁发军粮俸给，而不参加战斗，臣建议把这些兵马临时抽调到关中，训练他们列阵作战，这样，我军的声势就显得浩大，无论进攻防守都可万无一失，这也是长治久安之计。至于臣个人承朝廷识拔，委以重任，已将及二十年，如今牙齿头发都渐脱落，总求退避贤路，以谨遵'止足'之诫，愿上天神明谅鉴臣的诚意。"代宗下诏说："卿深虑远思，对朕很有启发帮助，朕对卿始终依赖，卿切不能坚决推辞啊！”

注释　① 邠宁庆节度：庆，庆州，今甘肃庆阳及迤北地区。其时所设节度使管领邠、宁、庆三州，故曰邠宁庆节度使。② 瑊：音 jiān。③ 宜禄：今陕西长武。④ 潘原：县名，属泾州，在今陕西长武西，明闻人本和其他本子均误作潘源，今径改正。⑤ 山南：唐初十道之一，所辖相当今四川嘉陵江流域以东，陕西秦岭、甘肃嶓冢山以南，河南伏牛山西南，湖北涢水以西，自重庆至湖南岳阳之间的长江以北地区，开元时又分东、西两道，山南东道治所在今湖北襄阳，山南西道治所在今陕西汉中。⑥ 避贤路：自己引退、让贤才得以提拔上来，贤路，指进用贤才之路。⑦ 止足之诫：《老子》有“知足不辱，知止不殆”的话，意思是做人应该知道满足，有了一定的名誉地位后就应该不再追求，这成为古人的一种处世哲学。

原文

德宗即位，诏还朝，摄冢宰①，充山陵使，赐号“尚父”，进位太尉、中书令，增实封通计二千户，给一千五百人粮、二百匹马草料，所领诸使、副元帅并罢，诸子弟、女婿拜官者十余人。

建中二年夏，子仪病甚。德宗令舒王谊传诏省问，及门，郭氏子弟迎拜于外，王不答拜，子仪卧不能兴，以手叩头谢恩而已。六

翻译

德宗即位，下诏让子仪回朝，请子仪摄冢宰，充任代宗的山陵使，赐号“尚父”，进位太尉、中书令，增加实封连过去的共计二千户，再给予一千五百人的粮食、二百匹马的草料，原先所领诸使，副元帅都免去，子仪的儿子、女婿有十多人拜授官职。

德宗建中二年(781)夏天，子仪病重，德宗派第三子舒王李谊带上诏书登门看望，郭家子弟在门外迎拜，舒王自不便答拜，子仪躺着不能起身，只得用手叩头谢恩。六月十四日子仪逝世，时年八十五岁。德宗知道后大为悲痛，停

月十四日薨，时年八十五。德宗闻之震悼，废朝五日，诏……赠太师，陪葬建陵，仍令所司备礼册命，赙绢三千匹、布三千端、米麦三千石[2]，旧《令》一品坟高丈八，而诏特加十尺，群臣以次赴宅吊哭，凶丧所须，并令官给。及葬，上御安福门临哭送之，百僚陪位陨泣。赐谥曰忠武，配飨代宗庙庭。

子曜、旰、晞、昢、晤、暧、曙、映等八人[3]，婿七人，皆朝廷重官，诸孙数十人。每群孙问安不尽辨，颔之而已。参佐官吏六十余人后位至将相，升朝秩贵位，勒其姓名于石，今在河中府。……

止朝会五天，下诏……追赠太师，陪葬于肃宗的建陵，并陈列仪式宣布太师的册令，又叫主管部门送绢三千匹、布三千端、米麦三千石办理丧事，《唐令》本来规定一品官的坟墓高一丈八尺，下诏特加十尺，百官要按品级到宅第吊丧，其他丧事要用的都由政府拨给。出殡时，德宗到安福门哭送，百官陪同哭泣。赐谥号叫忠武，在代宗的庙庭里立位配飨。

郭子仪儿子郭曜、郭旰、郭晞、郭昢、郭晤、郭暧、郭曙、郭映等八人，女婿七人，都在朝廷上担任重要官职。孙儿有好几十人，每当孙儿们问安时，子仪已不能统统认得，点点头就算了。下属官吏中有六十多人后来做到将相，升擢高官显职，这些人的姓名都刻在碑石上，保存在河中府。……

注释　① 冢宰：新皇帝刚即位时要为老皇帝居丧，不能上朝听政，需要指派一位德高望重的大臣做冢宰代替他临时主持几天朝政，当然这都是名义上的，做样子给人看的。② 赙（fù）：本为送财物助人办丧事之义，后来给丧事人家送礼也都叫赙。③ 旰：音 hàn。晞：音 xī。暧：音 ài。

田承嗣传

导读

通常认为节度使即所谓藩镇是唐代一大祸害，其实并不尽然。玄宗时设置九节度使是为了对付东北的奚、契丹和西南的吐蕃、南诏。范阳节度使安禄山及其党羽史思明叛乱之后，中央在内地遍设节度使，也是为了对付安史残余势力并解除吐蕃的威胁，以达到巩固其统治的目的。这些节度使多数是由中央任命而且服从中央的，不甚听话、向中央闹独立的基本上只有河北地区的魏博、成德、幽州三镇和在今山东的淄青镇，这些都是安史的残余势力，魏博镇首任节度使田承嗣就是其代表人物。但从这个传里可以看到凭他的实力仍是不能和中央对抗的，尽管中央也没有能力把这股根深蒂固的残余势力彻底消灭。（选自卷一四一）

原文

田承嗣，平州人①，世事卢龙军为裨校②。祖璟③，父守义，以豪侠闻于辽碣④。

翻译

田承嗣，平州人，世代在卢龙军任职做偏裨将校。祖名璟，父名守义，以豪侠闻名于辽碣。

注释 ① 平州：今河北卢龙、滦州、昌黎、乐亭等地区，治所卢龙在今河北卢龙。② 卢龙军：在卢龙城内。 ③ 璟：音 jǐng。 ④ 辽碣：古代地理上的习惯用语，辽指今辽河流域；碣指碣石山，在今河北秦皇岛，这一带统称辽碣。

原文

承嗣开元末为军使安禄山前锋兵马使，累俘斩奚、契丹功，补左清道府率①，迁武卫将军。禄山构逆，承嗣与张忠志等为前锋陷河洛。禄山败，史朝义再陷洛阳，承嗣为前导，伪授魏州刺史。代宗遣朔方节度使仆固怀恩引回纥军讨平河朔，帝以二凶继乱，郡邑伤残，务在禁暴戢兵，屡行赦宥，凡为安史诖误者一切不问。时怀恩阴图不轨，虑贼平宠衰，欲留贼将为援，乃奏承嗣及李怀仙、张忠志、薛嵩等四人分帅河北诸郡。乃以承嗣检校户部尚书、郑州刺史②。俄迁魏州刺史、贝博沧瀛等州防御使③。居无何，授魏博节度使④。

翻译

承嗣在开元末年充任平卢军使安禄山的前锋兵马使，积累俘获斩杀奚、契丹的战功，补授左清道府率，迁升武卫将军。安禄山造反，承嗣和张忠志等为先锋攻陷河洛。安禄山失败，史思明之子朝义再次攻陷洛阳，承嗣又充当前驱，授伪魏州刺史。代宗派遣朔方节度使仆固怀恩带引回纥军讨河北，考虑到安、史二凶相继作乱，郡县残破，务求禁暴戢兵，多次施行赦宥，凡被安、史牵累从逆的一概不予追究。而仆固怀恩图谋不轨，生怕乱事平定后不再被宠用，要留下叛军将领作为外援，就奏请让承嗣及李怀仙、张忠志、薛嵩等四人分帅河北诸郡。于是授承嗣检校户部尚书任郑州刺史，很快又改任魏州刺史、贝博沧瀛等州防御史。过了不久，又任命为魏博节度使。

注释 ① 左清道府率：唐代东宫有左右清道率府，掌管东宫内外昼夜巡警，府率是其长官。田承嗣加此职务以及其后迁武卫将军，实际上都是虚衔性质，并未入京任职。②鄚(mào)州：明闻人诠本和其他本子本作郑州，但田承嗣从未能占有河南道的郑州，当系河北鄚州之误，今径改正。鄚州在今河北任丘及其周围地区。③贝博沧瀛等州：贝州在今河北清河及其周围地区，博州在今山东聊城、高唐等地区，沧州在今河北南皮、山东乐陵等地区。④魏博节度使：治所在今河北大名北。

原文

承嗣不习教义，沉猜好勇，虽外受朝旨，而阴图自固。重加税率，修缮兵甲，计户口之众寡，而老弱事耕稼，丁壮从征役，故数年之间，其众十万。仍选其魁伟强力者万人以自卫，谓之“衙兵”。郡邑官吏，皆自署置，户版不籍于天府[①]，税赋不入于朝廷，虽曰藩臣，实无臣节。代宗以黎元久罹寇虐，故务优容，累加检校尚书仆射、太尉、同中书门下平章事，封雁门郡王，赐实封千户。及升魏州为大都督府，以承嗣为长史，仍以其子华尚永乐公主，冀以结固其心，庶其悛革[②]。而生于朔野，志性凶逆，每王

翻译

承嗣此人缺乏教育，不明事理，性格阴险，惯于猜忌，又好逞蛮勇，虽然表面上接受了朝廷的任命，而私底下图谋割据自固。他加重租税税率，修缮武器装备，检核管区户口，让老弱从事耕作，丁壮承担兵役，因此几年时间发展到十万兵马。并挑选其中魁梧有气力的一万人自卫，称之为“衙兵”。州县官吏也都擅自派任，户籍不送呈中央，租税不输入朝廷，名义上虽算是藩臣，实际上丝毫不像臣下的样子。代宗鉴于百姓长期遭受战乱，对承嗣姑息优容，官阶累次加授到检校尚书仆射、太尉、同中书门下平章事，封雁门郡王，赐实封一千户，魏州升为大都督府，又任命承嗣为长史，并让他的儿子田华娶自己的女儿永乐公主，企图把他笼络好，让他自行改悔。无奈此人生长在河北边远之地，本性凶逆，代宗每次派人对他慰问安抚，他总是出言不逊。

人慰安，言词不逊。

大历八年，相卫节度使薛嵩卒[3]，其弟崿欲邀旄节[4]。及用李承昭代嵩，衙将裴志清谋乱逐崿，崿率众归于承嗣。十年，薛崿归朝，承嗣使亲党扇惑相州将吏谋乱，遂将兵袭击，谬称救应。代宗遣中使孙知古使魏州宣慰，令各守封疆。承嗣不奉诏，遣大将卢子期攻洺州，杨光朝攻卫州，杀刺史薛雄，仍逼知古令巡磁、相二州[5]，讽其大将割耳剺面[6]，请承嗣为帅。知古不能诘。

代宗大历八年(773)，相卫节度使薛嵩去世，弟薛崿想继任。后来朝廷派李承昭代替薛嵩，相卫衙将裴志清作乱，驱逐薛崿，薛崿率领部队投奔承嗣。大历十年(775)，薛崿归顺朝廷去长安，承嗣指使亲信党羽去煽惑相州将吏作乱，自己接着带兵装作救援而袭取了相州。代宗派宦官孙知古到魏州宣慰，叫承嗣等各守原来的疆界。承嗣不接受诏命，又派大将卢子期攻占洺州，杨光期攻占卫州，杀死卫州刺史薛雄，还强迫孙知古到磁、相二州去巡视，同时唆使这里的大将割耳剺面，要求承嗣做他们的节度使。知古对此也无力抵制。

注释 ① 户版：我国的户籍最初登记在版片上，所以叫版籍或户版，这时虽以纸来登记，但习惯上仍承用户版等旧名称。天府：封建时代称皇室或中央收藏财物、文书之处为天府。 ② 悛(quān)：悔改。 ③ 相卫节度使：治所在今河南安阳。④ 崿：音 è。旄(máo)节：本为古代出使者所持以表明身份的东西，唐代节度使也都赐有旄节。 ⑤ 磁：在今河北磁县及其周围地区。 ⑥ 剺(lí)面：古代北方少数民族的习俗，割面流血，以示诚意或哀痛。

原文

四月，诏曰："田承嗣出

翻译

这年四月，代宗下诏讨伐承嗣，诏

自行间，策名边戍，早参戎秩，效用无闻，尝辅凶渠，驱驰有素。洎再平河朔，归命辕门，朝廷俯念遗黎，久罹兵革……思用抚宁……委授旄钺之任，假以方面之荣[①]，期尔知恩，庶能自效。……而乃据国家之封壤，仗国家之兵戈，安国家之黎人[②]，调国家之征赋，掩有资实，凭窃宠灵，内包凶邪，外示归顺。……此而可容，何者为罪？承嗣宜贬永州刺史[③]，仍许一幼男女从行，便路赴任。委河东节度使薛兼训、成德军节度使李宝臣、幽州节度留后朱滔、昭义节度李承昭、淄青节度李正己、淮西节度李忠臣、永平军节度使李勉、汴宋节度田神玉等[④]，掎角进军[⑤]。如承嗣不时就职，所在加讨，按军法处分。”诏下，承嗣惧，而麾下大将，复多携贰，仓黄失图，乃遣牙将郝

中说：“田承嗣出身军旅，任职边戍，早先做过军官，并无功绩，倒反辅佐贼首，长期为之驱驰效劳，直到河北再次平定，才来军前投降。朝廷念百姓久受刀兵之苦……想予以安抚……委你充当节度使，让你掌管一方面的军政大事，期望你感恩戴德，真能给朝廷出力。……哪知你据守国家的领土，使用国家的武器，统辖国家的百姓，征调国家的租税，却倚仗宠遇，把这一切统统占为己有，内心包藏凶邪，表面装作归顺。……对你这种人如果还要容忍，那什么才算是应该惩办的罪人？承嗣应贬为永州刺史，准许小儿女一人随行，从便路赴任。另委河东节度使薛兼训、成德军节度使李宝臣、幽州节度使朱滔、昭义节度使李承昭、淄青节度使李正己、淮西节度使李忠臣、永平军节度使李勉、汴宋节度使田神玉等，互相支援，进军夹击。如果承嗣不及时去永州就职，随处讨伐，按军法处分。”诏书下达，承嗣惧怕起来，而部下大将又多有贰心要叛离，承嗣仓皇失据，只得派牙将郝光朝奉表请罪，愿意归顺入朝。代宗也不想劳师动众，就下诏特赐恩典，予以宽免，侄儿田悦等都恢复旧有官职，并下诏不必入京朝见。

光朝奉表请罪，乞束身归朝。代宗重劳师旅，特恩诏允，并侄悦等悉复旧官，仍诏不须入觐[⑥]。

注释 ① 方面：过去习惯把掌管一方的军政叫方面。 ② 黎人：即黎民，唐人避太宗讳常改“民”为“人”。 ③ 永州：今湖南零陵及其周围地区。 ④ 成德军节度使：治所在今河北正定。幽州节度使：治所在今北京。昭义节度：即相卫节度，赐号昭义。淄青节度：治所在今山东青州。淮西节度：治所在今河南汝南。永平军节度使：即滑濮节度，赐号永平军，治所在今河南滑县东。汴宋节度：即河南节度，治所在今河南开封。 ⑤ 掎(jǐ)角：掎是拉住鹿的腿，角是抓住鹿的角，因而把互相支援、夹击敌人叫掎角。 ⑥ 觐(jìn)：诸侯朝见天子叫觐。

原文

十一年，汴将李灵曜据城叛，诏近镇加兵。灵曜求援于魏，承嗣令田悦率众五千赴之，为马燧、李忠臣逆击败之，悦仅而获免，兵士死者十七八。复诏诛之。十二年，承嗣复上章请罪，又赦之，复其官爵。承嗣有贝、博、魏、卫、相、磁、洺等七州，复为七州节度使，于是承嗣弟廷琳及从子悦、承嗣子绾、绪等皆复本官，仍

翻译

大历十一年(776)，汴州将领李灵曜据州城叛乱，代宗下诏邻近节镇出兵讨伐。李灵曜向魏博求救，承嗣派田悦领兵五千前往，被马燧、李忠臣迎击杀败，田悦侥幸逃脱，兵卒战死的十有七八。代宗又下诏诛讨承嗣。大历十二年(777)，承嗣再上奏章请罪，又予以赦免，恢复官爵。当时承嗣据有贝、博、魏、卫、相、磁、洺等七州，仍做这七州的节度使，同时承嗣弟廷琳、侄田悦、子田绾、田绪等都恢复原来的官职，并派给事中杜亚前往宣读诏书，进行晓谕，赐承嗣铁券。

令给事中杜亚宣谕，赐铁券。

十三年九月卒，时年七十五。有子十一人。……而悦勇冠三军，承嗣爱其才，及将卒，命悦知军事，而诸子佐之。

大历十三年(778)九月，承嗣去世，时年七十五岁。有子十一人。……而侄田悦勇冠三军，承嗣爱他的才略，到临死时叫田悦主持本镇军事，自己的儿子们做辅佐。

王叔文、王伾传

导读

唐顺宗在贞元二十一年(805)正月即位后，东宫旧人王叔文、王伾联合韦执谊等形成一个政治集团，通过大宦官李忠言操纵政局。同年八月顺宗在大宦官俱文珍等另一派政治势力压迫下退位，太子宪宗即位，王叔文集团随之而垮台。有人把王叔文集团这七个月的活动称为“永贞革新”，这显然是夸大了的，尽管王叔文等人确实做了点古代政治家所能做的好事，但这些好事对于宪宗以至别的皇帝而言并非不能做到。另外“永贞革新”这个词语也是有问题的，因为改元永贞已经是宪宗即位以后的事情了。至于这篇王叔文、王伾的传记是在他们失败后写的，因而又对他们作了过多的否定，甚至丑化，这也是不公道的，阅读时应该注意。(选自卷一三五)

原文

王叔文者，越州山阴人也[①]。以棋待诏，粗知书，好言理道[②]，德宗令直东宫。太子尝与侍读论政道，因言宫市之弊[③]，太子曰：“寡人见上[④]，当极言之。”诸生称赞其美，叔文独无言。罢坐，太子谓叔文曰：“向论宫

翻译

王叔文，越州山阴人。本以擅长下棋待诏翰林院，因为读过一些书，喜欢讲治理国家的大道理，德宗叫他到东宫侍候皇太子即后来的顺宗李诵。有一次太子和身边的侍读等人议论政治，讲到宫市的弊端，太子说：“寡人见到皇上，要把这些毫不保留地讲出来让皇上知道。”侍读们都称赞太子英明，只有叔

市，君独无言何也？”叔文曰：“皇太子之事上也，视膳、问安之外[5]，不合辄预外事。陛下在位岁久，如小人离间，谓殿下收取人情[6]，则安能自解？”太子谢之曰：“苟无先生，安得闻此言。”由是重之，宫中之事，倚之裁决。每对太子言，则曰：“某可为相，某可为将，幸异日用之。”密结当代知名之士而欲侥幸速进者，与韦执谊、陆质、吕温、李景俭、韩晔、韩泰、陈谏、柳宗元、刘禹锡等十数人，定为死交，而凌准、程异又因其党以进，藩镇侯伯亦有阴行赂遗请交者。

文一言不发。侍读们退出后，太子留下叔文，对他说：“刚才议论时，你为什么不讲话？”叔文说：“皇太子侍奉皇上，除掉视膳、问安之外，不应随便干预外边的事情。皇上在位年岁已久，如果有小人离间，说殿下想借此收买人心，请问怎能解释得清楚？”太子认错说：“如果没有先生，我怎能听到这样的话。”从此重视叔文，东宫里的事情都倚仗叔文来判断解决。每当和太子谈话，叔文总是说“某人可以为相，某人可以为将，希望殿下将来予以重用”。他秘密结交当时知名人士中急于想飞黄腾达的，和韦执谊、陆质、吕温、李景俭、韩晔、韩泰、陈谏、柳宗元、刘禹锡等十几位结为生死之交，而凌准、程异又因为和这些人通声气而得以进用，藩镇中也有暗地里贿赂馈赠和他们拉关系的。

注释 ① 越州：今浙江绍兴及其周围地区。山阴：今绍兴。 ② 理道：即治道，唐人避高宗名讳改“治”为“理”。 ③ 宫市：德宗派宦官在京城里购买民间货物，叫宫市，多数低价强买，甚至不付钱强夺。 ④ 寡人：先秦时诸侯自称为寡人，后世皇帝自称寡人，太子有时也可自称寡人。 ⑤ 视膳：古礼父母吃饭，儿子要在旁侍候，问吃的东西怎样，胃口好不好，这在当时叫问膳或视膳。问安：也是一种古礼，即问候尊长生活得是否安适。 ⑥ 殿下：汉以后对太后、皇太后、皇后及亲王的尊称。

原文

德宗崩，已宣遗诏，时上寝疾久，不复关庶政，深居施帘帷，阉官李忠言、美人牛昭容侍左右①，百官上议，自帷中可其奏。王伾常谕上属意叔文，宫中诸黄门稍稍知之②，其日召自右银台门，居于翰林为学士③。叔文与吏部郎中韦执谊相善，请用为宰相。叔文因王伾，伾因李忠言，忠言因牛昭容，转相结构，事下翰林，叔文定可否，宣于中书，俾执谊承奏于外。与韩泰、柳宗元、刘禹锡、陈谏、凌准、韩晔唱和，曰管，曰葛，曰伊，曰周，凡其党僩然自得④，谓天下无人。

翻译

德宗去世，已宣布遗诏，让太子即顺宗即位，可当时顺宗已卧病日久，不能处理繁杂的政务，只好深居宫中挂上帘幕，大宦官李忠言、美人牛昭容在左右侍候，百官上奏，从帘幕里回答可否。王伾常劝说顺宗重用叔文，宫里宦官们之间也有所风闻。有天果真把叔文召进右银台门，到翰林院任学士。叔文和吏部郎中韦执谊关系好，请顺宗任命韦执谊为宰相。叔文依靠王伾，王伾依靠李忠言，李忠言依靠牛昭容，一层层相互勾结。顺宗把要处理的政事下送到翰林院，由叔文决定可否，然后送到中书省，由韦执谊以宰相身份交付外边执行。叔文和韩泰、柳宗元、刘禹锡、陈谏、凌准、韩晔等一唱一和，互相吹捧，说谁是管仲，谁是诸葛亮，谁是伊尹，谁是周公，都自以为了不起，说天下再没有别的能人。

注释 ① 昭容：唐代正二品的妃嫔。 ② 黄门：汉代给事内廷的有黄门令、中黄门等官，都由宦官充任，因此后世常称宦官为黄门。 ③ 居于翰林为学士：唐玄宗时设置翰林学士，在翰林院南另建学士院，翰林学士替皇帝撰写诏令，以后逐渐参与机密，到德宗时有“内相”之称，有些宰相就由翰林学士提升。 ④ 僩（xiàn）然：气势阔大。

原文

叔文贱时[1]，每言钱谷为国大本，将可以盈缩兵赋，可操柄市士。叔文初入翰林，自苏州司功为起居郎，俄兼充度支盐铁副使，以杜佑领使，其实成于叔文[2]。数月，转尚书户部侍郎，领使、学士如故。内官俱文珍恶其弄权，乃削去学士之职。制出，叔文大骇，谓人曰："叔文须时至此商量公事，若不带此职，无由入内。"王伾为之论请，乃许三五日一入翰林，竟削内职。叔文始入内廷，阴构密命，机形不见，因腾口善恶进退之，人未窥其本，信为奇才。及司两使利柄[3]，齿于外朝，愚智同曰："城狐山鬼，必夜号窟居以祸福，人亦神而畏之；一旦昼出路驰，无能必矣！"

翻译

当初叔文还未掌权时，就常说钱财和粮食两项是治理国家的根本大计，掌握好可以控制兵额增减，可以收买人才。到叔文进入翰林院，在官衔上本是以苏州司功参军事升转为起居郎，不久就兼任度支盐铁副使，让杜佑名义上领正使，实际上一切都凭叔文裁决。过了几个月，又升转为尚书省的户部侍郎，照旧领度支盐铁副使，任翰林学士。大宦官俱文珍反对叔文弄权，设法削掉他的学士职务。诏制一公布，叔文大为吃惊，对人说："叔文要经常到翰林院商量公事，如果不带学士职衔，就无法进去。"王伾为他商量请求，才准许每三五天去一次翰林院，但学士职衔终于被削去。当初叔文刚进翰林，秘密谋划指使，不露外形，表面上公开议论善恶，予以兴废进退，人们看不透他的本心，真相信他是个奇才。到他掌握度支和盐铁两项利权，和外朝官员相处共事，无论智者愚者都说："城狐山鬼，总要躲在洞窟里，到晚上兴妖作怪，人们才把它当作神明来敬畏，一旦白天出来在大路上走动，就准定没有能耐了！"

注释 ① 贱时：明闻人诠本和其他本子都作“赋时”，讲不通，“赋”当是“贱”之误，今径改正。 ② 度支盐铁副使：全称是度支盐铁转运副使，度支本是户部的一个司，主管国家的财政收支，安史乱后才设度支使主管此工作，度支盐铁转运使则兼管盐税和东南租税转运到京师的工作，正使杜佑驻扬州，王叔文为副使留京师。 ③ 两使：度支和盐铁本是两项工作，王叔文任度支盐铁转运副使兼管两项工作，因此可以叫两使。

原文

叔文在省署，不复举其职事，引其党与窃语，谋夺内官兵柄，乃以故将范希朝统京西北诸镇行营兵马使①，韩泰副之。初，中人尚未悟，会边上诸将各以状辞中尉②，且言方属希朝，中人始悟兵柄为叔文所夺，中尉乃止诸镇无以兵属人③。希朝、韩泰已至奉天，诸将不至，乃还。

翻译

叔文在尚书省的官署里，不做他的本职工作，而伙同他的党羽秘密谋划，想夺取宦官掌握的神策军的兵权，他让老将范希朝出任京西北诸镇行营兵马使，党羽韩泰作为副使，一开始宦官们还没有懂得是什么意思，接着京西北诸镇将领们都书面报告神策中尉，说自己将归范希朝统带，宦官们才知道兵权已被叔文夺去，神策中尉就通知诸镇不要把部队交给人家。范希朝、韩泰已到达奉天，而将领们都不要参见，只好仍旧返回京师。

注释 ① 京西北诸镇：当时的神策军不仅是禁军，同时还是中央直接掌握的一支强大的野战部队，分驻在京城西北，有八镇之多。 ② 中尉：左、右神策护军中尉的简称，由宦官担任，是左、右神策军的长官，详本书选译的《宦官总序》。 ③ 以兵属人：明闻人诠本和其他本子都作“以兵马入”，讲不通，《新唐书·王叔文传》和《通鉴》作“以兵属人”，今径改正。

原文

无几，叔文母死。前一日，叔文置酒馔于翰林院，宴诸学士及内官李忠言、俱文珍、刘光奇等。中饮，叔文白诸人曰："叔文母疾病。比来尽心戮力为国家事、不避好恶难易者，欲以报圣人之重知也[①]。若一去此职[②]，百谤斯至，谁肯助叔文一言者？望诸君开怀见察。"又曰："羊士谔非毁叔文[③]，欲杖杀之，而韦执谊懦而不遂。叔文生平不识刘辟，乃以韦皋意求领三川[④]，辟排门相干，欲执叔文手，岂非凶人耶？叔文已令扫木场将斩之，韦执谊苦执不可。每念失此两贼，令人不快。"又自陈判度支已来兴利除害，以为己功。俱文珍随语折之，叔文无以对。

翻译

不久，叔文母病死。死的前一天，叔文在翰林院置办酒食，宴请各位学士和大宦官李忠言、俱文珍、刘光奇等人。酒吃了一半，叔文对他们说："叔文母病得很重。叔文近来之所以尽心用力给国家办事，不怕艰难不怕被人议论，无非是想报答皇上对叔文的知遇任用。如果因母丧去职，各式各样的诽谤攻击立即会加到叔文头上，诸君中有谁愿意帮叔文讲话的？希望诸君对叔文的苦心能够谅解。"又说："羊士谔此人攻击叔文，叔文本准备用杖刑把他处死，由于韦执谊懦弱没能办到。叔文生平本不认识刘辟，刘辟传达韦皋的要求想兼领三川节度使，登叔文门，不知轻重地要拉叔文之手，这岂非不安分的匪类？叔文已叫人打扫木场准备把他处斩，韦执谊又坚持不同意。一想到放掉了这两个匪类，就叫人不舒服。"叔文还讲了很多任度支以来兴利除害的事情，来给自己表功。叔文说一件，俱文珍立刻反驳一件，驳得叔文无话可说。

注释 ① 圣人：当时称皇帝为圣人。 ② 若一去此职：我国古代父母死了要服丧三年，实际为二十七个月，有官职的人，在此期间要解除官职，丧期满后才能重新起用。 ③ 谔：音 è。 ④ 三川：当时称剑南西川、剑南东川和山南西道三节度管区为三川。韦皋是剑南西川节度使，想扩展势力兼领三川节度。

原文

叔文未欲立皇太子。顺宗既久疾未平，群臣中外请立太子。既而诏下立广陵王为太子，天下皆悦，叔文独有忧色，而不敢言其事，但吟杜甫题诸葛亮祠堂诗末句云："出师未捷身先死，长使英雄泪满襟。"因歔欷泣下①，人皆窃笑之。

皇太子监国，贬为渝州司户②。明年诛之。

王伾，杭州人③。始为翰林侍书待诏。累迁至正议大夫、殿中丞、皇太子侍书④。顺宗即位，迁左散骑常侍⑤，依前翰林待诏。

翻译

叔文不想给顺宗立皇太子。可顺宗长期患病治不好，内外群臣请求立太子。后来下诏立广陵王李纯即宪宗为太子，普天下人都很高兴，只有叔文面有忧色，又不敢公开反对，只有咏吟杜甫题诸葛亮祠堂诗的最后一联所谓"出师未捷身先死，长使英雄泪满襟"，接着抽噎落泪，人们知道了都在暗笑。

皇太子宪宗监国，贬叔文为渝州司户参军事。第二年下诏把他杀掉。

王伾，杭州人。起初进翰林院做伺候皇帝练习写字的侍书待诏，几次升迁到正议大夫、殿中丞，给皇太子即顺宗李诵侍书。顺宗即位，升迁为左散骑常侍，照旧在翰林院待诏。

注释 ① 歔欷（xū xī）：抽噎声。 ② 渝州：今重庆及其周围地区。 ③ 杭州：今浙江杭州及其周围地区。 ④ 正议大夫：正四品上阶的文散官。殿中丞：唐有殿中省，管理皇帝的饮食、衣服、车马，长官是殿中监，还有少监和殿中丞作为辅佐，殿中丞是从五品上阶。 ⑤ 左散骑常侍：门下省的从三品高级官员，对皇帝侍奉进谏、备顾问应对。

原文

伾阘茸[1]，不如叔文。唯招贿赂，无大志。貌寝陋，吴语[2]，素为太子之所亵狎[3]。而叔文颇任气自许，粗知书，好言事，顺宗稍敬之，不得如伾出入无间。叔文入止翰林，而伾入至柿林院见李忠言、牛昭容等。然各有所主：伾主往来传授，王叔文主决断，韦执谊为文诰，刘禹锡、陈谏、韩晔、韩泰、柳宗元、房启、凌准等谋议唱和，采听外事。而伾与叔文及诸朋党之门，车马填凑，而伾门尤盛，珍玩赂遗，岁时不绝。室中为无门大柜，唯开一窍，足以受物，以藏金宝，其妻或寝卧于上。

与叔文同贬开州司马[4]。……

伾、叔文既逐，诏贬其党韩晔饶州司马[5]，韩泰虔州司马[6]，陈谏台州司马[7]，柳宗元永州司马，刘禹锡朗

翻译

王伾品格卑劣，还不如王叔文，只知招纳贿赂，并无远大志向。面貌又生得丑陋，习惯说吴语，顺宗为太子时就对他亲狎玩弄而不讲礼貌。王叔文则颇有点傲气，又读过些书，爱发议论，顺宗对他比较尊重，不能像王伾那样可以随便出入宫禁。叔文只能到翰林院，而王伾可以进入柿林院找李忠言、牛昭容等人。他们之间各有分工：王伾管往来传递，王叔文管决断大事，韦执谊撰写诏敕制诰，刘禹锡、陈谏、韩晔、韩泰、柳宗元、房启、凌准等谋议唱和，采听外事。王伾和叔文以及这些党羽的住宅门前，车马往来多得把路都快堵塞了，其中王伾门前更为热闹，贿赂珍宝玩好，终年不绝。王伾在内室做了口没有门的大柜子，只开一个洞口，刚好塞进东西，所收纳的金银财宝都收藏在里面，王伾之妻怕人偷盗，有时索性睡在柜子上面。

王伾和王叔文同时被贬，为开州司马。……

王伾、王叔文既已被贬逐，又下诏贬逐党羽韩晔为饶州司马，韩泰为虔州司马，陈谏为台州司马，柳宗元为永州司马，刘禹锡为朗州司马，凌准为连州司马，程异为郴州司马，韦执谊为崖州

州司马[8]，凌准连州司马[9]，程异郴州司马[10]，韦执谊崖州司马[11]。……

司马。……

注释 ① 阘茸(tà róng)：品格卑劣。 ② 吴语：长江下游即今江苏南部、浙江东部的方言，在魏晋南北朝以来就通称为吴语。 ③ 亵(xiè)狎：亲近而举动不严肃。 ④ 开州：今重庆开州。司马：这是州刺史下面的辅佐官员。 ⑤ 饶州：今江西鄱阳及逊东地区。 ⑥ 虔州：今江西于都及其周围地区。 ⑦ 台州：今浙江临海及其周围地区。 ⑧ 朗州：今湖南常德及其周围地区。 ⑨ 连州：今广东连县及其周围地区。 ⑩ 郴(chēn)州：今湖南郴州及其周围地区。 ⑪ 崖州：今海南三亚。

韩愈、柳宗元传

导读

我国汉文文体的演变也和诗歌一样，以唐代为一大转折。在此之前东汉魏晋南北朝以至唐前期人习惯写讲究声调对偶的骈文，文字日趋浮靡而不适用；于是在唐代中期有韩愈等人的古文运动，改用文字未浮靡时的文法来说当时的话，北宋以后这种古文就取代骈文成为主要的文体，到五四运动白话文兴起后其生命才告结束。为了帮助读者了解韩愈、柳宗元这两位古文大家的生平，在这里选译了他俩的传记。（选自卷一六〇）

原文

韩愈，字退之，昌黎人[①]。父仲卿，无名位。愈生三岁而孤，养于从父兄。愈自以孤子，幼刻苦学儒，不俟奖励。大历、贞元之间，文字多尚古学[⑩]，效扬雄、董仲舒之述作，而独孤及、梁肃最称渊奥，儒林推重。愈从其徒游，锐意钻仰，欲自振于一代。洎举进士[⑪]，投文于公卿间，故相郑

翻译

韩愈，字退之，昌黎人。父名仲卿，没有做过官。韩愈三岁时仲卿就去世，寄养在堂兄家。韩愈因为自己是孤儿，从小就刻苦研读儒书，用不到人家奖励督促。大历、贞元之间做文章多崇尚古学，效法西汉扬雄、董仲舒的著作，其中独孤及、梁肃写得最为深奥，受到文人们推重。韩愈跟随他们这些人学习，刻意钻研模仿，想在当世有所表现。到他举进士科，把所写的文章在公卿间投送，前宰相郑余庆很给他宣扬赞美，他的大名由此流传开来。

余庆颇为之延誉，由是知名于时。

注释 ① 昌黎：隋以前有昌黎郡，在今辽宁义县及其周围地区，隋初废郡，但系出昌黎的韩氏一向是世家大族，因此韩愈仍以系出昌黎自夸。② 贞元：唐德宗的年号。③ 进士：唐代科举中最为人艳羡的科目。

原文

寻登进士第。宰相董晋出镇大梁[1]，辟为巡官[2]。府除，徐州张建封又请为其宾佐[3]。愈发言真率，无所畏避，操行坚正，拙于世务。调授四门博士[4]，转监察御史。德宗晚年，政出多门，宰相不专机务，宫市之弊，谏官论之不听。愈尝上章数千言极论之，不听，怒，贬为连州阳山令[5]，量移江陵府掾曹[6]。元和初，召为国子博士[7]，迁都官员外郎[8]。时华州刺史阎济美以公事停华阴令柳涧县务[9]，俾摄掾曹，居数月济美罢郡出居公馆，涧遂讽百姓遮道索前年军顿役直，后刺史赵昌按

翻译

韩愈接着考中了进士科。宰相董晋任宣武军节度使出镇大梁，聘请他做巡官。董晋去世，镇徐州的徐泗濠节度使张建封又聘请他去任职辅佐。韩愈讲话直爽坦率，无所畏避，操行坚定正直，不擅长应付世务，内调任四门博士，又转任监察御史。德宗晚年中枢政务多元化，宰相不能专掌机要，谏官多次议论宫市的弊端，德宗不予理会，韩愈也上了几千字的奏章把宫市的弊端毫不保留地讲了出来，德宗不仅不听，反而大为生气，把韩愈贬到边远的连州阳山做县令，以后酌情将他内移到江陵做掾曹。宪宗元和初年，内召任国子博士，升迁刑部都官员外郎。当时华州刺史阎济美因公事停罢华阴县令柳涧的职务，叫他做州里的掾曹，过了几个月，阎济美罢任出居公馆，柳涧煽动百姓拦路向阎济美索取前年部队过境时百姓

得涧罪以闻，贬房州司马[⑩]。愈因使过华，知其事，以为刺史相党，上疏理涧，留中不下，诏监察御史李宗奭按验[⑪]，得涧赃状，再贬涧封溪尉[⑫]，以愈妄论，复为国子博士。

服役的工钱。后任华州刺史赵昌查出是柳涧在指使，把罪状奏报朝廷，柳涧被贬为房州司马。韩愈因出使路过华州，知道了这件事，认为前后任刺史官官相护，上奏疏给柳涧讲话。奏疏被宪宗压了下来，另派监察御史李宗奭去华州查问，查出柳涧有贪赃受贿的事情，再次贬柳涧为封溪县尉，韩愈也因为不该替柳涧讲话而被降调，再度任国子博士。

注释 ① 大梁：当时通称汴州的州治浚仪为大梁，即今河南开封。当时董晋出任宣武军节度使，治所就在浚仪。 ② 巡官：唐代节度使属官之一，居判官、推官之次。 ③ 徐州张建封：张建封当时任徐泗濠节度使，治所在徐州，所以说徐州张建封。 ④ 四门博士：唐代最高学府叫国子监，其下有正七品上阶的四门博士，五、六品官和侯、伯、子、男之子入学为学生，由四门博士主教。 ⑤ 阳山：今广东阳山。 ⑥ 掾(yuàn)曹：六曹参军事之类的通称。 ⑦ 国子博士：唐国子监有正五品上阶的国子博士，三品以上和国公子孙以及二品以上的曾孙入学为学生，由国子博士主教。 ⑧ 都官：刑部的一个司。 ⑨ 华阴：今陕西华阴。 ⑩ 房州：今湖北房县及其周围地区。 ⑪ 奭：音 shì。 ⑫ 封溪：当即封州的封川县，县有封溪水，在今广西梧州东南。

原文

愈自以才高，累被摈黜，作《进学解》以自喻……执政览其文而怜之，以其有史才，改比部郎中、史馆修撰[①]。逾岁，转考功郎中、知制

翻译

韩愈自以为才学高超，而屡被排挤贬黜，写了篇《进学解》给自己譬解……执政的宰相看了很同情，考虑他有修史之才，改任刑部比部郎中、史馆修撰。过了一年，转任吏部考功郎中、知制诰，进拜中书舍人。不久有不喜欢韩愈的

诰[②],拜中书舍人。俄有不悦愈者摭其旧事,言愈前左降为江陵掾曹,荆南节度使裴均馆之颇厚[③],均子锷凡鄙,近者锷还省父,愈为序饯锷,仍呼其字,此论喧于朝列,坐是改太子右庶子[④]。元和十二年八月,宰臣裴度为淮西宣慰处置使兼彰义军节度使[⑤],请愈为行军司马[⑥],仍赐金紫。淮蔡平[⑦],十二月随度还朝,以功授刑部侍郎,仍诏愈撰《平淮西碑》,其辞多叙裴度事。时先入蔡州擒吴元济,李愬功第一[⑧],愬不平之,愬妻出入禁中,因诉碑辞不实,诏令磨愈文,宪宗命翰林学士段文昌重撰文勒石。

人拣了点过去的细小事情,说他过去降职任江陵掾曹时,荆南节度使裴均曾给他比较优厚的待遇,裴均的儿子裴锷凡俗鄙陋,近日回京省亲,韩愈送诗序为裴锷送行,序里竟以字相称,在朝廷上把这些话喧嚷开来,韩愈因之被改任太子右庶子。宪宗元和十二年(817)八月,宰相裴度出任淮西宣慰处置兼彰义军节度使,请韩愈做他的行军司马,并得赐服紫色,佩带金鱼袋。淮蔡平定,这年十二月随同裴度还朝,因功进授刑部侍郎,还下诏叫韩愈撰作《平淮西碑》,碑文中多记述裴度的功劳。当时首先进入蔡州擒获吴元济的是李愬,功推第一,而碑文没有把李愬突出,李愬认为不公平。李愬妻常出入宫禁,向宪宗诉说碑文失实,宪宗下诏,把石碑上的碑文磨掉,叫翰林学士段文昌重新撰写一篇碑文刻上去。

注释 ① 比部:刑部的一个司。 ② 考功:吏部的一个司。知制诰:唐代代皇帝起草诏令的官职,本来草诏在南北朝后期以来是中书省的中书舍人的专职,到唐代常由其他官职加上知制诰来草诏,韩愈这时是以考功郎中来知制诰。 ③ 荆南节度使:治所在今湖北江陵。 ④ 太子右庶子:唐代东宫官属中有太子左春坊左庶子、右春坊右庶子,都是正四品下阶,有点像皇帝的门下省之有侍中和中书省之有中书令。 ⑤ 彰义军节度使:德宗贞元十四年申光蔡节度赐号彰义军节度,也通称淮西节度。这时原节度使吴少阳子元济自立拒唐，唐出兵征讨，在元和十二年(817)正式以裴度为节度使任统帅。⑥ 行军司马：是当时节度使手下的高级辅佐官。⑦ 淮蔡：淮西节度使治所在蔡州(今河南汝南)，所以当时通称之为淮蔡。⑧ 愬：音 shuò。

原文

凤翔法门寺有护国真身塔，塔内有释迦文佛指骨一节[①]，其书本传法，三十年一开，开则岁丰人泰。十四年正月，上令中使杜英奇押宫人三十人，持香花赴临皋驿迎佛骨，自光顺门入大内，留禁中三日，乃送诸寺，王公士庶，奔走舍施，唯恐在后，百姓有废业破产烧顶灼臂而求供养者。愈素不喜佛，上疏谏……疏奏，宪宗怒甚，间一日，出疏以示宰臣，将加极法。裴度、崔群奏曰："韩愈上忤尊听，诚宜得罪，然而非内怀忠恳，不避黜责，岂能至此？伏乞稍赐宽容，以来谏者。"上曰："愈言我奉佛太过，我犹

翻译

凤翔法门寺有个护国真身塔，塔内收藏着传为释迦牟尼佛的一节手指骨，传授佛法的书本里写着，过三十年要打开一次让人瞻仰，这样就会五谷丰登、天下太平。元和十四年(819)正月，宪宗派宦官杜英奇领着三十名宫人，手持香花到临皋驿去迎接这根所谓佛骨，从光顺门进入大内，在宫里留上三天，再在京城各大寺院间传送瞻仰，王公、官吏、百姓奔走施舍，争先恐后，百姓有的弄得废业破产，还有的用火烧灼头顶、手臂，算是对佛骨的供养。韩愈素不信佛，上疏劝谏……疏送上去后，宪宗大发雷霆，过了一天，拿出来给宰相们看，要处韩愈死刑。宰相裴度、崔群奏对道："韩愈冒犯了陛下，自有应得之罪，但如果不是由于内心忠诚，不避黜责，怎能这么直言？请求陛下对他稍赐宽容，以劝诱臣下敢于对陛下谏诤。"宪宗说："韩愈说我对佛敬信得太过分，我还可以宽容。他却说东汉信佛以后帝王

为容之。至谓东汉奉佛之后，帝王咸致夭促，何言之乖剌也！愈为人臣敢尔狂妄，固不可赦。”于是人情惊惋，乃至国戚诸贵亦以罪愈太重，因事言之，乃贬为潮州刺史[②]。愈至潮阳上表[③]……宪宗谓宰臣曰：“昨得韩愈到潮州表，因思其所谏佛骨事，大是爱我，我岂不知。然愈为人臣，不当言人主事佛乃年促也。我以是恶其容易。”上欲复用愈，故先语及，观宰臣之奏对。而皇甫镈恶愈狷直[④]，恐其复用，率先对曰：“愈终太狂疏，且可量移一郡。”乃授袁州刺史[⑤]。初，愈至潮阳，既视事，询吏民疾苦，皆曰：“郡西湫水有鳄鱼[⑥]，卵而化，长数丈，食民畜产将尽，以是民贫。”居数日，愈往视之，令判官秦济炮一豚一羊[⑦]，投之湫水咒之。……咒之夕，有暴风雷起于湫中，数日，湫水尽

的寿命都短促，这就太不像话了。韩愈身为人臣，竟敢如此狂妄，实在不能宽赦。”人们知道了宪宗的态度后都惊叹惋惜，甚至国戚贵人也都认为宪宗对韩愈的处分太重，找机会对宪宗劝说，终于从宽贬韩愈到潮州去做刺史。韩愈到了潮州上表给宪宗……宪宗对宰相们说：“昨天得到韩愈到潮州后所上表文，想起来他谏迎佛骨这件事，真是爱我，我怎会不知道。只是他身为人臣，不该说人主信佛就短寿，我因此讨厌他讲话太轻率。”宪宗这时想重新起用韩愈，所以先这么讲，想看宰相们怎样回答。而宰相中皇甫镈讨厌韩愈耿直，怕他重新起用，抢先回答说：“韩愈毕竟过于狂疏，姑且给他酌量内移一郡。”于是调韩愈任袁州刺史。韩愈当初到潮州，刚接任就问官吏百姓有什么疾苦，都说：“州西潭里鳄鱼，卵生，好几丈长，把家畜几乎吃光，百姓因之很贫困。”过了几天，韩愈来到潭水边，叫判官秦济烤好一头猪、一头羊，投进潭水里祝告鳄鱼。……当晚，有暴风雨起自潭中，几天后潭水完全干涸，鳄鱼西迁六十里外，从此潮州人再不担忧鳄鱼为患。袁州有这样的习俗，穷人为了借钱，把子女抵押在人家服役，逾期无力取赎，就

涸，徙于旧湫西六十里，自是潮人无鳄患。袁州之俗，男女隶于人者，逾约则没入出钱之家。愈至，设法赎其所没男女，归其父母，仍削其俗法，不许隶人。

没入出钱人家永远成为奴隶。韩愈到任后，设法赎出被没为奴隶的子女，送还给他们的父母，同时废除这种习俗，不准蓄养奴隶。

注释 ①释迦文佛：就是佛教创始人释迦牟尼。②潮州：今广东潮安及其周围地区。③潮阳：潮州曾改称潮阳郡。④镈：音bó。⑤袁州：今江西宜春及其周围地区。⑥湫（qiū）：水潭。⑦炮（páo）：烤。豚（tún）：猪，小猪。

原文

十五年，征为国子祭酒，转兵部侍郎。会镇州杀田弘正[1]，立王廷凑，令愈往镇州宣谕。愈既至，集军民，谕以逆顺，辞情切至，廷凑畏重之。改吏部侍郎，转京兆尹，兼御史大夫。以不台参，为御史中丞李绅所劾，愈不伏，言准敕仍不台参[2]。绅、愈性皆褊僻，移刺往来，纷然不止。乃出绅为浙西观察使[3]，愈亦罢尹为兵部侍郎。及绅面辞赴镇，泣涕陈叙，穆宗怜之，乃追

翻译

元和十五年（820），韩愈被征入任国子祭酒，转任兵部侍郎。其后镇州（恒州）杀节度使田弘正，拥立王廷凑，朝廷派韩愈去恒州宣谕。韩愈到达后，召集军民，讲说叛逆朝廷的危害，归顺朝廷的好处，情辞恳切，连王廷凑也对他敬畏。后来韩愈又改任吏部侍郎，转任京兆尹兼御史大夫。因为不向御史中丞李绅台参，被李绅弹劾，韩愈不服，说已经有诏敕准许不行台参。李绅、韩愈的气量都狭隘，双方责难申辩的书札往来不绝。于是穆宗让李绅外任浙西观察使，韩愈也停罢京兆尹改任兵部侍郎。李绅赴镇前见穆宗面辞哭诉，穆宗怜惜起来，再下诏制让李绅任兵部侍

制以绅为兵部侍郎，愈复为吏部侍郎。

郎，韩愈重任吏部侍郎。

注释 ① 镇州：即恒州，州治真定，即今河北正定，当时是成德军节度使的治所，宋人避真宗名讳改“恒”为“镇”。田弘正：当时任成德军节度使，镇兵作乱被杀。② 台参：唐代规定京兆尹上任时要到御史台以下级礼节拜见御史中丞，叫台参。但此时韩愈兼了个御史大夫的衔头，是御史台的长官，御史中丞只是副职，因此特下敕令准许韩愈不台参。 ③ 浙西观察使：治所在今江苏镇江。观察使在当时和节度使是同样性质同等职权，在实力较小一些的地方不叫节度使叫观察使。浙西观察使。

原文

长庆四年十二月卒，时年五十七。赠礼部尚书，谥曰文。

愈性弘通，与人交，荣悴不易，少时与洛阳人孟郊、东郡人张籍友善[1]，二人名位未振，愈不避寒暑，称荐于公卿间，而籍终成科第，荣于禄仕。后虽通贵，每退公之隙，则相与谈宴，论文赋诗，如平昔焉。而观诸权门豪士，如仆隶焉，瞪然不顾。而颇能诱厉后进，馆之者十六七，虽晨炊不给，怡然不介意。大抵以兴

翻译

长庆四年(824)十二月逝世，时年五十七岁。追赠礼部尚书，赐谥号为文。

韩愈性情弘通，和他人交往，不论人家升沉，他总不改变态度。年轻时和洛阳人孟郊、东郡人张籍友好，当时这两位还没有名气，也未曾显达，韩愈不辞寒暑，到公卿中给他俩说好话，把他俩推荐给公卿，其中张籍终于登进士科，在宦途上很顺利。后来韩愈显贵了，在办完公事有空暇时，仍和这些老朋友谈话会餐，论文作诗，和过去一样。而遇到权门豪士，则像奴仆那样对待，瞪起眼睛来不予理睬。对后进则奖掖鼓励，十有六七吃住在他家里，有时弄得自己的早饭都供应不上，却仍和颜悦

起名教、弘奖仁义为事。凡嫁内外及友朋孤女仅十人[②]。常以为自魏、晋已还，为文者多拘偶对，而经诰之指归[③]，迁、雄之气格，不复振起矣。故愈所为文，务反近体，抒意立言，自成一家新语，后学之士，取为师法。当时作者甚众，无以过之，故世称"韩文"焉。然时有恃才肆意，亦有盭孔、孟之旨[④]。若南人妄以柳宗元为罗池神，而愈撰碑以实之；李贺父名晋，不应进士，而愈为贺作《讳辨》，令举进士；又为《毛颖传》，讥戏不近人情：此文章之甚纰缪者[⑤]。时谓愈有史笔，及撰《顺宗实录》，繁简不当，叙事拙于取舍，颇为当代所非。穆宗、文宗尝诏史臣添改，时愈婿李汉、蒋系在显位，诸公难之，而韦处厚竟别撰《顺宗实录》三卷。有文集四十卷，李汉为之序。

色而毫不介意。他总把兴起名教、弘奖仁义作为自己的职责。他资助内外亲戚朋友的孤女出嫁的有十人之多。他常认为从魏晋以来，做文章的拘泥于字句对偶，而《五经》《周诰》的要旨，司马迁、扬雄的气格，都被抛弃而不行时。因此他自己所做的文章，都力求不沿袭当时流行的体式，在内容和文辞上都能自成其一家的新语言，为后学们学习取法。同时想用这类新方式做文章的还有很多，但没能超过他的，所以当时有"韩文"之称。不过他也时常自恃才学而随心所欲，有时也会背戾孔、孟的教导。譬如南方人乱说柳宗元死后成为罗池神，而他撰写碑文来给他证实；李贺的父亲名晋，避讳而不应考进士科，而他为李贺写了《讳辨》，叫去考进士科；他还写有《毛颖传》，玩笑开得不近人情：这些都是韩文中有大毛病的。当时多说他擅长修史，有所谓"史笔"，后来撰写《顺宗实录》却繁简失当，哪些事情该记哪些事不该记处理得并不合适，颇受人们非议。穆宗、文宗都曾下诏叫史官增改，只因他的女婿李汉、蒋系都身居显要，史官们感到不好办，而韦处厚终于另外撰写了三卷《顺宗实录》。他留有文集四十卷，李汉给写了序。

注释 ① 东郡：隋时的郡名，唐代已改为滑州。《新唐书·张籍传》则说张籍是和州乌江即今安徽和县人。② 仅：唐宋人诗文里的“仅”字，都是多到若干的意思，和通常用作少的意思正相反。③ 经诰：经是《五经》，诰是《尚书·周书》中的《大诰》《康诰》《酒诰》《召诰》《洛诰》等篇。④ 盭（lì）：暴戾，背戾。⑤ 纰（pī）缪：错误。

原文

子昶，亦登进士第。……

柳宗元，字子厚，河东人，后魏侍中济阴公之系孙。曾伯祖奭，高宗朝宰相[①]，父镇，太常博士，终侍御史。宗元少聪警绝众，尤精西汉、诗、骚[②]，下笔构思，与古为侔，精裁密致，璨若珠贝，当时流辈咸推之。

登进士第，应举宏辞，授校书郎[③]、蓝田尉。贞元十九年为监察御史。顺宗即位，王叔文、韦执谊用事，尤奇待宗元，与监察吕温密引禁中，与之图事，转尚书礼部员外郎，叔文欲大用之。会居位不久，叔文败，与同辈七人俱贬，宗元为邵州刺史[④]，在道再贬永州司马。

翻译

子韩昶，也考中进士科。……

柳宗元，字子厚，河东人，北魏时侍中济阴公柳庆的后代。曾伯祖柳奭，是高宗时的宰相，父名镇，做过太常博士，最后做到侍御史。宗元从小就聪慧敏悟，不是一般人所能比得上的，尤其精于撰写西汉体式的文章和诗、骚，下笔构思，都能方驾古人，再经过精心剪裁安排，看上去像明珠珍贝一样灿烂，为当时的同行好友所推重。

宗元考中进士科，又应举考中博学宏辞科，任校书郎，调蓝田县尉。德宗贞元十九年（803）任监察御史。顺宗即位，王叔文、韦执谊掌权，特别重视宗元，把他和监察御史吕温秘密引入宫禁，商议大事，升转到尚书礼部员外郎。王叔文还要重用他，可在职不久叔文就失败，宗元和同辈七人都被贬逐，宗元贬逐去做邵州刺史，中途再贬为永州司马。宗元既遭贬逐，经历蛮瘴，崎岖艰

既罹窜逐，涉履蛮瘴⑤，崎岖堙厄，蕴骚人之郁悼⑥，写情叙事，动必以文。为骚、文十数篇，览之者为之凄恻。

险，孕育了骚人的抑郁悲悼，写情叙事，动辄成为文章，共写成了仿《离骚》体和其他文章十多篇，人们读了都很感伤。

注释 ① 高宗朝宰相：明闻人本和其他本子都误作高祖朝，今径改正。 ② 骚：屈原所撰《离骚》，这里是指柳宗元所模仿《离骚》的作品。 ③ 校书郎：唐代中书省所属秘书省有正九品上阶的校书郎，门下省所属弘文馆有从九品上阶的校书郎，东宫所属崇文馆有从九品下阶的校书郎，柳宗元做的不知是哪一种校书郎。 ④ 邵州：今湖南邵阳及邵西地区。 ⑤ 瘴：过去认为今湖南两广等地的山林中有一种湿热蒸郁的气，人触上了会生病，叫做瘴气。 ⑥ 骚人：柳宗元擅长模仿《离骚》体，所以这里称骚人。

原文

元和十年，例移为柳州刺史。时朗州司马刘禹锡得播州刺史，制书下，宗元谓所亲曰："禹锡有母年高，今为郡蛮方，西南绝域，往复万里，如何与母偕行？如母子异方，便为永诀，吾于禹锡为执友，胡忍见其若是！"即草章奏，请以柳州授禹锡，自往播州。会裴度亦奏其事，禹锡终易连州。柳州土俗，以

翻译

元和十年（815），循例移为柳州（今广西柳州及其周围地区）刺史。当时朗州司马刘禹锡移为播州（今贵州遵义及其周围地区）刺史，诏制下达后，宗元对他的好友说："禹锡有母，已届高龄，如今要到蛮方去做刺史，地处西南边地，往返有万里之遥，怎能奉母同行？如果母子分离，就等于永远诀别，我和禹锡是极知己的朋友，怎忍心看他落到这个地步！"立即写了奏章，请求把柳州让给刘禹锡，自己去播州。正好裴度也上奏替禹锡请求，禹锡终于改换成连州。柳

男女质钱，过期则没入钱主。宗元革其乡法，其已没者仍出私钱赎之，归其父母。江、岭间为进士者，不远数千里皆随宗元师法，凡经其门，必为名士。著述之盛，名动于时，时号“柳州”云。有文集四十卷。

元和十四年十月五日卒，时年四十七。子周六、周七，才三四岁。观察使裴行立为营护其丧及妻、子还于京师，时人义之。

州当地风俗，用子女抵押借钱，过期不还就没入钱主做奴婢。他到任后改革这种土法，已经没入钱主的也都由他出私钱赎出来，送还他们的父母。长江、五岭之间想考进士科的多不远几千里到柳州来跟随他学习，凡经过他门下的准定成为名士。他的著述既多而又风行，驰名于当时，人们都称之为“柳州”。留有文集四十卷。

元和十四年(819)十月五日逝世，时年四十七岁。子一名周六，一名周七，才三四岁。观察史裴行立替他治理丧事并护送他的灵柩和妻、子返回京师，当时人都称赞行立讲道义。

王守澄、仇士良传

导读

宦官本是家内奴隶。由于是皇帝的家内奴隶，其头面人物往往能在政治上分掌部分权力，唐代的宦官即是如此。通过这里所选译的宦官传总序和其中王守澄、仇士良的传记，便可略知其梗概。但这些记载都出自外朝士大夫之手，而士大夫和内廷宦官常多矛盾而有成见，从而在行文措辞上往往过分丑化，使人们产生一种士大夫绝对好、宦官绝对坏的错觉。宦官固然是古代社会最高统治者的得力爪牙，士大夫又何尝真正能站到劳动人民一边呢？（选自卷一八四）

原文

……贞观中，太宗定制，内侍省不置三品官[①]，内侍是长官，阶四品。至永淳末向七十年，权未假于内官，但在阁门守御[②]，黄衣廪食而已。则天称制，二十年间，差增员位。中宗性慈，务崇恩贷，神龙中宦官三千余人，超授七品以上员外官者千余人，然衣朱紫者尚寡[③]。玄宗在位既久，崇重

翻译

……贞观年间，太宗定下制度，宦官的办公机构内侍省不设三品官，内侍是长官，官阶只有四品。由此到高宗去世的永淳末年将近七十年间，政权没有交付过宦官，他们只在宫廷里看守门户，穿六品以下的黄色衣服，吃国家发给的口粮而已。武则天称制做皇帝的二十年间，稍许增加一些宦官名额。中宗天性仁慈，对宦官颇施恩泽，神龙年间宦官发展到三千多人，其中超授七品以上不在正额的员外官占了一千多人，但做到四、五品服朱色的，三品服紫色的还少见。

宫禁，中官稍称旨者，即授三品左右监门将军[④]，得门施棨戟[⑤]。开元、天宝中长安大内、大明、兴庆三宫，皇子十宅院，皇孙百孙院，东都大内、上阳两宫，大率宫女四万人，品官黄衣已上三千人，衣朱紫者千余人。后李辅国从幸灵武，程元振翼卫代宗，怙宠邀君，乃至守三公，封王爵，干预国政，亦未全握兵权。代宗时子仪北伐，亲王东讨，遂特立观军容宣慰使，命鱼朝恩为之，然自有统帅，亦监领而已。德宗避泾师之难幸山南[⑥]，内官窦文场、霍仙鸣拥从，贼平之后，不欲武臣典重兵，其左右神策、神威等军欲委宦者主之[⑦]，乃置护军中尉两员，中护军两员，分掌禁兵，以文场、仙鸣为两中尉，自是神策亲军之权，全归于宦者矣。自贞元之后，威权日炽，兰锜将

玄宗在位日久，提高宫禁的地位，对宦官中满意一点的，就授予三品的左右监门将军，可以在私宅门前立棨戟。开元、天宝年间长安的大内、大明、兴庆三宫，皇子十宅院，皇孙百孙院，东都的大内、上阳两宫，大约有宫女四万人，宦官中有品级服黄色以上的有三千人，服朱色、紫色的有一千多人。后来宦官李辅国去灵武辅佐肃宗，程元振在长安保护代宗，恃宠邀功，甚至做到三公，封有王爵，干预国家大政，但也没有全部掌握兵权。代宗时郭子仪北伐，雍王适东讨，特设观军容宣慰使一职，派宦官鱼朝恩担任，但部队另有自己的统帅，鱼朝恩只能起监督统率的作用而已。德宗因泾原兵作乱而驾幸山南，宦官窦文场、霍仙鸣扈从，乱平后不想再让武将拥有重兵，把左右神策军、神威军等都交给宦官主持，设置左右神策军护军中尉两员，左右神威军中护军两员，分别掌管禁兵，派窦文场、霍仙鸣为左右护军中尉，从此禁军中最强大的神策亲军的军权全部落到宦官手里。从德宗贞元以后，宦官威权日盛，禁军大将等于中尉的子弟，外镇节度使也必须贿赂他们才能保住官位，甚至皇上日理万机之权也被他们随意侵夺，连废立皇帝的大事也由宦官决定。到元

臣[8]，率皆子蓄，藩方戎帅，必以贿成，万机之与夺任情，九重之废立由己[9]。元和之季，毒被乘舆。长庆缵隆[10]，徒郁枕干之愤；临轩暇逸[11]，旋忘涂地之冤[12]。而易月未除，滔天尽怒。甲第名园之赐，莫匪伶官；朱袍紫绶之荣，无非巷伯[13]。是时高品白身之数四千六百一十八人，内则参秉戎权，外则监临藩岳。文宗包祖宗之耻，痛肘腋之仇，思剪厉阶，去其太甚。宋申锡言未出口，寻以破家；李仲言谋之不臧[14]，几乎败国。何、窦之徒转蹙[15]，让、珪之势尤狂[16]。五十余年，祸胎逾煽。昭宗之季，所不忍闻。……

和末年，宪宗竟为宦官所弑。穆宗即位，徒有为宪宗复仇之心，实际上耽于逸乐并无行动，过了个把月还不想剪除逆党，引起了普天下人的愤怒，而穆宗却把大宅名园赏赐给他喜欢的倡优，把朱袍紫服赏赐给他信任的宦官。当时宦官中品级高的加上还没有给品级的多至四千六百一十八人，其中有的内任中尉以掌禁军兵柄，有的外任监军以分节度使权力。文宗倒能不忘祖宗的耻辱，痛恨身边的仇人，想要断绝祸根，把宦官中太横暴的剪除，可是协助他剪除宦官的宋申锡话还没有出口，就有破家之祸；李训谋划不周，几乎连文宗本身也难保全。像东汉末年何进、窦武那样要诛讨宦官的人在这时都局促不安，像张让、段珪那样横暴的宦官在这时却更猖獗。此后五十多年，祸害越演越烈。到昭宗末年，宦官作恶之甚就更不忍听闻。……

注释 ① 内侍省：唐代宦官的办公机构，但后来真正在中央掌权的左右神策中尉和枢密使，以及出任节度使的监军之类，都并未列入内侍省的正式编制。 ② 闼：屋子里的小门。 ③ 衣朱紫：唐代三品以上服紫色，四品、五品服绯色即朱色。 ④ 左右监门将军：从三品，掌管宫禁门籍，后来大宦官常加上这个官职，实际是虚衔性质。 ⑤ 棨(qǐ)：有缯衣或油漆的木戟，古代大官出行时作为仪仗前导，唐代规定三品以上可在门前立戟，也就是立这种棨戟。 ⑥ 幸山南：泾原兵拥立朱泚占领长安后，德宗先逃到奉天即今陕西乾县，来救援的朔方节度使李怀光又叛变，德宗再逃到梁州即今陕西汉中，这里在秦岭之南，当时属山南西道，所以说“幸山南”。⑦ 神威：南宋本、明闻人诠本及其他本子都作“天威”，但左右神威军改名天威是在宪宗初年，今径改为“神威”。 ⑧ 兰锜将臣：兰锜将臣就是指家列兵器的高级将领。兰锜是安放兵器的架子，锜放弩，兰放其他一切兵器。 ⑨ 九重(chóng)：古人说君门九重，从而把“九重”作为皇帝居处之地的代用词，这里更进而直接指皇帝。⑩ 缵(zuǎn)：继承。 ⑪ 临轩：指当上皇帝临朝听政。 ⑫ 涂地：即所谓肝脑涂地，指宪宗被杀。 ⑬ 巷伯：先秦时以阉割过的人守卫宫巷，叫巷伯，因此后来也可称宦官为巷伯。 ⑭ 李仲言：李训本名仲言。 ⑮ 何、窦之徒：东汉灵帝时外戚窦武、何进先后诛讨宦官，失败被杀，这里泛指当时企图诛讨宦官者。 ⑯ 让、珪之势：杀害何进的大宦官张让、段珪，这里泛指宦官的气焰声势。

原文

王守澄，元和末宦者。宪宗疾大渐，内官陈弘庆等杀逆。宪宗英武，威德在人，内官秘之，不敢除讨，但云药发暴崩。时守澄与中尉马进潭、梁守谦、刘承偕、韦元素等定册立穆宗皇帝。长庆中，守澄知枢密事①。

初，元和中守澄为徐州监军②，遇翼城医人郑注出入节度使李愬家③。注敏悟过人，博通典艺，棋奕医卜，尤臻于妙，人见之者，无不

翻译

王守澄，是元和末年的大宦官。当时宪宗病势加剧，宦官陈弘庆等人把宪宗杀害。鉴于宪宗英武，在人们中素有威信，别的宦官也不敢公开向陈弘庆等人问罪，而把事情隐瞒起来，只说是吃丹药中毒暴死。守澄和中尉马进潭、梁守谦、刘承偕、韦元素等人决策立太子李恒即穆宗为皇帝。穆宗长庆年间，守澄任知枢密事要职。

当初，元和年间守澄任徐州监军，在节度使李愬家里遇到经常出入的懂医术的翼城人郑注。这个郑注敏悟过人，博览群书，精通技艺，在弈棋、医药、占卜上尤为神妙，人们见到他没有不为

欢然。注尝为李愬煮黄金，服一刀圭[4]，可愈痿弱重膇之疾[5]，复能返老成童，愬与守澄服之颇效。守澄知枢密，荐引入禁中，穆宗待之亦厚。注多奇诡，每与守澄言必通夕。

之惊喜的。他曾替李愬把黄金炼成丹药，说吃上一刀圭就可治好手足萎弱肿胀的毛病，再多还能返老还童，李愬和守澄吃了颇见功效。守澄知枢密后，就把郑注引荐到宫禁，穆宗对待郑注也很优厚。郑注满肚子诡计奇策，和守澄一谈就是通宵。

注释 ① 知枢密事：唐代宗时开始叫宦官在身边管枢密，到敬宗时正式设立两名由宦官担任的枢密使，有权和宰相共议国家重大政务，王守澄任此职还在穆宗长庆时，所以只叫知枢密事。 ② 监军：唐代有大战役常派宦官为监军，节度使身边也派有宦官任监军。徐州监军是以徐州为治所的武宁军节度使的监军。 ③ 翼城：今山西翼城。 ④ 刀圭：古代量取药粉的器具，容量相当于一方寸大的匙的十分之一。 ⑤ 膇（zhuì）：脚肿。

原文

文宗即位，守澄为骠骑大将军充右军中尉[1]。注复得幸于文宗，后依倚守澄，大为奸弊。文宗以元和逆党尚在，其党大盛，心常愤惋，端居不怡。翰林学士宋申锡尝独对探知，上略言其意，申锡请渐除其逼。帝亦以申锡沉厚有方略，为其事可成，乃用为宰相。申锡谋

翻译

文宗即位，守澄为骠骑大将军充任右神策军中尉。郑注又获得文宗的信任，依靠守澄大为奸弊。文宗鉴于元和末年杀害宪宗的逆党还在身边，宦官的势力比过去更为强盛，心里老是气愤不过，闲下来总闷闷不乐。翰林学士宋申锡曾在单独奏对时探问文宗有什么心事，文宗稍微透露了一点要剪除宦官的想法，申锡建议先把其中最专横有危险性的收拾掉。文宗也认为申锡深沉有

未果，为注所察，守澄乃令军吏豆卢著诬告申锡与漳王谋逆，申锡坐贬。

宰相李逢吉从子训，与注交通，训亦机诡万端，二人情义相得，俱为守澄所重，复引训入禁中为上讲《周易》。既得幸，又探知帝旨，复以除宦官谋中帝意。帝以训才辩纵横，以为其事必捷，待以殊宠，自流人中用为学官[2]，充侍讲学士[3]。

谋略，让他去办可以收效，就任命他为宰相。不料申锡的计划还未实施，已被郑注觉察，守澄就指使军吏豆卢著诬告申锡和穆宗第六子文宗弟漳王李凑谋反。申锡被问罪贬逐。

宰相李逢吉的侄儿李训和郑注往来勾结，这个李训也是诡计多端，和郑注极为说得来，都受到守澄重视，守澄又引李训进入宫禁给文宗讲《周易》。李训博得文宗的信任，又探知文宗的心意，提出除掉宦官来迎合文宗，文宗也看到李训有才气会讲话，认为依靠他一定能成功，对他特加恩宠，从流人中擢用为国子监的学官，充任侍讲学士。

注释 ① 骠骑大将军：最高级的从一品武散官。 ② 流人：被流放的人，李训曾被流放岭南，遇赦才放回，所以可叫流人。 ③ 侍讲学士：也是翰林院的学士，名义上是给皇帝讲说经书。

原文

时仇士良有翊上之功，为守澄所抑，位未通显，训奏用士良分守澄之权，乃以士良为左军中尉。守澄不悦，两相矛盾，训因其恶。大和九年，帝令内养李好古赍鸩赐守澄[1]，秘而不发，守

翻译

当时宦官仇士良拥立文宗有功，为守澄所排挤，没有擢居要职，李训就奏请任用士良来分割守澄的权力，叫他当左神策军中尉。守澄不高兴，和士良大闹矛盾，李训得以乘机收拾守澄。大和九年(835)，文宗派宦官李好古带了毒酒给守澄喝，对外不声张，守澄死后还

澄死，仍赠扬州大都督。其弟守涓为徐州监军，召还，至中牟诛之[2]。守澄豢养训、注，反罹其祸，人皆快其受佞而恶训、注之阴狡。

追赠扬州大都督。守澄弟守涓在徐州做监军，召回京师，走到中牟被处死。守澄豢养李训、郑注，反受其祸，人们对他为训、注巧言献媚所欺骗都感到痛快，对训、注的阴险狡猾又感到厌恶。

注释 ① 内养：宫内蓄养的，也就是宦官。鸩(zhèn)：毒酒。 ② 中牟：今河南中牟。

原文

李训既杀守澄，复恶郑注，乃奏用注为凤翔节度使。训欲尽诛宦官，乃与金吾将军韩约、新除太原节度使王璠、新除邠宁节度使郭行余、权御史中丞李孝本、权京兆尹罗立言谋[1]。其年十一月二十一日，上御宣政殿，百僚班定，韩约不奏平安，乃奏曰："臣当仗廨内石榴树[2]，夜来降甘露，请陛下幸仗舍观之。"帝乘辇趋金吾仗，中尉仇士良与诸官先往石榴树观之，伺知其诈，又闻幕下兵仗声，苍黄而还，奏曰："南衙有变[3]。"遂扶帝辇入阁门，李训从辇大

翻译

李训杀了守澄，又厌恶郑注，奏请文宗派郑注出任凤翔节度使。李训想杀尽宦官，和金吾将军韩约、新任太原节度使王璠、新任邠宁节度使郭行余、代理御史中丞李孝本、代理京兆尹罗立言密谋。这年十一月二十一日，文宗上宣政殿听政，百官排定班次，韩约不奏报平安，却说："臣当值的金吾廨舍里有一棵石榴树，昨夜树上降有甘露，请陛下亲临一看。"文宗就坐上辇到金吾廨舍，中尉仇士良和百官先到石榴树下，发现并非真的甘露，又听到帷幕后面有兵器碰撞的声音，急忙跑出来，对文宗说："南衙发生变乱。"扶着辇把文宗簇拥进宣政殿阁门，李训跟在辇后大喊道："邠宁、太原兵怎么还不行动？保卫皇上的每人赏钱一百千！"于是金吾兵、京兆府逻卒和御史台跟随李孝本的拿

呼曰："邠宁、太原之兵何不赴难？卫乘舆者人赏百千！"于是谁何之卒及御史台从人持兵入宣政殿院④，宦官死者甚众，辇既入閤门，内宫呼万岁。俄而士良等率禁兵五百余人露刃出东上閤门，逢人既杀，王涯、贾𫗧、舒元舆、李训等四人宰相及王璠、郭行余等十一人尸横阙下⑤。自是权归士良与鱼弘志。

至宣宗即位，复诛其太甚者，而阍寺之势⑥，仍握军权之重焉。

了兵器杀进宣政殿大院，宦官被杀死很多，但辇终于进入閤门，宦官都大呼万岁。不一会仇士良等率领神策禁兵五百多人亮着刀冲出东上閤门，见人就杀，王涯、贾𫗧、舒元舆、李训等四个宰相以及王璠、郭行余等十一人都尸横阙下。从此大权归于仇士良和右神策中尉鱼弘志。

到宣宗即位，又杀掉宦官中太嚣张的，但禁军大权仍为宦官所掌握。

注释 ① 太原节度使：河东节度使治所在太原，因此也通称为太原节度使。权：代理某官叫权某官。璠：音 fán。 ② 廨(xiè)：官署。 ③ 南衙：唐代皇帝所住的宫城和大明宫都在长安城北，政府官署设在皇城与在宫城和大明宫之南(东都洛阳的布局也大体相同)，因此习惯上称宰相为首的朝臣为南司、南衙，同时称在宫廷里的宦官为内廷，为北司。南衙、北司之争就指这两股政治势力之争。 ④ 谁何之卒：谁何，本是问哪一个，引申为诘问、呵叱。这里的谁何之卒，就是指韩约所率领的京兆府逻卒。 ⑤ 𫗧：音 sù。 ⑥ 阍(hūn)寺：阍是宫门，阍寺是宦官的又一别称。

黄巢传

导读

黄巢起义是我国历史上一次关系重大的农民起义。在此以前唐朝中央政权还有能力维持其统治，只有经农民军给此政权及其直属武装神策军以毁灭性打击后，全国各地包括长安周围的节度使才纷纷脱离中央而独立，唐政权也终于被从农民军分化出来的、以朱温为首的地方武装集团取代。这篇传记比较详细地记述了农民军的战斗过程和进入长安后的情况，可供需要了解这次农民起义的读者一读。至于行文上称黄巢及其农民军为“贼”为“盗”，对起义行动采取全面否定的态度，则自是修史者的阶级立场所决定，这里除将过于丑化的地方酌量删削外，均照录原文并作今译而不随便改动，以保存旧史书的本来面目。（选自卷二〇〇）

原文

黄巢，曹州冤句人[①]，本以贩盐为事。

乾符中，仍岁凶荒，人饥为盗，河南尤甚[②]。初，里人王仙芝，尚君长聚盗，起于濮阳[③]，攻剽城邑，陷曹、濮及郓州。先有谣言云：“金色虾蟆争努眼，翻却曹

翻译

黄巢，曹州冤句人，本以贩盐为生。

僖宗乾符中，连年灾荒，百姓不堪饥饿流为盗贼，河南一带闹得尤其凶。最初有濮州濮阳人王仙芝、尚君长在当地纠合群众，攻掠州县，先后打下了曹州、濮州和郓州。在这以前早传有民谣说：“金色虾蟆争怒眼，翻却曹州天下反。”这时王仙芝起兵，大家感到恐惧。左金吾卫上将军齐克让任兖州节度使，

州天下反。”及仙芝盗起，时议畏之。诏左金吾卫上将军齐克让为兖州节度使，以本军讨仙芝。仙芝惧，引众历陈、许、襄、邓，无少长皆虏之，众号三十万。三年七月陷江陵，十月，又遣将徐君莒陷洪州④。时仙芝表请符节，不允，以神策统军使宋威为荆南节度招讨使，中使杨复光为监军。复光遣判官吴彦宏谕以朝廷释罪，别加官爵，仙芝乃令尚君长、蔡温球、楚彦威相次诣阙请罪，且求恩命。时宋威害复光之功，并擒送阙，敕于狗脊岭斩之。贼怒，悉精锐击官军，威军大败，复光收其余众以统之。朝廷以王铎代为招讨，五年八月收复亳州⑤，斩仙芝首献于阙下。

率领本镇兵马讨伐王仙芝。王仙芝怕抵敌不住，带了队伍西走陈、许、襄、邓等州，所过之处不论青壮年都收编进来，人马号称三十万。乾符三年(876)七月打下江陵，十月又派部将徐君莒打下洪州。王仙芝上表朝廷要讨个节度使官职朝廷不允，派神策统军使宋威出任荆南节度使招讨使讨伐王仙芝，大宦官杨复光任监军。杨复光派判官吴彦宏通知王仙芝朝廷要免他的罪，另给他官职，仙芝同意了，接连派尚君长、蔡温球、楚彦威去京师请罪，并求恩赐官职。可宋威怕杨复光立功，把尚君长等都抓起来送到京师，下诏押送狗脊岭处斩。王仙芝等知道了极为愤怒，出动全部精锐进攻官军，宋威大败，余众被杨复光收编。朝廷另派宰相王铎代宋威为招讨，乾符五年(878)八月收复亳州，斩王仙芝首送京师献功。

注释 ① 曹州：今山东菏(hé)泽及河南民权等地区。冤句(qú)：在今山东曹县西北。② 河南：这里指河南道。③ 濮阳：今河南鄄城及其周围地区，治所鄄城在今鄄城北。濮阳：在今濮阳南。④ 莒：音 jǔ。洪州：今江西南昌及其周围地区，州治在今南昌。⑤亳(bó)州:在今安徽亳州、河南永城等地区,州治在今亳州。

原文

先是,君长弟让以兄奉使见诛,率部众入嵖岈山[1],黄巢、黄揆昆仲八人率盗数千依让。月余,众至数万,陷汝州[2],虏刺史王镣[3]。又掠关东,官军加讨,屡为所败,其众十余万。尚让乃与群盗推巢为王,号"冲天大将军",仍署官属,藩镇不能制。时天下承平日久,人不知兵,僖宗以幼主临朝,号令出于臣下,南衙北司,迭相矛盾,以至九流浊乱[4],时多朋党,小人谗胜,君子道消,贤豪忌愤,退之草泽,既一朝有变,天下离心。巢之起也,士人从而附之,或巢驰檄四方,章奏论列,皆指目朝政之弊,盖士不逞者之辞也。巢徒众既盛,与仙芝为形援。及仙芝败,东攻亳州不下,乃袭破沂州据

翻译

在这以前,尚君长之弟尚让由于其兄奉使被杀,率领部众脱离了王仙芝进入嵖岈山,黄巢、黄揆兄弟八人也率领几千人入山合伙。一个多月后,这支队伍扩大到好几万人,打下汝州,俘获刺史王镣,接着剽掠关东,官军屡次来讨伐,都被打败,队伍又发展到十多万人。尚让和其他首领共推黄巢为王,起了个"冲天大将军"的称号,还设置官员,周围的藩镇对他毫无办法。当时天下太平日久,人们多不知道怎么打仗,僖宗是个少年皇帝,听凭臣子们在发号施令,而南衙宰相和北司宦官之间又闹矛盾,弄得流品混乱,党派倾轧,小人得志,君子受压,正经人、有才能的人不愿同流合污,就被摈斥回乡里,以致一旦发生动乱,天下离心。黄巢起兵,就有很多文人来投效,黄巢向四方所发的檄文,给僖宗所上的奏章,指斥朝政的腐败,都由这些胸怀不平的文人撰写。此时黄巢兵力已很强大,和王仙芝互相声援。王仙芝败死后,黄巢东攻亳州不下,再东进攻占了沂州,王仙芝余部都

之[5],仙芝余党悉附焉。

前来归附。

注释 ① 嵖岈(chá yá)山:在今河南遂平。 ② 汝州:今河南汝州及迤南地区。 ③ 镣:音 liào。 ④ 九流:这里指各种流品的人物。 ⑤ 沂州:今山东临沂及其周围地区,州治在临沂。

原文

时王铎虽衔招讨之权,缓于攻取。时高骈镇淮南,表请招讨贼,许之,议加都统。巢乃渡淮,伪降于骈,骈遣将张璘率兵受降于天长镇[1],巢擒璘杀之,因虏其众。寻南陷湖、湘,遂据交、广[2]。托越州观察使崔璆奏乞天平军节度[3],朝议不允,又乞除官。时宰臣郑畋与枢密使杨复恭奏[4],欲请授同正员将军[5],卢携驳其议,请授率府率[6],如其不受,请以高骈讨之。及巢见诏,大诟执政,又自表乞安南都护,广州节度[7],亦不允。然巢以士众乌合,欲据南海之地,永为窠穴,坐邀朝命。是岁自春及夏,其众大疫,

翻译

当时王铎虽然有招讨之权,但行动迟缓,攻战不力。高骈其时任淮南节度使,上表请求让他来对黄巢招抚征讨,朝廷同意了,给高骈加了个都统的头衔。黄巢南渡淮河,向高骈假投降,高骈派部将张璘带兵到天长镇去受降,黄巢把张璘抓起来杀掉,带来的兵也吞并掉。接着黄巢南下湖湘,攻占广州。在广州托越州观察使崔璆上奏朝廷给他讨个天平军节度使的官职。朝廷商议后不同意,黄巢又要求给他别的官职,宰相郑畋和枢密使宦官杨复恭上奏,要授予黄巢同正员将军,另一个宰相卢携反对,主张只授予率府率,并说如果黄巢不接受,就派高骈讨伐。黄巢见到诏书,大骂这些宰相,又亲自上表要求做安南都护、广州节度使,朝廷也不同意。但黄巢考虑到他统率的部队多系临时凑合,缺乏训练,想占领南海一带作为根据地,期待取得朝廷的承认。不料这

死者十三四，众劝请北归，以图大利。巢不得已，广明元年，北逾五岭，犯湖湘、江浙进逼广陵[8]，高骈闭门自固，所过镇戍，望风降贼。九月，渡淮。十一月十七日，陷洛阳，留守刘允章率分司官迎之[9]。继攻陕、虢，逼潼关[10]。……河中节度使李都诈进表于贼。

年部队里流行起严重的传染病来，从春天直闹到夏季，战士病死了十分之三四，大家劝黄巢不如北上以图大业。黄巢不得已，在广明元年(880)北上越过五岭，从湖湘打到江浙，进逼广陵，高骈闭城自守，所过镇戍都望风迎降。这年九月，黄巢大军渡淮北上。十一月十七日，攻克洛阳，留守刘允章率领在洛阳的分司官迎降。黄巢继续西进攻取陕州、虢州，进逼潼关。……河中节度使李都进表伪降黄巢。

注释 ① 天长镇：今安徽天长。 ② 交广：唐代的广州是今广东广州及其周围地区，交州则在今越南河内及其周围地区。但汉代的交州本兼辖今两广以至越南北部，从而交广就成为这一地区的习惯称呼。黄巢只攻占广州，仍可说遂据交广。 ③ 越州观察使：正式名称是浙江东道观察使，因为治所在越州，也可称越州观察使。天平军节度使：治所在今山东郓城，辖有郓、曹、濮三州，正是黄巢的故乡。 ④ 畋：音 tián。 ⑤ 同正员：额外的、但待遇又同于正式官员的，在当时叫同正员。 ⑥ 率府率：唐代东宫有太子左右卫率府、太子左右司御卫率府、太子左右清道率府、太子左右监门率府、太子左右内率府，其长官都叫率。 ⑦ 安南都护：唐代有安南都护府，治所在今越南河内。 ⑧ 广陵：今江苏扬州，唐代本名江阳，扬州州治所在，但在隋以前一直叫广陵，还以此为郡治设置过广陵郡，所以这里可用广陵来代称江阳。 ⑨ 分司官：唐代以洛阳为东都，京城长安的中央各机构都派出大小官员在洛阳办公，叫分司官，实际多数无公可办，等于退休养老。 ⑩ 虢：虢州，今河南灵宝及逊南地区。

原文

朝廷以田令孜率神策、博野等军十万守潼关[1]。时禁军皆长安富族，世籍两军，丰给厚赐，高车大马，以事权豪，自少迄长，不知战阵。初闻科集，父子聚哭，惮于出征，各于两市出值万计，佣雇负贩屠沽及病坊穷人以为战士[2]，操刀载戟，不知镦锐[3]，复任宦官为将帅，驱以守关。关之左有谷，可通行人，平时捉税，禁人出入，谓之“禁谷”。及贼至，官军但守潼关，不防禁谷，以为谷既官禁，贼无得而逾也。尚让、林言率前锋由禁谷而入，夹攻潼关。官军大溃，博野都径还京师[4]，燔掠西市[5]。十二月三日，僖宗夜自开远门出，趋骆谷[6]，诸王、官属相次奔命，观军容使田令孜、王若俦收合禁军扈从。四日，贼至昭应[7]，金吾大将军张直方率在京两

翻译

朝廷派观军容使大宦官田令孜率神策、博野等军十万人守潼关。当时禁兵多是长安城里的富家子弟，世代在左右神策军里挂个名，平时领取丰厚的给养赏赐，高车大马，趋奉权贵，从来就不懂得怎样打仗。这时听到要点名集合，父子聚哭，不愿上阵，花上一万钱到东市、西市雇佣小贩、屠沽甚至病坊里的穷人来顶替，这些人连刀戟都拿颠倒了，再由宦官来充当将帅，把这些人赶去防守潼关。潼关的左边有个山谷，本来可以通行，为了防止行人逃脱，把它封禁起来，称之为“禁谷”。这时黄巢大军来到，官军却只把守潼关，不在禁谷设防，认为既经官方禁止通行，黄巢的部队就进不来。可尚让、林言率领了黄巢的先头部队正从这个禁谷开进来，转过去和黄巢大军夹攻潼关。官军全线崩溃，博野都脱离指挥自动逃回京师，把西市焚烧抢劫一空。十二月三日夜间，僖宗逃出开远门向南奔往骆谷，诸王、百官陆续跟上逃命，观军容使田令孜和王若俦收合残败禁军保驾。四日，黄巢大军到昭应，金吾大将军张直方率领没有逃散的文武百官到灞上迎降。

班迎贼灞上。五日，贼陷京师。

五日，黄巢进入长安城。

注释 ① 孜：音 zī。博野：唐瀛州的属县，穆宗时李寰带了这里的守兵投奔京师，成为中央的一支直属部队。 ② 病坊：唐宋时由政府出钱收养贫病者的地方叫病坊。 ③ 镦(dūn)：矛戟柄末端的平底金属套。 ④ 都：唐中叶以后出现的军队编制名称。 ⑤ 燔(fán)：烧。 ⑥ 骆谷：即骆谷道，或曰骆谷路，从今陕西周至西南过秦岭通到洋县东北，北口叫骆谷，设有骆谷关，南口叫傥谷。 ⑦ 昭应：今陕西临潼。

原文

时巢众累年为盗，行伍不胜其富，遇穷民于路，争行施遗。既入春明门，坊市聚观，尚让慰晓市人曰："黄王为生灵，不似李家不恤汝辈，但各安家。"巢贼众竞投物遗人。十三日，贼巢僭位，国号大齐，年称金统，仍御楼宣赦[①]，且陈符命曰[②]："唐帝知朕起义，改元广明，以文字言之，唐已无天分矣。'唐'去'丑''口'而安'黄'，天意令黄在唐下，乃'黄家日月'也！土德生金[③]，予以金王，宜改年为金统。"贼搜访旧宰相不获，以

翻译

黄巢的部队历年来在各地劫掠富豪，携带的财物多得谁都不稀罕了，一路上看到穷人，就抢着施舍。进了春明门，坊市的居民都出来围观，尚让安慰他们说："黄王起兵为拯救百姓，不像李家对你们不体恤，你们尽管安心过日子。"战士还抢着把财物塞到穷人手里。十三日，黄巢称帝，国号大齐，年号金统，并登丹凤楼宣布赦书，还陈说符命道："唐帝知道朕要起义，所以改元广明，从文字来说，唐朝的命运已经注定要结束了。'广'字是把'唐'的'丑''口'去掉而安上'黄'字，天意让黄在唐下，'广明'就是'黄家日月'啊！土德生金德，朕以金德王，应改年号为金统。"当时旧宰相都逃亡藏匿，黄巢搜访不到，就任命前浙东观察使崔璆以及杨希

前浙东观察使崔璆、杨希古、尚让、赵章为四相，孟楷、盖洪为左右军中尉，费传古为枢密使，王璠为京兆尹，许建、朱实、刘塘为军库使，朱温、张言、彭攒、季逵为诸卫大将军、四面游奕使④。又选骁勇形体魁梧者五百人曰功臣，令其甥林言为军使，比之控鹤⑤。

古、尚让、赵章为四相，孟楷、盖洪为左右军中尉，费传古为枢密使，王璠为京兆尹，许建、朱实、刘塘为军库使，朱温、张言、彭攒、季逵为诸卫大将军、四面游奕使。又挑选骁勇而且身材魁梧的五百人称之为功臣，派自己的外甥林言做他们的军使，比之于唐朝的控鹤府。

注释 ①宣赦：新皇帝即位，照例要下诏书大赦天下，叫宣赦。 ②符命：秦汉以来建立新朝代时都得找些所谓"祥瑞"之类的东西，来证实新朝代的建立是秉承上天意志，叫作符命。 ③土德生金：战国时出现金、木、水、火、土五行之说，到汉代形成了一种名为"五德终始"的历史观，即每个朝代都代表五行中的一行即一德，有相生相克两种循环法。这里是用的相生循环法，即金德生水，水德生木，木德生火，火德生土，土德生金。唐是土德，理应生金德的黄巢。 ④攒：音 cuán。 ⑤控鹤：武则天时设置控鹤府，统辖宿卫近侍。

原文

中和元年二月，尚让寇凤翔，郑畋出师御之，大败贼于龙尾坡①，畋乃驰檄告喻天下藩镇。四月，泾原行军唐弘夫之师屯渭北，河中王重荣之师屯沙苑②，易定

翻译

僖宗中和元年(881)二月，尚让进攻凤翔，郑畋出兵抵御，大败尚让于龙尾坡，郑畋发檄文告谕各镇节度使动员他们出兵围攻黄巢。四月，泾原行军唐弘夫的部队进驻渭北，河中王重荣的部队进驻沙苑，易定王处存的部队进驻渭桥，鄜延拓跋思恭的部队进驻武功，凤

王处存之师屯渭桥[3]，鄜延拓跋思恭之师屯武功[4]，凤翔郑畋之师屯盩厔。六月，邠宁朱玫之师屯兴平[5]，忠武之师三千屯武功[6]。是岁，诸侯勤王之师四面俱会。十二月，宰相王铎率荆、襄之师自行在至。郑畋帐下小校窦玫者，骁勇无敌，每夜率敢死之士百人，直入京师，放火燔诸门，斩级而还，贼人悚骇。时京畿百姓皆砦于山谷，累年废耕耘，贼坐空城，赋输无入，谷食腾踊，米斗三十千。……朝士皆往来同、华，或以卖饼为业，因奔于河中。宰相崔沆、豆卢瑑扈从不及[7]，匿之别墅，所由搜索严急，乃微行入永宁里张直方之家，朝贵怙直方之豪多依之[8]。既而或告贼云："直方谋反，纳亡命。"贼攻其第，直方族诛，沆、瑑数百人皆遇害。自是贼始酷虐，族灭居人。

翔郑畋的部队进驻周至。六月，邠宁朱玫的部队进驻兴平，忠武军节度使的部队三千人进驻武功。这一年内各节度使的部队从四方汇合到长安周围。十二月，宰相王铎率领荆襄部队也从僖宗留驻的成都赶来。郑畋帐下小校窦玫骁勇无敌，常在夜晚带了敢死之士上百人进入长安，放火焚烧城门，斩取首级，然后回营，把黄巢部众弄得很紧张。当时京城周围的百姓都逃进山谷结寨自保，连年不得耕种，黄巢部众坐守空城，征收不到租税粮食，城里粮食踊贵，一斗米涨到三十千文钱。……朝廷官员多往来同、华二州，有的以卖饼谋生，找机会逃到了河中。宰相崔沆、豆卢瑑没有来得及跟随僖宗出逃，躲到自己的别墅里，看到各处搜索得紧，就偷跑出来躲进永宁里的张直方家里，其他朝廷贵人也认为张直方有势力多去投靠。过些时候有人报告黄巢说："张直方准备反叛，收容了许多大齐朝要搜捕的人。"黄巢派兵围攻张直方家，直方满门抄斩，崔沆、豆卢瑑等几百人也都被杀死。从此黄巢等人才严酷起来，动辄把人家满门杀绝。黄巢又派人到前宰相驸马都尉于琮家里去传命召见，于琮说："我是唐室大臣，不能辅佐黄家创业，何况

遣使传命召故相驸马都尉于琮于其第，琮曰："吾唐室大臣，不可佐黄家草昧[9]，加之老疾。"贼怒，令诛之。广德公主并贼号咷而谓曰："予即天子女，不宜复存，可与相公俱死。"是日并遇害。二年，王处存合忠武之师败贼将尚让，乘胜入京师，贼遁去，处存不为备，是夜复为贼寇袭，官军不利。贼怒坊市百姓迎王师，乃下令洗城，丈夫丁壮，杀戮殆尽，流血成渠。

我已衰老多病。"来人生了气，下令把他杀掉。于琮妻广德公主拉住动手的人号啕大哭道："我是天子之女，也不用再活了，愿和相公同死。"当天一并被杀。中和二年(882)，王处存会合忠武军的部队打败尚让，乘胜进入长安，黄巢率领大军撤离到城外，王处存不作防备，当夜被黄巢回军袭击，官军大败。黄巢知道了坊市百姓曾欢迎官军，极为愤怒，就下令洗城，成年男子几乎被杀尽，血流成了沟渠。

注释 ① 龙尾坡：在今陕西岐山。 ② 沙苑：在今陕西大荔南，是一大片东西横向的沙土地。 ③ 易定：即义武军节度使，治所在今河北定州。 ④ 鄜延：鄜延节度使，治所在今陕西富县。这时节度使是李孝昌，拓拔思恭是党项族，带兵会合李孝昌同盟进攻黄巢。 ⑤ 兴平：今陕西兴平。 ⑥ 忠武：忠武节度使，治所在河南许昌。 ⑦ 沆：音 hàng。瑑：音 zhuàn。扈从：随从保护皇帝。 ⑧ 怙(hù)：依凭。 ⑨ 草昧：我国过去把一个政权刚建立时的草创经营叫草昧。

原文

九月，贼将同州刺史朱温降重荣。十一月，李克用率代北之师自夏阳渡河[1]，

翻译

这年九月，黄巢的同州刺史朱温投降王重荣。十一月，李克用率领代北兵马从夏阳渡过黄河，进驻沙苑。中和三

屯沙苑。三年正月，败黄揆于沙苑，进营乾坑[②]。二月，贼将林言、赵章、尚让率众十万援华州，克用合河中、易定、忠武之师战于梁田坡[③]，大败贼军，俘斩数万，乘胜攻华州，堑栅以环之。克用骑军在渭北，令薛志勤、康君立每夜突入京师，燔积聚，俘级而旋。黄揆弃华州，官军收城。四月八日，克用合忠武骑将庞从遇贼于渭南[④]，决战三捷，大败贼军。十日夜，贼巢散走。诘旦，克用由光泰门入，收京师。巢贼出蓝田七盘路，东走关东。天下兵马都监押杨复光露布献捷于行在。……

年(883)正月，李克用在沙苑打败黄巢之弟黄揆，进驻乾坑。二月，黄巢将领林言、赵章、尚让领兵十万救华州，李克用联合河中、易定、忠武的部队在梁田坡迎战，大败林言等人，俘虏斩杀好几万人，乘胜进攻华州，挖堑树栅围困州城。当时李克用的骑兵还在渭北，他派部将薛志勤、康君立每夜潜入长安，焚烧积聚的物资，斩取首级回营。不久，黄揆撤离华州，官军进入州城。这年四月八日，李克用联合忠武骑将庞从和黄巢大军在渭南决战。三战三捷，巢军大败。十日夜晚，黄巢全军分头撤出长安。第二天清晨，李克用率军进入光泰门，收复京师。黄巢大军通过蓝田七盘路进入关东。天下兵马都监押大宦官杨复光发露布到成都向僖宗告捷。……

注释 ① 夏阳：县名，在今陕西郃阳东、韩城南，东临黄河。 ② 乾(gān)坑：在沙苑边缘。 ③ 梁田坡：在今陕西华州、渭南之间。 ④ 渭南：今陕西渭南。

原文

五月，巢贼先锋将孟楷攻蔡州，节度使秦宗权以兵

翻译

这年五月，黄巢的先锋孟楷攻打蔡州，节度使秦宗权率兵迎敌，被孟楷打

逆战，为贼所败，攻城急，宗权乃称臣于贼。遂攻陈、许[①]、营于溵水[②]，陈州刺史赵犨迎战[③]，败贼前锋，生擒孟楷斩之。黄巢素宠楷，悲惜之，乃悉众攻陈州，营于城北五里，为宫阙之制，曰“八仙营”。于是自唐、邓、许、汝、孟、洛、郑、汴、曹、濮、徐、兖数十州[④]，毕罹其毒。贼围陈郡三百日，关东仍岁无耕稼，人饿倚墙壁间。……赵犨求援于太原。四年二月，李克用率山西诸军由蒲、陕济河，会关东诸侯赴援陈州。三月，诸侯之师复集。四月，官军败贼于太康[⑤]，俘斩万计，拔其四壁，又败贼将黄邺于西华[⑥]，拔其壁。巢贼大恐，收军营于故阳里[⑦]，官军进攻之。五月，大雨震雷，平地水深三尺，坏贼垒，贼自离散，复聚于尉氏[⑧]，逼中牟，翌日营汴水北，是日复大雨震电，沟

败，孟楷攻城急，秦宗权就向黄巢称臣。黄巢和秦宗权合兵进攻陈、许，靠溵水扎营，陈州刺史赵犨迎敌，打败巢军先锋，擒斩孟楷。黄巢对孟楷一向宠信，知道了大为悲痛，全军围攻陈州，在州城北面建筑营垒，仿照长安宫阙的形式，号称“八仙营”。自此唐、邓、许、汝、孟、洛、郑、汴、曹、濮、徐、兖等数十州都遭受兵火。黄巢围陈州百日，百姓无从耕种，人人饥饿得靠倒在墙壁上。……赵犨向太原的李克用求救。中和四年(884)二月，李克用率领太行山西诸军从蒲、陕南渡黄河，会同关东各节度使兵马进援陈州。三月，各节度使兵马齐集到陈州。四月，官军在太康大败巢军，俘虏斩杀上万人，攻下四个营垒，又在西华打败黄邺，攻下营垒。黄巢大为震恐，收拢队伍在故阳里建筑营垒，官军再进攻故阳里。五月，大雷雨，平地水深三尺，巢军营垒崩坏，分头撤离，到尉氏会合，向中牟进逼。第二天在汴水北面筑营，这天又是大雷雨，田沟里满是流水。黄巢分兵进攻汴州，李克用从郑州率兵袭击，大败巢军，擒获将领李用、杨景。黄巢率领残部东走据守胙县、冤句，官军追击，巢军无力防守，将领李谠、杨能、霍存、葛从周、张归厚、张

塍涨流[9]。贼分寇汴州，李克用自郑州引军袭击，大败之，获贼将李用、杨景。残众保胙县、冤句[10]，官军追讨，贼无所保，其将李谠、杨能、霍存、葛从周，张归厚、张归霸各率部下降于大梁，尚让率部下万人归时溥。贼自相猜间，相杀于营中[11]，所残者千人，中夜遁去。克用追击至济阴而还[12]。

贼散于兖、郓界，黄巢入泰山。徐帅时溥遣将张友与尚让之众掩捕之，至狼虎谷[13]，巢将林言斩巢及二弟邺、揆等七人首，并妻子皆送徐州。是月贼平。

归霸各自率领所部投降大梁的朱全忠，尚让率领部下万人投奔徐州的时溥。没有叛离的兵将也互相猜疑，在营里动武火并，剩下上千人在半夜里出逃。李克用追赶到济阴才收兵回太原。

黄巢余部分散在兖、郓二州交界处，黄巢进入泰山。驻徐州的感化军节度使时溥派部将张友和归降的尚让部众入山搜捕，到狼虎谷追上黄巢，黄巢部将外甥林言斩了黄巢和巢弟黄邺、黄揆等七人的头，还押了黄巢的妻子一并送往徐州。本月，黄巢军全部被消灭。

注释　① 陈州：今河南淮阳及其周围地区。许州：今河南许昌及其周围地区。② 溵(yīn)水：流经当时许、陈二州，当时在陈州州治宛丘(即今淮阳)西南溵水边且设有溵水县。③ 犨：音chōu。④ 唐州：今河南泌阳及其周围地区。邓州：今河南邓州、南阳等地区。孟州：今河南孟州、济源、温县等地区。⑤ 太康：今河南太康。⑥ 西华：今河南西华。⑦ 故阳里：在陈州治宛丘城北。⑧ 尉氏：今河南尉氏。⑨ 塍(chéng)：田畦。⑩ 胙县：即胙城，在今河南延津东北。⑪ 营中：明闻人本和其他本子都作“营州”，显然不通，今径改正。⑫ 济阴：今山东曹县。⑬ 狼虎谷：在泰山东南，今莱芜境内。

新唐书

雷巧玲 李成甲 译注
黄永年 审阅

导 言

用纪传体来写唐代历史的史书，在“二十四史”里有两部。一部是五代时后晋政府官修、到后晋出帝开运二年（945）以宰相刘昫领衔修成的《唐书》，有二百卷，因为后来北宋政府又纂修了一部《唐书》，所以通常把刘昫领衔的《唐书》加个“旧”字叫《旧唐书》。再一部就是北宋政府重新纂修的、我们在这里选译的《新唐书》，它是北宋仁宗嘉祐五年（1060）修成的，有二百二十五卷，本来也只叫《唐书》，为了和刘昫的《唐书》区别，通常叫它《新唐书》。

已经有了《旧唐书》，在一个多世纪以后为什么还要重修这部《新唐书》？当然是认为《旧唐书》写得不够好，不理想。是的，由于修《旧唐书》时所依据的资料不完备，譬如作为修史主要依据的列朝实录，唐朝的史官就只修了高祖、太宗、高宗、则天皇后、中宗、睿宗、玄宗、肃宗、代宗、德宗、顺宗、宪宗、穆宗、敬宗、文宗、武宗十六朝的实录，武宗朝的还不全，武宗以后的宣宗、懿宗、僖宗、昭宗、哀帝都不曾修或没有修成实录。纪传体的唐朝本朝史即所谓国史呢？唐朝的史官也只修了前面几朝，中晚唐时的同样没有修。因此依据这些实录、国史纂修而成的《旧唐书》，就不免有详前略后、头大尾细的毛病，这用《新唐书》纂修者的话来说就叫“事实零落”。《新唐书》纂修者还认为《旧唐书》有“纪次无法，详略失中，文采不明”的毛病，用今天的话来说，就是纂修时缺乏准则，哪些应该写得详尽，哪些可以简略，处理得很不合适，而且文笔也不行。他们还指出，这是由于《旧唐书》的纂修者身处五代衰世，水平不高，缺少修史的才识和文笔，所以非重修不可。

正式建议重修的是当时的宰相贾昌朝，经宋仁宗同意在庆历五年(1045)下诏设立史局来重修《唐书》，到修成共花了十六年功夫，在史局里任职的人前后有二十一位。这二十一位又分三种情况。一种叫提举官，一般都由宰相担任，贾昌朝在开头三年就担任了这个工作。不过宰相事情多，不太可能亲自带领大家来修，就设了实际主持工作的叫刊修官。刊修官开头几年比较多，后来剩下一位宋祁，又增加了一位欧阳修，由欧阳修负责纂修本纪和志、表，宋祁负责纂修列传。所以全史修成后由提举官宰相曾公亮撰写进呈给仁宗的表，而在本纪、志、表前面和列传前面分别署上欧阳修和宋祁的官衔姓名。再有一种则是专门撰写的叫编修官，人数少时三位，多则六位，其中有好些是知名人士。如宋敏求就是一位唐史研究专家和大藏书家，曾利用丰富的藏书补写了唐武宗、宣宗、懿宗、僖宗、昭宗、哀帝的六朝实录，另外还编写了记述唐西京长安的《长安志》和记述唐东京洛阳的《河南志》、记述北宋京城开封的《东京记》，又在他父亲宋绶搜辑的基础上编成一部唐代诏令汇编叫《唐大诏令集》。还有一位编修官吕夏卿则写过讲如何纂修《唐书》的《唐书直笔》，和讲唐代军事制度的《兵志》。至于两位刊修官，宋祁是当时有名的才子，仁宗初年他和哥哥宋庠同时考进士科，他取中第一，宋庠第三，经垂帘听政的刘太后干预，说弟弟不好占先，才把第一名状元让给宋庠而他被改成第十。他生平写的诗文经后人汇总成《宋景文公集》，有一百五十卷之多，大部分还保存到今天。另一位欧阳修的名气就更大了，在古文的所谓唐宋八大家中，他名列宋人六家的首位。他留下的《欧阳文忠公集》也多至一百五十三卷，此外“二十四史”中原名《五代史记》今通称《新五代史》的，也是他在修成《新唐书》后以个人力量撰写的一部纪传史。因此从纂修《新唐书》的阵容来看，确实比修《旧唐书》时要强大。

修成的《新唐书》的质量怎么样？《新唐书》的纂修者当然认为很

好。在曾公亮的进书表里就说这部新修的《唐书》和那部旧的相比较是“其事则增于前,其文则省于旧”,也就是说它记载的事情比旧的增多,而文字反而比旧的简省,即所谓“文省事增”。和《旧唐书》的“事实零落”相比,《新唐书》的纂修者认为是个大优点。再一个自认为大优点的是进书表里指出的“义类凡例,皆有据依”,也就是说能按照相传是孔子修《春秋经》的“一字褒贬”的笔法。譬如对他认为好的人该用什么好的褒义字眼,对坏的人该用什么坏的贬义字眼,都分类举例,即所谓有“义类凡例”。这种“一字褒贬”的修史法从司马迁写《史记》、班固写《汉书》以来,都不怎么去讲究,到修《新唐书》时才重新讲究起来,自夸为另一个大优点。对《新唐书》这两大优点,宋朝人也有不同的看法,但可能由于它是官修的,欧阳修、宋祁的名气又大,在宋代就取代了《旧唐书》成为记述唐代历史的唯一“正史”。当时的正史是《史记》《汉书》《后汉书》《三国志》《晋书》《宋书》《南齐书》《梁书》《陈书》《魏书》《北齐书》《周书》《隋书》《南史》《北史》,加上《新唐书》《新五代史》,共十七部,叫“十七史”,明代在“十七史”外加上《宋史》《辽史》《金史》和《元史》,称为“二十一史”,都没有把《旧唐书》和另一部《旧五代史》算在里边。到清代在乾隆四年(1739)重新刊刻正史时,才把“二十一史”加上新修的《明史》和当年《旧唐书》,合称“二十三史”,乾隆四十九年(1784)又刊刻《旧五代史》,合称“二十四史”。当时把《旧唐书》恢复为正史的理由是认为《新》《旧》两书都各有优缺点,所以应在“正史中两书并列,相辅而行”。

说《新唐书》和《旧唐书》各有优缺点是不错的,但读者需要知道的是有哪些具体的优点和缺点。

先看本纪。本纪通常也简称为“纪”,一个皇帝有一个本纪,实际上是以皇帝的年号来纪年的编年史。《旧唐书》本纪有个大缺点,即从高祖到文宗的本纪因为有实录作依据,能翔实且有条理,而武宗以后的因为没有实录就比较芜杂。修《新唐书》时这些实录还都存在,宋敏求又补写了武宗以后的实录，应该修得比《旧唐书》好，但结果并非如此。《旧唐书》的本纪有二十卷，《新唐书》的本纪只有十卷，从字数来算还不到《旧唐书》本纪的三分之一，这就未免失之太简，有许多大事在《旧唐书》本纪中查得到，《新唐书》本纪中却没有，这就不是“文省事增”而是“文省事减”了。再则所谓“一字褒贬”的《春秋》笔法有时也害人，例如凡记述叛军作战，《新唐书》本纪里规定都得写上叛军大头儿的姓名，而不写指挥这支叛军的是哪个将领，意思是要让大头儿来承担罪责，如安禄山叛乱时攻占长安的是孙孝哲指挥的叛军，《新唐书》玄宗本纪却写成“禄山陷京师”，其实安禄山本人仍在洛阳做伪皇帝，到死也不曾去长安。当然，《新唐书》的本纪也有许多地方是《旧唐书》本纪所失记的，有些地方是《新唐书》本纪正确的而《旧唐书》本纪错误的，这都应该用来补正《旧唐书》本纪。

再看志和表。《旧唐书》是十一个志共三十卷，《新唐书》则有十三个志共五十卷，是把《旧唐书》的礼仪志、音乐志合并成为礼乐志，又增加仪卫志、选举志和兵志，另外把《旧唐书》的舆服志改称车服志，职官志改称百官志，经籍志改称艺文志，而《旧唐书》的历志、天文志、五行志、地理志、食货志的名称在《新唐书》里不曾改换。《新唐书》这十三个志是花了气力撰写的。即使《旧唐书》里原有的，也没有照抄而另行撰写，增加了不少有用的资料。至于《旧唐书》里没有的志，《新唐书》写了自然更有用，即使像兵志写得不够理想，也总比没有好。表也是这样，《旧唐书》里没有表，《新唐书》里有四种表，即记宰相任免年月的宰相表，记节度使设置分并年月的方镇表，记家族世系的宗室世系表和宰相世系表。这些表一共十五卷，查考起来都很有用。

再看列传。它通常简称“传”，包括给将相大臣等立的“专传”，和以类相从的如忠义、孝友、隐逸、循吏、儒学、文苑、方伎、列女、外戚、宦者等“类传”，还有给兄弟民族和外国立的“四裔传”。《旧唐书》和《新唐书》的列传都各有一百五十卷。卷数虽相同，立的传《新唐书》却比《旧唐书》增加了三百多个，还不算《新唐书》增立的二百十二个公主的传。这三百多个传里有些是被《旧唐书》遗漏掉的将相大臣如史大奈、白孝德、李栖筠、郑珣瑜等人的传，还有许多是唐末的重要人物，可能由于资料缺乏而没有能在《旧唐书》里立传的，如韩偓、周宝、杨行密等有好几十人，《新唐书》给立了传。尽管有的传详细，有的简略，有的只有一两句话，但多少提供了有用的史料，真正做到了"其事增于前"。当然，《新唐书》多数的传是《旧唐书》原有的，但《新唐书》也不是照抄而是重新写过。重写时做了两个工作：一是把《旧唐书》原文精简，连《旧唐书》原文里引用的讲对偶的骈体文诏令奏议，也改写成不用对偶的所谓古文；再是增加了一些《旧唐书》里没有写的史实。增加史实也就是做到了"其事增于前"，应该受后人欢迎，而过于精简却又会损失掉有用的史料。尤其是把骈体文的诏令、奏议硬要改成古文，就不仅失去文献的本来面目，而且有时用上些貌似古雅的字眼反而叫人很难懂得，只有对照《旧唐书》原文才能读下去。当然，从整体来说《新唐书》的列传还是写得比较好的，除了"用字多奇涩"，即使从文学角度来说也是值得一读的。

最后给读者谈谈我们怎样选译这本《新唐书》。先说选。《新唐书》里除了有武则天的则天顺圣武皇后本纪外，在列传的后妃里还有个则天武皇后的传，比本纪多些可读性，于是选进来好让读者了解这位女皇帝的本来面貌。在她以前的，选了李靖的传和魏徵的传，一位大将和一位名臣，正好一武一文，从这里可以看到唐代开国之初确实涌现过一批人材。在武则天以后的，选了刘子玄、王忠嗣和王维三个传。刘子玄即刘知幾，是众所周知的史学理论家，王维是著名的诗人兼画家，王忠嗣则是唐玄宗设置节度使后在西北边地位最高的节度使。接着又选了安禄山的传，他既是东北边地位最高的节度使，又是安史之乱的罪魁祸首。安史之乱后中唐时期选了三位文人的传，裴度是在平定藩镇叛乱中立过大功的宰相，白居易是位大诗人，李德裕是牛李党争中李党的首领，从他的传里可以看到当时统治集团内部的斗争是如何剧烈。晚唐的选了杨复光的传和崔胤的传，杨复光是个打黄巢农民军出了力的大宦官，崔胤则是依靠强镇朱温的兵力除掉了宦官，但又被朱温杀死的宰相，他被杀后不久，朱温就自立为皇帝而唐朝政权宣告结束。这本书就选了这十二个传，对黄永年先生选译《旧唐书》的篇章进行补充。至于注和译，我们都按照丛书的通例。有些传原文太长，枝节太多，我们则作了删节，至于原文有许多今天看来说得不妥当之处，则系纂修者的立场所决定，读者自能辨析，我们就不再多作解说。

雷巧玲　李成甲

李 靖 传

导读

李靖和李勣是唐朝初年地位最高、声名最大的两位名将,《旧唐书》和《新唐书》都把两位合传。但两位的凭借却不相同,李靖出身于关中地区的军事世家,李勣则是山东地区武装力量的代表人物。这里选译李靖的传,让读者了解这位关中军事世家子弟在建立巩固唐朝政权中所起的作用。他在当时第二个主要战场平定江南战役中实际上已成为统帅,以后打东突厥、打吐谷浑,他高明的指挥更加速了胜利的到来。(选自卷九三)

原文

李靖,字药师,京兆三原人①。姿貌魁秀,通书史。尝谓所亲曰:"丈夫遭遇②,要当以功名取富贵,何至作章句儒③!"其舅韩擒虎每与论兵④,辄叹曰:"可与语孙、吴者⑤,非斯人尚谁哉!"仕隋为殿内直长⑥。吏部尚书牛弘见之曰⑦:"王佐才也⑧!"左仆射杨素拊其床谓曰⑨:"卿终当坐此!"

翻译

李靖,字药师,是京兆郡三原县人。他身体魁梧挺秀,通晓书史。曾对亲近的说:"大丈夫遭逢,应该凭功名来博取富贵,何至于做个章句儒生!"他舅父韩擒虎常和他论兵,都赞叹道:"可以讲孙、吴兵法的,除了这人还有谁呢!"李靖在隋朝出仕任殿内直长。吏部尚书牛弘见了说:"是王佐之才啊!"左仆射杨素拍着自己的床说:"你最终要坐到这里!"

注释 ① 京兆：隋京兆郡，治所在京师大兴城内，即今陕西西安。三原：今陕西三原。 ② 丈夫：即“大丈夫”，泛指有大志、有作为、有气节的男子。 ③ 章句儒：章句，指经籍的章节、句读（dòu）。章句儒，指专讲经籍的章节、句读以及训诂的读书人，也就是取不到功名富贵的读书人。 ④ 韩擒虎：隋名将，《隋书》有传。 ⑤ 孙、吴：指孙武和吴起，孙武春秋时齐人，相传是今本《孙子》作者，吴起是战国时卫人，相传是今本《吴子》的作者，都以善用兵著称。 ⑥ 殿内直长：隋唐殿内省是掌管供奉的机构，下设尚食、尚药、尚衣、尚舍、尚乘、尚辇六局，六局的长官叫某局奉御，副职叫某局直长。 ⑦ 吏部尚书：尚书省是隋、唐掌管中枢行政的机构，省内分设吏、户、礼、兵、刑、工六部，六部长官叫某部尚书，副职叫某部侍郎。吏部掌管全国官吏的任免、考课、升降、调动等事务。 ⑧ 王佐才：辅佐帝王成大业之才。 ⑨ 左仆射：尚书省长官叫尚书令，副职叫尚书左仆射（yè）、右仆射。到唐代因太宗做过尚书令，就不再任命别人充任，改以左、右仆射为长官。拊（fǔ）：拍。床：隋唐和其前把坐具和卧具都叫床，这里指坐的床，人跪坐在床上。

原文

大业末为马邑丞[①]。高祖击突厥，靖察有非常志，自囚上急变，传送江都[②]，至长安道梗[③]。高祖已定京师，将斩之，靖呼曰：“公起兵为天下除暴乱[④]，欲就大事，以私怨杀谊士乎[⑤]？”秦王亦为请[⑥]，得释，引为三卫[⑦]。从平王世充[⑧]，以功授开府[⑨]。

翻译

隋炀帝大业末年李靖任马邑丞。唐高祖抗击突厥，李靖察觉高祖有非常的图谋，便把自己囚起来告急变，让传送去江都，走到长安道路阻塞不通。唐高祖平定了京师，要将李靖处斩，李靖叫道：“公起义兵是为天下除暴乱，要成大事，却要为私怨而杀害义士吗？”秦王也给他请求，获得释放，秦王召他为三卫。他跟着去打平王世充，因功授官开府。

注释 ① 马邑：郡名，治所在今山西朔县。丞：郡的长官在隋炀帝时叫通守，辅佐的叫丞。 ② 江都：郡名，治所在今江苏扬州，当时隋炀帝正在这里。 ③ 长安：隋、唐都城，正式名称叫京师，称长安是沿用汉代的名称，即今陕西西安。梗（gěng）：同“梗”，阻塞。 ④ 公：对尊长或平辈的敬称。 ⑤ 谊士：义士。 ⑥ 秦王：高祖第二子李世民当时是秦王，即后来的唐太宗。 ⑦ 三卫：隋、唐设有三卫，即亲卫、勋卫、翊卫。 ⑧ 王世充：隋末最大的割据者，《旧唐书》《新唐书》有传。 ⑨ 开府：开府仪同三司的省称，唐武德七年(624)才以开府仪同三司为轻车都尉；“平王世充”是武德四年(621)的事情，当时还沿隋制以开府仪同三司为从一品的高级官职。

原文

萧铣据江陵[①]，诏靖安辑。从数童骑道金州[②]，会蛮贼邓世洛兵数万屯山谷间[③]，庐江王瑗讨不胜[④]，靖为瑗谋击却之。进至峡州[⑤]，阻铣兵不得前，帝谓逗留[⑥]，诏都督许绍斩靖[⑦]，绍为请而免。开州蛮冉肇则寇夔州[⑧]，赵郡王孝恭战未利[⑨]，靖率兵八百破其屯，要险设伏，斩肇则，俘禽五千[⑩]。帝谓左右曰：“使功不如使过，靖果然！”因手敕劳曰[⑪]：“既往不咎[⑫]，向事吾久已忘之。”靖遂陈图铣十

翻译

萧铣占据江陵，高祖下诏叫李靖前往安辑，李靖带了几个僮仆轻骑经过金州，遇逢上蛮贼邓世洛的数万兵众屯聚在山谷里，庐江王李瑗征讨不能取胜，靖为李瑗设计把他们打退。前进到峡州，被萧铣的军队阻拦无法前进，高祖说李靖逗留不前，下诏叫都督许绍把李靖处斩，许绍给李靖请求才被赦免。开州蛮叫冉肇则的骚扰夔州，赵郡王李孝恭出战不利。靖率领八百兵众攻破营屯，又在险要地段设下埋伏，斩杀冉肇则，俘获敌军五千人。高祖对左右说：“用有功的不如用有过失的，李靖果然如此！”因而亲笔下敕书道：“既往不咎，过去的事我早已忘了！”李靖陈说进取萧铣的十条办法。高祖下诏拜靖为行军总管，又兼代李孝恭的行军长史，军

策。有诏拜靖行军总管[13]，兼摄孝恭行军长史[14]，军政一委焉。

政一概交他处理。

注释 ① 江陵：县名，今湖北江陵。② 金州：治所在今陕西安康。③ 蛮：我国古代对南方各族的泛称。贼：封建社会把反抗政府或扰乱治安的武装力量都称为贼。④ 庐江王瑗：庐江，郡名，治所在今安徽庐江西南，但庐江王只是个封号而已。庐江王李瑗是唐高祖从父兄子，《旧唐书》《新唐书》有传。⑤ 峡州：治所在今湖北宜昌。⑥ 逗(dòu)：停留。⑦ 都督：唐上、中、下各都督府长官都叫都督。许绍：《旧唐书》《新唐书》有传，但这里说他这时任峡州刺史，而峡州并未设都督府，《旧唐书·李靖传》说许绍是峡州都督。⑧ 开州：治所在今重庆开州。夔(kuí)州：治所在今重庆奉节县东。⑨ 赵郡：治所在今河北赵州。⑩ 禽：同“擒”。⑪ 敕(chì)：皇帝诏令的一种。⑫ 咎(jiù)：怪罪，处分。⑬ 行军总管：出征时临时设置的一支军队的统帅。⑭ 摄：代理。行军长史：元帅手下最主要的辅佐官。

原文

武德四年八月，大阅兵夔州。时秋潦[1]，涛濑涨恶[2]，铣以靖未能下，不设备。诸将亦请江平乃进[3]，靖曰：“兵机事，以速为神。今士始集，铣不及知，若乘水传垒[4]，是震霆不及塞耳，有能仓卒召兵，无以御我，此必禽也。”孝恭从之。九月，舟师叩夷陵[5]。铣将文

翻译

唐高祖武德四年(621)八月，李靖在夔州大阅兵。当时秋季霖雨，江水暴涨，萧铣以为李靖不可能顺流而下，不做防备。诸将也要求江水平静后再进军，靖说：“用兵是机捷之事，贵在神速。当今战士刚结集，萧铣还不曾发觉，如果趁水势抵达敌垒，犹如疾雷不及掩耳，即使萧铣仓促调集兵众，也无法抵御，这就一定被我擒获。”孝恭听从了。九月里，水军攻打夷陵。萧铣的将领文士弘带几万兵众驻扎在清江，李孝恭要

士弘以卒数万屯清江[6]，孝恭欲击之，靖曰："不可！士弘健将，下皆勇士，今新失荆门[7]，悉锐拒我，此救败之师，不可当。宜驻南岸，待其气衰乃取之。"孝恭不听，留靖守屯，自往与战，大败还。贼委舟散掠，靖视其乱，纵兵击破之，取四百余艘，溺死者万人。即率轻兵五千为先锋趋江陵，薄城而营[8]，破其将杨君茂、郑文秀，俘甲士四千。孝恭军继进，铣大惧，檄召江南兵[9]，不及到，明日降。靖入其都，号令静严，军无私焉。或请靖籍铣将拒战者家资以赏军，靖曰："王者之兵，吊人而取有罪[10]，彼其胁驱以来，借以拒师，本非所情，不容以叛逆比之。今新定荆、郢[11]，宜示宽大，以慰其心，若降而籍之，恐自荆而南，坚城剧屯，驱之死守，非计之善也。"止不籍。由是

攻打，李靖说："不行！文士弘是健将，手下都是勇士，如今刚丢失荆门，集中精锐来抗拒我军，这是救败之师，势不可挡。应该驻守南岸，等他们士气衰落才攻取。"孝恭不听，留下李靖守屯营，自己前往攻打，大败而回。贼兵丢下船分散抢掠，李靖看到混乱，挥兵出击把他们打败，缴获舰船四百多艘，淹死敌军上万人。随即率领轻兵五千为先锋直趋江陵，逼近城扎下营，打败敌将杨君茂、郑文秀，俘虏甲士四千多人。李孝恭军接踵而来，萧铣大为恐惧，下檄文征召江南的兵众，来不及赶到，第二天萧铣就投降了。李靖进驻萧铣的都城江陵，号令严明安静，士兵没有私自抢掠的。有人建议李靖把萧铣将领中拒战的家产用来奖赏兵众，李靖说："王者之师，吊民伐罪，这些人是被胁迫而来，借以抵挡我军，并非他们的本愿，不应把他们当作叛逆看待。如今荆、郢刚刚平定，应该表示宽大，来安定人心，如果投降反而被籍没家资，恐怕自荆州以南，那些坚城强屯，都被迫死守，这实在不是好办法。"制止不准籍没家产，因此长江、汉水流域各城争相降顺。李靖因功封为永康县公，检校荆州刺史。于是李靖越过五岭到达桂州，派人分道招

江汉列城争下[12]。以功封永康县公[13],检校荆州刺史[14]。乃度岭至桂州[15],分道招慰。酋领冯盎等皆以子弟来谒,南方悉定,裁量款效,承制补官。得郡凡九十六,户六十余万。诏书劳勉,授岭南抚慰大使[16],检校桂州总管。以岭海陋远,久不见德,非震威武、示礼义[17],则无以变风,即率兵南巡,所过问疾苦,延见长老,宣布天子恩意,远近欢服。

抚。酋长冯盎等都派子弟前来谒见,南方全部平定。李靖根据投顺的情况,秉承皇上旨意分别授以官职。共得到郡九十六个、户六十多万。高祖下诏慰劳勉励,任李靖为岭南抚慰大使、检校桂州总管。李靖认为岭海僻陋边远,长久不受到恩德,除了用武力震慑,以礼义教化,无法改变风俗,就率领众兵南巡,所过之处询问百姓的疾苦,接见长老,宣布天子的恩意,远近都欢欣臣服。

注释 ① 潦(lǎo):雨水过多。 ② 濑(lài):流得很急的水。 ③ 江:长江。 ④ 垒:营垒。 ⑤ 夷陵:峡州的治所,今湖北宜昌。 ⑥ 清江:长江中游支流,在今湖北西南。 ⑦ 荆门:今湖北荆门。 ⑧ 薄(bó):迫近。 ⑨ 檄(xí):古代用于征召或声讨等的文书。江南:泛指长江以南。 ⑩ 吊人:古代有“吊民伐罪”的说法,即抚慰百姓,讨伐有罪。这里作“吊人”,是避李世民的讳。 ⑪ 荆:州名,治所在今湖北江陵。郢(yǐng):州名,治所在今湖北钟祥。统指萧铣统治地区。 ⑫ 汉:汉水。 ⑬ 永康:今浙江永康。县公:次于郡公的封爵名称,但并非真的去永康上任。 ⑭ 检校(jiào):不占正额而加授的官职。刺史:州的行政长官。 ⑮ 岭:指五岭,在今湖南、江西和广东、广西交界处。桂州:治所在今广西桂林。 ⑯ 岭南:道名,因在五岭之南而得名。治所在今广东广州,范围约相当今广东、广西大部和越南北部。抚慰大使:唐代凡称“使”,都是临时派出的,抚慰大使有抚慰当地的重任。 ⑰ 礼义:泛指封建社会的社会规范和道德规范。

原文

辅公祏据丹杨反[1]，诏孝恭为帅，召靖入朝受方略，副孝恭东讨，李世勣等七总管皆受节度[2]。公祏遣冯惠亮以舟师三万屯当涂[3]，陈正通步骑二万屯青林[4]，自梁山连锁以断江道[5]，筑却月城[6]，延袤十余里[7]，为掎角[8]。诸将议曰："彼劲兵连栅[9]，将不战疲老我师，若直取丹杨，空其巢窟，惠亮等自降。"靖曰："不然，二军虽精，而公祏所自将亦锐卒也！既保石头[10]，则牢未可拔。我留不得志，退有所忌，腹背蒙患，非百全计。且惠亮、正通，百战余贼，非怯野斗，今方持重，特公祏立计尔。若出不意，挑攻其城，必破之。惠亮拔，公祏禽矣！"孝恭听之。靖率黄君汉等水陆皆进，苦战，杀伤万余人，惠亮等亡去。靖将轻兵至丹杨，公祏

翻译

辅公祏据有丹杨反叛，高祖下诏叫李孝恭为元帅，召李靖入朝承受方略，任李孝恭的副帅东讨，李世勣等七个总管都受节制指挥。辅公祏派冯惠亮带水军三万驻守当涂，陈正通带步骑二万在青林山扎营，从梁山连铁锁切断长江通道，修筑却月城，长达十几里，形成掎角之势。将领们商议道："对方劲兵连栅，企图不出战而使我军疲劳，如果我军直取丹杨，捣空他们的老巢，冯惠亮等自行投降。"靖说："不是这样，这二军虽精锐，可辅公祏自己率领的也是锐卒啊！他既然守住石头城，就坚牢不易攻拔。我们留下来不能得志，撤退又有所顾忌，腹背受敌，非万全之计。而且冯惠亮、陈正通都是身经百战之徒，并非害怕野战。如今却持重起来，这是辅公祏的计谋。如果出其不意，对城栅挑战进攻，一定能攻破。冯惠亮既被打下，公祏就被擒了！"孝恭听从了。李靖率领黄君汉等水陆两路同时进，经过苦战，杀伤敌人一万多人，冯惠亮等逃跑。李靖率领轻兵到达丹杨，辅公祏恐惧，兵众还很多，可不能打了，就出城逃走，被擒获，江南平定。朝廷在这里设置东南道行台，任李靖为行台兵部尚书，赐

惧，众尚多，不能战，乃出走，禽之，江南平。置东南道行台[11]，以为行台兵部尚书，赐物千段、奴婢百口、马百匹。行台废，检校扬州大都督府长史[12]。帝叹曰："靖乃铣、公祏之膏肓也[13]，古韩、白、卫、霍何以加[14]。"

物一千段、奴婢一百口、马一百匹。行台废后，任李靖检校扬州大都督府长史。高祖赞叹道："李靖是萧铣、辅公祏的膏肓(致命处)，古代名将韩信、白起、卫青和霍去病也不能超过。"

注释 ① 辅公祏：隋末随杜伏威起义，唐初曾称帝，成为南方割据势力之一，《旧唐书》《新唐书》有传。丹杨：郡名，治所在今江苏南京。 ② 李世勣：原姓徐，名世勣，归唐后得姓李，到高宗时避太宗李世民御讳只名勣。 ③ 当涂：县名，今安徽当涂。 ④ 青林：山名，在今当涂东南。 ⑤ 梁山：在今当涂的长江对岸。 ⑥ 却月城：中间在后，左右突出，像月牙形的城。却月，半月、月牙。 ⑦ 袤(mào)：周长。 ⑧ 掎(jī)角："掎"是拉住腿，"角"是抓住角，"掎角"指互相支援呼应。 ⑨ 栅(zhà)：栅栏。 ⑩ 石头：石头城，在今江苏南京西。 ⑪ 东南道行台：尚书省在东南道的临时分支机构，治所在今江苏南京。 ⑫ 扬州：当时治所在今江苏南京，武德九年(626)才改设在今江苏扬州。大都督府长史：大都督一般由亲王遥领，也常为赠官，由长史主其事，这时赵郡王李孝恭为大都督。 ⑬ 膏肓(gāo huāng)：我国古代医学把心尖脂肪叫膏，心脏和膈(gé)膜之间叫肓，认为膏肓之间是药力达不到的地方，引申为致命之病。 ⑭ 韩：西汉韩信。白：秦朝白起。卫：西汉卫青。霍：西汉霍去病。都是善用兵的名将。

原文

八年，突厥寇太原[1]，为行军总管，以江淮兵万人屯太谷[2]。时诸将多败，独靖

翻译

武德八年(625)，突厥侵犯太原，靖为行军总管，统领江淮兵一万人驻守在太谷。当时将领们多战败，独有李靖全

以完军归。俄权检校安州大都督③。太宗践阼④，授刑部尚书，录功，赐实封四百户⑤，兼检校中书令⑥。突厥部种离畔⑦，帝方图进取，以兵部尚书为定襄道行军总管⑧，率劲骑三千繇马邑趋恶阳岭⑨。颉利可汗大惊⑩，曰："兵不倾国来，靖敢提孤军至此？"于是帐部数恐。靖纵谍者离其腹心⑪，夜袭定襄，破之，可汗脱身遁碛口⑫。进封代国公⑬。帝曰："李陵以步卒五千绝漠⑭，然卒降匈奴⑮，其功尚得书竹帛⑯。靖以骑三千，蹀血虏庭⑰，遂取定襄，古未有辈，足澡吾渭水之耻矣⑱！"

军完整归来。不久李靖权检校安州大都督。太宗即位，李靖授为刑部尚书，录他的功绩，赐实封四百户，兼检校中书令。突厥部众离叛，太宗正准备进取，李靖以兵部尚书任定襄道行军总管，率领劲骑三千由马邑进逼恶阳岭。颉利可汗大惊，说："唐兵若不是倾国而来，李靖怎敢提孤军深入到这里？"于是牙帐部众多次惊恐。李靖派间谍离间他们的心腹，在夜里进袭定襄，一举攻破，颉利可汗脱身逃到碛口。李靖进封为代国公。太宗说："李陵率领步卒五千越过大漠，然而最终投降匈奴，他的功劳尚且可以载入史册。李靖以骑三千，喋血虏庭，就攻取定襄，这是古来未有过的，足以雪我渭水之耻了！"

注释 ① 太原：县名，今山西太原。 ② 太谷：县名，今山西太谷。 ③ 安州：治所在今湖北安陆。 ④ 践阼：阼本指大堂前东面的台阶，封建时代称帝王即位为践阼。 ⑤ 实封：唐代封爵中的食邑若干户，称为虚封，只有称"实封若干户"才能得到这若干户的租调。 ⑥ 中书令：中书省是唐掌军国政令的机构，长官叫中书令，在唐初是宰相。 ⑦ 畔：同"叛"。 ⑧ 定襄：在今内蒙古清水河境内。当时大征战都派大将出任某道行军大总管或行军总管，道大致按行军方位、作战地点命名，并非行政区划。⑨ 繇：同“由”。恶阳岭：在今山西平鲁县西北。⑩ 可汗：古代北方兄弟民族柔然、突厥、回纥、蒙古等的最高统治者的称号。⑪ 惎（jì）：毒害、忌恨。⑫ 碛（qì）：沙漠。⑬ 代：州名，治所在今山西代县。国公：爵位名，位次郡王，在郡公之上，这代国公也不真到代州做公，只是个封号。⑭ 李陵：汉武帝时为骑都尉，率兵出击匈奴，战败投降，后病死匈奴。⑮ 匈奴：战国、秦、汉之际活动在我国北方的极为强大的少数民族。⑯ 竹帛：竹简和帛，古代供书写之用，引申指史书。⑰ 蹀（dié）血：杀人流血，踏血而行，形容杀人之多。虏（lǔ）：对敌方的蔑称。⑱ 澡：洗。渭水之耻：唐初，突厥常南下骚扰，武德九年八月，太宗刚即位，颉利、突利二可汗率领百万大军直至渭水便桥以北，威逼长安，使唐朝蒙受羞辱。

原文

颉利走保铁山[①]，遣使者谢罪，请举国内附。以靖为定襄道总管往迎之，又遣鸿胪卿唐俭、将军安修仁尉抚[②]。靖谓副将张公谨曰[③]：“诏使到，虏必自安，若万骑赍二十日粮[④]，自白道袭之[⑤]，必得所欲。”公谨曰：“上已与约降，行人在彼，奈何？”靖曰：“机不可失，韩信所以破齐也[⑥]，如唐俭辈何足惜哉！”督兵疾进，行遇候逻[⑦]，皆俘以从。去其牙七里乃觉[⑧]，部众震溃，斩万余级[⑨]，俘男女十万，禽其子叠

翻译

颉利逃走驻守铁山，派使臣请罪，恳求全境归附。太宗派李靖为定襄道总管前去迎接，又遣鸿胪卿唐俭、将军安修仁去抚慰。李靖对副将张公谨说：“诏使到达，虏必然自安，如果动用一万骑携带二十天粮食，从白道袭击，定能达到目的。”张公谨说：“皇上已和突厥约降，我们的使臣还在那里，怎么办呢？”靖说：“机会不可失掉，这是韩信破齐的原因，像唐俭之流有什么可惋惜！”于是督率大军快速前进，中途遇到突厥的巡逻侦察，都俘获了叫跟着走。在距离可汗驻地七里时才被发觉，突厥部众震惊溃散，斩杀一万多级，俘虏男女十万，擒获颉利可汗的儿子叠罗施，杀死隋义成公主。颉利逃走，被大同道行军

罗施，杀义成公主[10]。颉利亡去，为大同道行军总管张宝相禽以献[11]。于是斥地自阴山北至大漠矣[12]。帝因大赦天下，赐民五日酺[13]。

总管张宝相擒拿献给朝廷。于是开拓了从阴山到大漠的疆域。太宗因此大赦天下，赐百姓畅饮五日。

注释 ① 铁山：在今内蒙古阴山北。 ② 鸿胪（lú）卿：鸿胪寺是掌外事接待与凶丧之仪的机构，长官称鸿胪卿。 ③ 张公谨：唐代将领，凌烟阁二十四功臣之一。 ④ 赍（jī）：带着。 ⑤ 白道：在今内蒙古呼和浩特西北。为阴山南北重要通道。 ⑥ 齐：指楚汉之争时的齐国，今山东泰山以北黄河流域及胶东半岛地区。 ⑦ 候逻：巡逻侦察兵。 ⑧ 牙：突厥可汗所驻之处。 ⑨ 级：古代秦国的法律规定，在战争中斩得一个人头赐爵一级，后来就把斩下的人头叫首级，也简称级。 ⑩ 义成公主：隋文帝以宗女义成公主嫁给东突厥突利可汗，以后又先后嫁给处罗可汗、颉利可汗。 ⑪ 大同：今山西大同。 ⑫ 阴山：在今内蒙古自治区中部，东西走向。 ⑬ 酺（pú）：聚会饮酒。

原文

御史大夫萧瑀劾靖持军无律[1]，纵士大掠，散失奇宝。帝召让之，靖无所辩，顿首谢。帝徐曰："隋史万岁破达头可汗[2]，不赏而诛。朕不然，赦公之罪，录公之功。"乃进左光禄大夫[3]，赐绢千匹，增户至五百。既而曰："向人谮短公[4]，朕今悟

翻译

御史大夫萧瑀弹劾李靖带兵不讲纪律，放纵士卒大肆掠夺，致使奇珍异宝散失。太宗召见李靖责备，李靖不作辩解，叩头请罪。太宗慢慢地说："隋朝史万岁打败达头可汗，不受赏反而被杀。朕不是这样，赦免公的罪过，记录公的功勋。"于是晋升靖为左光禄大夫，赐绢一千匹，实封增加到五百户。不久，太宗对李靖说："过去有人诬陷公，朕现在明白了。"加赐帛二千匹，升迁他

矣。”加赐帛二千匹，迁尚书右仆射。

为尚书右仆射。

注释 ① 御史大夫：专掌监察、执法，为御史台的长官。 ② 史万岁：隋著名将领，开皇二十年(600)出塞击败西突厥达头可汗。同年被指为废太子杨勇党而遭冤杀。 ③ 光禄大夫：文散官，所谓散官都是荣誉性的，不同职事官之有实职。 ④ 谮(zèn)：说坏话诬陷别人。

原文

靖每参议，恂恂似不能言[①]，以沉厚称。时遣使十六道巡察风俗[②]，以靖为畿内道大使[③]。会足疾，恳乞骸骨[④]，帝遣中书侍郎岑文本谕旨曰[⑤]：“自古富贵而知止者盖少，虽疾顿惫[⑥]，犹力于进。公今引大体，朕深嘉之，欲成公美，为一代法，不可不听。”乃授检校特进[⑦]，就第，赐物段千、尚乘马二[⑧]，禄赐、国官、府佐皆勿废[⑨]，若疾少间，三日一至门下中书平章政事[⑩]，加赐灵寿杖。

翻译

李靖每逢参议朝政，恭敬谨慎，好似不善言谈，以沉厚著称。当时朝廷派使臣分十六道去巡察风俗，任李靖为畿内道大使。恰巧李靖有足疾，恳乞骸骨，太宗派中书侍郎岑文本传达旨意道：“自古以来富贵了而能知道休止的人都很少，有的即使病得困顿疲惫，还锐意进取。公如今能识大体，朕深为嘉赏，要成公之美，为一代楷模，不可不听从公的请求。”就授李靖检校特进，让他住在第宅里，赐物一千段、尚乘马二匹，俸禄和国公手下的官、府里的僚佐都依旧不减省，如果病情好转，可每三日到门下中书平章政事，加赐灵寿杖。

注释 ① 恂(xún)恂：恭敬谨慎的样子。 ② 十六道巡察风俗：唐太宗贞观元年，太宗按山川形势分天下为十道，但所派黜陟使巡察风俗并不按十道分遣。 ③ 畿(jī)内道：贞观元年所设十道中有关内道，治所在今陕西西安，辖境相当今陕西秦岭以北、甘肃祖厉河流域以东、内蒙古呼和浩特市以西、阴山狼山以南的河套等地和宁夏。这畿内道可能只指京师附近地区。 ④ 乞骸(hái)骨：辞官。唐朝五品以上的官要求退休必须奏请君相批准，六品以下官只需尚书省吏部办理，然后录奏。 ⑤ 中书侍郎：中书令的副职。 ⑥ 顿：困顿。惫(bèi)：疲惫，极度疲乏。 ⑦ 特进：文散官。 ⑧ 尚乘：殿中省六尚局之一，掌管天子内外闲厩的马。 ⑨ 禄赐：即俸禄。唐制，五品以上官退休后仅可享受半俸，给全俸是特恩。 ⑩ 门下中书：即中书门下。唐初设中书、尚书、门下三省，三省长官共同在门下省的政事堂议论政务。后迁政事堂于中书省。玄宗开元年间，改政事堂为中书门下。平章：商量处理。“平章政事”成为宰相名号是从李靖开始的。

原文

顷之，吐谷浑寇边，帝谓侍臣曰：“靖能复起为帅乎？”靖往见房玄龄[①]，曰：“吾虽老，尚堪一行。”帝喜，以为西海道行军大总管[②]，任城王道宗、侯君集、李大亮、李道彦、高甑生五总管兵皆属[③]。军次伏俟城[④]，吐谷浑尽火其莽，退保大非川[⑤]。诸将议，春草未牙，马弱不可战。靖决策深入，遂逾积石山[⑥]，大战数十，多所

翻译

不久，吐谷浑侵犯边疆，太宗问侍臣说：“李靖能重新起来做统帅吗？”李靖前去见房玄龄，说：“我虽年老，还能去一次效力。”太宗很高兴，任命李靖为西海道行军大总管，任城王道宗、侯君集、李大亮、李道彦、高甑生五总管的兵都归他指挥。大军进驻到伏俟城，吐谷浑把野草都烧掉，退守大非川。将领们商议，这时春草还没抽芽，战马疲弱不能作战。李靖决策深入，就越过积石山，大战几十次，多所斩杀虏获，残破吐谷浑国，臣民多投降，国王伏允窘迫无路上吊自杀，李靖另立大宁王慕容顺为

杀获，残其国，国人多降，吐谷浑伏允愁蹙自经死⑦，靖更立大宁王慕容顺而还⑧。甑生军繇盐泽道后期⑨，靖簿责之⑩，既归而憾，与广州长史唐奉义告靖谋反⑪。有司按验无状⑫，甑生等以诬罔论⑬。靖乃阖门自守⑭，宾客亲戚一谢遣。改卫国公⑮，其妻卒，诏坟制如卫、霍故事，筑阙象铁山、积石山⑯，以旌其功，进开府仪同三司⑰。

可汗然后回军。高甑生由盐泽道进军延误日期，李靖行文书责问他。回军后高甑生怀恨，同广州长史唐奉义诬告李靖谋反，法官查验没有这回事，高甑生等人以诬告论处。李靖于是关门自守，宾客亲戚一概谢绝。改封卫国公。他的妻子去世，皇帝下诏，坟墓的规格和卫青、霍去病一样，筑阙象铁山、积石山，用以表彰功绩，进封李靖为开府仪同三司。

注释　① 房玄龄：唐初名相，凌烟阁二十四功臣之一。② 西海：今青海省内的青海湖，和前面所说西海不是一个概念。③ 任城：今山东济宁。④ 伏俟城：在今青海省青海湖西岸布哈河河口附近。⑤ 大非川：今青海共和县西南切吉平原，一说为今青海湖西布哈河。⑥ 积石山：在青海省东南部，延伸至甘肃省南部边境。为昆仑山脉中支。⑦ 蹙(cù)：窘迫。⑧ 大宁王慕容顺：慕容伏允之子。⑨ 盐泽：今新疆罗布泊。⑩ 簿责：用文书责问。⑪ 广州：治所在今广东广州。⑫ 有司：官吏，古代设官分职，事各有专司，故称有司。⑬ 罔：蒙蔽，诬。⑭ 阖(hé)：关闭。⑮ 卫：今河南卫县。⑯ 阙(què)：古代宫殿、祠庙、陵墓前的高建筑物，左右各一，中间空缺，所以叫阙。⑰ 开府仪同三司：这时又成为文散官。

原文

帝将伐辽①，召靖入，谓

翻译

太宗将要讨伐辽东，召靖进见，说：

曰："公南平吴[②]，北破突厥，西定吐谷浑，惟高丽未服，亦有意乎？"对曰："往凭天威，得效尺寸功。今疾虽衰，陛下诚不弃[③]，病且瘳矣[④]。"帝悯其老，不许。二十三年，病甚，帝幸其第[⑤]，流涕曰："公乃朕生平故人，于国有劳。今疾若此，为公忧之。"薨[⑥]，年七十九，赠司徒、并州都督[⑦]，给班剑、羽葆、鼓吹[⑧]，陪葬昭陵[⑨]，谥景武[⑩]。

"公南平吴，北破突厥，西平定吐谷浑，只有高丽还未臣服，公有意思吗？"李靖回答说："过去倚仗天威，得效尺寸小功。如今虽有病衰老，陛下真不嫌弃，病将快好了。"太宗怜悯他年老，没有同意。贞观二十三年(649)，李靖病重，太宗临幸他的府第，流着眼泪说："公是朕生平故人，于国家有勋劳。如今病得如此，替公担忧。"李靖薨，享年七十九岁，追赠司徒、并州都督，给班剑、羽葆、鼓吹，陪葬昭陵，谥号叫景武。

注释 ① 辽：指辽河以东地区，当时高丽已发展到这里，征辽即打高丽。 ② 吴：指萧铣所占据的江南地区。 ③ 陛下：陛是帝王宫殿的台阶，朝臣若要向天子进言，不敢直接与天子通话，而要由在陛下的近臣转告，因此"陛下"就变为对帝王的尊称。 ④ 瘳(chōu)：病愈。 ⑤ 幸：表敬词，这儿特指帝王到某处去。 ⑥ 薨(hōng)：古代称诸侯死叫薨，唐代二品以上的官死也叫薨。 ⑦ 司徒：太尉、司徒、司空统称三公，唐代名义上为正一品职事官，实际上变成荣誉性的加官、赠官。并州：治所在今山西太原西南。 ⑧ 班剑：古代饰有花纹的木剑，由持此木剑的若干人组成仪仗队，也称斑剑。羽葆：古时用鸟羽装饰的车盖。鼓吹：古代的一种器乐合奏。 ⑨ 昭陵：唐太宗陵墓，在今陕西礼泉的九嵕(zōng)山上。 ⑩ 谥(shì)：封建时代在人死后按其生前事迹评定褒贬给予的称号。唐代三品以上的职事官和二品以上的散官，死后照例要赐给谥号。

魏徵传

导读

魏徵是我国历史上以敢于向皇帝进谏而著称的人物。但他在当时能被重用，更重要的原因还在于他出身山东地区，而且和瓦岗军有历史渊源，因此在唐高祖时，需要利用他去争取以李勣为首的瓦岗余部，到贞观初年唐太宗又得利用他去安抚河北州县的太子建成、齐王元吉的残留势力，这才是他为巩固唐朝统治建立的两大功绩，至于他在贞观朝的进谏和唐太宗的纳谏，对所谓贞观之治自然也起一点作用，但和上两项相比恐怕还不免是次要的。(选自卷九七)

原文

魏徵，字玄成，魏州曲城人[①]。少孤落魄[②]，弃资产不营，有大志，通贯书术。

隋乱，诡为道士。武阳郡丞元宝藏举兵应李密[③]，以徵典书檄。密得宝藏书，辄称善，既闻徵所为，促召之。徵进十策说密，不能用。王世充攻洛口[④]，徵见长史郑颋曰[⑤]："魏公虽骤胜[⑥]，而骁将锐士死伤略尽，

翻译

魏徵，字叫玄成，是魏州曲城人。从小是孤儿，穷困失意，丢开资产不去经营，胸怀大志，精通书史术数。

隋末战乱，魏徵假托为道士。武阳郡丞元宝藏起兵响应李密，让魏徵掌管书信公文。李密收到元宝藏的书信，都说写得好，知道是魏徵所写，就赶快召见。魏徵进献十策劝说李密，李密没有采用。王世充进攻洛口，魏徵见了李密的长史郑颋说："魏公虽然屡次战胜，但勇将精兵已死伤得差不多，加上府库里没有现成的财物，战胜后没有东西赏

又府无见财⑦，战胜不赏，此二者不可以战。若浚池峭垒，旷日持久，贼粮尽且去，我追击之，取胜之道也。”颋曰：“老儒常语耳！”徵不谢去。

赐，从这两方面看来这仗不能打。如果深沟高垒，旷日持久，贼军粮尽将撤退，我们追击，才是取胜之道。”郑颋说：“这只不过是老生常谈罢了！”魏徵不辞而去。

注释 ①魏州：治所在今河北大名。曲城：今山东莱州。②落魄(pò)：穷困失意。③武阳：郡名。隋大业初改魏州置。唐武德四年复改为魏州。李密：隋唐时期群雄之一，瓦岗军领袖。④洛口：今河南巩县东北，因地处洛水入黄河而得名。⑤颋：音tǐng。⑥魏公：即李密。骤(zhòu)：这里是屡次的意思。⑦见：同“现”。

原文

后从密来京师，久之未知名，自请安辑山东，乃擢秘书丞①，驰驲至黎阳②。时李勣尚为密守，徵与书曰：“始魏公起叛徒，振臂大呼，众数十万，威之所被半天下，然而一败不振，卒归唐者，固知天命有所归也！今君处必争之地，不早自图，则大事去矣”！勣得书，遂定计归，而大发粟馈淮安王之军③。

翻译

后来魏徵跟从李密来到京师，过了好久还不知名，自己请求去安辑山东，才升擢为秘书丞，驰驿到黎阳。这时李勣还在替李密守御，魏徵写信与他说：“当初魏公起兵反叛，振臂大呼，得到兵众几十万，威之所加有半个天下，然而一败不振，终于归附大唐，本来就知道天命所归啊！如今你身处必争之地，不趁早为自己打算，则大事去矣！”李勣收到信后，就定计归唐，大发黎阳仓的存粮送给淮安王的军队。

注释 ① 秘书丞：秘书省是专门掌管经籍图书的机构。长官称秘书监，副职为少监，其下又有秘书丞。 ② 驲(rì)：古代驿站专用的车。黎阳：在今河南浚县西南，是当时河北地区的战略要地，李勣在这里据守。 ③ 淮安王：淮安，郡名，治所在今河南泌阳。淮安王李神通，唐高祖从父弟。

原文

会窦建德陷黎阳[①]，获徵，伪拜起居舍人[②]。建德败，与裴矩走入关[③]，隐太子引为洗马[④]。徵见秦王功高，阴劝太子早为计。太子败，王责谓曰："尔阋吾兄弟[⑤]，奈何？"答曰："太子蚤从徵言[⑥]，不死今日之祸。"王器其直，无恨意。

翻译

窦建德攻陷黎阳，擒获魏徵，拜授伪起居舍人。窦建德失败，魏徵和裴矩进入潼关，隐太子李建成招引其为洗马。魏徵见秦王功高，暗地里劝太子建成早自为计。太子建成后来斗争失败，秦王责怪魏徵说："你挑拨我们兄弟相争，怎么处置？"魏徵回答道："如果太子早听我的话，不会有今日杀身之祸。"秦王器重他的耿直，不再仇恨。

注释 ① 窦建德：河北地区的农民起义军领袖。 ② 伪：不合法的。唐朝认为窦建德所建夏政权是不合法的伪政权，称在那任职为"伪拜"。起居舍人：隋在内史省(中书省)设起居舍人，主要是记录整理天子的制诰德音。 ③ 裴矩：隋唐时期政治家、外交家。 ④ 隐太子：唐高祖的太子李建成被李世民杀死后谥号叫隐，后追赠为皇太子，所以这里叫隐太子。洗马：东宫官属，为太子掌管传达，太子出则为前导，洗马也就是"先马"。 ⑤ 阋(xì)：指兄弟间相争，这里是使兄弟间相争。 ⑥ 蚤(zǎo)：同"早"。

原文

即位，拜谏议大夫[①]，封

翻译

即位后，拜徵为谏议大夫，封巨鹿

巨鹿县男[②]。当是时，河北州县素事隐、巢者不自安[③]，往往曹伏思乱。徵白太宗曰："不示至公，祸不可解。"帝曰："尔行安喻河北。"道遇太子千牛李志安、齐王护军李思行传送京师[④]，徵与其副谋曰："属有诏[⑤]，宫府旧人普原之[⑥]。今复执送志安等，谁不自疑者，吾属虽往，人不信。"即贷而后闻[⑦]。使还，帝悦，日益亲，或引至卧内，访天下事。徵亦自以不世遇[⑧]，乃展尽底蕴无所隐[⑨]，凡二百余奏，无不剀切当帝心者[⑩]。由是拜尚书右丞[⑪]，兼谏议大夫。

县男。这时，河北州县向来依附隐太子建成、巢王元吉的人不能自安，到处一群群结伙隐伏着想作乱。魏徵对太宗说："不示以至公，祸事就无法缓解。"太宗回答说："你去河北安抚晓喻。"魏徵在途中遇见隐太子的千牛李志安、齐王的护军李思行被递送去京师，魏徵同副使商议说："适值有诏，东宫及齐王府的旧人一概赦免。现在却捕送李志安等人，谁不自疑，我们虽去了，人家也不会相信。"就把他们释放了然后奏闻。出使回来后，太宗很高兴，对他一天天更加亲近，有时引进卧室里，访问天下的事情。徵也自以为获得了罕有的知遇，就把底细毫无隐瞒地讲出来，共上了二百多次奏章，无不恳切合太宗的心意。由此拜为尚书右丞，兼谏议大夫。

注释 ① 谏议大夫：门下省的专掌侍从规谏的官。 ② 巨鹿：在今河北平乡西南。县男：唐代最低一级的封爵。③ 河北：道名，治所在今河北大名东北。辖境相当今北京市、天津市、河北省、辽宁省大部，河南、山东古黄河以北地区。巢：唐高祖第四子齐王李元吉被李世民杀死后谥号叫剌，后追赠为巢王。 ④ 太子千牛：太子的亲身护卫。 ⑤ 属(zhǔ)：适值。 ⑥ 宫：指太子建成的东宫。府：指齐王李元吉的齐王府。 ⑦ 贷(dài)：饶恕、宽免。 ⑧ 不世：罕有，非常。 ⑨ 底蕴：底细，心里所有的东西。 ⑩ 剀(kǎi)切：恳切，切合事理。 ⑪ 尚书右丞：唐尚书省设左、右丞以辅佐左、右仆射，左丞总辖吏、户、礼三部，右丞总辖兵、刑、工三部。

原文

左右有毁徵阿党亲戚者[①]，帝使温彦博按讯[②]，非是。彦博曰："徵为人臣，不能著形迹[③]，远嫌疑，而被飞谤，是宜责也。"帝谓彦博行让徵。徵见帝谢曰："臣闻君臣同心，是谓一体，岂有置至公，事形迹？若上下共由兹路，邦之兴丧未可知也！"帝矍然曰[④]："吾悟之矣。"徵顿首曰："愿陛下俾臣为良臣，毋俾臣为忠臣。"帝曰："忠、良异乎？"曰："……良臣身荷美名，君都显号[⑤]，子孙传承，流祚无疆[⑥]；忠臣己婴祸诛[⑦]，君陷昏恶，丧国夷家，只取空名。此其异也。"帝曰："善。"因问："为君者何道而明，何失而暗？"徵曰："君所以明，兼听也；所以暗，偏信也。……君能兼听，则奸人不得壅蔽，而下情通矣。"……

翻译

太宗左右有人诋毁魏徵偏私亲戚，太宗令温彦博查讯，没有这回事。温彦博说："魏徵身为人臣，不能注意行迹，远避嫌疑，而遭飞谤，也应该斥责。"太宗叫温彦博去责备魏徵。徵见太宗谢罪道："臣听说君臣同心，这叫做一体，岂有丢开至公，注意行迹？如果上下都走这条路，国家的兴衰就很难说了！"太宗矍然道："我明白了。"魏徵叩头说："愿陛下使臣做良臣，不要让臣做忠臣。"太宗说："忠臣、良臣不一样吗？"魏徵说："……良臣本身承受美名，君也居于光显，子孙传承，国祚无疆；忠臣自己遭祸被杀，君也沦于昏恶，国灭家亡，只换取一个空名。这就是二者的不同。"太宗说："好。"接着便问："为君的怎样做就明，怎样做就暗？"魏徵道："君所以明，在于兼听；所以暗，在于偏信。……君能兼听，那奸人就无从蒙蔽，而下情能够上达了。"……

注释 ① 阿(ē):偏袒。 ② 温彦博:唐朝宰相。 ③ 形迹:指仪容礼貌。 ④ 矍(jué)然:惊惶貌,惊醒貌。 ⑤ 都:居。 ⑥ 疆:界限。 ⑦ 婴:触。

原文

贞观三年,以秘书监参豫朝政①。高昌王麹文泰将入朝②,西域诸国欲因文泰悉遣使者奉献③,帝诏文泰使人厌怛纥干迎之④。徵曰:"异时文泰入朝,所过供拟不能具,今又加诸国焉,则濒塞州县以乏致罪者众⑤。彼以商贾来⑥,则边人为之利;若宾客之,中国萧然耗矣⑦。……"帝曰:"善。"追止其诏。

翻译

贞观三年(629),魏徵以秘书监参与朝政。高昌王麹文泰即将来朝,西域各国都想通过麹文泰派使者进献,太宗诏麹文泰的使臣厌怛纥干去迎接。魏徵说:"往年麹文泰入朝,所经过之处供应不能完备,现在再加上其他各国,则靠边州县因供应缺乏而获罪的将很多。他们以商人的身份前来,那么边境的人可获利;如果把他们当作宾客,中国就受骚扰被损耗了。……"太宗说:"好。"把诏书追回停止。

注释 ① 豫:同"预"。 ② 高昌:古国名,国都在今新疆吐鲁番东。麹(qū):姓。 ③ 西域:玉门关、阳关以西地区的总称。 ④ 怛:音 dá。 ⑤ 塞:边界上的险要地方。 ⑥ 商贾(gǔ):商人。 ⑦ 中国:指中原地区。萧然:骚扰貌。

原文

于是帝即位四年,岁断死二十九,几至刑措①,米斗三钱。先是,帝尝叹曰:"今大乱之后,其难治乎?"徵

翻译

这时是太宗即位的第四年(630),这一年判死罪二十九人,几乎做到了刑措不用,一斗米价三钱。先前,太宗曾叹息说:"眼下大乱之后,将很难治理

曰:"大乱之易治,譬饥人之易食也。"……至是,天下大治。蛮夷君长袭衣冠,带刀宿卫②。东薄海,南逾岭,户阖不闭③,行旅不赍粮,取给于道④。帝谓群臣曰:"此徵劝我行仁义,既效矣。"……俄检校侍中⑤,进爵郡公。

吧?"魏徵回答说:"大乱后容易治理,就譬如饥饿的人吃东西容易对付。"……到这时,天下大治,蛮夷君长袭用中原衣冠,带刀宿卫。东边直到海,南边过五岭,门户不用关闭,行旅不用自带粮食,可由沿途供给。太宗对群臣说:"这是魏徵劝我施行仁义,已经收到成效了。"……不久魏徵检校侍中,进封爵为郡公。

注释 ① 刑措:刑法搁置不用。措,搁置、废置。 ② 宿卫:在宫中值宿担任警卫。 ③ 阖(hé):门扇。 ④ 给(jǐ):供给。 ⑤ 侍中:门下省是唐朝主要负责审议与封驳的机构。长官为侍中。但因官位特高,仅作为大臣的加衔。

原文

帝幸九成宫①,宫御舍围川宫下②,仆射李靖、侍中王珪继至,吏改馆宫御以舍靖、珪。帝闻,怒曰:"威福由是等邪③?何轻我宫人!"诏并按之。徵曰:"靖、珪皆陛下腹心大臣,宫人止后宫扫除隶耳。方大臣出,官吏咨朝廷法式;归来,陛下问人间疾苦。夫官舍④,固靖等见官吏之所,吏不可不谒

翻译

太宗驾幸九成宫,宫女住在围川宫下,仆射李靖、侍中王珪相继来到,吏人便把宫女安排在别处而让李靖、王珪住。太宗得知后,发怒道:"难道刑罚奖赏都由李靖、王珪等人来定吗?为什么怠慢我的宫女!"并下诏都给查讯。魏徵说:"李靖、王珪都是陛下的心腹大臣,而宫女只不过是在后宫打扫的隶役。大臣外出,地方官吏要向他们请教朝廷法式;回来,陛下要向他们询问民间疾苦。这官舍,本来就是李靖等接见官吏的地方,官吏不能不去拜见。至于

也[⑤]。至宫人则不然，供馈之余[⑥]，无所参承[⑦]。以此按吏，且骇天下耳目[⑧]。"帝悟，寝不问。

宫女则不一样，除服侍送饮食外，用不到晋谒接见。用这件事来查讯吏人，将骇天下人的耳目。"太宗醒悟了，压下不再追究。

注释 ① 九成宫：唐离宫名，在陕西麟游县西。 ② 宫御：宫女。围川：本名漳川，县名，今陕西扶风。 ③ 威福：刑罚和奖赏。 ④ 官舍：官廨、衙门，指官府办事的地方或供官吏居住的属于朝廷或地方政府的住宅。 ⑤ 吏：地方政府中的小官。 ⑥ 馈：送进饮食。 ⑦ 参承：参是参见，下级晋谒上级。承是接受、接见，上级接见下级。 ⑧ 骇(hài)：惊骇，骇怪。

原文

后宴丹霄楼，酒中谓长孙无忌曰[①]："魏徵、王珪事隐太子、巢刺王时诚可恶，我能弃怨用才，无羞古人。然徵每谏我不从，我发言辄不即应，何哉?"徵曰："臣以事有不可，故谏，若不从辄应，恐遂行之。"帝曰："弟即应[②]，须别陈论，顾不得[③]?"徵曰："昔舜戒群臣[④]：'尔无面从，退有后言[⑤]。'若面从可，方别陈论，此乃后言，非稷、卨所以事尧、舜也[⑥]。"帝

翻译

后来在丹霄楼宴会，喝酒中太宗对长孙无忌说："魏徵、王珪侍奉隐太子、巢刺王时的确可恶，我能弃怨嫌而用人才，无愧于古人。但魏徵每当谏我而我不听从时，我说话他不马上答应，这是为什么?"魏徵说："臣以为事有不可行，所以谏，如果不听从而臣随便答应，恐怕就要去施行。"太宗说："只要答应一声，再另行陈奏议论，难道不可以?"魏徵说："从前舜告诫群臣说：'你们不要当面顺从，退下又有后言。'如果当面答应，待后陈奏议论，这就是后言，不是稷、卨之所以侍奉尧、舜了。"太宗大笑道："人家说魏徵举动疏忽怠慢，我只觉

大笑曰："人言徵举动疏慢，我但见其妩媚耳[7]！"徵再拜曰："陛下导臣使言，所以敢然；若不受，臣敢数批逆鳞哉[8]！"

得他妩媚！"徵再拜道："陛下引导臣说话，所以敢这样；如果不接受，臣怎敢多次批逆鳞啊！"

注释　① 长孙无忌：唐朝初年宰相，凌烟阁二十四功臣之首。② 弟：同"但"。③ 顾：义同"岂""难道"。④ 舜：传说中我国的古代圣君。⑤ 后言：背后议论。⑥ 稷：后稷，神话传说中周人的始祖，曾做尧舜的农官，教民耕种。卨(xiè)：亦作偰、契，神话传说中商的始祖，曾助禹治水有功，被舜任为司徒，掌管教化。尧：神话传说中我国的古代圣君，年老后传位于舜。⑦ 妩媚：姿态美好可爱。⑧ 逆鳞：神话中说龙颈项下有逆鳞，即倒生的鳞片，触动了龙就发怒，因而称触人君之怒为批逆鳞。

原文

七年，为侍中。尚书省滞讼不决者，诏徵平治。徵不素习法，但存大体[1]，处事以情，人人悦服。进左光禄大夫、郑国公[2]。多病，辞职，帝曰："公独不见金在矿何足贵邪？善冶锻而为器，人乃宝之。朕方自比于金，以卿为良匠而加砺焉。卿虽疾，未及衰，庸得便尔？"徵恳请，数却愈牢。乃拜特

翻译

贞观七年(633)，任侍中。尚书省的疑难积案，太宗下诏叫魏徵裁决。魏徵平素并不熟悉法律，只做到能存大体，用情理来处理，人人心悦诚服。进授左光禄大夫、封郑国公。魏徵因身体多病，辞谢官职，太宗说："公难道看不到金在矿中有什么可贵吗？精心地冶炼锻打成为器具，人们才宝爱它。朕正自比为金，要以卿为好工匠来加工。卿虽然患病，还不衰老，怎能就如此告退呢？"魏徵恳求，几次被太宗推却，而魏徵的态度更加坚决。太宗只好拜徵为

进，知门下省事，诏朝章国典，参议得失，禄赐、国官、防阁并同职事③。……

特进，知门下省的政务，并下诏叫他对朝章国典，要参议得失，他的俸禄和封国官吏、防阁，都与职事官相同。……

注释 ① 大体：重要的义理，有关大局的道理。 ② 郑：在今陕西华县东。 ③ 防阁(gé)：唐制京师文武职事官皆设置防阁之职，以防卫斋阁。职事：唐代的官分职事官、散官、爵、勋官四类，职事官才是真正的官，散官、勋官和爵都是荣誉性的，并无职务。魏徵所任特进是正二品的文散官，但知门下省事便有了实职，所以要说禄赐等待遇都同于职事官。

原文

后幸洛阳①，次昭仁宫②，多所谴责。徵曰："隋惟责不献食，或供奉不精，为此无限，而至于亡，故天命陛下代之，正当兢惧戒约③，奈何令人悔为不奢？若以为足，今不啻足矣④；以为不足，万此宁有足邪？"帝惊曰："非公，不闻此言。"……

翻译

后来太宗驾幸东都洛阳，路上住在昭仁宫，对地方官多所谴责。魏徵说："隋朝只管责备人家不进献饮食，或者责备人家供奉的不精美，这样无限制地苛求，终至于亡国，因而天命陛下来取代，正应当谨慎恐惧自行约束，怎能叫人家以不够奢华而悔恨？如果认为足，如今不止是足了；如果还以为不足，那即使万倍于此也能有足吗？"太宗惊讶地说："要不是公，朕听不到这种话。"……

注释 ① 洛阳：在今河南洛阳东，是唐代的陪都，称东都、东京。 ② 昭仁宫：应作显仁宫，隋炀帝所营建，在今河南宜阳东南。 ③ 兢(jīng)：小心谨慎，恐惧。 ④ 不啻(chì)：不止，不仅。

原文

它日，宴群臣，帝曰：“贞观以前，从我定天下，间关草昧[①]，玄龄功也。贞观之后，纳忠谏，正朕违，为国家长利，徵而已，虽古名臣，亦何以加！”亲解佩刀，以赐二人。帝尝问群臣：“徵与诸葛亮孰贤[②]？”岑文本曰：“亮才兼将相，非徵可比。”帝曰：“徵蹈履仁义以弼朕躬[③]，欲致之尧、舜，虽亮无以抗。”……

帝遣使者至西域立叶护可汗[④]，未还，又遣使赍金帛诸国市马。徵曰：“今立可汗未定，即诣诸国市马[⑤]，彼必以为意在马，不在立可汗。可汗得立，必不怀恩。诸蕃闻之，以中国薄义重利，未必得马而先失义矣。……”帝遂止。

翻译

有一天，宴请群臣，太宗说：“贞观以前，跟从我平定天下，经历艰险草创国家，是房玄龄的功劳。贞观以后，献纳忠谏，匡正朕的过失，使国家长治久安，只有魏徵而已。即使古代名臣，也难以超越！”亲自解下佩刀，赐给二人。太宗曾问群臣：“魏徵与诸葛亮谁贤？”岑文本说：“诸葛亮才兼将相，不是魏徵所能比拟。”太宗说：“魏徵能行仁义，来辅佐朕，想使朕成为尧、舜之君，这即使诸葛亮也不能抗衡。”……

太宗派使者到西域立叶护可汗，尚未回来，又派使者带着金帛到西域各国买马。魏徵说：“如今立可汗尚未定，便到各国买马，他们必然以为我们的目的是想得到马，而不在立可汗。可汗得立，也必然不感恩。诸蕃知道了，都会认为中国薄义重利，马不一定得到而义倒先失掉了。……”太宗便中止了买马这件事。

注释 ① 间关：经历艰险。草昧：草创国家。 ② 诸葛亮：三国蜀汉政治家、军事家，《三国志》有传。 ③ 弼（bì）：辅助。 ④ 叶护可汗：西突厥的乙毗沙钵罗叶护可汗。 ⑤ 诣（yì）：到。

原文

是后右仆射缺，欲用徵，徵让，得不拜。皇太子承乾与魏王泰交恶[1]，帝曰："当今忠謇贵重无逾徵[2]，我遣傅皇太子[3]，一天下之望，羽翼固矣。"即拜太子太师[4]。徵以疾辞，诏答曰："汉太子以四皓为助[5]，我赖公，其义也。公虽卧，可拥全之。"

翻译

此后右仆射空缺，要用魏徵，魏徵辞让，得以不拜。皇太子承乾与魏王泰关系紧张，太宗说："如今忠诚正直而且地位贵重的莫过于魏徵，我派他去傅教皇太子，使天下人不再有别的希冀，皇太子的羽翼就巩固了。"便拜魏徵为太子太师。魏徵有病推辞，皇帝下诏道："汉太子有四皓辅助，我依赖您，就是这个道理。您虽卧床，也可以保全太子。"

注释 ① 皇太子承乾与魏王泰：皇太子李承乾是唐太宗长子，魏王李泰是第四子，都是长孙皇后亲生的，以争太子位在贞观十七年(643)同时被废黜。 ② 謇(jiǎn)：忠诚、正直。 ③ 傅：教导、辅相。 ④ 太子太师：辅导太子的最高级官员。⑤ 四皓：秦末东园公、甪(lù)里先生、绮里季、夏黄公隐居商山，皆八十多岁，时称"商山四皓"。传说西汉初，高祖敦聘不至，吕后用张良策，令太子卑词安车，招此四人与游，以巩固太子位置。

原文

十七年，疾甚。徵家初无正寝[1]，帝命辍小殿材为营构，五日毕。并赐素褥、布被，以从其尚。令中郎将宿其第[2]，动静辄以闻，药膳赐遗无算，中使者缀道[3]。帝亲问疾，屏左右，语终日乃还。后

翻译

贞观十七年(643)，魏徵病重。魏徵家里本没有正室，太宗叫停止盖小殿，把盖小殿的木材给魏徵建正室，五天竣工。并赐给魏徵素褥、布被，听从他的喜好。叫中郎将住在魏徵第宅，有情况就立即奏报，药物、膳食赏赐无数，中使接连不停地在路上往来。太宗亲自去探望，屏退左右，和魏徵说了一天话才回宫。以后又和

复与太子至徵第，徵加朝服，拖带。帝悲懑[4]，拊之流涕，问所欲。对曰：“嫠不恤纬，而忧宗周之亡[5]！”帝将以衡山公主降其子叔玉，时主亦从，帝曰：“公强视新妇！”徵不能谢。是夕，帝梦徵若平生，及旦，薨。帝临哭，为之恸[6]，罢朝五日[7]，太子举哀西华堂，诏内外百官、朝集使皆赴丧[8]。赠司空、相州都督[9]，谥曰文贞，给羽葆、鼓吹、班剑四十人，陪葬昭陵。将葬，其妻裴辞曰：“徵素俭约，今假一品礼，仪物褒大，非徵志。”见许，乃用素车，白布幨帷[10]，无涂车[11]、刍灵[12]。帝登苑西楼[13]，望哭尽哀。晋王奉诏致祭[14]。帝作文于碑，遂书之。又赐家封户九百。

太子到魏徵第宅，魏徵披上朝服，拖着带子。太宗忧伤烦闷，抚着魏徵流眼泪，问他要什么。魏徵回答道：“寡妇不忧其纬，而担忧宗周之亡！”太宗将把衡山公主下嫁给徵的儿子叔玉，当时公主也跟随着，太宗说：“公勉强看一眼儿媳妇！”魏徵已不能谢恩。这天晚上，太宗梦见魏徵像往常一样，等到天亮，魏徵薨。太宗亲临哭吊，为之哀恸。罢朝五天，太子在西华堂举哀，下诏内外百官及朝集使都去吊丧。追赠魏徵司空、相州都督，赐谥号叫文贞，赐给羽葆、鼓吹、班剑四十人，陪葬昭陵。将要下葬时，魏徵妻裴氏辞让说：“徵平素俭朴节约，现在给他一品葬礼，仪物盛大，不是徵的心愿。”于是获得许可，就改用白布幨帷，没有涂车、刍灵。太宗登上禁苑西楼，远望痛哭尽哀。晋王奉诏致祭。太宗亲自撰作碑文，于是令人书写。又赐给魏徵家封邑九百户。

注释 ① 正寝：住房的正室。 ② 中郎将：唐诸卫都设有中郎将一人，在诸卫长官大将军、将军之下。 ③ 中使：帝王宫廷中派出的使者，指宦官。 ④ 懑（mèn）：烦闷。 ⑤ 嫠不恤纬，而忧宗周之亡：寡妇不忧其纬少，而恐国家灭亡。比喻忧国忘家。嫠（lí），寡妇。纬，织布用的纬纱。 ⑥ 恸（tòng）：大哭，悲痛之至。 ⑦ 罢朝：唐代高级官员去世，朝廷停止朝会以致哀一日或数日。 ⑧ 朝集使：唐各道每年遣使者朝集于京师，谒见皇帝、宰相，称朝集使。 ⑨ 相州：治所在今河南安阳。 ⑩ 幨（chān）帷：车帷。 ⑪ 涂车：三彩烧成的车子，作殉葬之用。 ⑫ 刍（chú）灵：茅草扎成的俑，这时用木制或三彩烧成的俑，作殉葬之用。 ⑬ 苑西楼：长安禁苑的西楼。 ⑭ 晋王：晋王李治，唐太宗第九子，长孙皇后所生，后成为皇太子、皇帝，即唐高宗。

原文

帝后临朝叹曰："以铜为鉴[①]，可正衣冠；以古为鉴，可知兴替；以人为鉴，可明得失。朕尝保此三鉴，内防己过。今魏徵逝；一鉴亡矣。朕比使人至其家，得书一纸，始半稿，其可识者曰：'天下之事，有善有恶，任善人则国安，用恶人则国弊。公卿之内，情有爱憎，憎者惟见其恶，爱者止见其善。爱憎之间，所宜详慎。若爱而知其恶，憎而知其善，去邪勿疑，任贤勿猜，可以兴矣。'其大略如此。朕顾思之，恐不免斯过。公卿侍臣可书之于笏[②]，知而必谏也。"

翻译

太宗后来临朝叹息道："用铜作为镜子，可以正衣冠；用古作为镜子，可以知兴衰；用人作为镜子，可以明得失。朕曾保有这三面镜子，对内防止自己过失。现今魏徵逝世，一面镜子失去了。朕近来派人到他家中，得到一纸手书，只是半篇草稿，其中可以看清楚的地方说：'天下的事情，有善有恶，任用善人则国安，任用恶人则国弊。公卿之内，情有爱有憎，憎的只看到他的恶，爱的只看到他的善。爱憎之间，应该仔细小心。如果爱而知其恶，憎而知其善，去邪人不要动摇，任用贤人不要猜疑，就可以兴盛了。'所说的大体就是这些。朕回顾思考，恐怕免不了这类过错。公卿侍臣可以写在笏上，知道了就必须进谏。"

魏徵状貌不超过中等，有志气胆略，常犯颜进谏，即使遇到皇上十分恼怒，仍神色不变，而皇上也为他收敛威徵状貌不逾中人，有志胆，每犯颜进谏，虽逢帝甚怒，神色不徙，而天子亦为霁威[③]。议者谓贲、育不能过[④]。……始，丧乱后，典章湮散[⑤]，徵奏引诸儒校集秘书，国家图籍粲然完整[⑥]。尝以《小戴礼》综汇不伦[⑦]，更作《类礼》二十篇，数年而成。帝美其书，录置内府[⑧]。……

严。议论的说虽孟贲、夏育也不能超过。……起初，经过战乱之后，典章湮没散失，魏徵上奏招引儒生校集秘书，使国家的图籍粲然完整。曾因《小戴礼》汇综得欠缺伦次，便重作《类礼》二十篇，数年成书。太宗很赞美，抄录保存在内府。……

注释 ① 鉴：用青铜铸造的盛水器皿，古人用作镜用。后也指铜镜。即用青铜铸造，圆形，正面磨光可照见东西。 ② 笏（hù）：古代大臣朝见时所执的手板，用以记事以备临时遗忘。 ③ 霁（jì）威：收敛威严。 ④ 贲、育：孟贲、夏育，都是战国力大无穷的勇士。 ⑤ 湮（yān）：埋没。 ⑥ 粲然：鲜明。 ⑦《小戴礼》：即今本《礼记》，儒家“三礼”之一。 ⑧ 内府：皇室藏书的地方。

原文

徵亡，帝思不已，登凌烟阁观画像[①]，赋诗悼痛。闻者媢之[②]，毁短百为。徵尝荐杜正伦、侯君集才任宰相[③]，及正伦以罪黜，君集坐逆诛，孅人遂指为阿党[④]。又言徵尝录前后谏争语示

翻译

魏徵死后，太宗思念不已，登上凌烟阁看他的画像，赋诗哀悼。听闻此事的人嫉妒他，千方百计地毁谤。魏徵曾推荐杜正伦、侯君集有才胜任宰相，等到杜正伦因犯罪被黜，侯君集坐谋反被杀，小人便指责魏徵拉党结派。又说魏徵曾摘录他前后谏诤的话给史官褚遂良看，太宗更加不高兴。就停罢了魏叔

史官褚遂良[5]，帝滋不悦[6]。乃停叔玉昏[7]，而仆所为碑，顾其家衰矣。

玉的婚事，推倒了他所写的墓碑，魏徵家就此衰败了。

注释 ① 凌烟阁：唐太宗贞观十七年(643)图画开国功臣长孙无忌、魏徵等二十四人于凌烟阁，太宗自己作赞，褚遂良题写，阎立本绘画。 ② 媢(mào)：嫉妒。 ③ 杜正伦：唐朝宰相。 ④ 孅(xiān)人：小人。孅，同"纤"。 ⑤ 褚遂良：唐朝政治家、书法家。 ⑥ 滋(zī)：更加。 ⑦ 昏：同"婚"。婚约，婚姻。

原文

辽东之役，高丽、靺鞨犯阵[1]，李勣等力战破之。军还，怅然曰[2]："魏徵若在，吾有此行邪？"即召其家到行在[3]，赐劳妻子，以少牢祠其墓[4]，复立碑，恩礼加焉。

翻译

辽东之役，高丽、靺鞨进犯我军阵，李勣等力战把他们打败。回军，太宗怅然道："魏徵如果还在，我会有这次行动吗？"便召见魏徵家属到行在，赏赐慰问他的妻儿，并用少牢之礼在他墓前祭祀，重新立碑，恩礼有加。

注释 ① 靺鞨(mò hé)：我国古代东北的少数民族。 ② 怅(chàng)：失意，不痛快。 ③ 行在：古代皇帝出京后的临时驻在地。 ④ 少牢：古代祭祀时用牛、羊、豕三牲叫"太牢"，用豕和羊叫"少牢"。

则天武皇后传

导读

武则天这个女性皇帝在封建社会是被看成反面人物的，事实上这位女性皇帝一是确有能力，尤其搞权力之争确有一套办法，但同时也任用了不少坏人，这充分暴露出封建统治者特有的残酷性；再是在政治以及军事上她拿不出什么办法，很多问题要到她的孙儿唐玄宗李隆基手里才得以解决。本传所讲的事实可以看到她一些真实的施政面貌，当然出于偏见对她的缺点仍不免说了若干过头话。（选自卷七六）

原文

高宗则天顺圣皇后武氏①，并州文水人②。父士彟③，见外戚传④。

翻译

高宗的则天顺圣皇后武氏，是并州文水人。父名士彟，详见外戚传。

注释　① 高宗：是李治这位皇帝死后的庙号，即在太庙立室奉祀而特立的名号。则天顺圣：是玄宗天宝八载(749)六月所上的谥号，唐代皇帝皇后生前可以上尊号，到死时给谥号，以后有时再加改谥号，也叫追尊。② 文水：县名，今山西文水。③ 彟：音 huò。④ 外戚：帝王的母族、妻族。

原文

文德皇后崩，久之，太宗闻士彟女美，召为才人①，方十四。母杨恸泣与诀，后

翻译

文德皇后长孙氏崩后，过了一段时间，太宗听说武士彟女儿美貌，召为才人，年方十四岁。母亲杨氏恸哭着与她

独自如曰:“见天子庸知非福,何儿女悲乎!”母韪其意止泣[2]。既见帝,赐号武媚。及帝崩,与嫔御皆为比丘尼[3]。高宗为太子时,入侍悦之。王皇后久无子,萧淑妃方幸,后阴不悦。它日,帝过佛庐,才人见且泣,帝感动。后廉知状[4],引内后宫[5],以挠妃宠。

分别,她却自如地说:“见天子怎知不是福,何必为儿女悲泣啊!”母亲认为她说的有道理,不再哭泣。既见了太宗,赐号叫武媚。到太宗驾崩,武媚与嫔女们一起做尼姑。高宗还是太子时,入侍太宗时看上了她。高宗的王皇后长久不生儿子,萧淑妃正受宠幸,王皇后暗地里很不快。有一天,高宗经过佛寺,武才人见到并哭泣,高宗动心了。皇后察知这一切,就把她引进后宫,用来夺萧妃之宠。

注释 ① 才人:妃嫔的称号。唐制设置才人九人,是正五品。 ② 韪(wěi):是、对。 ③ 比丘尼:尼姑。 ④ 廉:查访。 ⑤ 内:同“纳”。

原文

才人有权数,诡变不穷。始,下辞降体事后,后喜,数誉于帝,故进为昭仪[1]。一旦顾幸在萧右,寖与后不协[2]。后性简重[3],不曲事上下,而母柳见内人尚宫无浮礼[4],故昭仪伺后所薄,必款结之,得赐予,尽以分遗。由是后及妃所为必得,得辄以闻,然未有以

翻译

武才人有权术智数,诡变不断。起初,她奴颜婢膝地侍奉王皇后,王皇后很高兴,多次在皇上面前夸奖她,因此她被升擢为昭仪。一朝宠幸超过了萧淑妃,就逐渐与王皇后不和,王皇后秉性庄重倨傲,不会迎合上下,王皇后的母亲柳氏见了内人尚宫们也不行虚礼,因而武昭仪探察凡是被王皇后冷落的人,一概款待结交,得到了赏赐,统统分给她们。从此王皇后与萧淑妃的一举一动她都能知道,知道了就报告高宗,

中也。昭仪生女，后就顾弄，去，昭仪潜毙儿衾下[⑤]，伺帝至，阳为欢言，发衾视儿，死矣，又惊问左右，皆曰："后适来。"昭仪即悲涕。帝不能察，怒曰："后杀吾女，往与妃相谗媢，今又尔邪！"由是昭仪得入其訾[⑥]，后无以自解，而帝愈信爱，始有废后意。

但还没有能中伤。武昭仪生了女孩，王皇后去看望抚弄，离去后，武昭仪偷偷地把孩子弄死在被中。等高宗来到，她假装谈笑，揭被看孩子，已死了，吃惊地问左右，都说："王皇后刚才来过。"武昭仪就伤心流泪。高宗没有弄清楚实情，发怒道："王皇后杀我女儿，她往日与萧妃相互诋毁，如今又这样啊！"从此武昭仪的诽谤就能使高宗听信，王皇后无法为自己辩解，而高宗更加宠爱武昭仪，开始有废掉王皇后的想法。

注释 ① 昭仪：唐制设昭仪一人，正二品。 ② 寖：同"浸"，逐渐。 ③ 简：简慢，倨傲。重：庄重。 ④ 内人：这里指宫女。尚宫：宫中女官，掌管文簿之类。 ⑤ 衾(qīn)：被子。 ⑥ 訾(zǐ)：说别人的坏话，诋毁。

原文

久之，欲进号宸妃[①]，侍中韩瑗、中书令来济言[②]："妃嫔有数，今别立号，不可。"昭仪乃诬后与母厌胜[③]，帝挟前憾，实其言，将遂废之。长孙无忌、褚遂良、韩瑗及济濒死固争，帝犹豫；而中书舍人李义府、卫尉卿许敬宗素险侧狙

翻译

过了一阵，高宗想给武昭仪进号为宸妃，侍中韩瑗、中书令来济说："妃嫔有规定的人数，如今另立名号，不合适。"武昭仪就诬告王皇后和母亲厌胜，高宗心中还有着前恨，相信了武昭仪的话，便决意废掉王皇后。长孙无忌、褚遂良、韩瑗及来济冒死力争，高宗犹豫起来，而中书舍人李义府、卫尉卿许敬宗向来阴险而窥伺时势，就上表请立昭仪为皇后，高宗才拿定主意，下诏废王

势[4]，即表请昭仪为后，帝意决，下诏废后。诏李勣、于志宁奉玺绶进昭仪为皇后[5]，命群臣及四夷酋长朝后肃义门，内外命妇入谒[6]。朝皇后自此始。……于是逐无忌、遂良，踵死徙，宠煽赫然。

皇后。又下诏叫李勣、于志宁奉玺绶进武昭仪为皇后，叫群臣及四夷酋长在肃义门朝见皇后，内外命妇入宫拜谒。朝见皇后的事情起源于此。……于是放逐长孙无忌、褚遂良，他们相继被贬杀，武后得宠权势显赫。

注释 ① 宸(chén)妃：唐制设贵妃、淑妃、德妃、贤妃各一人，为夫人，正一品，没有宸妃之号，故韩瑗、来济上书以为不可。 ② 韩瑗：唐朝宰相。来济：《旧唐书》《新唐书》有传。 ③ 厌胜：古代迷信以为能用诅咒术制胜。 ④ 中书舍人：中书省设置中书舍人六人。卫尉卿：卫尉寺的长官。险：阴险。侧：反侧，不正直。狙(jū)：窥伺。 ⑤ 玺(xǐ)：印，自秦朝以后专称皇帝皇后的印为玺。 ⑥ 命妇：受有封号的妇女。唐朝贵妃以下至皇太子妃嫔为内命妇，皇姑、公主及五品以上官的妻母为外命妇。

原文

后城宇深[1]，痛柔屈不耻，以就大事。帝谓能奉己，故扳公议立之[2]。已得志，即盗威福，施施无惮避[3]。帝亦懦昏[4]，举能钳勒[5]，使不得专，久稍不平。麟德初，后召方士郭行真入禁中为蛊祝[6]，宦人王伏胜

翻译

武后城府深，不耻柔顺屈从，以成就大事。高宗以为她能尊重自己，才扭转公议立她为后。她既已得志，便擅作威福，得意而无避忌。高宗也懦弱昏庸，什么都受武后控制，不能自己做主，时间久了高宗也稍有不满。麟德初年，武后召方士郭行真入宫禁为蛊祝，宦官王伏胜揭发。高宗发怒，便召见西台侍郎上官仪，上官仪指出皇后专权纵恣，

发之。帝怒，因是召西台侍郎上官仪[⑦]，仪指言后专恣，失海内望，不可承宗庙，与帝意合，乃趣使草诏废之[⑧]。左右驰告，后遽从帝自诉[⑨]，帝羞缩，待之如初，犹意其恚[⑩]，且曰："是皆上官仪教我。"后讽许敬宗构仪杀之[⑪]。

失海内人心，不能承受宗庙，和高宗心意相合，高宗催促他起草诏书废掉武后。高宗身边的人赶忙去报告武后，武后急忙到高宗那里替自己申诉，高宗羞愧畏缩，待她像原先一样，还顾虑她怨恨，并说："这都是上官仪教我的。"武后指使许敬宗给上官仪捏造罪名把他杀掉。

注释 ① 城宇：城府，喻深隐难测的心机。 ② 扳(bān)：扭转。 ③ 施施(yí yí)：喜悦自得貌。 ④ 儒：同"懦"。 ⑤ 钳勒：控制。 ⑥ 蛊(gǔ)祝：用诅咒等邪术加害他人。 ⑦ 西台：唐高宗龙朔时改门下省为东台，中书省为西台。神龙中复旧。上官仪：唐朝宰相，诗人。 ⑧ 趣：同"促"。 ⑨ 遽(jù)：急，仓猝。 ⑩ 恚(huì)：怨恨。 ⑪ 讽：暗示、指使。

原文

初，元舅、大臣怫旨[①]，不阅岁屠覆，道路目语[②]。及仪见诛，则政归房帷[③]，天子拱手矣。群臣朝，四方奏章，皆曰"二圣"[④]。每视朝，殿中垂帘，帝与后偶坐，生杀赏罚惟所命。当其忍断，虽甚爱，不少隐也。帝晚益病风不支，天下事一付后。

翻译

当初，高宗舅父长孙无忌、其他大臣违背旨意，不到一年时间便被屠害覆灭，道路相见只能以目默问。到上官仪被诛，就朝政全归武后，天子拱手不能作为了。群臣朝见，以及四方奏章，都称"二圣"。每临朝听政，殿中垂帘，高宗与武后同坐，生杀赏罚任凭武后命令。当她下狠心处理时，即使很亲爱的人，也毫不怜悯。高宗晚年风疾加重身

后乃更为太平文治事，大集诸儒内禁殿，撰定《列女传》《臣轨》《百僚新诫》《乐书》等，大氐千余篇[⑤]。因令学士密裁可奏议，分宰相权。……

体支持不住，把天下大事全都交付给武后。武后便兴办一些太平文治之事，把有学问的集中到内禁殿，撰写了《列女传》《臣轨》《百僚新诫》《乐书》等，大抵有一千多卷。还叫学士们秘密裁决奏议，用以分宰相的权力。……

注释 ① 元舅：指长孙无忌，他是唐高宗的舅父。大臣：指褚遂良等。佛(bèi)：同“悖”，违背。 ② 目语：不敢说话，只好用眼色示意。 ③ 房帷：本指妇女居住的内室，这里指武皇后。 ④“二圣”：唐朝称皇帝为圣人，这时把高宗、武后合称“二圣”。 ⑤ 氐：同“抵”。

原文

上元元年，进号天后，建言十二事：一、劝农桑，薄赋繇；二、给复三辅地[①]；三、息兵，以道德化天下；四、南北中尚禁浮巧[②]；五、省功费力役；六、广言路；七、杜谗口；八、王公以降皆习《老子》；九、父在为母服齐衰三年[③]；十、上元前勋官已给告身者无追核；十一、京官八品以上益禀入[④]；十二、百官任事久、材

翻译

上元元年(674)，进号为天后，她建言十二条：一、鼓励农耕和蚕桑，减轻赋税徭役；二、免除三辅地区百姓的徭役；三、停止用兵，用道德教化天下；四、南北中尚禁止制造浮华精巧的东西；五、省罢费功的力役；六、广开言路；七、杜绝谗言；八、王公以下都要学习《老子》；九、父健在母去世时，子女要为母服齐衰三年；十、上元年以前勋官已给告身的不再追查核实；十一、京官八品以上增加廪食；十二、百官任职久、材高而位卑的可进阶升官。高宗都下诏实施。

高位下者得进阶申滞[5]。帝皆下诏略施行之。

注释 ① 给复：免除徭役。三辅：西汉时以京兆尹、左冯（píng）翊、右扶风为三辅，相当今陕西中部地区，唐时习惯上仍称这里为三辅。 ② 南北中尚：唐少府监下设有中尚署、左尚署、右尚署，都是制造御用器物的官署，左尚、右尚是否在当时改称南尚、北尚，已不可考。 ③ 齐衰（zī cuī）：旧时丧服名，五服之一，次于斩衰。本来只规定子及未嫁女在父死时服斩衰三年，武后这里提出父在母死，也得为母服齐衰三年。 ④ 禀（lǐn）：同“廪”，给予粮食。 ⑤ 申滞：让不得升官者提升，长期不得升官叫“滞”。申，同“伸”。

原文

萧妃女义阳、宣城公主幽掖廷[1]，几四十不嫁。太子弘言于帝[2]，后怒，鸩杀弘[3]。帝将下诏逊位于后，宰相郝处俊固谏，乃止。……

翻译

萧淑妃的女儿义阳、宣城二公主被幽禁在掖廷，几乎有四十岁了还不得出嫁。太子弘把这件事告诉了高宗，武后发怒，用药把太子弘毒死。高宗想下诏把帝位让给武后，宰相郝处俊竭力谏诤，才没有办。……

注释 ① 掖廷：汉代妃嫔宫女居住的地方叫掖廷，唐代有掖廷宫，在大内西边。 ② 太子弘：武后和高宗生的大儿子。 ③ 鸩（zhèn）：鸩是毒酒，作为动词用就是毒死。

原文

帝崩，中宗即位[1]，天后称皇太后，遗诏军国大务听参决。嗣圣元年，太后废帝

翻译

高宗崩，中宗李显即位，天后称皇太后，遗诏军国大政由她参与裁决。嗣圣元年（684），太后废中宗为庐陵王，自

为庐陵王②，自临朝，以睿宗即帝位③。后坐武成殿④，帝率群臣上号册⑤。越三日，太后临轩，命礼部尚书摄太尉武承嗣、太常卿摄司空王德真册嗣皇帝⑥。自是太后常御紫宸殿⑦，施惨紫帐临朝⑧。……

己临朝，又让睿宗即帝位。武后坐在武成殿上，睿宗率领群臣上尊号册文。过了三天，太后临朝，命礼部尚书摄太尉武承嗣、太常卿摄司空王德真册封嗣皇帝。从此太后常到紫宸殿，挂着暗紫色帐临朝。……

注释 ① 中宗：唐高宗的第七子，武后和高宗生的第三子李显，《旧唐书》《新唐书》有纪。 ② 庐陵：今江西吉安。 ③ 睿(ruì)宗：唐高宗第八子，武后和高宗生的第四子李旦。 ④ 武成殿：东都洛阳宫城内，是天子常朝的地方。初名武成，后改为宣政。 ⑤ 号册：上尊号的册文。 ⑥ 武承嗣：武后的内侄，《旧唐书》《新唐书》有传。太常卿：太常寺的长官，掌宗庙礼仪。 ⑦ 紫宸殿：洛阳宫城内，是天子内朝的地方。 ⑧ 惨紫：暗紫色。惨，阴暗。

原文

于是柳州司马李敬业、括苍令唐之奇、临海丞骆宾王疾太后胁逐天子①，不胜愤，乃募兵杀扬州大都督府长史陈敬之，据州欲迎庐陵王，众至十万。楚州司马李崇福连和②，盱眙人刘行举婴城不肯从③，敬业攻之，不克。太后拜行举游击将

翻译

于是柳州司马李敬业、括苍令唐之奇、临海丞骆宾王恨太后胁逐天子，不胜其愤，就募兵杀死扬州大都督府长史陈敬之，据有扬州要迎立庐陵王。兵众发展到十万。楚州司马李崇福和他们联合，而盱眙人刘行举据城不肯顺从，李敬业攻城，攻不下。太后拜刘行举为游击将军，升擢他的弟弟刘行实为楚州刺史。李敬业南下渡过长江攻取润州，杀死刺史李思文，曲阿县令尹元贞拒战

军[④]，擢其弟行实楚州刺史。敬业南度江取润州[⑤]，杀刺史李思文，曲阿令尹元贞拒战死[⑥]。太后诏左玉钤卫大将军李孝逸为扬州道行军大总管[⑦]，率兵三十万讨之，战于高邮[⑧]，前锋左豹韬果毅成三朗为唐之奇所杀[⑨]。又以左鹰扬卫大将军黑齿常之为江南道行军大总管[⑩]，并力。敬业兴三月败，传首东都，三州平[⑪]。

被杀。太后下诏派左玉钤卫大将军李孝逸为扬州道行军大总管，统军三十万讨伐李敬业，在高邮交战，前锋左豹韬果毅成三朗被唐之奇所杀。太后又派左鹰扬卫大将军黑齿常之为江南道行军大总管，与李孝逸协力。李敬业起兵三个月就失败，头被砍下来传送到东都洛阳，三州平定。

注释 ① 柳州：治所在今广西柳州。司马：唐时州刺史的辅佐官。李敬业：李勣的孙儿。括苍：县名，在今浙江丽水东南。令：县的长官。临海：县名，今浙江临海。骆宾王：文学家，初唐四杰之一。 ② 楚州：治所在今江苏淮安。 ③ 盱眙（xū yí）：楚州属县，今江苏盱眙。 ④ 游击将军：武散官。 ⑤ 润州：治所在今江苏镇江。 ⑥ 曲阿（ē）：润州属县，今江苏丹阳。 ⑦ 左玉钤卫：十六卫之一，则天光宅元年（684），改左、右领军卫为左、右玉钤卫。驻守皇城西面与京苑城门。 ⑧ 高邮：今江苏高邮。 ⑨ 左豹韬卫：十六卫之一，光宅元年（684）改左、右威卫为左、右豹韬卫，掌宿卫宫禁。果毅都尉：唐十六卫都统有府兵，府兵的长官为折冲都尉，副职是左、右果毅都尉。 ⑩ 左鹰扬卫：十六卫之一，武则天光宅元年（684）改左、右武卫为左、右鹰扬卫，掌宿卫宫禁。黑齿常之：百济人，唐朝名将。江南：唐贞观十道之一，辖境相当今浙江、福建、江西、湖南等省及江苏、安徽的长江以南，湖北、四川江南的一部分和贵州东北部地区。 ⑪ 三州：指扬州、楚州和润州。

原文

始，武承嗣请太后立七庙[①]，中书令裴炎沮止[②]。及敬业之兴，下炎狱，杀之，并杀左威卫大将军程务挺。太后方怫恚，一日，召群臣廷让曰："朕于天下无负，若等知之乎？"群臣唯唯。太后曰："朕辅先帝逾三十年，忧劳天下。爵位富贵，朕所与也，天下安佚[③]，朕所养也。先帝弃群臣，以社稷为托，朕不敢爱身，而知爱人。今为戎首者皆将相，何见负之遽？且受遗老臣伉扈难制有若裴炎乎[④]？世将种能合亡命若徐敬业乎？宿将善战若程务挺乎？彼皆人豪，不利于朕，朕能戮之。公等才有过彼，早为之；不然，谨以事朕，无诒天下笑。"群臣顿首，不敢仰视，曰："惟陛下命。"久之，下诏阳若复辟者。睿宗揣非情，固请临朝，制可。

翻译

起初，武承嗣请太后立七庙，中书令裴炎阻止。到李敬业起兵，裴炎下狱被杀，还杀掉左威卫大将军程务挺。太后正愤怒，有一天，把群臣召到殿廷上训斥道："朕没有对不起天下，你们知道吗？"群臣唯唯称是。太后说："朕辅佐先帝三十多年，为天下忧愁劳苦。你们的官爵富贵，是朕所给的，天下安逸，是朕所养的。先帝弃群臣逝去，把社稷托付给朕，朕不敢爱惜自己，却知道爱人。如今为首作乱的都是将相，为何这么快便辜负了朕？何况受遗命老臣高傲难制有像裴炎那样的吗？世代将种能纠合亡命有像徐敬业那样的吗？宿将善战有像程务挺那样的吗？他们都是人中豪杰，对朕不利，朕能杀了他们。公等才能有超过他们的，可早点动手；不然，小心侍奉朕，不要贻笑于天下。"群臣顿首，不敢仰视，说："一切听从陛下。"过了好久，太后下诏假装要让皇帝复位。睿宗揣测太后并无诚意，坚请太后临朝，太后下制许可。

注释 ① 七庙：古代天子七庙，诸侯五庙，大夫三庙，士二庙，这时武家并非天子，所以立七庙受到中书令裴炎的阻止。 ② 沮(jǔ)：阻止。 ③ 佚：同“逸”。安闲、安乐。 ④ 伉(kàng)：傲慢。扈(hù)：跋扈。

原文

乃冶铜匦为一室[1]，署东曰“延恩”，受干赏自言[2]；南曰“招谏”，受时政失得；西曰“申冤”，受抑枉所欲言；北曰“通玄”，受谶步秘策[3]。诏中书门下一官典领。太后不惜爵位，以笼四方豪桀自为助[4]，虽妄男子，言有所合，辄不次官之[5]，至不称职，寻亦废诛不少纵，务取实材真贤。又畏天下有谋反逆者，诏许上变，在所以轻传[6]，供五品食，送京师，即日召见，厚饵爵赏歆动之[7]。凡言变，吏不得何诘[8]，虽耘夫荛子必亲延见[9]，禀之客馆[10]。敢稽若不送者[11]，以所告罪之。故上变者遍天下，人人屏息无敢议[12]。

翻译

又叫铸造铜匦存放在一室，题署东面的叫“延恩”，接受要求赏赐的自己进言；南面的叫“招谏”，接受议论朝政得失；西面的叫“申冤”，接受冤抑的进言；北面的叫“通玄”，接受谶步术等秘策。叫中书门下的一名官员管理。太后不惜爵位，笼络四方豪杰为自己所用，即使是狂妄男子，说得合拍，就破格给官做，如不称职，不久也会被罢职诛杀毫不放纵，务求真才实学。又怕天下有谋反叛逆的，下诏允许告变，所在之处要用轻快的驿马传送，供给五品官的饭食，送到京师，当日就召见，厚加爵赏来引诱。凡是说告变，官吏不得诘问，虽是种地的打柴的太后也要亲自接见，让在客馆食宿。敢稽留和不送的，要用所告的罪名加在稽留不送者的头上。因而告变的人遍于天下，人人不敢议论，连大气也不敢出。

注释 ①匦(guǐ):匣子,小箱子。②干赏:求赏赐。③谶(chèn):图谶,符谶,用图画或歌谣来表达的政治性预言,是一种颇为统治者相信的迷信活动。步:步术,观测天象推算历法之术。秘策:策同"册",秘策就是秘密的图书。④桀:同"杰"。⑤不次:不按照寻常次序,破格。⑥轻传:用轻快的驿马传送。⑦饵(ěr):利诱。歆(xīn)动:让人家欣羡而要行动。⑧何(hē):同"呵"。⑨荛(ráo)子:打柴的人。⑩客馆:鸿胪寺下有典客署,接待少数民族首领及外国使者。这客馆应即典客署所管的宾客住所。⑪稽:稽留,延迟。若:及。⑫屏(bǐng)息:不敢出大气。

原文

诏毁乾元殿为明堂①,以浮屠薛怀义为使督作②。怀义,鄠人③,本冯氏,名小宝……后召与私,悦之。欲掩迹得通籍出入④,使祝发为浮屠,拜白马寺主⑤。诏与太平公主婿薛绍通昭穆⑥,绍父事之。给厩马⑦,中官为驺侍⑧,虽承嗣、三思皆尊事惟谨⑨。至是护作,士数万,巨木率一章千人乃能引⑩。又度明堂后为天堂⑪,鸿丽严奥次之。堂成,拜左威卫大将军、梁国公。

翻译

下诏毁掉乾元殿建明堂,叫僧人薛怀义为使者监督营造。薛怀义是鄠县人,本姓冯,名叫小宝……太后召见怀义,和他私通,很喜欢他。为了掩盖形迹使薛怀义能通籍出入宫禁,叫他削发为僧,拜授白马寺主。下诏叫和太平公主夫婿薛绍排辈分,叫薛绍把他当父辈侍奉。给他厩马,让宦官为驺侍,就连武承嗣、武三思也小心谨慎地尊敬侍奉他。到这时监护营造,做工的有好几万,大木材一般得一千人才能拉得动。又计划在明堂后兴造天堂,宏伟瑰丽仅次于明堂。堂竣工后,薛怀义拜任为左威卫大将军、梁国公。

注释 ① 乾元殿：在东都洛阳宫城内。明堂：古代天子宣明政教的地方，凡朝会及祭祀、庆赏、选士、养老、教学等大典，均于其中举行。 ② 浮屠：指佛教徒。 ③ 鄠(hù)：县名，今陕西户县。 ④ 通籍：籍是二尺长的竹片，上写姓名、年龄、身份等，挂在宫门外，以备出入时查对。通籍，就是记名于门籍，可以出入宫门。 ⑤ 白马寺：在河南洛阳东郊，传说是中国最早的佛寺。 ⑥ 太平公主：武后与高宗所生之女。通昭穆：古代宗法制中，父曰昭，子曰穆，通昭穆即排辈分。 ⑦ 厩(jiù)马：厩是马房，厩马是御厩里的马。 ⑧ 驺(zōu)侍：古代贵族官僚出行时前后侍从的骑卒。 ⑨ 三思：武三思，武后的侄儿。 ⑩ 章：大木材。 ⑪ 度(duó)：计量。

原文

始作崇先庙于西京，享武氏。承嗣伪款洛水石[1]，导使为帝，遣雍人唐同泰献之[2]，后号为宝图，擢同泰游击将军。于是汜人又上瑞石[3]，太后乃郊上帝谢况[4]，自号圣母神皇，作神皇玺，改宝图曰天授圣图，号洛水曰永昌水，图所曰圣图泉，勒石洛坛左曰天授圣图之表，改汜水曰广武。时柄去王室，大臣重将皆挠不得逞，宗室孤外无寄足地。于是，韩王元嘉等谋举兵唱天下[5]，迎还中宗。琅邪王冲、越王贞先发[6]，诸王仓卒无

翻译

开始在西京修崇先庙，祭享武氏祖先。武承嗣在洛水的石块上伪刻文字，以促使太后称帝，派雍人唐同泰献上，武后称它为宝图，擢任唐同泰为游击将军。汜水人又献上瑞石，太后就郊祀上帝答谢赏赐，自称圣母神皇，制作神皇玺，改称宝图为天授圣图，称洛水为永昌水，出图地方叫圣图泉，在洛坛左侧刻石称天授圣图之表，改汜水县为广武县。这时王室已失去权柄，重臣大将都受阻挠而不得逞，宗室孤立摈弃无立足之地。于是，韩王元嘉等谋图举兵号召天下，迎回中宗。琅邪王冲、越王贞首先发难，诸王仓卒没能响应，就此失败。元嘉与鲁王灵夔等都自杀，其余都坐罪被杀，诸王被牵连几乎都死光了，子孙即使是襁褓中的婴孩也被投放到岭南。

应者，遂败。元嘉与鲁王灵夔等皆自杀[⑦]，余悉坐诛，诸王牵连死灭殆尽，子孙虽婴褓亦投岭南[⑧]。太后身拜洛受图，天子率太子、群臣、蛮夷以次列，大陈珍禽、奇兽、贡物、卤簿坛下[⑨]，礼成去。……

太后亲自祭拜洛水受圣图，天子率领太子、群臣、蛮夷以次排列，坛下大陈珍禽、异兽、贡物和仪仗，礼成后离去。……

注释 ① 款：本指青铜器上铸刻的文字，这里作为动词，是刻文字的意思。② 雍：县名，在今陕西凤翔南。 ③ 汜（sì）：汜水，县名，在今河南荥阳西北，汜水之旁。 ④ 况：通贶，赏赐。 ⑤ 韩王元嘉：唐高祖第十一子。 ⑥ 琅邪王冲：唐太宗第八子越王贞的长子。 ⑦ 鲁王灵夔（kuí）：唐高祖第十九子。 ⑧ 褓（bǎo）：包裹婴儿的布或被。 ⑨ 卤簿：帝王外出时扈从的仪仗队。

原文

太后自名曌[①]，改诏书为制书[②]。……拜薛怀义辅国大将军[③]，封鄂国公，令与群浮屠作《大云经》[④]，言神皇受命事。春官尚书李思文诡言[⑤]：“《周书》《武成》为篇[⑥]，辞有‘垂拱天下治’[⑦]，为受命之符。”后喜，皆班示天下，稍图革命[⑧]。然畏人心不肯附，乃阴忍鸷害[⑨]，肆

翻译

太后给自己取名叫曌，并改诏书为制书。……拜薛怀义为辅国大将军，封鄂国公，叫他与众僧编造《大云经》，说神皇受天命的事情。春官尚书李思文诡称：“《周书》有《武成》篇，其中有‘垂拱天下治’的辞句，是太后受命的符瑞。”太后高兴，都颁布天下，逐渐谋图改朝换代。但怕人心不服，便阴险凶狠地拘捕残害，肆意斩杀来让天下恐惧，放纵酷吏周兴、来俊臣等几十人作为爪牙。如有不满和平时怀疑害怕的，一定

斩杀怖天下，内纵酷吏周兴、来俊臣等数十人为爪吻[10]。有不慊若素疑惮者[11]，必危法中之[12]，宗姓侯王及它骨鲠臣将相骈颈就斧[13]，血丹狴户[14]，家不能自保。太后操奁具坐重帏[15]，而国命移矣。

用峻法来陷害，宗室侯王及其他刚直的大臣将相接连被杀，鲜血染红监狱，家家不能自保。太后却手操奁具安坐重帏，而国命转移了。

注释 ① 曌(zhào)：武则天为自己名字造的字。② 改诏书为制书："诏"和"曌"同音，改诏书为制书是避武后的御讳。③ 辅国大将军：唐代高级武散官。④《大云经》：佛经名，即《大方等无想经》。唐薛怀义等以经中有"一佛没七百年后为女王下世，威伏天下"语，乃造《大云经疏》，以为武后受命之符，并非伪造。⑤ 春官：则天光宅元年(684)至神龙元年(705)，把尚书省下的吏、户、礼、兵、刑、工六部分别改称天官、地官、春官、夏官、秋官、冬官。春官尚书即礼部尚书。⑥《周书》《武成》为篇：意思是《尚书》的《周书》里有《武成》篇，暗示武氏要成其帝业，其实这《武成》是伪造的，但唐人还不知它出于伪造。⑦ 垂拱天下治：武后曾用垂拱为年号(685—688)，而《武成》篇里有"垂拱天下治"的话，又可作为武后要受命称帝的征兆。⑧ 革命：实施变革以应天命，古代认为帝王受命于天，因称朝代更替为革命，和我们今天所说的革命不是同一概念。⑨ 絷(zhí)：拘捕，拘禁。⑩ 酷吏：用严刑峻法残虐百姓的官吏。周兴、来俊臣：《旧唐书》《新唐书》的酷吏传里有他们的传。爪吻(wěn)：吻本指动物口器或突出的部分，爪吻也就是爪牙的意思。⑪ 慊(qiè)：满意。惮(dàn)：怕。⑫ 危法：危是凶险，危法就是峻法。中(zhòng)：中伤。⑬ 骨鲠(gěng)：刚直。骈(pián)：接连。⑭ 狴(bì)：监狱。⑮ 奁(lián)：古代妇女梳妆用的镜匣。

原文

御史傅游艺率关内父老请革命[1]，改帝氏为武。又胁群臣固请，妄言凤集上阳宫[2]，赤雀见朝堂。天子不自安，亦请氏武，示一尊。太后知威柄在己，因大赦天下，改国号周，自称圣神皇帝，旗帜尚赤，以皇帝为皇嗣。立武氏七庙于神都[3]。……尽王诸武。诏并州文水县为武兴，比汉丰、沛[4]，百姓世给复。……

翻译

御史傅游艺率领关内父老请求革命，改皇帝姓氏为武。又胁迫群臣坚决请求，胡说凤凰集于上阳宫，赤雀见于朝堂。天子不自安，也请求改姓武，以表示天下一尊。太后知道威权已在自己，就大赦天下，改国号为周，自称圣神皇帝，旗帜用赤色，把皇帝降为皇嗣。在神都立武氏七庙。……诸武氏都被封为王。下诏改并州文水县为武兴县，类似汉代的丰、沛，当地百姓世代免除徭役。……

注释 ① 御史：唐御史台下设台院、殿院、察院，三院长官分别为侍御史、殿中侍御史、监察御史，统称三院御史。 ② 上阳宫：在东都洛阳禁苑之东，东接皇城的西南角，南临洛水，西距榖(gǔ)水，东面即皇城右掖门之南，北连禁苑。 ③ 神都：指东都洛阳。 ④ 丰：今江苏丰县。沛：沛县的丰邑，汉高祖刘邦的家乡，今江苏沛县。

原文

有上封事言岭南流人谋反者[1]，太后遣摄右台监察御史万国俊就按[2]，得实即论决。国俊至广州，尽召流人，矫诏赐自尽，皆号哭

翻译

有人上封事说岭南流人想造反，太后派摄右台监察御史万国俊前去查究，情况属实就处决。万国俊到了广州，把流人都召集到一起，假造诏书赐他们自尽，流人号哭不服，万国俊把他们驱赶

不服，国俊驱之水曲，使不得逃，一日戮三百余人，乃诬奏流人怨望，请悉除之。于是太后遣右卫翊府兵曹参军刘光业、司刑评事王德寿、苑南面监丞鲍思恭、尚辇直长王大贞、右武卫兵曹参军屈贞筠③，皆摄监察御史，分往剑南、黔中、安南等六道讯鞫④，而擢国俊左台侍御史。光业等亦希功于上，惟恐杀人之少。光业杀者九百人，德寿杀七百人，其余亦不减五百人。太后久乃知其冤，诏六道使所杀者还其家。……

到水边上，使他们无从逃跑，一天杀死三百多人，就诬奏流人怨恨不平，请求统统除掉。于是太后派右卫翊府兵曹参军刘光业、司刑评事王德寿、苑南面监丞鲍思恭、尚辇直长王大贞、右武卫兵曹参军屈贞筠，都摄监察御史，分别去剑南、黔中、安南等六道审问，而升擢万国俊作左台侍御史。刘光业等人也想在太后面前立功，唯恐人杀得少。刘光业杀掉九百人，王德寿杀掉七百人，其余也不少于五百人。太后很久以后才知道这些流人冤枉，下六道诏吩咐把被杀的送回家。……

注释 ① 封事：古代上书奏事，为防泄密，用袋封缄，称为封事。 ② 右台：武后把御史台改称左台，又增设了右台。右台专管京畿内外及州县文武百官的按察。左台专管在京中央机关及军旅按察。 ③ 右卫翊府：唐十六卫皆领府兵。府兵分内府与外府两种，内府为中郎将府，以亲卫、勋卫、翊卫为名。外府为折冲府，一般以所在地区为名。兵曹参军：十六卫都设置的属官。司刑：武后光宅时改大理寺为司刑。评事：大理寺下属官员。苑南面监：唐京都各处宫苑皆设监管理。京都诸苑园亦按其方位设苑园监。尚辇（niǎn）直长：殿中监所属尚辇局的下属官员，管帝后的车辇，辇是人力推挽的车。 ④ 剑南：道名，治所在今四川成都，辖境相当今涪江流域以西，大渡河流域和雅砻江下游以东，云南澜沧江、哀牢山以东，曲江、南盘江以北，及贵州水城、普安以西和甘肃文县一带。黔中：道名，治所在今重庆彭水，辖境相当今湖北恩施以南，贵州遵义、铜仁以北，湖南沅陵以西地区。安南：安南都护府，治所在今越南河内。讯鞫(jū)：审问犯人。

原文

太后又自加号金轮圣神皇帝。……延载二年，武三思率蕃夷诸酋及耆老请作天枢①，纪太后功德，以黜唐兴周，制可，使纳言姚璹护作②。乃大裒铜铁合冶之③，署曰“大周万国颂德天枢”，置端门外④。其制若柱，度高一百五尺⑤，八面，面别五尺，冶铁象山为之趾⑥，负以铜龙，石镵怪兽环之⑦。柱颠为云盖，出大珠，高丈，围三之。作四蛟，度丈二尺，以承珠。其趾山周百七十尺，度二丈。无虑用铜铁二百万斤⑧。乃悉镂群臣、蕃酋名氏其上⑨。

翻译

太后又给自己加号称金轮圣神皇帝。……延载二年(695)，武三思率领蕃夷各酋长及耆老请求制造天枢，记载太后功德，来黜唐兴周，太后下制许可，叫纳言姚璹监护制造。于是聚敛大量铜铁合铸，题有“大周万国颂德天枢”的字样，竖立在端门外面。它的形状像根柱子，高一百零五尺，八面，每面各宽五尺，冶铁成山的形状做底座，上面是铜龙，环列着石制的怪兽。柱的上端是云盖，中间突出一颗大珠子，珠子高一丈，周长三倍。制作了四条蛟，每条长一丈二尺，来托着珠子。底座的铁山周长一百七十尺，高二丈。整个约用掉铜铁二百万斤。就把群臣及蕃酋的姓名全刻在天枢上面。

注释 ① 耆(qí)：老年人，六十岁以上的人。 ② 纳言：门下省的长官叫侍中，武后光宅元年(684)改曰纳言。 ③ 裒(póu)：聚集。 ④ 端门：唐东都皇城正南门。 ⑤ 度：长度。 ⑥ 趾(zhǐ)：同“址”，基础部分。 ⑦ 镵(chán)：雕刻。 ⑧ 无虑：大都，大约。 ⑨ 镂（lòu）：雕刻。

原文

薛怀义宠稍衰，而御医沈南璆进①，怀义大望②，因火明堂，太后羞之，掩不发。怀义愈很恣怏怏③，乃密诏太平公主择健妇缚之殿中，命建昌王武攸宁、将作大匠宗晋卿率壮士击杀之④，以畚车载尸还白马寺⑤。怀义负幸昵，气盖一时，出百官上。其徒多犯法，御史冯思勖劾其奸，怀义怒，遇诸道，命左右欧之⑥，几死，弗敢言。默啜犯塞⑦，拜新平、伐逆、朔方道大总管⑧，提十八将军兵击胡，宰相李昭德、苏味道至为之长史、司马。后厌入禁中，阴募力少年千人为浮屠，有逆谋。侍御史周矩劾状请治验，太后曰：“第出，朕将使诣狱。”矩坐台，少选，怀义怒马造廷，直往坐大榻上⑨，矩召吏受辞，

翻译

薛怀义的宠幸稍微减弱，然而御医沈南璆被引进得宠，薛怀义大为怨恨，就纵火焚烧了明堂，太后感到羞愧，掩盖不声张。薛怀义更加凶狠恣肆，怏怏不服，太后就密诏太平公主选择健壮的妇女把他在殿堂上捆起来，叫建昌王武攸宁、将作大匠宗晋卿率领壮士把他打死，用畚车把尸体拉回白马寺。薛怀义先前倚仗太后宠幸，气势一时谁也比不过，高踞百官之上。他手下的徒众多干犯法的事情，御史冯思勖进行弹劾，薛怀义大怒，在路上相遇，叫他身边的人殴打冯思勖，冯思勖几乎被打死，不敢说什么。突厥默啜侵扰边塞，太后拜薛怀义为新平、伐逆、朔方道大总管，统领十八员将领的兵马抗击，甚至叫宰相李昭德、苏味道做他的长史、司马。后来薛怀义厌进宫禁，暗中招募有气力的少年上千人为僧，有谋反的打算。侍御史周矩弹劾薛怀义罪状并请求审理，太后说：“你暂且出去，朕会让他到监狱。”周矩在御史台坐等，不一会，薛怀义气势汹汹地快马赶到，径直坐在大榻上，周矩令吏人记录口供，薛怀义立即乘马离

怀义即乘马去。矩以闻，太后曰："是道人素狂[10]，不足治，力少年听穷劾。"矩悉投放丑裔[11]。怀义构矩，俄免官。

去。周矩奏闻太后，太后说："这个道人向来疯狂，不足惩办，他手下的少年听凭严加查究。"周矩把这些少年全流放到鄙恶之地。薛怀义诬陷周矩，不久周矩就被免官。

注释 ① 御医：唐殿中监下有尚药局，设有侍御医、司医、医佐等。璆：音 qiú。② 望：埋怨。 ③ 很：同"狠"。怏怏：因不满而郁郁不服。 ④ 建昌：今江西永修西北。武攸宁：武后从父武士让之孙。将作大匠：将作监的长官，职掌宫室、宗庙、陵寝及其他土木营建。 ⑤ 畚(běn)车：竹车。 ⑥ 欧：同"殴"。 ⑦ 默啜(chuò)：东突厥可汗。 ⑧ 新平：县名，今陕西彬县。 ⑨ 榻：床。 ⑩ 道人：魏晋南北朝时常称僧为道人。 ⑪ 丑裔：边远鄙恶之地。

原文

太后祀天南郊，以文王、武王、士彟与唐高祖并配[1]。太后加号天册金轮圣神皇帝。遂封嵩山[2]，禅少室[3]，册山之神为帝，配为后。封坛南有大槲[4]，赦日置鸡其杪[5]，赐号"金鸡树"。自制《升中述志》，刻石示后。改明堂为通天宫，铸九州鼎[6]，各位其方，列廷中。又敛天下黄金作大仪钟，不克。……

翻译

太后在南郊祭天，把周文王、武王、武士彟、唐高祖作为配享。太后加号天册金轮圣神皇帝。就去封嵩山，禅少室山，册封山的神为帝，配偶为后。封坛南边有棵大槲树，大赦那天把一只鸡放在树梢，赐号为"金鸡树"。太后自制《升中述志》，刻在石上让后世看。把明堂改为通天宫，铸造九州鼎，各按九州的方位，陈列在廷中。又聚敛天下黄金作大仪钟，没有造成。……

注释 ①周文王、武王：指西周的文王、武王，武后把文王尊为始祖，武王尊为睿祖。②封：古代帝王有所谓封禅的活动，在大山筑坛祭天叫“封”，在附近次高一点的山辟基祭地叫“禅”。嵩(sōng)山：五岳中的中岳，在河南省登封市北。③少室：山名，在河南登封市北，嵩山西。④槲(hú)：落叶乔木。⑤置鸡：古代大赦日，设金鸡于竿，以示吉辰，所以有“金鸡放赦”的说法。杪(miǎo)：树梢。⑥九州鼎：古代有禹铸九鼎的神话，一个州铸一个鼎，这时武后真的铸造了九个九州鼎。

原文

自怀义死，张易之、张昌宗得幸[①]，乃置控鹤府，有监，有丞及主簿、录事等，监三品，以易之为之。太后自见诸武王非天下意，前此中宗自房州还[②]，复为皇太子。恐百岁后为唐宗室躏藉无死所[③]，即引诸武及相王、太平公主誓明堂告天地[④]，为铁券使藏史馆[⑤]。……

翻译

自从薛怀义死后，张易之、张昌宗受太后宠幸，就设置控鹤府，府有监、丞、主簿、录事等官职，控鹤监是三品，由张易之充任。太后见到武氏子弟封王并不得天下人之心，前不久把中宗从房州接回，让他重新做皇太子。她唯恐自己死后被唐宗室欺凌而无葬身之地，就让武氏诸王和相王、太平公主在明堂起誓告天地，并铸了铁券藏在史馆。……

注释 ①张易之、张昌宗：武则天宠臣。②房州：治所在今湖北房县。③躏(lìn)藉：欺压伤害。④相王：中宗复为皇太子后，睿宗李旦被封为相王。⑤史馆：唐代国家修本朝史即所谓国史的机构。

原文

神龙元年，太后有疾，

翻译

神龙元年(705)太后有病，长时间

久不平①，居迎仙院②。宰相张柬之与崔玄暐等建策，请中宗以兵入诛易之、昌宗，于是羽林将军李多祚等帅兵自玄武门入③，斩二张于院左。太后闻变而起，桓彦范进请传位，太后返卧，不复语。中宗于是复即位。徙太后上阳宫，帝率百官诣观风殿问起居④，后率十日一至宫，俄朝朔、望⑤。……复唐宗庙。诸武王者咸降爵。是岁后崩，年八十一。遗制称则天圣皇太后，去帝号，谥曰则天大圣后，祔乾陵⑥。……

不见康复，居住在迎仙院。宰相张柬之与崔玄暐等出谋划策，请求中宗带兵进宫诛杀张易之、张昌宗，于是羽林将军李多祚等统率兵众从玄武门进入，在院左斩杀二张。太后闻变起身，桓彦范进来请太后传位皇太子，太后返回躺倒，不再说话。中宗于是重新即位。把太后迁到上阳宫，中宗率领百官到观风殿向太后问起居，以后一般隔上十天一去上阳宫，不久改为每月的朔、望去朝见。……恢复唐宗庙。诸武氏的封王都降低爵位。这年太后驾崩，享年八十一岁。遗制称则天圣皇太后，去掉帝号。谥号叫则天大圣后，与高宗合葬在乾陵。……

注释 ① 平：平复、康复。 ② 迎仙院：在洛阳宫城宣政殿西北，又名集仙殿。 ③ 羽林：龙朔二年(662)设置左右羽林军。李多祚：时任右羽林军大将军，是右羽林军的长官。玄武门：这里的玄武门是洛阳宫城的正北门，和长安宫城的正北门同名。 ④ 观风殿：是上阳宫中的正殿，武后还朝政后居此殿。问起居：问生活得好不好，也就是请安。 ⑤ 朔：每月初一日。望：每月十五日。 ⑥ 祔(fù)：合葬。乾陵：唐高宗李治的陵墓，在今陕西乾县西北梁山。

刘子玄传

导读

先秦以来，经过司马迁、班固等人的努力，到魏晋南北朝我国史学已出现空前繁荣的局面，《隋书》里的《经籍志》中所载史部书已多至八百一十七部。史书写得多了，就需要评论撰写的得失，于是我国第一部史学理论著作《史通》就应时而生。这里选译了《史通》作者刘子玄即刘知幾的传记，从其中也可以看到这位史学家确有较高的理论水平。（选自卷一三二）

原文

刘子玄，名知幾，以玄宗讳嫌[①]，故以字行。年十二，父藏器为授《古文尚书》[②]，业不进，父怒，楚督之[③]。及闻为诸兄讲《春秋左氏》[④]，冒往听，退辄辨析所疑，叹曰："书如是，儿何怠！"父奇其意，许授《左氏》。逾年，遂通览群史，与兄知柔俱以善文词知名[⑤]。擢进士第[⑥]，调获嘉主簿[⑦]。……

翻译

刘子玄，名叫知幾，因为避玄宗的嫌名，所以常用"子玄"这个字来代替。十二岁时，父亲刘藏器给他讲授《古文尚书》，学业不见长进，父亲生气，鞭打督促他。后来知道给他的兄长们讲授《春秋左氏传》，冒昧去听，退下后就辨析疑难，叹息说："书像这样，儿怎会懈怠！"父亲惊奇他的意愿，答应讲授《左氏传》。过了一年，于是通读许多史书，和哥哥刘知柔都以擅长文词知名。考上了进士科，派到获嘉县做主簿。……

注释 ① 玄宗：唐睿宗的第三子，名隆基，玄宗是他死后的庙号。讳嫌：我国封建社会里对皇帝、皇后以及自己的尊长如父亲、祖父等不得直呼其名，把他们的名叫讳，又和名讳读音近的字叫嫌名或嫌讳、讳嫌，刘知幾的"幾"读音近于李隆基的"基"，所以"幾"字在当时就成了讳嫌。 ② 父藏器：刘藏器，《旧唐书》《新唐书》有传。《古文尚书》：唐人所说的《古文尚书》其实都是魏晋时人伪造的《伪古文尚书》，也就是如今《十三经注疏》里《尚书》。 ③ 楚：古时扑责生徒的小杖。这里为动词，当鞭打讲。 ④《春秋左氏》：《春秋左氏传》，《春秋》三传之一，也是唐人所说的《五经》之一，是用史实对《春秋经》作传，出于战国前期人之手。 ⑤ 兄知柔：刘知柔，《旧唐书》《新唐书》有传。 ⑥ 擢(zhuó)进士第：进士科，是唐代最受人重视的科举科目。擢进士第，即考中进士科，因为科举考试录取时要评定等第，所以说擢第或登第。 ⑦ 获嘉：县名，在今河南获嘉。主簿：县令的主要辅佐官。

原文

累迁凤阁舍人①，兼修国史②。中宗时，擢太子率更令③，介直自守④，累岁不迁。会天子西还⑤，子玄自乞留东都。三年，或言子玄身史臣而私著述，驿召至京领史事⑥。迁秘书少监。时宰相韦巨源、纪处讷、杨再思、宗楚客、萧至忠皆领监修⑦，子玄病长官多，意尚不一，而至忠数责论次无功⑧，又仕偃蹇⑨，乃奏记求罢去⑩，因为至忠言"五不可"

翻译

刘子玄经过几度升迁做上凤阁舍人，兼修国史。中宗时，升擢为太子率更令，以耿介正直要求自己，几年没升迁。适逢天子西回长安，刘子玄自己请求留在东都。三年，有人说刘子玄身为史臣却私自著述，用驿马把他召到长安任史职，迁任秘书少监。当时宰相韦巨源、纪处讷、杨再思、宗楚客、萧至忠都领监修，刘子玄苦于长官太多，意旨不一，而萧至忠又多次指责他编写无成效，加之仕途不顺利，便奏记请求罢职，向萧至忠讲了"五不可"道："古代的国史，撰写都出于一家，没有听说由众人来完成。唯有后汉在东观召集群儒，而曰："古之国史，皆出一家，未闻借功于众，唯汉东观集群儒[11]，纂述无主，条章不建。今史司取士滋多[12]，人自为荀、袁[13]，家自为政、骏[14]。每记一事，载一言，阁笔相视[15]，含毫不断[16]，头白可期，汗青无日[17]，一不可。汉郡国计书上太史[18]，副上丞相[19]，后汉公卿所撰先集公府[20]，乃上兰台[21]，故史官载事为广。今史臣唯自询采，二史不注起居[22]，百家弗通行状[23]，二不可。史局深籍禁门[24]，所以杜颜面[25]，防请谒也[26]。今作者如林[27]，倘示褒贬[28]，曾未绝口[29]，而朝野咸知[30]。孙盛取嫉权门[31]，王劭见仇贵族[32]，常人之情，不能无畏，三不可。古者史氏各有指归[33]，故司马迁退处士进奸雄[34]，班固抑忠臣饰主阙[35]。今史官注记[36]，类禀监修[37]，或须直辞[38]，或当隐恶[39]，十羊九

撰写无人主持，条例章程没有订立。如今史馆调取的人更多，人人自以为是荀悦、袁宏，家家自以为是刘向、刘歆，每记一件事，写一句话，放下笔互相观望，吮着笔不下断语，头发很快就会变白，史书却无完成之日，这是一不可。前汉时郡国的计书要送上太史，副本才送上丞相，后汉时公卿所撰写的先集中公府，再送上兰台，所以史官记载得广收博采。如今史臣唯靠自己询问征集，左右史不记起居，显贵家不送行状，这是二不可。史馆深居禁中，为的是杜绝情面，防止请谒。但如今修撰的人多，倘若表示褒贬，话还未曾说完，朝野都已知道。像当年孙盛被权门嫉恨，王劭被贵族仇视，一般人的心理，对此怎能无所畏惧？这是三不可。古代撰写史书的各有主旨，因此像司马迁就贬退处士而褒扬奸雄，班固就抑制忠臣而为君主文饰过错。如今史官记录，都得听命于监修，有的说必须直言，有的说应该隐恶，等于十只羊九人牧，如何执行？这是四不可。如今监修的不肯指授，修史的又不肯遵奉，一味互相推托回避，用来拖延岁月，这是五不可。"又说朝廷虽重用他的才，但在礼貌待遇上却欠优厚。萧至忠收到奏记，惆怅惋惜，没有

牧[40]，其令难行，四不可。今监者不肯指授[41]，修者又不遵奉，务相推避，以延岁月，五不可。”又言朝廷厚用其才而薄其礼。至忠得书，怅惜不许。楚客等恶其言诋切[42]，谓诸史官曰：“是子作书，欲致吾何地？”

准许他离职。宗楚客等人憎恶刘子玄说得直率，对史官们说：“这个人作书，想把我置于何地？”

注释 ①凤阁舍人：武后时改中书省为凤阁，中书舍人为凤阁舍人。②国史：官修的本朝史，主要指纪传体的本朝史，有时编年体的也可算作国史。③太子率更令：唐代太子东宫设有率更寺，长官叫令，掌宗族次序、礼乐、刑罚及漏刻等。④介：耿直。⑤天子西还：这里的天子指中宗。武则天当政时多居东都洛阳，中宗在神龙元年(705)的政变中再次即位，第二年十月返回京师长安，长安在洛阳之西，故曰“西还”。⑥驿(yì)：驰驿，乘用驿站的官马前往目的地。⑦监修：北齐以前史官奉命编撰史书，但尚无专设机构，到北齐才开设史馆，负责修史，由宰相主管，称监修国史，以后遂成为历代沿用的制度。唐自贞观以后，多以宰相监修国史，遂成惯例。⑧论次：论是论著，次是编次，论次也就是编写。⑨偃蹇(jiǎn)：困顿，挫折不顺利。⑩奏记：僚佐向长官上书叫奏记。⑪东观：在洛阳南宫。东汉明帝命班固等人在此修史。⑫史司：即史馆。取士：选拔人材。⑬荀：荀悦，撰有《汉纪》，《后汉书》有传。袁：袁宏，撰有《后汉纪》，《晋书》有传。⑭政：刘向字子政。骏：刘向子刘歆字子骏。父子俩都是大学问家，都继修过司马迁的《史记》，《汉书》均有传。⑮阁笔：停笔。⑯毫：毛笔。⑰汗青：古时在竹简上书写，先以火炙竹青令汗，干则易写，又不受虫蛀，称为汗青。后也用来指史书的写成。⑱郡国：汉初，郡和王国同为地方高级行政区划。郡直隶中央，王国由分封的诸王统治。计书：即计簿，载录户口、赋税的簿籍。太史：汉设太史，掌天文历法并修史。⑲丞相：汉以丞相为宰相。⑳公卿：原指三公九卿，后泛指朝廷中的高级官员。

公府：东汉时以太尉、司徒、司空为三公，是中央的最高官职，公府即指三公的办事机构。 ㉑ 兰台：东汉时修史之处。 ㉒ 二史：指左史和右史，左史记言，右史记事，唐中书省的起居舍人记言，门下省的起居郎记事，所以这里可称之为二史。起居：指皇帝有关国家大事的言（下诏令）和行（有措施）。 ㉓ 百家：指朝廷上显贵官的家，因为多，所以说“百家”。行状：是记述死者世系、籍贯、生卒年月和生平概略的文件，朝廷显贵官死后他们的家属要写行状并送进政府。 ㉔ 史局深籍禁门：贞观三年(629)，把史馆移到禁中，在门下省北。 ㉕ 颜面：情面。 ㉖ 请谒：告求，干求别人。 ㉗ 作者：著书立说的人，这里指撰写史书的史官。 ㉘ 褒(bāo)：赞美。贬：贬抑。 ㉙ 绝口：闭口，话说完。 ㉚ 朝野：朝廷里与社会上。 ㉛ 孙盛：东晋史学家，撰《晋阳秋》，写了不利于权臣桓温的话，受到桓温的威胁，《晋书》有传。嫉(jí)：憎恨。权门：权贵之家，指桓温。 ㉜ 王劭：隋史学家，当时禁止私家撰史，他却在家著《齐书》，被人告发，《隋书》有传。 ㉝ 指归：主旨、意向。 ㉞ 司马迁：西汉时大史学家，所撰写的《史记》是我国最早的纪传体史书。《史记》里的《太史公自序》就是他的自传，《汉书》里也有传。处士：古代称有才德而隐居不仕的人。 ㉟ 班固：东汉时大史学家，撰写了《汉书》，《汉书》里有他写的《叙传》，《后汉书》里也有传。饰：掩饰，文饰。阙：同“缺”，过失。 ㊱ 注记：记录。 ㊲ 类：大都，大抵。 ㊳ 直辞：直言不讳，如实记载。 ㊴ 隐恶：把坏事隐藏下来，不如实写出。 ㊵ 十羊九牧：只有十头羊倒有九个人在放牧，使羊不知听谁的命令好。用来比喻领导太多，都在发号施令，叫下面无所适从。 ㊶ 监者：指监修国史的宰相。指授：指点授意，这里指指定国史的体例。 ㊷ 诋(dǐ)切：直率而不留情面。

原文

始，子玄修《武后实录》[①]，有所改正，而武三思等不听。自以为见用于时而志不遂，乃著《史通》内外四十九篇[②]，讥评今古。徐

翻译

当初，刘子玄修《武后实录》，有所改正，而武三思等人不听从。刘子玄自以为虽被任用于当时，却不能实现他的志愿，便著《史通》内外四十九篇，讥刺品评今古史书，徐坚读了，感叹道：“作史官的应把此书作为座右铭。”……

坚读之[3],叹曰:“为史氏者宜置此坐右也[4]。”……

注释 ① 实录:从唐代开始,每个皇帝死后,都得修该皇帝的实录,实际上就是这个皇帝统治时期的编年史。 ②《史通》内外四十九篇:内篇三十六篇,多论史书源流、体例和编撰方法;外篇十三篇,多论史官建置沿革和史书得失。 ③ 徐坚:玄宗朝重臣。 ④ 置此坐右:即把这书放在座位右边,可时时参考。意为应十分重视。

原文

子玄内负有所未尽,乃委国史于吴兢[1],别撰《刘氏家史》及《谱考》[2]。……累迁太子左庶子、兼崇文馆学士[3]。……开元初,迁左散骑常侍[4]。……会子贶为太乐令[5],抵罪,子玄请于执政[6],玄宗怒,贬安州别驾卒[7],年六十一。

翻译

刘子玄自负才能未能完全施展,就把国史委托给吴兢,另行撰写《刘氏家史》和《谱考》。……多次升迁任太子左庶子、兼崇文馆学士。……玄宗开元初,迁为左散骑常侍。……逢上儿子刘贶任太乐令,犯事被治罪,刘子玄向宰相求情,玄宗发怒,刘子玄被贬为安州别驾去世,享年六十一岁。

注释 ① 吴兢:当时著名的史官。 ②《谱考》:谱是家谱,记载家族世系姓名,《谱考》是关于刘氏家谱的考订。 ③ 太子左庶子:唐东宫设左春坊,长官叫左庶子,掌侍从、赞相、驳正启奏。崇文馆:东宫官署名,是东宫的藏书机构及教授诸王的学校。崇文馆置学士二人,掌图书经籍,教授学生。 ④ 左散骑常侍:门下省属官,掌规讽过失,侍从顾问。 ⑤ 子贶:刘子玄长子刘贶。太乐令:太常寺下属太乐署的长官,管祭祀时用的音乐。 ⑥ 执政:指宰相。 ⑦ 别驾:州刺史的辅佐官。

原文

子玄领国史且三十年，官虽徙，职常如旧。礼部尚书郑惟忠尝问："自古文士多，史才少，何耶？"对曰："史有三长：才、学、识，世罕兼之，故史者少。夫有学无才，犹愚贾操金，不能殖货[①]；有才无学，犹巧匠无楩楠斧斤[②]，弗能成室。善恶必书，使骄君贼臣知惧，此为无可加者。"时以为笃论[③]。子玄善持论[④]，辩据明锐，视诸儒皆出其下，朝有论著辄豫。殁后[⑤]，帝诏河南就家写《史通》[⑥]，读之称善，追赠工部尚书，谥曰文。

翻译

刘子玄掌修国史近三十年，官虽迁升，仍常领着史职。礼部尚书郑惟忠曾问他："自古文士多，史才少，是什么缘故？"他回答道："史家要有三长：才、学、识，世上很少有人能兼备，因此史家少。有学没有才，犹如愚笨的商贾手持黄金，不会经营生利；有才没有学，犹如精巧的工匠没有楩楠斧斤，不能建成房屋。善恶必载，使骄君和贼臣都知道畏惧，才是最高明的了。"时人认为这是说了实在话。刘子玄善于持论，辨析引据明快透辟，认为当时的文士们都远不如自己，朝廷有论议著述他常参加。他去世后，玄宗下诏叫河南府到他家里抄写《史通》，读后说很好，追赠他为工部尚书，给谥号叫文。

注释 ① 殖货：居积财货以经营生利，也就是经商。 ② 楩(pián)楠：楩是南方大木，楠是楠木，都是建筑用的良材。斤：斧。 ③ 笃(dǔ)：诚笃，实在。 ④ 持论：立论，自持所见而发表议论。 ⑤ 殁(mò)：死亡。 ⑥ 河南：即河南府，本为洛州，开元元年(713)改为府，治所洛阳在今河南洛阳东北。

王忠嗣传

导读

早在唐高宗武后时期，西边的少数民族吐蕃和东北的少数民族奚、契丹已逐渐强大。唐政权如果再用临时调集的府兵来抵御他们，将陷入两面作战的困境，于是到唐玄宗时，采取了设置节度使的办法。从西北到东北，先后设置了安西、北庭、河西、陇右、朔方、河东、范阳、平卢以及剑南共九个节度使和一个岭南五府经略使。到天宝年间为了加强指挥权，还让个别将领兼领几个节度使。王忠嗣就是这样一位兼领四节度使的大将，他最后被贬，很可能是由于权力过大，引起了朝廷猜疑。（选自卷一三三）

原文

王忠嗣，华州郑人①。父海宾，太子右卫率、丰安军使②。开元二年，吐蕃寇陇右③……海宾战死……玄宗怜其忠，赠左金吾大将军④。

翻译

王忠嗣，是华州郑县人。父名海宾，任太子右卫率、丰安军使。玄宗开元二年(714)，吐蕃寇陇右……王海宾战死……玄宗哀怜他尽忠，追赠他为左金吾大将军。

注释 ① 华州：治所在今陕西华县。 ② 太子右卫率：东宫下设太子右卫率府，长官叫率，掌兵仗、仪卫。丰安：军名，在今宁夏中卫。军使：唐在边塞要地设置军，受都督、节度使管辖，长官叫军使。 ③ 陇右：道名，治所在今青海乐都，辖境相当今甘肃六盘山以西，青海省青海湖以东及新疆东部。陇右至开元五年(717)才设置节度使。 ④左金吾大将军：左金吾卫是唐十六卫之一，掌宫中、京城巡警及京畿烽候、道路。长官为大将军。

原文

忠嗣时年九岁，始名训，授尚辇奉御。入见帝，伏地号泣，帝抚之曰："此去病孤也①！须壮而将之。"更赐今名②，养禁中③。肃宗为忠王④，帝使与游。及长，雄毅寡言，有武略，上与论兵，应对蜂起⑤。帝器之，曰："后日尔为良将。"试守代州别驾⑥，大猾闭门自敛⑦，不敢干法。数以轻骑出塞，忠王言于帝曰："忠嗣敢斗，恐亡之。"由是召还。

翻译

王忠嗣当时九岁，起初名叫训，授为尚辇奉御。他进见玄宗，伏在地上号哭，玄宗抚摸着他说："这是御敌将领的遗孤啊！要等长大后任用为将领。"改赐名忠嗣，留在宫中抚养。肃宗当时是忠王，玄宗叫王忠嗣和肃宗一起生活。到王忠嗣长大后，雄武刚毅而不多说话，有军事才略，玄宗与他谈论用兵，他对答如流。玄宗器重他，说："日后你定成为良将。"叫王忠嗣试守代州别驾，当地大猾闭门收敛，不敢触犯法令。王忠嗣多次率轻骑出塞，忠王对玄宗说："忠嗣敢于战斗，怕会牺牲掉。"因此把他召回。

注释 ①去病孤：去病即西汉打匈奴的名将霍去病，这里借用来指能征善战的将领。孤，幼而丧父叫孤。 ②赐今名：封建皇帝常用赐名或赐姓以示褒宠，赐名即皇帝为之取名，赐姓多赐以皇室的姓。 ③禁中：即宫中。因门户有禁，非侍御者不得入，故曰禁中。 ④肃宗：玄宗第三子李亨，开元十五年(727)封为忠王，后立为太子，天宝十四载(755)安禄山反叛，次年玄宗幸蜀，太子在灵武(今宁夏灵武西南)即位，肃宗是他的庙号。 ⑤蜂起：群蜂起飞，这里比喻对答如流，滔滔不绝。 ⑥试守：唐代以品级较低的任较高的官叫"守某官"，试守，即试用守某官。代州：

治所在今山西代县。 ⑦ 大猾：异常奸狡的人，地痞土豪之类。

原文

信安王祎在河东[①]、萧嵩出河西[②]，数引为麾下[③]。帝以其年少，有复仇志，诏不得特将[④]。嵩入朝[⑤]，忠嗣曰："从公三年，无以归报天子。"乃请精锐数百袭虏。会赞普大酋阅武郁标川[⑥]，其下欲还，忠嗣不从，提刀略阵[⑦]，斩数千人，获羊马万计。嵩上其功，帝大悦，累迁左威卫将军、代北都督[⑧]，封清源县男[⑨]。与皇甫惟明轻重不得[⑩]，构忠嗣罪，贬东阳府左果毅。

翻译

信安王李祎在河东，萧嵩出镇河西，多次引用王忠嗣为部下。玄宗见王忠嗣年少，有为父复仇的心愿，下诏不许他独当一面。萧嵩要入朝，王忠嗣说："跟随公三年，没有什么事好让公回去报告天子。"就请带上数百名精锐袭击吐蕃。适逢吐蕃赞普大酋在郁标川检阅军队，王忠嗣的部下想撤回，王忠嗣不听，提刀直掠敌阵，斩杀好几千人，掳获羊马数以万计。萧嵩上奏王忠嗣的战功，玄宗非常高兴，让王忠嗣几次升迁做到左威卫将军、代北都督，封为清源县男。因和皇甫惟明在对人的看法上说不到一起，被诬陷，贬为东阳府左果毅都尉。

注释 ① 信安王祎：太宗子吴王李恪之孙，李琨之子。 ② 萧嵩：当时任河西节度使。 ③ 麾(huī)下：部下。 ④ 特将：独当一面的将领，玄宗怕王忠嗣特将后会冒险深入以图复仇而遭受损失。 ⑤ 嵩入朝：指萧嵩于开元十六年(728)入朝任宰相。 ⑥ 赞普：吐蕃君长的称号。郁标川：地名，在今何地已不可考。 ⑦ 略：同"掠"。 ⑧ 代北都督：即代州都督。 ⑨ 清源：县名，在今山西清徐县。 ⑩ 皇甫惟明：当时任忠王友，事迹见《旧唐书》和《新唐书》的吐蕃传，友是亲王府的高级属官。轻重：议论人物的高下。不得：不相得，说不到一起。

原文

河西节度使杜希望欲取吐蕃新城[①]，有言忠嗣才者，希望以闻，诏追赴河西，进拔其城。忠嗣录多，授左威卫郎将，专知兵马。俄吐蕃大出，欲取当新城，晨压官军阵。众不敌，举军皆恐。忠嗣单马进，左右驰突，独杀数百人，贼众嚣相蹂[②]，军庈翼掩之[③]，虏大败。拜左金吾卫将军，领河东节度副使、大同军使[④]，寻为节度使。二十九年，节度朔方，兼灵州都督[⑤]。

翻译

河西节度使杜希望想要攻取吐蕃新城，有人说王忠嗣有才能，杜希望奏闻皇上，下诏把王忠嗣追回叫去河西。进军拿下新城，王忠嗣记录的功劳多，授任左威卫郎将，专门掌管兵马。不久吐蕃大举出击，想要夺回新城的损失，清晨直压阵前。官兵寡不敌众，全军都恐惧起来。王忠嗣却匹马进击，左右冲突，独个斩杀几百敌人，敌人叫嚣着相互践踏，官兵从侧翼掩击，敌军大败。王忠嗣拜授左金吾卫将军，领河东节度副使、大同军使，不久任节度使。开元二十九年(741)，任朔方节度使，兼灵州都督。

注释 ① 杜希望：唐朝将领，《新唐书》有传。新城：在今青海西宁北。 ② 嚣(xiāo)：喧哗，吵闹。蹂(róu)：践踏。 ③ 庈(chǐ)：旁。掩：乘人不备而进袭。 ④ 大同军使：大同军是河东节度使下属的一个军，驻今山西朔州东北。 ⑤ 灵州：治所在今宁夏灵武西南。

原文

天宝元年……突厥新有难，忠嗣进军碛口经略之，乌苏米施可汗请降[①]。忠嗣以其方强，特文降耳[②]，

翻译

玄宗天宝元年(742)……突厥发生新的内乱，王忠嗣进军到碛口准备行动，突厥的乌苏米施可汗提出要投降。王忠嗣考虑乌苏米施可汗正强悍，这只

乃营木剌、兰山谍虚实[3]，因上平戎十八策，纵反间于拔悉密与葛逻禄、回纥三部[4]，攻多罗斯城[5]，涉昆水[6]，斩米施可汗。……徙河东节度使，进封县公。

是假投降，就驻扎木剌、兰山窥测虚实，并上平戎十八策，派人去拔悉密与葛逻禄、回纥三部族搞离间活动，攻下多罗斯城，渡过昆水，斩杀米施可汗。……王忠嗣调任河东节度使，进封为县公。

注释 ① 乌苏米施可汗：突厥可汗，事迹见《旧唐书》和《新唐书》。 ② 文降：文是文饰、虚饰，文降就是伪降。 ③ 木剌、兰山：相当于今何地已不详。 ④ 拔悉密：我国古部族名，铁勒诸部之一，后并入回纥。葛逻禄：我国古部族名，突厥的一支，至蒙古兴起时仍存在。回纥：我国古代少数民族，唐天宝时破东突厥在北方建立强大的政权。 ⑤ 多罗斯城：多罗斯水即今新疆的额尔齐斯河，多罗斯城当即此水边的城堡。 ⑥ 昆水：当是多罗斯城边的河，可能就是多罗斯水的别称。

原文

忠嗣本负勇敢，及为将，乃能持重安边[1]，不生事，尝曰："平世为将[2]，抚众而已，吾不欲竭中国力以幸功名。"故训练士马，随缺缮补[3]。有漆弓百五十斤，每韬之[4]，示无所用。军中士气盛，日夜思战，忠嗣纵诡间伺虏隙[5]，时时出奇兵袭敌[6]，所向无不克，故士亦乐为用。军每出，召属长付以

翻译

王忠嗣本来以勇敢自负，等到自己做了将领，却能持重安边，不生事，曾说："作为平世的将领，安抚兵众而已，我不想竭尽中国之力来邀取功名。"因而只是训练兵马，有缺失就补足。有一百五十斤漆弓，常用弓袋装起来，表示不去用它。军中士气旺盛，日夜想打仗，王忠嗣派间谍窥测敌人有可乘之机，时时出奇兵袭击，所向无不获胜，所以士卒也乐意为他所用。军队每当出发，召集部将交付兵器，叫发给士卒，即

兵[7]，使授士卒，虽弓矢亦志姓名其上[8]。军还，遗弦亡镞[9]，皆按名第罪，以是部下人自劝[10]，器甲充牣[11]。自朔方至云中袤数千里[12]，据要险筑城堡，斥地甚远。自张仁亶后四十余年[13]，忠嗣继其功。

使弓箭也要把姓名写在上面，军队返回，遗失弦镞，都按姓名论罪，因此部下人人自勉，兵器铠甲充足。从朔方到云中纵长几千里，据险要筑城堡，开拓疆土很远。自从张仁亶后四十多年，王忠嗣继承了他的功业。

注释 ① 持重：谨慎稳重。 ② 平世：升平之世，承平之世，社会秩序比较长期安定的时候。 ③ 缮（shàn）：修补，整治。 ④ 韬（tāo）：弓袋。这里是动词，即用弓袋装起来。 ⑤ 诡间：即间谍。 ⑥ 奇兵：乘敌不意而突袭的部队。 ⑦ 属长：所管属的将领。 ⑧ 志：记。 ⑨ 弦：弓弦，这里指弓。镞（zú）：箭头，这里指箭。 ⑩ 劝：勉，努力。 ⑪ 牣（rèn）：满。 ⑫ 云中：云州在天宝元年（742）改为云中郡，治所在今山西大同。 ⑬ 张仁亶（dàn）：唐武后、中宗时名将，经营西北边有功。

原文

俄为河西、陇右节度使，权朔方、河东节度[1]，佩四将印，劲兵重地，控制万里，近世未有也。又授一子五品官。后数出战青海、积石，虏辄奔破。又讨吐谷浑于墨离[2]，平其国。乃固让朔方、河东二节度，许之。

帝方事石堡城[3]，诏问

翻译

不久任河西、陇右节度使，权朔方、河东节度使，身佩四将印，统领劲兵重地，控制万里，近代未曾有过，又授他一个儿子为五品官。此后多次出战于青海、积石，虏军常被击败奔逃。又在墨离征讨吐谷浑，平定吐谷浑国。这时坚决辞让朔方、河东二节度使，得到玄宗许可。

玄宗正有事于石堡城，下诏问攻取

攻取计，忠嗣奏言："吐蕃举国守之，若顿军坚城下，费士数万，然后可图，恐所得不雠所失[④]，请厉兵马，待衅取之[⑤]。"帝意不快。而李林甫尤忌其功[⑥]，日钩摭过咎[⑦]。会董延光建言请下石堡，诏忠嗣分兵应接，忠嗣不得已为出军，而士无赏格[⑧]，延光不悦。河西兵马使李光弼入说曰[⑨]："大夫爱惜士卒，有拒延光心，虽名受诏，实夺其谋。然大夫已付万众，而不立重赏，何以贾士勇[⑩]？且大夫惜数万段赐，以启谗口，有如不捷，归罪大夫，大夫先受祸矣！"忠嗣曰："吾固审得一城不足制敌，失之未害于国，吾忍以数万人命易一官哉？明日见责，不失一金吾、羽林将军归宿卫；不者，黔中上佐耳[⑪]。"光弼谢曰："大夫乃行古人事，光弼又何言！"趋而出。延光过期不克，果诉

的办法，王忠嗣上奏说："吐蕃用全国的力量守御石堡城，如果顿军于坚城之下，要死掉几万人，才可以把它拿下来，只怕得不偿失，请厉兵秣马，等有了机会再攻取。"玄宗心里不痛快。而李林甫尤其妒忌王忠嗣的功劳，天天找寻他的过错。恰巧董延光建议攻取石堡城，下诏叫王忠嗣分兵接应，王忠嗣不得已为之出兵，但不给士卒立赏格，董延光不高兴。河西兵马使李光弼进去劝说道："大夫爱惜士卒，有抵制董延光之心，虽则名义上受诏，但实际上是要取消他的计划。然而大夫已交付他上万兵众，却不立重赏，何以买取士卒之勇？况且大夫吝惜数万段赏赐，招来谗言，如果战事失利，归罪于大夫，大夫就要先受祸害了！"王忠嗣说："我本来已很清楚得到这座城不足以制服敌人，失去它对国家也无害处，我忍心用几万人的性命换取一个官职吗？将来被责怪，不失为一个金吾、羽林将军，回京宿卫；不这样，无非去黔中做个上佐罢了。"李光弼谢罪道："大夫乃是做古人的事情，光弼还有什么好说！"赶快退出。董延光过了期限没有攻下，果然诉说王忠嗣阻碍军事。又安禄山筑雄武城，控制飞狐

忠嗣沮兵。又安禄山城雄武[12]，扼飞狐塞[13]，谋乱，请忠嗣助役，因欲留其兵。忠嗣先期至，不见禄山而还，数上言禄山且乱。林甫益恶之，阴使人诬告"忠嗣尝养宫中，云吾欲奉太子"。帝怒，召入付三司讯验[14]，罪应死。哥舒翰方有宠[15]，白上，请以官爵赎忠嗣罪。帝意解，贬汉阳太守[16]。久之，徙汉东郡[17]，卒，年四十五。后翰引兵攻石堡，拔之，死亡略尽，如忠嗣言，故当世号为名将。

塞，准备造反，请王忠嗣帮助修筑，想就此留下王忠嗣的兵，王忠嗣提前到达，没有和安禄山见面就回去，多次上奏安禄山将造反。李林甫更加憎恶他，暗中叫人诬告"王忠嗣曾抚养在宫里，说想尊奉太子"。玄宗大怒，把王忠嗣召进来交付三司审讯，论罪应处死刑。哥舒翰正受宠信，他对玄宗说，请用自己的官爵为王忠嗣赎罪，玄宗才稍为缓和，把王忠嗣贬为汉阳太守。过了好久，迁任汉东郡，去世，终年四十五岁。后来哥舒翰带兵攻打石堡城，打了下来，士卒几乎死光了，正如王忠嗣所说，因此当世称王忠嗣为名将。

注释 ① 权：唐称代理某官为"权某官"。 ② 墨离：今青海共和。 ③ 石堡城：今青海西宁南，唐和吐蕃之间的军事重镇和交通要冲。 ④ 不雠：不等同，不相当。 ⑤ 衅：同"衅"，瑕隙，破绽。 ⑥ 李林甫：时任宰相，《旧唐书》《新唐书》有传。 ⑦ 钩摭(zhē)：搜求。 ⑧ 赏格：立功的奖赏办法。 ⑨ 兵马使：节度使下属的主要军事指挥官。李光弼：唐代名将，《旧唐书》《新唐书》有传。说(shuì)：用话劝说别人使听从自己的意见。 ⑩ 贾(gǔ)：买，求取。 ⑪ 上佐：州郡长官下的别驾、长史、司马通称为上佐。 ⑫ 安禄山：唐朝藩镇，与史思明策划发动安史之乱。城雄武：在雄武军筑城，雄武军驻在今天津蓟县、兴隆之间。 ⑬ 飞狐塞：在今河北涞源，当其时河东至河北的通道飞狐道上。 ⑭ 三司：唐以御史大夫、中书、门下为三司，受理刑狱。 ⑮ 哥舒翰：本是王忠嗣所识拔的将领，这时代王任陇右节度使。 ⑯ 汉阳：沔州在天宝元年(742)改名汉阳郡，治所在今湖北武汉市的汉阳。太守：郡的长官。 ⑰ 汉东：隋州在天宝元年(742)改名汉东郡，治所在今湖北随县。

王 维 传

导读

王维是我国历史上第一流的画家，又是第一流的诗人。他的诗名当时还在李白，尤其杜甫之上，天宝初年编选的《国秀集》里就只选王维，不选李、杜；天宝末年编选的《河岳英灵集》选了王维、李白，仍不选杜甫。王维的画在《唐朝名画录》中虽只算妙品而非神品，到明人创立山水画南北宗时却把他作为南宗的始祖。《新唐书》文艺传里的这个传记虽较简略，还勾画出王维在诗画上的本来风格。（选自卷二〇二）

原文

王维，字摩诘[①]，九岁知属辞[②]，与弟缙齐名[③]，资孝友[④]。开元初，擢进士，调太乐丞[⑤]，坐累为济州司仓参军[⑥]。张九龄执政[⑦]，擢右拾遗[⑧]。历监察御史。母丧，毁几不生[⑨]。服除[⑩]，累迁给事中[⑪]。

翻译

王维，字摩诘，九岁懂得撰写诗文，与弟弟王缙齐名，天性很孝顺友爱。玄宗开元初年，考中进士科，任太乐丞，受连累贬为济州司仓参军。张九龄任宰相，提拔他为右拾遗。历任监察御史。母亲去世，王维哀伤得几乎不想活下去。守丧期满，几度升迁做上给事中。

注释 ① 诘：音 jié。 ② 属（zhǔ）辞：属是缀辑，属辞就是撰写诗文。 ③ 弟缙：王缙，唐朝宰相，书法家，《旧唐书》《新唐书》有传。 ④ 资：资质，天性。孝：对父母孝顺。友：兄弟间相敬爱。 ⑤ 太乐丞：太乐令的副职。 ⑥ 济州：治所在今山东茌(chí)平。司仓参军：州刺史的僚佐，掌仓贮、租赋、财货、市肆之事。 ⑦ 张九龄：唐朝名相，诗人，《旧唐书》《新唐书》有传。 ⑧ 拾遗：唐代谏官名，武则天时置，职务是对皇帝进谏并举荐人员。左拾遗属门下省，右拾遗属中书省。 ⑨ 毁：哀毁，旧谓居丧时因过度悲哀而损害健康。 ⑩ 服除：为父母守丧期满，除去孝服。 ⑪ 给事中：是门下省的要职，在侍中及门下侍郎之下，掌驳正政令之违失。

原文

安禄山反，玄宗西狩[①]，维为贼得。以药下利[②]，阳喑[③]。禄山素知其才，迎置洛阳，迫为给事中。禄山大宴凝碧池[④]，悉召梨园诸工合乐[⑤]，诸工皆泣，维闻悲甚，赋诗悼痛。贼平，皆下狱。或以诗闻行在，时缙位已显，请削官赎维罪，肃宗亦自怜之，下迁太子中允[⑥]。久之，迁中庶子[⑦]，三迁尚书右丞。

翻译

安禄山反叛，玄宗西巡，王维被贼军抓获。他用药弄成拉痢，假装哑了。安禄山向来知道他有才，把他接到了洛阳，强迫他任给事中。安禄山在凝碧池设盛宴，把梨园乐工都召来合奏，乐工们都流下眼泪。王维听说了非常悲伤，赋诗表示哀痛。叛贼被讨平，王维等都被关进监狱。有人把王维这首诗传到行在，这时王缙已官位显达，请求削去官职来赎王维的罪，肃宗自己也怜惜王维，只把他贬为太子中允。过了一段时候，升迁为中庶子，三次升迁任尚书右丞。

注释 ① 狩：同“守”，天子外出通称“巡守”或“巡狩”，即使外逃也可这么说。 ② 下利：中医学病症名，对泄泻与痢疾的统称。 ③ 阳：同“佯”，假装。喑(yīn)：哑。 ④ 凝碧池：在洛阳神都苑的最东边。 ⑤ 梨园：唐玄宗曾选乐工三百人、宫女数百人，教授乐曲于梨园，亲自订正声误，并号为“皇帝梨园弟子”。梨园一在长安光化门北禁苑中，一在蓬莱宫侧宜春院。 ⑥ 太子中允：太子左春坊的副职，掌侍从赞相，驳正启奏。 ⑦ 中庶子：即左庶子。

原文

缙为蜀州刺史未还[①]，维自表"己有五短，缙五长，臣在省户[②]，缙远方，愿归所任官，放田里[③]，使缙得还京师"。议者不之罪。久乃召缙为左散骑常侍。上元初卒，年六十一。疾甚，缙在凤翔[④]，作书与别，又遗亲故书数幅，停笔而化[⑤]。赠秘书监。

翻译

王缙任蜀州刺史还未回朝，王维自己上表说："我自己有五个短处，王缙有五个长处，而臣在省户，缙在远方，臣情愿归还所任官职，放回田里，使王缙得以还京师。"议论的人没有怪罪王维。后来便内召王缙为左散骑常侍。肃宗上元初年王维逝世，享年六十一岁。病重时，王缙在凤翔，王维写信和他诀别，又写了几幅给亲戚故旧的书信，停下笔化去。追赠秘书监。

注释　① 蜀州：治所在今四川崇州。 ② 省户：宫省的门户，因为当时王维任尚书省的尚书右丞，所以这么说。 ③ 田里：故乡。 ④ 凤翔：府名，治所在今陕西凤翔。 ⑤ 化：佛家对死亡的称呼。

原文

维工草隶[①]，善画，名盛于开元、天宝间，豪英贵人虚左以迎[②]，宁、薛诸王待若师友[③]。画思入神[④]，至山水平远，云势石色，绘工以为天机所到[⑤]，学者不及也[⑥]。客有以《按乐图》示者，无题识[⑦]，维徐曰："此

翻译

王维长于草隶，善绘画，在开元、天宝年间享有盛名，豪英贵人虚左相迎，宁、薛诸王以师友相待。王维画思入神，至于所绘山水平远，云势石色，画工们以为天机独到，是专门研究学画的人所比不上的。有人拿《按乐图》给王维看，图上没有题识，王维慢慢地说："这是《霓裳》第三迭第一拍。"这人不以为然，召乐工奏曲，才相信。

《霓裳》第三迭最初拍也[8]。”客未然，引工按曲，乃信。

注释 ① 草隶：草书和隶书，但唐代的隶书实际上是指今天的所谓楷书（亦即正书）。 ② 豪英：才智出众的人。虚左：古时乘车以左为尊，空着以待贵宾，谓之虚左，后来凡接待贵宾都说虚左。 ③ 宁、薛诸王：宁王李宪，本名成器，睿宗长子，玄宗兄。薛王李业，本名隆业，睿宗第五子，玄宗弟。 ④ 画思：作画的思路。入神：达到神妙的境界。 ⑤ 绘工：专业绘画的画工。天机：犹性灵，谓人的天赋灵机。 ⑥ 学者：这里指专门学的人。 ⑦ 题识：指画上的题字。 ⑧ 霓（ní）裳：霓裳羽衣曲，当时从西域传进来的时新乐舞。迭：乐曲的迭奏。

原文

兄弟皆笃志奉佛[1]，食不荤[2]，衣不文彩[3]。别墅在辋川[4]，地奇胜，有华子冈、欹湖、竹里馆、柳浪、茱萸沜、辛夷坞[5]，与裴迪游其中，赋诗相酬为乐。丧妻不娶，孤居三十年。母亡，表辋川第为寺，终葬其西。

翻译

王维兄弟都诚心奉佛，不吃荤食，不穿华丽的衣服。别墅在辋川，环境非常美好，有华子冈、欹湖、竹里馆、柳浪、茱萸沜、辛夷坞，王维与裴迪在其中游赏，赋诗酬答取乐。王维在妻去世后没有再娶，独身生活了三十年。母亲去世时，王维把辋川的宅第表请改为佛寺，王维去世后葬在寺的西侧。

注释 ① 笃志：志向专一不变，诚心。 ② 荤（hūn）：指鱼肉类食品及葱蒜等辛臭的菜。 ③ 文彩：这里指色彩华丽的衣服。 ④ 辋（wǎng）川：即辋谷水，在今陕西蓝田南，源出秦岭北麓，北流至县南入灞水。 ⑤ 欹：音 yī。茱萸（zhū yú）：植物名，有浓烈香味，可入药。沜（pàn）：同“泮”，半月形的水池。辛夷：木兰的别称。坞：四面高而中央低的山地。

原文

宝应中，代宗语缙曰："朕尝于诸王座闻维乐章①，今传几何?"遣中人王承华往取②，缙裒集数十百篇上之。

翻译

宝应年间，代宗对王缙说："朕曾在诸王座上听过王维的乐章，现今流传的有多少?"派宦官王承华去取，王缙聚集了几十百篇献上。

注释 ① 乐章：能入乐的诗篇。 ② 中人：即宦官。

安禄山传

导读

设置节度使在唐玄宗时是安定边陲的好办法，如设置了范阳节度使，确实对抵御奚、契丹起了积极作用。至于安禄山当了范阳节度使势力大后会造反，则是唐玄宗所考虑不及的。至于过去有人说唐玄宗晚年因宠爱杨贵妃后不再留心政事，从而造成天下大乱，在这个传里也透露出这种看法，则自然是不符合史实的。(选自卷二二四)

原文

安禄山，营州柳城胡也①，本姓康。母阿史德，为觋②，居突厥中，祷子于轧荦山③，虏所谓斗战神者，既而妊④。及生，有光照穹庐⑤，野兽尽鸣。望气者言其祥⑥，范阳节度使张仁愿遣搜庐帐，欲尽杀之，匿而免。母以神所命，遂字轧荦山。少孤，随母嫁虏将安延偃。开元初偃携以归国，与将军安道买亡子偕来，得依其家，故道买子安节厚德偃，

翻译

安禄山，是营州柳城胡人，本来姓康。母亲叫阿史德，是个女巫，生活在突厥人中，在轧荦山祈祷生个儿子，这轧荦山就是突厥人所说的战斗神，接着就怀孕。到出生时，有光照着穹庐，野兽都惊叫。望气的人说这里有征兆，范阳节度使张仁愿派人搜查各个庐帐，想把刚出生的小孩统统杀掉，他母亲把他藏起来才得免。他母亲因他是神所赐予的，就给他取名轧荦山。他从小就死掉父亲，跟着母亲嫁给虏将安延偃。开元初年安延偃带着他们归顺唐朝，与将军安道买逃出的儿子一起前来，因而能够住到安家。安道买的另一个儿子安

约两家子为兄弟，乃冒姓安，更名禄山。及长，忮忍多智[⑦]，善亿测人情，通六蕃语，为互市郎[⑧]。

节对安延偃很感谢，叫两家的孩子立约成为兄弟，从此这轧荦山就冒姓安，改名禄山。到长大后，忌刻残忍而多有智谋，善于猜测别人的心意，通晓多种蕃语，做互市郎。

注释 ① 营州：治所在今辽宁朝阳，开元后平卢节度使治此。柳城：县名，治所在今辽宁朝阳。 ② 觋(xí)：为人祷祝鬼神的男巫，这里通用指巫。 ③ 荦：音 luò。 ④ 妊(rèn)：怀孕。 ⑤ 光照穹庐：古代称游牧民族居住的毡帐为穹庐，光照穹庐等，当然都是安禄山显贵后所编造的神话。 ⑥ 望气：古代方士的一种占候术，看了云气的变幻胡说有什么吉凶征兆。祥：吉凶征兆。 ⑦ 忮(zhì)：忌刻。 ⑧ 互市郎：即互市牙郎。牙郎，即牙人，以介绍买卖为业的人。

原文

张守珪节度幽州[①]，禄山盗羊而获，守珪将杀之，呼曰："公不欲灭两蕃邪[②]？何杀我？"守珪壮其语，又见伟而皙[③]，释之。与史思明俱为捉生[④]，知山川水泉处，尝以五骑禽契丹数十人。守珪异之，稍益其兵，有讨辄克，拔为偏将[⑤]。守珪丑其肥，由是不敢饱。因养为子，后以平卢兵马使擢特进、幽州节度副使。

翻译

张守珪任幽州节度使，安禄山因偷羊被抓获，守珪要杀他，他大叫道："公不想灭掉两蕃啊？为何要杀掉我？"张守珪认为这话说得有胆识，又看他长得魁伟白皙，放了他。安禄山和史思明一起当过捉生，熟悉山川水泉，曾以五骑擒获契丹几十个人。张守珪很惊异，稍微多给他一些兵马，每有征讨必然成功，提拔为偏将。张守珪觉得他肥胖得难看，他就不敢吃饱。被张守珪收养为干儿子，后来以平卢兵马使升擢为特进、幽州节度副使。

注释 ① 张守珪：唐朝名将，《旧唐书》、《新唐书》有传。 ② 两蕃：唐人习惯称奚和契丹为“两蕃”。 ③ 皙（xī）：皮肤白。 ④ 捉生：专门突击抓俘虏的下级军官。 ⑤ 偏将：偏师的将领，也就是分支部队而非主力部队的将领。

原文

于是御史中丞张利贞采访河北①，禄山百计谀媚，多出金谐结左右为私恩。利贞入朝，盛言禄山能，乃授营州都督、平卢军使、顺化州刺史②。使者往来，阴以赂中其嗜，一口更誉，玄宗始才之。天宝元年，以平卢为节度，禄山为之使，兼柳城太守，押两蕃、渤海、黑水四府经略使③。明年入朝，奏对称旨④，进骠骑大将军⑤。又明年代裴宽为范阳节度、河北采访使，仍领平卢军。禄山北还，诏中书门下尚书三省正员长官、御史中丞饯鸿胪亭⑥。……

翻译

这时御史中丞张利贞到河北道采访，安禄山千方百计小心献媚，多出金钱结交张利贞的左右，使他们对自己感恩。张利贞回朝，大讲安禄山有本领，于是安禄山被授为营州都督、平卢军使、顺化州刺史。朝廷使者往来，安禄山暗中针对他们的爱好行贿，他们都同声赞誉安禄山，玄宗从此认为他有才。天宝元年(742)，在平卢设节度，叫安禄山任节度使，兼柳城太守，押两蕃、渤海、黑水四府经略使。明年入朝，上奏对答合了玄宗的心意，提升为骠骑大将军。又明年，代替裴宽做范阳节度使、河北采访使，仍然领平卢节度使。安禄山北归时，下诏让中书、门下、尚书三省的正职长官和御史中丞到鸿胪亭去饯行。……

注释 ① 采访河北：临时出任河北采访使，唐派采访使监察州县官员政事，大体每道派一个，后来设节度使之处多由节度使兼任。 ② 顺化：《新唐书·地理志》营州都督府下有为突厥设置的羁縻州叫顺州的，大概就是这顺化州。 ③ 押：管辖的意思。渤海：唐代我国东北以靺鞨（mò hé）粟末部为主体，结合其他靺鞨和部分高句骊所建的政权名。黑水：即黑水都督府，辖地相当今黑龙江中下游流域。经略使：唐初在边地重要地区设置，是边防军使长官，后多由节度使兼任。④ 奏对：臣僚当面回答君主提出的问题。⑤ 骠骑大将军：最高级的荣誉性质的武散官。⑥ 饯（jiàn）：以酒食送行。

原文

禄山阳为愚不敏盖其奸，承间奏曰："臣生蕃戎，宠荣过甚，无异材可用，愿以身为陛下死。"天子以为诚，怜之。令见皇太子，不拜，左右擿语之[①]，禄山曰："臣不识朝廷仪，皇太子何官也？"帝曰："吾百岁后付以位。"谢曰："臣愚，知陛下不知太子，罪万死。"乃再拜。时杨贵妃有宠，禄山请为妃养儿，帝许之。其拜，必先妃后帝，帝怪之，答曰："蕃人先母后父。"帝大悦，命与杨铦及三夫人约为兄弟[②]。繇是禄山有乱天下意，令麾下刘骆谷居京师，伺朝廷隙。六载，进御史大

翻译

安禄山表面上装得愚蠢不灵敏，来掩盖其内心的奸诈，得机会禀奏道："臣出生于蕃戎，得到的宠信和荣誉太多了，没有什么特别的本领可效用，愿用自己的身体为陛下去死。"玄宗认为忠诚，爱怜他。让他去见皇太子，他不拜，左右的人提醒他，安禄山说："臣不懂朝廷的礼仪，皇太子是什么官啊？"玄宗说："我百年之后要把皇位交付给他。"安禄山谢罪道："臣愚蠢，只知道陛下不知道太子，罪该万死。"就再拜。当时杨贵妃得宠，禄山请求做贵妃的养子，玄宗同意了。拜见时，一定先拜贵妃后拜皇帝，玄宗感觉奇怪，安禄山回答说："蕃人先母后父。"玄宗非常高兴，让他和杨铦及杨氏三位夫人相约为兄弟姊妹。从这时起安禄山已经有了反叛的念头，让部下刘骆谷住在京城，窥探朝廷的间隙。天宝六载（747），安禄山升擢为御史大夫。……玄宗为安禄山在

夫。……帝为禄山起第京师，以中人督役，戒曰："善为部署，禄山眼孔大[3]，毋令笑我。"……

京师盖第宅，派宦官监督，告诫说："好好地部署，禄山眼孔大，不要让他笑话我。"……

注释 ① 擿(tī)：指使，提醒。 ② 杨铦：杨贵妃的堂兄。三夫人：杨贵妃的三个姊姊，大姊封韩国夫人，三姊封虢国夫人，八姊封秦国夫人。 ③ 眼孔大：指见过大世面。

原文

时太平久，人忘战。帝春秋高[1]，嬖艳钳固[2]，李林甫、杨国忠更持权[3]，纲纪大乱[4]。禄山计天下可取，逆谋日炽[5]，每过朝堂龙尾道[6]，南北睥睨[7]，久乃去。更筑垒范阳北，号雄武城，峙兵积谷[8]。养同罗、降奚、契丹曳落河八千人为假子[9]，教家奴善弓矢者数百，畜单于护真大马三万、牛羊五万[10]。引张通儒、李廷坚、平洌、李史鱼、独孤问俗署幕府[11]，以高尚典书记[12]，严庄掌簿最[13]，阿史那承庆、安

翻译

当时太平日久，人们忘记了战争。玄宗年岁已高，内有所宠爱的贵妃把持着，李林甫、杨国忠更加专权，国家法纪大乱。禄山认为天下可以夺取，逆谋一天天炽烈，每当经过朝堂龙尾道，傲慢地往南北看着，好长时间才离开。在范阳北边修筑营垒，称为雄武城，蓄养士兵积贮粮食。收养同罗、招降奚、契丹曳落河八千人为养子，教家奴擅长弓箭的有几百人，畜养单于护真大马三万匹，牛羊五万头。招引张通儒、李廷坚、平洌、李史鱼、独孤问俗在幕府里任职，叫高尚掌管书记，严庄管文簿统计，阿史那承庆、安太清、安守忠、李归仁、孙孝哲、蔡希德、牛廷玠、向润客、高邈、李钦凑、李立节、崔乾祐、尹子奇、何千年、武令珣、能元皓、田承嗣、田乾真都拔自

太清、安守忠、李归仁、孙孝哲、蔡希德、牛廷玠、向润客、高邈、李钦凑、李立节、崔乾祐、尹子奇、何千年、武令珣、能元皓、田承嗣、田乾真皆拔行伍置大将⑭。潜遣贾胡行诸道，岁输财百万。……赐铁券⑮，封柳城郡公。又赠延偃范阳大都督，进禄山东平郡王⑯。九载，兼河北道采访处置使，赐永宁园为邸⑰。入朝……诏上谷郡置五炉⑱，许铸钱。又求兼河东，遂拜云中太守、河东节度使。既兼制三道，意益侈。……

行伍，而任为大将。秘密派遣商胡到各道活动，每年上缴的钱财上百万。……赐给安禄山铁券，并封为柳城郡公。又追赠安延偃为范阳大都督，进安禄山为东平郡王。天宝九载(750)，安禄山兼任河北道采访处置使，赐永宁园为府第。入朝……下诏在上谷郡设置五个炉，准许安禄山自己铸钱。安禄山又请求兼领河东，就被拜为云中太守、河东节度使。安禄山既已兼领了三道，更加肆意忘形。……

注释 ① 春秋：年龄。 ② 嬖(bì)艳：嬖是宠爱、宠幸，嬖艳指杨贵妃。钳：钳持，把持。 ③ 杨国忠：天宝时为宰相。 ④ 纲纪：法度、法纪。 ⑤ 炽(chì)：盛。 ⑥ 朝堂：大明宫的含元殿是皇帝上朝的地方，殿前有东西两个朝堂。龙尾道：经朝堂通往含元殿的道路，蜿蜒像神话中龙的尾巴。 ⑦ 睥睨(pì nì)：斜视，有傲慢意。 ⑧ 峙：储备。 ⑨ 同罗：古部落名，铁勒诸部之一，居住在图拉河一带，游牧为生。曳落河：突厥语“健儿”的意思。假子：养子。 ⑩ 单于：单于当指单于府，在今内蒙古阴山、河套一带。 ⑪ 幕府：古代大将的府署称“幕府”。 ⑫ 典：掌管。书记：唐元帅府及节度使属官有掌书记，主撰文字，省称书记。 ⑬ 最：统计。 ⑭ 行(háng)伍：古代军队编制以五人为“伍”，二十五人为“行”，这里的行伍指战士。 ⑮ 铁券：

用铁铸成，上有文字，由皇帝颁赐给身份特别高贵的功臣，其后裔如果犯罪，凭此可要求减罪赦免。⑯ 东平郡：郓州在天宝时改为东平郡，治所在今山东东平东。⑰ 永宁园：在长安城的永宁坊内。邸：王侯府第叫邸。⑱ 上谷郡：治所在今河北易县。

原文

十一载，率河东兵讨契丹，告奚曰："彼背盟，我将讨之，尔助我乎？"奚为出徒兵二千乡导[①]。至土护真河[②]，禄山计曰："道虽远，我疾趋贼，乘其不备，破之固矣。"乃敕人持一绳，欲尽缚契丹，昼夜行三百里，次天门岭[③]。会雨甚，弓弛矢脱不可用，禄山督战急，大将何思德曰："士方疲，宜少息，使使者盛陈利以胁贼，贼必降。"禄山怒，欲斩以令军，乃请战。思德貌类禄山，及战，虏丛矛注矢邀取之，传言禄山获矣。奚闻亦叛，夹攻禄山营，士略尽。禄山中流矢，引奚儿数十[④]，弃众走山而坠，庆绪、孙孝

翻译

天宝十一载（752），安禄山率领河东兵讨伐契丹，通知奚说："契丹背弃盟约，我将要讨伐他们，你们帮助我吗？"奚为安禄山出二千步兵做向导。走到土护真河，禄山计划道："道路虽然远，我们向敌军急行，乘他们没有准备，击破他们是肯定的。"于是命令每人带上一条绳子，要把契丹人全部捆起来，一天一夜走三百里，停在天门岭。正赶上雨下得很大，弓松弛、箭头脱落不能使用，安禄山督战很急，大将何思德说："士兵正疲乏，应该稍微休息一下，派使者讲清利害威胁敌人，敌人一定投降。"安禄山大怒，想杀掉何思德来号令全军，何思德只好请战。何思德的面貌像安禄山，到战斗时，敌人的矛和箭都对准了他，传播着安禄山被抓获的消息。奚听说后也叛变了，夹攻安禄山的军营，安禄山的战士差不多打光了。禄山自己也中了箭，带领几十个奚小儿，丢开兵众走上山，跌了下去，安庆绪、孙孝

哲掖出之[⑤]，夜走平卢。部将史定方以兵鏖战[⑥]，虏解围去。禄山不得志，乃悉兵号二十万讨契丹以报。帝闻，诏朔方节度使阿布思以师会。布思者，九姓首领也[⑦]，伟貌多权略，开元初为默啜所困内属[⑧]，帝宠之。禄山雅忌其才，不相下，欲袭取之，故表请自助。布思惧而叛，转入漠北[⑨]，禄山不进，辄班师。会布思为回纥所掠，奔葛逻禄，禄山厚募其部落降之。葛逻禄惧，执布思送北庭，献之京师。禄山已得布思众，则兵雄天下，愈偃肆。

哲搀着禄山的胳膊将他拉起来，连夜逃到平卢城。部将史定方带兵激战，敌军才解围离去。安禄山这次不得志，就招集全部兵力号称二十万，讨伐契丹进行报复。玄宗知道后，下诏叫朔方节度使阿布思出兵会合。阿布思，是九姓的首领，长得魁梧且多谋略，开元初年被默啜所困归顺朝廷，受到玄宗宠爱。而安禄山一向嫉妒他的才干，和他互不相下，想袭取他，所以上表要求他来相助。阿布思害怕而叛逃，转入漠北，安禄山不前进，班师回去。不久阿布思被回纥抢掠，逃奔葛逻禄，安禄山用优厚的条件召募阿布思部落降附。葛逻禄害怕，把阿布思抓起来送到北庭，献到京师。安禄山既已得到了阿布思的部众，就兵雄天下，更加傲慢放肆。

注释 ① 徒兵：步兵。乡导：即“向导”，带路。 ② 土护真河：即今内蒙古老哈河，唐时奚居住在附近。 ③ 天门岭：在今黑龙江省牡丹江市西直到吉林省敦化西，自东北走向西南的山岭。④ 奚儿：奚小儿，年轻的奚人。 ⑤ 庆绪：安庆绪，安禄山第二子。掖（yè）：叉着别人的胳膊。 ⑥ 鏖（áo）：战斗激烈。 ⑦ 九姓首领：唐代铁勒族分为回纥、仆固、浑、同罗等九个部族，称为九姓铁勒，简称九姓，这阿布思实际上是同罗的首领。 ⑧ 内属：内附。 ⑨ 漠北：古代泛称蒙古高原大沙漠以北地区。

原文

皇太子及宰相屡言禄山反，帝不信。是时国忠疑隙已深，建言追还朝，以验厥状。禄山揣得其谋，乃驰入谒。帝意遂安，凡国忠所陈，无入者。十三载，来谒华清宫[①]，对帝泣曰："臣蕃人，不识文字，陛下擢以不次，国忠必欲杀臣以甘心。"帝慰解之，拜尚书右仆射，赐实封千户，奴婢、第产称是。诏还镇，又请为闲厩、陇右群牧等使[②]，表吉温自副[③]。其军中有功位将军者五百人，中郎将二千人。禄山之还，帝御望春亭以饯[④]，斥御服赐之。禄山大惊，不自安，疾驱去，至淇门[⑤]，轻舻循流下[⑥]，万夫挽绎而助[⑦]，日三百里。既总闲牧，因择良马内范阳，又夺张文俨马牧，反状明白。人告言者，帝必缚与之。

翻译

皇太子和宰相多次说安禄山要反叛，玄宗不相信。这时杨国忠对安禄山的疑虑嫌隙已经很深，建议玄宗把他召回朝，看他将怎样。安禄山猜出来是杨国忠的计谋，就快马入朝谒见。玄宗安下心来，凡是杨国忠所陈说的，都听不进去。天宝十三载(754)，安禄山来华清宫谒见，向玄宗哭着说："臣是蕃人，不认识文字，陛下破格用臣，而国忠一定要杀臣才甘心。"玄宗对他安慰譬解，拜授他为尚书右仆射，赐实封一千户，还赐予和他相称的奴婢以及第宅产业。下诏让他回去。他又请求做闲厩、陇右群牧等使，并表请吉温做自己的副手。他的军中立功做到将军的有五百人，做到中郎将的有二千人。安禄山回去时，玄宗到望春亭饯行，脱下自己的御服赐给他。安禄山大为吃惊，不能自安，急忙赶马离去，到了淇门，乘轻舟顺流而下，众多纤夫拉着纤绳相助，一天走三百里。他既已总领闲牧，就挑选好马送进范阳，又夺掉张文俨的马牧，反叛的行为已很明白清晰。可有人报告，玄宗一定把报告的人捆起来送给安禄山。

注释 ① 华清宫：在今陕西临潼骊山上，本名温泉宫，唐玄宗扩建，每年冬天都临幸，并在这里处理朝政。 ② 闲厩：闲厩使，闲也是马厩，武后圣历时设闲厩使，专管御用马匹。陇右群牧等使：唐在陇右地区设若干监养马，以陇右群牧都使来统率。 ③ 吉温：唐朝酷吏。 ④ 望春亭：唐长安禁苑亭名，位于今西安市西南龙首原上。 ⑤ 淇门：淇门镇，在今河南汲县东北淇河、卫河交汇处。 ⑥ 舻（lú）：舳（zhú）舻，船。 ⑦ 繂（lǜ）：拉船的粗绳索。

原文

明年，国忠谋授禄山同中书门下平章事，召还朝。制未下，帝使中官辅璆琳赐大柑，因察非常。禄山厚赂之，还言无它，帝遂不召。未几事泄，帝托它罪杀之，自是始疑。然禄山亦惧朝廷图己，每使者至，称疾不出，严卫然后见。黜陟使裴士淹行部至范阳[①]，再旬不见[②]，既而使武士挟引，无复臣礼。士淹宣诏还，不敢言。帝赐庆宗娶宗室女[③]，手诏禄山观礼，辞疾甚。献马三千匹，驺靮自倍[④]，车三百乘，乘三士，因欲袭京师。河南尹达奚珣极言毋内驺

翻译

明年（755），杨国忠打算授与安禄山同中书门下平章事，召他回朝。诏制还未下达，玄宗叫宦官辅璆琳赐给大柑，借此来观察安禄山有没有异常情况。安禄山重重地贿赂他，他回去后说没什么，玄宗因而没有召回安禄山。不久事情败露，皇帝找别的罪名将辅璆琳杀掉，从此开始怀疑安禄山。但安禄山也害怕朝廷图谋自己，每次使者来，都推说有病不出来，严加防卫后才见面。黜陟使裴士淹巡视到范阳，有二旬不见面，之后让武士挟着引见，不再有人臣之礼。裴士淹宣达诏书回来，不敢讲这些情况。玄宗赐安庆宗娶宗室的女儿，亲自写诏书叫安禄山前来观礼，安禄山借口病重推辞掉。安禄山献马三千匹，控马的人加倍，车三百乘，一乘车配上三个士兵，想借此偷袭京师。河南尹达奚珣极力进言不能让控马的兵众进来，

兵[⑤]，诏可。帝赐书曰："为卿别治一汤，可会十月，朕待卿华清宫。"使至，禄山踞床曰："天子安稳否?"乃送使者别馆[⑥]。使还言曰："臣几死!"

玄宗下诏同意达奚珣说的。玄宗赐书给安禄山说："为卿另外修了一个汤泉，可在十月来相会，朕在华清宫等卿。"使者到达，安禄山踞坐在床上说："天子平安吗?"就送使者在别馆住下。使者回来说："臣几乎死去!"

注释 ① 黜陟使：贞观八年(634)置，后不常设，负责巡行诸道，督察官吏，颇有权势。行部：巡视所管辖地区。 ② 再旬：一旬十天，再旬二十天。 ③ 庆宗：安禄山长子安庆宗，当时在长安。 ④ 驺靮(zōu dí)：驺本指控马的人，靮是马缰绳，驺靮也就是指控马的人。 ⑤ 河南尹：河南府的长官。 ⑥ 别馆：客馆，招待客人的住所。

原文

冬十一月，反范阳，诡言奉密诏讨杨国忠，腾榜郡县[①]。以高尚、严庄为谋主，孙孝哲、高邈、张通儒、通晤为腹心，兵凡十五万，号二十万，师行日六十里。先三日，合大将置酒，观绘图，起燕至洛[②]，山川险易攻守悉具，人人赐金帛，并授图，约曰："违者斩!"至是，如所素。禄山从牙门部曲百余骑次城北[③]，祭先冢而行。

翻译

这年冬天十一月里，安禄山在范阳造反，欺骗说是奉皇帝密诏讨伐杨国忠，在各郡县公开张贴告示。任高尚、严庄做谋主，孙孝哲、高邈、张通儒、张通晤为心腹，兵马总计十五万，号称二十万，每天行军六十里。早前三天，安禄山召集大将喝酒，观看地图，从燕到洛阳，山川平易险要及如何攻打防守，都很清楚，人人赐给金帛，并授与地图，规定："违背的就斩!"到这时，就按照所规定的办。安禄山带着牙门部曲百余骑到城北，祭祀了祖先的坟墓然后出发。叫贾循主管留守事务，吕知诲守平

使贾循主留务，吕知诲守严卢，高秀岩守大同。燕老人叩马谏，禄山使严庄好谓曰[4]："吾忧国之危，非私也。"礼遣之。因下令："有沮军者夷三族[5]！"凡七日，反书闻，帝方在华清宫，中外失色。车驾还京师[6]，斩庆宗，赐其妻康死[7]，荣义郡主亦死[8]。下诏切责禄山，许自归。禄山答书慢甚，叵可忍[9]。贼遣高邈、臧均以射生骑二十驰入太原[10]，劫取尹杨光翙杀之[11]，以张献诚守定州[12]。

卢，高秀岩守大同。燕地的老人拉住马劝谏，安禄山叫严庄抚慰道："我们是为国家危难担忧，并没私意啊！"很礼貌地把他打发走。于是下令："有阻止军队前进的灭三族！"经过七天后，反书才到达长安，当时玄宗正在华清宫，内外都大惊失色。车驾回到京师，把安庆宗处斩，安禄山妻康氏被赐死，安庆宗妻荣义郡主也处死。下诏书严厉责备安禄山，准许他自动归降。安禄山的回书非常傲慢，使人不能忍受。叛军派遣高邈、臧均带了二十骑射生冲进太原，劫取太原尹杨光翙把他杀掉，叫张献诚守定州。

注释 ① 腾：传。榜：公开张贴的文书、告示。 ② 起燕（yān）至洛：春秋战国时燕国建都在蓟即今北京西南，也是唐范阳节度使治所蓟县所在地，所以这里称自范阳至洛阳叫"起燕至洛"。 ③ 牙门：大将的军门，因为在军门前立大旗即牙旗，所以叫牙门。部曲：本指大将个人蓄养的私兵，一般都颇有战斗力，这里指亲信将领。 ④ 严庄：安禄山手下一重将。 ⑤ 三族：说法不一，一般多指父族、母族、妻族。 ⑥ 车驾：皇帝外出时所乘的车，因而也作为皇帝的代称。 ⑦ 其妻康：安禄山的原配妻康氏，安庆宗的生母。 ⑧ 荣义郡主：即前面所说"帝赐庆宗娶宗室女"的宗室女。 ⑨ 叵（pǒ）：不可。 ⑩ 射生骑：射生是射取生物，射生骑是挑选善射者组成的骑兵。 ⑪ 翙：音 huì。 ⑫ 定州：治所在今河北定州。

原文

禄山谋逆十余年，凡降蕃夷皆接以恩，有不服者，假兵胁制之。所得士释缚，给汤沐、衣服，或重译以达[①]，故蕃夷情伪悉得之[②]。禄山通夷语，躬自尉抚[③]，皆释俘囚为战士，故其下乐输死，所战无前。……

翻译

安禄山谋逆十多年，凡是投降的蕃夷都以恩礼相接待，有不服的，就用兵力来威胁。所俘获的士兵给解掉束缚，给洗澡换衣服，有的辗转翻译才讲通话，所以蕃夷的真伪都能了解到。安禄山懂得夷语，亲自安抚，将俘囚全部释放充当战士，所以他的部下乐于拼死，打起仗来所向无前。

注释 ①重译：辗转翻译。②情伪：真伪。情指真实情况。③尉：同“慰”，安慰。

原文

时兵暴起，州县发官铠仗[①]，皆穿朽钝折不可用，持梃斗[②]，弗能亢[③]。吏皆弃城匿，或自杀，不则就禽，日不绝。禁卫皆市井徒，既授甲，不能脱弓襡、剑繁[④]，乃发左藏库缯帛大募兵[⑤]。以封常清为范阳、平卢节度使[⑥]，郭子仪为朔方节度、关内支度副大使[⑦]，右羽林大将军王承业为太原尹，卫尉

翻译

这时战事突然发生，州县里发放官方的铠甲、兵器，都破烂朽败钝缺折断不能使用，拿着棍棒战斗，抵敌不住。官吏都丢弃城池躲藏起来，有的自杀，不然就被擒，这样的事每天不断发生。宫廷禁卫都是市井之徒，给他兵甲，也不会脱掉弓衣、解开剑带，于是把左藏库里绢帛拿出来大量招募士兵。派封常清任范阳、平卢节度使，郭子仪任朔方节度使、关内支度副使，右羽林军大将王承业任太原尹，卫尉卿张介然任汴州刺史，金吾将军程千里任潞州长史，

卿张介然为汴州刺史⑧，金吾将军程千里为潞州长史⑨，以荣王为元帅⑩，高仙芝副之⑪，驰驿讨贼。

派荣王任元帅，高仙芝任副帅，驰驿前往讨贼。

注释 ① 铠仗：铠甲与兵器。 ② 梃(tǐng)：木棒。 ③ 亢：同“抗”。 ④ 韣(dú)：韬，这里指弓衣。鷩(biè)：剑带。 ⑤ 左藏库：唐代在太府寺下有左藏署，署里有库，收藏各地运入中央的赋调即绢帛。缯(zēng)：古代丝织品的总称。 ⑥ 封常清：唐玄宗时期名将，屡立战功。 ⑦ 支度：唐各道节度使有带支度营田招讨经略使、支度使等职。 ⑧ 汴州：当时曾改为陈留郡，治所在今河南开封。 ⑨ 潞州：治所在今山西长治。 ⑩ 荣王：玄宗第六子李琬，他几天后即去世，追赠靖恭太子，《旧唐书》《新唐书》有传。 ⑪ 高仙芝：唐玄宗时期名将，在维护唐西陲边防安全、加强与西域联系方面作了贡献。

原文

禄山至巨鹿，欲止，惊曰：“鹿，吾名。”去之沙河①，或言如汉高祖不宿柏人②以佞贼。贼投草颓树于河，以长绳维舟集槎以结③，冰一昔合④，遂济河，陷灵昌郡⑤。又三日，下陈留、荥阳⑥。次罂子谷⑦，将军荔非守瑜邀之，杀数百人，流矢及禄山舆，乃不敢前，更出谷南，守瑜矢尽死于河。

翻译

安禄山进军到巨鹿，准备停驻，吃惊道：“鹿，是我的名字。”于是离开前往沙河，有的人说正像汉高祖当年不在柏人住宿（用这种说法）来讨好安禄山。叛军往河里投草倒树，用长绳将船和木筏连结到一起，一个晚上冻冰，就此渡过黄河，攻陷灵昌郡。又过了三天，打下陈留、荥阳二郡。进驻罂子谷，将军荔非守瑜邀击叛军，杀死几百人，流矢射中了安禄山所乘的车子，才不敢前进，取道谷南前进。荔非守瑜箭射完后，死在河里。叛军打败封常清，占领

败封常清，取东都，常清奔陕[8]。杀留守李憕、御史中丞卢奕[9]，河南尹达奚珣臣于贼。时高仙芝屯陕，闻常清败，弃甲保潼关[10]，太守窦廷芝奔河东。常山太守颜杲卿杀贼将李钦凑[11]，禽高邈、何千年。于是赵郡、钜鹿、广平、清河、河间、景城六郡皆为国守[12]，禄山所有才卢龙、密云、渔阳、汲、邺、陈留、荥阳、陕郡、临汝而已[13]。

东都洛阳，常清逃往陕郡。叛军杀了东都留守李憕、御史中丞卢奕。河南尹达奚珣臣服于叛军。这时高仙芝屯驻在陕郡，听说封常清败退，弃甲退守潼关，陕郡太守窦廷芝逃往河东。常山太守颜杲卿杀死贼将李钦凑，生擒高邈、何千年。于是赵郡、巨鹿、广平、清河、河间、景城六郡都为国家固守，安禄山所占据的只有卢龙、密云、渔阳、汲、邺、陈留、荥阳、陕郡、临汝而已。

注释　① 沙河：县名，在今河北沙河县北。 ② 汉高祖不宿柏人：汉高祖刘邦到柏人县，赵相贯高等谋划刺杀高祖，高祖心里有顾忌，不留宿，因而不曾被害。柏人在今河北隆尧西。 ③ 槎(chá)：用竹木编成的筏。 ④ 昔：同“夕”。 ⑤ 灵昌郡：滑州天宝时改灵昌郡，治所在今河南滑县西南。 ⑥ 陈留：汴州天宝时改陈留郡，治所在今河南开封。荥(xíng)阳：郑州天宝时改荥阳郡，治所在今河南郑州。 ⑦ 罂(yīng)子谷：在今河南荥阳南。 ⑧ 陕：陕州，天宝时改为陕郡，治所在今河南三门峡市西。 ⑨ 留守：唐在东都洛阳设东都留守，实际上只是当地最高的地方官。 ⑩ 潼关：以潼水而名，西薄华山，南临商岭，北距黄河，东接桃林，为今陕西、山西、河南三省要冲，历代皆为军事要地。 ⑪ 常山：恒州天宝时改常山郡，治所在今河北正定。 ⑫ 广平：洺州天宝时改广平州，治所在今河北永年东。清河：贝州天宝时改清河郡，治所在今清河西。河间：瀛州天宝时改河间郡，治所在今河北河间。景城：沧州天宝时改景城郡，治所在今河北沧州东南。 ⑬ 卢龙：平州天宝时改北平郡，治所卢龙即今河北卢龙。密云：檀州天宝时改密云郡，治所密云在今河北密云。渔阳：蓟州天宝时改渔阳郡，治所渔阳在今天津蓟县。汲：卫州天宝时改汲郡，治所汲县在今河南汲县。邺：相州天宝时改邺郡，治所安阳在今河南安阳。临汝：汝州天宝时改临汝郡，治所梁县在今河南临汝。

原文

贼之据东京，见宫阙尊雄，锐情僭号[①]，故兵久不西，而诸道兵得稍集。尹子奇屯陈留，欲东略。会济南太守李随、单父尉贾贲、濮阳人尚衡、东平太守嗣吴王祇、真源令张巡相继起兵[②]，旬日众数万。子奇至襄邑而还[③]。

翻译

安禄山占领东京以后，看到宫阙尊严雄伟，急于僭号称帝，所以军队很长时间不西进，而各道的官兵得以稍稍集中。贼将尹子奇驻屯陈留，想往东侵略。逢上济南太守李随、单父县尉贾贲、濮阳人尚衡、东平太守嗣吴王祇、真源令张巡相继起兵，十多天兵众有几万人。尹子奇到襄邑就回军。

注释　① 锐情：急于，一心要。僭(jiàn)号：旧时不该称皇帝的人自称皇帝叫僭号。 ② 济南：齐州天宝时改济南郡，治所在今山东济南。单父(shàn fǔ)：县名，今山东单县。濮阳：濮州天宝时改濮阳郡，治所在今河南鄄城北，郡内又有濮阳县，在今河南濮阳南。东平：郓州天宝时改东北郡，治所在今山东东平西北。嗣吴王祇：唐太宗子吴王恪之孙，封嗣吴王，《旧唐书》《新唐书》有传。真源：县名，今河南鹿邑。张巡：抵抗安禄山叛军而牺牲的名将。《旧唐书》《新唐书》有传。 ③ 襄邑：县名，今河南睢县。

原文

明年正月，僭称雄武皇

翻译

次年正月，安禄山僭称雄武皇帝，

帝，国号燕，建元圣武。子庆绪王晋，庆和王郑[①]，达奚珣为左相，张通儒为右相，严庄为御史大夫，署拜百官。复取常山，杀颜杲卿。安思义屯真定[②]，会李光弼出土门救常山[③]，思义降，博陵亦拔[④]，唯稾城、九门二县为贼守[⑤]。史思明、李立节、蔡希德围饶阳[⑥]，不克，引军攻石邑[⑦]，张奉璋固守。朔方节度使郭子仪自云中引兵与光弼合，败思明于九门。李立节死，希德奔巨鹿，思明奔赵郡，自鼓城袭博陵[⑧]，复据之。光弼拔赵郡，还围博陵，军恒阳[⑨]。希德请济师于贼，贼以二万骑涉滹沱入博陵[⑩]，牛廷玠发妫、檀等兵万人来助[⑪]，思明益强。与光弼战，败于嘉山[⑫]。光弼收郡十三，河南诸郡皆严兵守，潼关不开。

国号燕，建元圣武。儿子安庆绪为晋王，安庆和为郑王，达奚珣任左相，张通儒任右相，严庄任御史大夫，任命了百官。又攻取常山，杀害颜杲卿。安思义屯驻真定，正逢上李光弼出土门救常山，安思义投降，博陵也收复，只有稾城、九门二县为叛军据守。史思明、李立节、蔡希德围攻饶阳，没攻下，率军攻石邑，张奉璋坚守石邑。朔方节度使郭子仪从云中领兵和李光弼会合，在九门打败史思明，李立节被打死，蔡希德逃奔巨鹿，史思明逃奔赵郡，又从鼓城进袭博陵，占据下来。李光弼拿下赵郡，回来包围博陵，屯军恒阳。蔡希德请求叛军增援，叛军派二万骑兵涉水过滹沱河进入博陵，牛廷玠调动妫、檀等地上万兵马相助，史思明更加强大。但和李光弼打，在嘉山被打败，李光弼收复了十三个郡，河南各郡都有兵严密把守，潼关关门不开。

注释 ① 郑：即郑州，治所在今河南郑州。 ② 真定：县名，今河北正定。 ③ 土门：也就是井陉口，在今河北井陉东，是太行山区进入华北平原的一个隘口。 ④ 博陵：定州天宝时改博陵郡，治所在今河北定州。 ⑤ 稾城：县名，今河北稾城。九门：县名，在今河北正定西。 ⑥ 饶阳：县名，在今河北饶阳东北。 ⑦ 石邑：县名，在今河北石家庄西南。 ⑧ 鼓城：县名，今河北晋县。 ⑨ 恒阳：县名，今河北曲阳。 ⑩ 滹(hū)沱：滹沱河，在今河北省西部。 ⑪ 妫：妫州，天宝时改妫川郡，治所在今河北怀来东。檀：檀州，天宝时改密云郡。 ⑫ 嘉山：山名，在恒阳。

原文

禄山惧，欲还范阳，召严庄、高尚责曰："我起，而曹谓万全。今四方兵日盛，自关以西，不跬步进[①]，尔谋何在，尚见我为？"遣尚等出。凡数日，田乾真自潼关来，劝禄山曰："自古兴王，战皆有胜负，乃成大业，无一举而得者。今四方兵虽多，非我敌也。有如事不成，吾拥数万众，尚可横行天下，为十年计。且高尚、严庄，佐命元勋也，陛下何遽绝之，使自为患邪？"禄山喜，道其小字曰："阿浩，非汝孰悟我！然则奈何？"乾真曰："召而尉安之。"乃内

翻译

安禄山害怕，想回范阳，召严庄、高尚来责怪道："我起兵时，他们说万无一失。如今四方官军日益强大，自潼关往西，半步也进不去，你们的谋略哪里去了，还来见我干什么？我做些什么呢？"叫高尚等出去。几天以后，田乾真从潼关回来，劝安禄山说："自古王者兴起，打仗都有胜有负，这样才能成其大业，没有一下子就取得的。现在四方兵虽然多，但不是我们的对手。假若大事不成，我们拥有几万人，还可以横行天下，作十年的打算。况且高尚、严庄都是佐命元勋，陛下为什么急忙抛弃他们，使自己内部生忧患呢？"禄山高兴了，呼他的小名说："阿浩，不是你谁能醒悟我！现在该怎么办呢？"田乾真说："召他们来安慰他们。"于是召高尚等人进来，和他们喝酒宴会，禄山亲自唱歌，君臣和

尚等，与饮宴，禄山自歌，君臣如初。即遣孙孝哲、安神威西攻长安。会高仙芝等死，哥舒翰守潼关，为乾祐所败，囚之。贼不谓天子能遽去，驻兵潼关，十日乃西，时行在已至扶风[2]。于是汧陇以东[3]，皆没于贼。禄山以张通儒守东京，乾真为京兆尹，使安守忠屯苑中[4]。

好如同当初。就派遣孙孝哲、安神威向西进攻长安，逢上高仙芝等已死，哥舒翰守潼关，被崔乾祐打败，哥舒翰也被囚起来。叛军不认为天子会马上离去，便驻兵潼关，十天后才向西进。这时玄宗已到了扶风。于是汧陇以东的地方，都落入叛军之手。安禄山派张通儒守东京，田乾真为京兆尹，派安守忠驻扎在禁苑里。

注释 ① 跬(kuǐ)：半步叫跬。② 扶风：县名，在今陕西扶风。 ③ 汧(qiān)陇：陇州天宝时改汧阳郡，治所在今陕西陇县。 ④ 苑：长安城北的禁苑，即皇帝的御苑。

原文

禄山未至长安，士人皆逃入山谷，东西骆驿二百里[1]，宫嫔散匿行哭。将相第家委宝货不赀[2]，群不逞争取之[3]，累日不能尽。又剽左藏大盈库、百司帑藏竭[4]，乃火其余。禄山至，怒，乃大索三日，民间财赀尽掠之。府县因株根牵连，句剥苛急，百姓愈骚。禄山

翻译

安禄山还没有到长安，士人都逃进山谷，东西二百里络绎不绝，宫嫔们逃藏哭泣。将相家留下的财宝无法计算，不安分的人抢着拿，几天都拿不完。又抢光了左藏大盈库和百司的库藏，剩下的就放火烧掉。安禄山来到，发怒，大肆搜索了三天，民间的财物全部被抢掠。府县就此根牵株连，敲剥苛急，百姓越发骚动不安。安禄山怨恨安庆宗被杀，就将皇帝近亲从霍国长公主、诸王妃妾、子孙姻婿等一百多人杀害，用

怨庆宗死，乃取帝近属自霍国长公主、诸王妃妾、子孙姻婿等百余人害之⑤，以祭庆宗。群臣从天子者，诛灭其宗。虏性得所欲则肆为残虐，人益不附。诸大将欲有咨决，皆因严庄以见。御下少恩，虽腹心雅故，皆为仇敌。郡县相与杀守将，迎王师，前后反覆十数，城邑墟矣。

来祭安庆宗。群臣跟随天子出走的，杀他们的宗族。虏性满足欲望就肆意残虐，人们越发不依附。大将们有什么请示，都通过严庄求见。安禄山对下边很少恩惠，尽管是心腹旧友，也都成为仇敌。郡县都杀了守将，迎接王师，前后反复十多次，城邑变成了废墟。

注释　① 骆驿：同“络绎”。 ② 赀(zī)：计量。 ③ 不逞：不得志，不安分的人。 ④ 剽(piāo)：抢劫。大盈库：左藏署所管库的名称。百司：京城里各个政府部门，百是形容其多。帑(tǎng)：国家库藏的金帛。 ⑤ 霍国长公主：睿宗第十一女，嫁裴虚己，论行辈是玄宗的妹，所以称长公主。

原文

肃宗治兵灵武①，天下日跂首待②。长安相传太子西来矣，人闻辄东走，阛里至空③，都畿豪杰杀贼吏自归者无虚日④，贼斩刈惩之不能止⑤。又贼将类慓勇无远谋⑥，日纵酒，嗜声色财利。车驾危得入蜀，终无进蹑之患⑦。

翻译

肃宗在灵武整军，天下人天天翘首等待，长安城里互相传说太子从西边到来了，人们听说后就向东走，街市坊里人都走空了，京畿的豪杰杀死叛军官吏投归朝廷的事每天都发生，叛贼斩杀惩办不能制止，加之贼将多数悍勇而无远谋，天天放开喝酒，喜欢声色财利。玄宗车驾在危急中能够入蜀，始终没有被追蹑。

注释 ① 灵武：朔方节度使的治所，肃宗依靠朔方节度使的兵马来平安叛乱。② 跂：同“企”，踮起脚尖。③ 阛：(huán)：街市。④ 都畿：指京师周围地区。⑤ 刈(yì)：杀。⑥ 慓(piāo)悍：矫捷勇猛。⑦ 蹑(niè)：追踪。

原文

帐下李猪儿者，本降竖[1]，幼事禄山谨甚，使为阉人[2]，愈亲信。禄山腹大垂膝，每易衣，左右共举之，猪儿为结带，虽华清赐浴，亦许自随。及老，愈肥，曲隐常疮[3]。既叛，不能无恚惧。至是目复盲，俄又得疽疾[4]，尤卞躁[5]。左右给侍，无罪辄死，或棰掠何辱[6]，猪儿尤数，虽严庄亲倚，时时遭笞靳[7]，故二人深怨禄山。初，庆绪善骑射，未冠为鸿胪卿。贼僭号，嬖段夫人，爱其子庆恩，欲立之。庆绪惧不立，庄亦疑难作不利己，私语庆绪曰：“君闻大义灭亲乎？自古固有不得已而为者。”庆绪阴晓，曰：“唯唯。”又语猪儿曰：“汝事上

翻译

帐下有个叫李猪儿的，本是名降竖，从小伺候安禄山很恭谨，让他成了阉人后，就更加被亲信。安禄山肚子大得垂到膝盖上，每次换衣服，要左右有人把肚子抬起来，李猪儿给他系带子，即使在华清池赐浴，也准许李猪儿跟随着。到老了，更加肥胖，褶皱里面的肉经常生疮。造反以后，不能没有怨恨畏惧。这时眼睛也瞎了，不久又长了痈疽，性情更加急躁。左右伺候的人，往往无罪就被处死，有时责打呵辱，李猪儿吃的苦头尤其多，严庄尽管被安禄山亲信倚重，也常常遭到鞭打、奚落，所以这二人深怨安禄山。当初，安庆绪擅长骑射，没成年就被任为鸿胪卿。安禄山僭号后，宠段夫人，爱段夫人的儿子安庆恩，想立他。安庆绪害怕不立自己，严庄也忧虑安庆恩发难时对自己不利，私下对安庆绪说：“您听说过大义灭亲吗？自古以来就有不得已而为的。”庆绪心里明白，说：“是，是。”又对李猪儿说：“你侍奉皇上罪过能数得清吗？不

罪可数乎？不行大事，死无日！”遂与定谋。至德二载正月朔，禄山朝群臣，创甚罢。是夜庄、庆绪持兵扈门[8]，猪儿入帐下，以大刀斫其腹。禄山盲，扪佩刀不得[9]，振幄柱呼曰[10]：“是家贼！”俄而肠溃于床，即死，年五十余，包以毡罽[11]，埋床下。因传疾甚，伪诏立庆绪为皇太子，又矫称禄山传位庆绪，乃伪尊太上皇。……

行大事，死已没有几天了！”于是互相定谋。至德二载(757)正月初一日，禄山朝见众臣，因痈疽痛得厉害罢朝。当天夜里，严庄、安庆绪手持兵器把门，李猪儿进入帐下，用大刀砍安禄山的肚子。安禄山眼睛看不见，用手摸佩刀没有摸到，摇着帐柱子叫道：“是家贼！”不一会肠子流到床下，就死了，年五十多。用毡罽包起来尸体，埋在床下。就传言安禄山病重，下伪诏立安庆绪为皇太子，又矫称安禄山传位给安庆绪，伪尊安禄山为太上皇。……

注释 ① 竖：童仆。 ② 阉(yān)人：被阉割过的人，即宦官。 ③ 曲隐：体肥胖后肌肉折叠之处。 ④ 疽(jū)：痈疽。⑤ 卞躁：急躁。卞，性急。 ⑥ 棰(chuí)：用鞭子、棍杖打。掠：拷打。何：同“呵”，呵斥。 ⑦ 笞(chī)：用鞭子、棍杖打。靳(jìn)：奚落。 ⑧ 扈(hù)门：扈本是侍从的意思，这里的扈门是把住门的意思。 ⑨ 扪(mén)：摸。 ⑩ 幄柱：帐柱子。 ⑪ 毡罽(jì)：罽是一种毛织品，毡罽即毡毯。

原文

禄山父子僭位凡三年而灭。

翻译

安禄山父子僭位凡三年而灭亡。

裴度传

导读

安史之乱以后，中央在内地也遍设节度使，这些节度使一般都由中央任命，等于在州、县之上增加了高一级的地方行政区划，但有的节度使不听中央命令，闹独立性，要世袭，这就引来中央征讨。宪宗是一位在征讨节度使上取得成功的皇帝，他任用的裴度也是一位力主征讨节度使并取得成功的大臣。在这篇裴度的传记里，主要选译了他征讨节度使的业绩。（选自卷一七三）

原文

裴度，字中立，河东闻喜人①。贞元初擢进士第，以宏辞补校书郎②。举贤良方正异等③，调河阴尉④。迁监察御史，论权嬖梗切，出为河南功曹参军⑤。武元衡帅西川⑥，表掌节度府书记。召为起居舍人。

翻译

裴度，字中立，河东闻喜人。德宗贞元初年考中进士科，又考中博学宏辞科任校书郎。应试贤良方正科高等，任河阴县县尉。升迁为监察御史，因议论权贵幸臣耿直严切，出任河南府功曹参军。武元衡任西川节度使，表请他掌节度府书记。又内召任起居舍人。

注释 ① 闻喜：县名，在今山西闻喜县东北东镇。 ② 宏辞：博学宏辞科，唐代科举的一种名目。校书郎：唐代中书省所属秘书省有校书郎，门下省所属弘文馆有校书郎，东宫所属崇文馆也有校书郎，都是掌校勘书籍的小官，裴度所任不知是哪个部门的。 ③ 贤良方正：唐代临时设置的科举名目，由皇帝主持，即所谓“制举”。 ④ 河阴：县名，治所在今河南郑州西北。 ⑤ 功曹参军：唐时在府叫功曹参军，在州叫司功参军，掌管考察记录功劳。 ⑥ 西川：剑南西川节度使管区，治所在今四川成都。

原文

元和六年，以司封员外郎知制诰[①]。田弘正效魏、博六州于朝[②]，宪宗遣度宣谕。弘正知度为帝高选，故郊迎趋跽受命[③]，且请遍至属州，布扬天子德泽，魏人由是欢服。还，拜中书舍人。久之，进御史中丞。宣徽五坊小使方秋阅鹰狗[④]、所过桡官司[⑤]，厚得饷谢乃去。下邽令裴寰[⑥]，才吏也，不为礼，因构寰出丑言，送诏狱，当大不恭。宰相武元衡婉辞诤，帝怒未置，度见延英[⑦]，言寰无辜，帝恚曰：“寰诚无罪，杖小使；小使无罪，且杖寰。”度曰：“责若此固宜，第寰为令，惜陛下百姓，安可罪？”帝色霁[⑧]，乃释寰。

翻译

元和六年(811)，裴度以司封员外郎知制诏。田弘正奉魏、博等六州效忠于朝廷，宪宗派裴度去宣谕。田弘正知道裴度是皇帝识拔的人，所以出郊远迎趋跽受命，并且请裴度走遍所属各州，宣扬天子恩德，魏人由此欢欣臣服。裴度回朝后，拜授中书舍人。过了一段时间，升任御史中丞。宣徽院五坊小使秋天放鹰和狗，所到之处扰乱官府，索取一大笔供应和谢礼才离开。下邽县令裴寰，是个有才干的官吏，不奉承这伙人，故而这伙人诬告裴寰说坏话，将裴寰送进诏狱，要以大不敬论处。宰相武元衡婉言诤谏，宪宗怒气不消。裴度在延英殿见宪宗，说裴寰无辜，宪宗生气地说：“如果裴寰真的无罪，就打小使；如果小使无罪，就打裴寰。”裴度说：“这样处罚固然合适，只是裴寰作为县令，怜惜陛下的百姓，怎能治罪呢？”宪宗脸色转合，释放了裴寰。

注释 ① 司封员外郎：吏部下属司封司的副长官。知制诰：唐代代皇帝起草诏令的重要官职。 ② 田弘正：魏博节度使。魏博六州：魏博节度使所管魏、贝、博、相、澶、卫六州。 ③ 趋：奔走。跽(jì)：长跪，双膝着地，上身挺直。 ④ 宣徽：唐设宣徽南北院使，总领宫内诸司等事，由宦官担任。五坊：唐代皇帝饲养猎鹰、猎犬的官署，分雕、鹘、鹞、鹰、狗五坊。 ⑤ 桡：扰乱。 ⑥ 下邽：县名，在今陕西渭南北下邽镇。 ⑦ 延英：大明宫的延英殿，唐代皇帝常开延英殿以接见臣下。 ⑧ 霁(jì)：本指云开雨散，引申为脸色转和。

原文

王师讨蔡[①]，以度视行营诸军，还，奏攻取策，与帝意合。且问诸将才否，度对："李光颜义而勇，当有成功。"不三日，光颜破时曲兵[②]，帝叹度知言，进兼刑部侍郎。

王承宗、李师道谋缓蔡兵[③]，乃伏盗京师，刺用事大臣。已害宰相元衡，又击度，刃三进断靴，刜背裂中单[④]，又伤首，度冒毡，得不死。哄导骇伏[⑤]，独驺王义持贼大呼，贼断义手，度坠沟，贼意已死，因亡去。议者欲罢度，安二镇反侧，帝怒曰："度得全，天也。若罢

翻译

官军讨伐蔡州，派裴度巡视行营诸军，回京后，上奏攻取的策略，符合宪宗的想法。宪宗又问诸将谁有才干，裴度回答说："李光颜忠义而且勇敢，能够成功。"不到三天，李光颜打败了时曲叛军，宪宗赞赏裴度知人，提升裴度兼任刑部侍郎。

王承宗、李师道企图缓解蔡州兵事，就派刺客潜伏京师，刺杀管事的大臣。已经杀害了宰相武元衡，又袭击裴度，砍了三下，截断了靴带，砍在背上划破了内衣，又伤着头部，戴着毡帽，得以不死。随从的吏卒吓得伏在地上，只有拉马的王义抓住刺客大叫，刺客砍断了王义的手，裴度坠进沟里，刺客以为裴度已死掉，就逃跑了。有人议论要罢掉裴度的官，来安抚反叛的二镇。宪宗发怒道："裴度能够活着，这是天意。如果

之,是贼计适行。吾倚度,足破三贼矣!”度亦以权纪未张,王室陵迟⑥,常愤愧无死所。自行营归,知贼曲折⑦,帝益信仗。及病创一再旬,分卫兵护第,存候踵路⑧。疾愈,诏毋须宣政衙⑨,即对延英,拜中书侍郎同中书门下平章事。时方连诸道兵,环挐不解⑩,内外大恐,人累息⑪。及度当国,外内始安,由是讨贼益急。……

罢掉他,正中叛贼之计,我依靠裴度,足以打败这三贼!”裴度也认为朝廷威权纲纪不张,王室陵迟,常愧愤没有机会为国家献身。从行营回来,知道叛军的曲折,宪宗对他逾加信任。这次他受伤睡了二十来天,宪宗分卫兵去守护他的住宅,看望问候的人在路上接踵不断。伤好以后,宪宗下诏不必去宣政殿上朝,直接到延英殿奏对,拜他为中书侍郎同中书门下平章事。当时正值各道用兵,纷争不解,朝廷内外恐慌,人们紧张得喘不过气来。到裴度执掌国政,内外才开始安宁,从此讨伐叛乱也更加急迫。……

注释 ① 蔡:指淮西节度使,因为治所在蔡州,即今河南汝南,所以称之为蔡,当时淮西节度使吴少阳死,子吴元济自领军务,所以中央要出兵征讨。 ② 时曲:即今河南漯河市沙河与澧河合流处下游一带。 ③ 王承宗、李师道:王承宗是成德军节度使,治所恒州在今河北正定,李师道是淄青节度使,治所青州即今山东青州,《旧唐书》《新唐书》均有传。 ④ 剕(fú):砍。中单:内衣,贴身的衣。 ⑤ 哄导:大臣出行时前后簇拥的吏卒。 ⑥ 陵迟:衰颓。 ⑦ 曲折:事情的曲折经过。 ⑧ 存候:问候。 ⑨ 宣政:大明宫宣政殿,皇帝平时在这里朝见群臣。衙:唐皇宫前殿叫衙。 ⑩ 挐(rú):纷乱。 ⑪ 累息:因恐惧而呼吸急促。

原文

于是讨蔡数不利,群臣争请罢兵,钱徽、萧俛尤确

翻译

当时讨伐蔡州一再失利,群臣争着请求罢兵,钱徽、萧俛更为激切。裴度

苦。度奏："病在腹心，不时去，且为大患，不然，两河亦将视此为逆顺[①]。"会唐邓节度使高霞寓战却[②]，它相揣帝厌兵，欲赦贼，钩上指[③]。帝曰："一胜一负，兵家常势。若兵常利，则古何惮用兵耶？虽累圣亦不应留贼付朕[④]。今但论帅臣勇怯、兵强弱、处置何如耳，渠一败便沮成计乎？"于是左右不能容其间。十二年，宰相逢吉、涯建言[⑤]："饷亿烦匮[⑥]，宜休师。"唯度请身督战。帝独目度留，曰："果为朕行乎？"度俯伏流涕曰："臣誓不与贼皆存。"即拜门下侍郎平章事、彰义军节度、淮西宣慰招讨处置使[⑦]。

上奏说："这是腹心之病，不及时除去，将成为大害，否则，两河也将看我们如何处理，而决定他们臣服还是叛乱。"这时唐邓节度使高霞寓败退，别的宰相揣测宪宗已厌倦用兵，准备赦贼，试探宪宗的意旨。宪宗说："一胜一败，是兵家常事。如果用兵常胜，那么古时为什么害怕用兵？而几朝圣人不至于把这贼留给了朕。现在只论将帅的勇怯、兵的强弱、处置是否得当，怎能一次失败就中止原定计划呢？"于是左右朝臣不能在这里找到空隙。元和十二年(817)，宰相李逢吉、王涯又建议说："军饷开支庞大，供应不起，应该休战。"只有裴度请求亲自去督战。宪宗用眼睛暗示裴度留下，说："真的代朕前往吗？"裴度俯伏着流下眼泪说："臣誓死不与叛贼同生。"就拜度为门下侍郎平章事、彰义军节度使、淮西宣慰招讨处置使。

注释　① 两河：唐安史之乱后，合称河北道、河南道为两河。 ② 唐邓节度使：唐、随、邓三州节度使，治所唐州，即今河南唐河县。 ③ 钩：钩取，探取。 ④ 累圣：几朝圣人，指宪宗以前的肃宗、代宗、德宗、顺宗等几个皇帝。 ⑤ 逢吉、涯：李逢吉、王涯，《旧唐书》《新唐书》均有传。 ⑥ 亿：这里用来极言数目之大。 ⑦ 彰义军节度：贞元十四年(798)申光蔡节度即淮西节度赐号彰义军节度。

原文

度以韩弘领都统[1]，乃上还“招讨”以避弘，然实行都统事。又制诏有异辞欲激贼怒弘者，意弘怏怏则度无与共功，度请易其辞，窒疑间之嫌[2]。于是表马揔为宣慰副使，韩愈行军司马，李正封、冯宿、李宗闵备两使幕府。入对延英曰：“主忧臣辱，义在必死，贼未授首，臣无还期。”帝壮之，为流涕。及行，御通化门临遣[3]，赐通天御带[4]，发神策骑三百为卫[5]。初，逢吉忌度，帝恶居中桡沮，出之外。

翻译

裴度考虑到韩弘领着都统的头衔，就把宣慰招讨处置使的“招讨”上还，以避免和韩弘冲突，但实际上履行的还是都统的职责。又诏书中有一些言辞是刺激贼兵而激怒韩弘的，意思是使韩弘怏怏不乐，则裴度没有人和他共同成功，裴度请求改换这些言辞，以消除有离间的嫌疑。于是表请马揔为宣慰副使，韩愈为行军司马，李正封、冯宿、李宗闵充任使的幕府。裴度进延英殿奏对道：“主上担忧就是臣下的耻辱，在道义上臣此行已下必死之心，叛贼不投降，臣回朝无期。”宪宗壮他的志气，为他流下眼泪。出行时，宪宗亲临通化门送行，赐给通天御带，派神策军三百名骑兵做他的侍卫。当初，李逢吉忌恨裴度，宪宗厌他在朝廷阻挠裴度，把他放出去做地方官。

注释 ① 都统：唐中后期设行营都统，为各道出征兵的统帅，掌征伐，兵罢则省。② 窒（zhì）：遏止。 ③ 通化门：唐长安外郭城东面偏北门。 ④ 通天御带：一种用通犀角做的御用衣带。 ⑤ 神策：神策军，唐中期建立的禁卫军，以宦官任左、右神策中尉为其长官。

原文

度屯郾城[1]，劳诸军，宣

翻译

裴度屯兵郾城，慰劳诸军，宣布朝

朝廷厚意，士奋于勇。是时诸道兵悉中官统监，自处进退，度奏罢之，使将得颛制[②]，号令一，战气倍。未几，李愬夜入悬瓠城[③]，缚吴元济以报。度遣马揔先入蔡，明日，统洄曲降卒万人持节徐进[④]，抚定其人。

廷的泽恩厚泽，将士都奋勇。当时各道的兵马都由宦官做监军，处置进退，裴度上奏撤销，使将领能专制兵马，号令统一，士气倍增。不久，李愬黑夜进入悬瓠城，擒获了吴元济上报。裴度派马揔先进入蔡州，第二天，亲自带领洄曲降卒万人持着节慢慢地进入，抚慰安定蔡州人。

注释 ① 郾城：县名，今河南偃城。 ② 颛（zhuān）：同“专”。 ③ 悬瓠（hù）城：今河南汝南。 ④ 洄（huí）曲：即时曲，溵水于此回曲，所以叫洄曲。

原文

初，元济禁偶语于道，夜不然烛，酒食相馈遗者以军法论。度视事[①]，下令唯盗贼、斩死抵法，余一蠲除[②]，行来不限昼夜，民始知有生之乐。度以蔡牙卒侍帐下[③]，或谓反侧未安[④]，不可去备，度笑曰：“吾为彰义节度，元恶已擒，人皆吾人也！”众感泣。既而申、光平定[⑤]，以马揔为留后。

翻译

当初，吴元济禁止两个人在街上谈话，夜里不许点烛，馈送酒食的以违犯军法论处。裴度就任后，下令只有盗贼、杀人犯才以法抵罪，其余一律免除，来往不限昼夜，百姓才知道人生的乐趣。裴度又用蔡州的牙兵在帐下服侍，有人说人心尚未安定，不可不防备，裴度笑着说：“我是彰义军节度使，首恶已擒，蔡州人都是我的人啊！”蔡州人没有不感动得流泪的。不久申、光二州也平定了，让马揔担任留后。

注释 ① 视事：就职治事。 ② 蠲（juān）：同“捐”，除去。 ③ 牙卒：牙兵，节度使衙门里的警卫亲兵。 ④ 反侧：不安定的人。 ⑤ 申、光：申州，治所在今河南南阳北。光州，治所在今河南潢川。都是淮西节度使所管辖的州。

原文

度入朝，会帝以二剑付监军梁守谦[①]，使悉诛贼将。度遇诸郾城，复与入蔡，商罪议诛。守谦请如诏，度固不然，腾奏申解[②]，全宥者甚众[③]。策勋进金紫光禄大夫、弘文馆大学士、上柱国、晋国公[④]，户三千，复知政事。

翻译

裴度入朝，逢上宪宗把两口剑交付监军梁守谦，叫他把贼将统统杀掉。裴度在郾城与他相遇，和他一同再到蔡州，议罪诛杀。梁守谦主张按诏书办，裴度坚决不肯，驿递奏章申辩劝解，赦免保全了很多人。论功进裴度为金紫光禄大夫、弘文馆大学士、赐勋上柱国、晋国公，食邑三千户，重新知政事。

注释 ① 监军梁守谦：唐代有大战役常派宦官为监军，节度使身边也派有宦官任监军，梁守谦即为当时一名大宦官。 ② 腾奏：驿递奏章。 ③ 宥（yòu）：赦罪。④ 勋：功劳。金紫光禄大夫：高级的文散官。弘文馆大学士：唐武德四年置修文馆于门下省，九年改名弘文馆，置学士，掌校正图籍、教授生徒，并参议政事，学士中资历声望较高的称大学士。上柱国：唐代最高级的勋官。

原文

程异、皇甫镈以言财赋幸，俄得宰相。度三上书极论不可，帝不纳。自上印，又不听。纤人始得乘罅[①]。

翻译

程异、皇甫镈以言财赋被宠用，不久得任宰相。裴度三次上书极言这样做不行，宪宗没有采纳。裴度自行交还相印，宪宗也不听，小人因此有机可乘。

初，蔡平，王承宗惧，度遣辩士柏耆胁说，乃献德、棣二州[②]，纳质子[③]。又谕程权入觐[④]，始判沧、景、德、棣为一镇，朝廷命帅，而承宗势乃离。

当初，蔡州平定，王承宗害怕起来，裴度派遣善于言词的柏耆去威胁劝说，承宗就献出德、棣二州，并送儿子作人质。又晓谕程权入朝觐见。把沧、景、德、棣四州作为一个节镇，由朝廷任命节度使，王承宗势力由此被削弱。

注释　① 纤人：小人。罅(xià)：缝隙。② 德：德州，治所在今山东陵县。棣：棣州，治所在今山东惠民东南。③ 质子：把儿子或亲人送到对方做抵押叫质，这是王承宗把儿子送进长安以表示自己对朝廷尽忠。④ 程权：横海军节度使，领有沧、景二州，沧州治所在今河北沧州东南，景州在今河北东光西北。程权入朝后程氏即不再据有横海军。

原文

李师道怙强[①]，度密劝帝诛之。乃诏宣武、义成、武宁、横海四节度会田弘正致讨[②]。弘正请自黎阳济，合诸节度兵，宰相皆谓宜，度曰："魏博军度黎阳[③]，即叩贼境，封畛比联[④]，易生顾望，是自战其地。弘正、光颜素少断，士心盘桓[⑤]，果不可用。不如养威河北，须霜降水落[⑥]，绝阳刘[⑦]，深抵郓[⑧]，以营阳谷[⑨]，则人人殊

翻译

李师道恃势强横，裴度秘密劝说宪宗诛讨李师道。于是下诏叫宣武、义成、武宁、横海四个节度使会同田弘正讨伐。田弘正奏请自黎阳渡过黄河，与各节度使的兵马会合。宰相都说合适，裴度说："魏博军从黎阳过河，马上进入贼境，疆界相接，容易产生顾望，如似独自在这里作战。田弘正、李光颜一向寡于决断，兵众徘徊不前，终不可用。不如让他养威河北，等霜降水势回落，自阳刘渡河，直抵郓州，设营阳谷，那就人人拼命作战，叛贼势穷了。"宪宗说："很好！"下诏让田弘正照裴度说的去做，田

死，贼势穷矣。”上曰：“善！”诏弘正如度言。弘正奉诏，师道果禽。……

弘正奉诏，李师道果真被擒杀。……

注释 ① 怙(hù)：依靠。② 宣武：宣武军节度使，治所在今河南开封。义成：义成军节度使，治所在今河南滑县。武宁：武宁军节度使，治所在今江苏徐州。③ 魏博军：即魏博军节度使，治所在魏州。④ 封畛(zhěn)：疆界。⑤ 盘桓：徘徊。⑥ 霜降：二十四节气之一，每年十月二十三日前后开始。⑦ 阳刘：阳刘镇，在今山东东阿县北六十里。⑧ 郓：郓州，治所在今山东东平西北。⑨ 阳谷：县名，在今山东阳谷东北。

原文

已而卒为异、镈所构，以检校尚书右仆射兼门下侍郎平章事为河东节度使。穆宗即位，进检校司空。朱克融、王廷凑乱河朔①，加度镇州行营招讨使②。即帝以李光颜、乌重胤爪牙将③，倚以击贼，兵十余万，有所畏，无尺寸功。度既受命，入贼境，数斩将以闻。俄兼押北山诸蕃使。时元稹显结宦官魏弘简求执政，惮度复当国，因经制军事，数居中持梗，不使有功。度恐乱作，

翻译

裴度不久终于被程异、皇甫镈诬陷，以检校尚书右仆射兼门下侍郎平章事出任河东节度使。穆宗即皇帝位，进裴度为检校司空。朱克融、王廷凑在河北作乱，加任裴度镇州行营招讨使。当时穆宗以李光颜、乌重胤为爪牙之将，依靠他们讨伐叛贼，兵众有十几万，仍怯战，没有尺寸之功。裴度既受命，进入贼境，斩杀贼将的捷报频频传闻。不久又兼押北山诸蕃使。当时元稹公开结交宦官魏弘简来求当宰相，害怕裴度再次执政，借处理军事的机会，多次从中作梗，不使裴度有功。裴度害怕出大乱子，就上书痛斥元稹的罪恶。穆宗不得已，罢除了魏弘简、元稹的职务。但

即上书痛暴稹过恶。帝不得已，罢弘简、稹近职。俄擢稹宰相，以度守司空平章事、东都留守。谏官叩延英，言不可罢度兵，摇众心，帝不召，于是交章极论，未之省。会中人使幽镇还，言："军中谓度在朝，而两河诸侯忠者怀，强者畏。今居东，人人失望。"帝悟，诏度由太原朝京师。及陛见，始陈二贼畔涣[④]，受命无功，并陈所以入觐意，感概流涕[⑤]，伏未起。谒者欲宣旨[⑥]，帝遽曰："朕当延英待卿！"……旧仪，阁中群臣未退[⑦]，宰相不奏事，称贺则谒者答。帝以度勋德，故待以殊礼。度之行，移克融、延凑书[⑧]，开说谆沓[⑨]，傅以大谊，二人不敢桀，皆愿罢兵。……乃拜度守司徒，领淮南节度使[⑩]。……

不久又升擢元稹为宰相，以裴度为司空平章事、东都留守。谏官们来延英殿叩见，陈述不能罢裴度的兵权，以免动摇军心。穆宗不召见他们，他们就上章奏极言陈请，穆宗不加理会。这时正值宦官出使幽州、镇州的回朝，说："军中说裴度在朝廷，两河节度使中忠心的归向，强大的畏惧。现在去东都洛阳，人人失望。"穆宗这才醒悟，下诏裴度由太原进京朝见。到陛见时，裴度陈述朱克融、王廷凑二贼横暴，自己受命讨贼无功，并陈述所以觐见的用意，感慨流泪，伏着未曾起身。谒者想宣布皇帝旨意，穆宗急忙对裴度说："朕将在延英殿接待卿！"……从以前相沿的礼仪，阁中群臣还未退朝，宰相不向皇帝上奏事；有称贺则由谒者对答。穆宗因为裴度有勋德，因此用特殊的礼仪对待。裴度离开前，有书信给朱克融、王廷凑，一再开导劝说，以大义来教导，二人不敢再凶暴，都愿意罢兵。……就拜裴度守司徒，领淮南节度使。……

注释 ① 朱克融、王廷凑:朱克融本是幽州将领,杀节度使张弘靖自立为节度使,王廷凑本是成德将领,杀节度使田弘正自立为节度使。 ② 镇州:唐元和十五年,穆宗李恒即位后,为了避讳改恒州为镇州。 ③ 爪牙将:比喻武臣。 ④ 畔涣:暴横,跋扈。 ⑤ 概:同“慨”。 ⑥ 谒者:掌管引见臣下,传达使命的人。 ⑦ 阁(gé):指殿旁的门户。 ⑧ 移:官府文书之一种。 ⑨ 谆(zhūn):教诲不倦。沓:语多貌。 ⑩ 淮南节度使:治所在今江苏扬州。

原文

是时,徐州王智兴逐崔群[1],诸军盘亘河北,进退未一。议者交口请相度,乃以本官兼中书侍郎平章事。权佞侧目,谓李逢吉险贼善谋,可以构度,共讽帝自襄阳召逢吉还[2],拜兵部尚书。度居位再阅月,果为逢吉所间,罢为左仆射。帝暴风眩,中外不闻问者凡三日。度数请到内殿,求立太子,翼日乃见,帝遂立景王为嗣[3],逢吉既代相,思有以牙孽之[4],引所厚李仲言、张又新、李续、张权舆等,内结宦官,种支党,丑沮日闻[5],乃出度山南西道节度使,夺

翻译

这时,徐州的王智兴驱逐了节度使崔群,诸军盘踞河北,进退未定。议论的都请求用裴度当宰相,于是度以本官兼中书侍郎平章事。有权势的奸佞为之侧目,说李逢吉阴险而善谋,可以用来陷害裴度,一起劝穆宗把李逢吉从襄阳召回,拜为兵部尚书。裴度居相位才两个月,果真被李逢吉暗算,罢相而为尚书左仆射。穆宗暴得风眩毛病,中外三天不通消息。裴度多次请求到内殿,请求立太子,第二天才见到穆宗,穆宗就立景王为继承人。李逢吉既已代为宰相,想法子坑害裴度,引用关系亲密的李仲言、李续、张权舆等人,内结宦官,广树朋党,裴度的所谓丑闻每天都在传播,于是把裴度弄出去担任山南西道节度使,还剥夺他“平章事”的官衔。长庆四年(824)……敬宗对韦处厚说:“裴度多次任宰相,而官衔中没有‘平章

"平章事"。长庆四年……帝……谓处厚曰[⑥]："度累为宰相，而官无'平章事'，谓何？"处厚具道其由，帝于是复度兼平章事。帝虽孺蒙[⑦]，然注意度，中人至度所，必丁宁慰安，且示召期。宝历二年，度请入朝，逢吉党大惧，权舆作伪谣云："非衣小儿坦其腹[⑧]，天上有口被驱逐[⑨]。"以度平元济也。都城东西冈六，民间以为乾数，而度第平乐里，直第五冈[⑩]。权舆乃言："度名应图谶，第据冈原，不召而来，其意可见。"欲以倾度。天子独能明其诬，诏复使辅政。……未几，判度支[⑪]。帝崩，定策诛刘克明等迎立江王[⑫]，是为文宗。加门下侍郎。李全略死[⑬]，子同捷求袭沧景军[⑭]。度奏讨平之，即陈："调兵食非宰相事，请罢度支归有司。"奏可，进阶开府仪同三司，赐

事'，是什么原因？"处厚备述原因，敬宗于是恢复裴度的"兼平章事"。敬宗虽然幼稚愚昧，但能重视裴度，派宦官去裴度那里，一定要叮咛他们安慰裴度，并且告诉召回的时间。宝历二年(826)，裴度请求入朝，李逢吉一党非常害怕，张权舆伪造童谣说："非衣小儿坦其服，天上有口被驱逐。"因为裴度曾平吴元济。京城东西向有六条冈，民间以为合乾卦之数，而裴度宅第在平乐里，正好在第五冈，张权舆便说："裴度的名字与图谶相应，宅第又据冈原，不召而来，其意可见。"想以此来陷害裴度。敬宗独能认清这是诬陷，下诏让裴度再次辅政。……不久，又判度支，敬宗驾崩，裴度定策诛杀刘克明等而迎立江王，就是文宗。因功加授门下侍郎。李全略死后，子李同捷要求承袭领有沧景军。裴度上奏把他讨平。就陈述道："调发军队粮饷不是宰相的事情，请求罢掉判度支归有关部门管理。"文宗答应了，裴度进阶为开府仪同三司，赐实封三百户。裴度恳求辞让不被允许，才接受实封。

实封户三百。度恳让不得可,乃受实封。

注释 ① 王智兴:是武宁军节度副使,逐节度使崔群自立。 ② 自襄阳召逢吉还:李逢吉当时任山南西道节度使,治所在襄阳即今湖北襄阳市。 ③ 景王:穆宗长子敬宗李湛,当时封景王。 ④ 牙:以牙相啮。孽:媒孽,挑拨是非,陷人于罪。 ⑤ 丑:这里是嫉害的意思。 ⑥ 处厚:韦处厚,当时是翰林学士。 ⑦ 孺蒙:幼稚愚昧。 ⑧ 非衣小儿:影射"裴"字。 ⑨ 天上有口:影射"吴"字。 ⑩ 第五冈:相当于乾卦的第五爻即所谓"九五,飞龙在天",是成为天子的卦。 ⑪ 判度支:度支本是户部的一个司,掌管财政收支,安史乱后多用他官兼领度支事务,称度支使或判度支,责任极重。 ⑫ 定策:拥立皇帝。刘克明:杀死敬宗的宦官。江王:穆宗第二子李昂。 ⑬ 李全略:横海军节度使。 ⑭ 沧景军:横海军节度使领沧、景二州,故可称沧景军。

原文

大和四年,数引疾不任机重,愿上政事。帝择上医护治,中人日劳问相蹑。乃诏进司徒、平章军国重事,须疾已,三日若五日一至中书。度让免册礼。度自见功高位极,不能无虑,稍诡迹避祸。于是牛僧孺、李宗闵同辅政[1],娼度勋业久居上,欲有所逞,乃共訾其迹损短之。因度辞位,即白帝

翻译

大和四年(830),裴度多次提出因病不能胜任机务重任。要求交上政事。文宗挑选高明的医生护理治疗,宦官每天前去慰问的人络绎不绝。于是下诏进裴度为司徒、平章军国大事,等病愈后,三天或五天去一次中书省。裴度辞让免掉册授司徒之礼。裴度自知功高而品位已极,不能没有顾虑,稍稍对付着以避祸患。这时牛僧孺、李宗闵一起辅政,妒忌裴度勋业之高居己之上,想有所得逞,就毁谤裴度的言行来贬损他。趁裴度辞位,就向皇帝说进裴度兼

进兼侍中，出为山南东道节度使。……顷之，固请老，不许。

八年，徙东都留守，俄加中书令。李训之祸[②]，宦官肆威以逞，凡训、注宗娅宾客悉收逮[③]，讯报苛惨[④]。度上疏申理，全活数十姓。……时阉竖擅威[⑤]，天子拥虚器[⑥]，搢绅道丧[⑦]。度不复有经济意[⑧]，乃治第东都集贤里，沼石林丛岑缭幽胜[⑨]。午桥作别墅[⑩]，具燠馆凉台[⑪]，号绿野堂，激波其下。度野服萧散[⑫]，与白居易、刘禹锡为文章[⑬]，把酒穷昼夜相欢[⑭]，不问人间事。而帝知度年虽及[⑮]，神明不衰，每大臣自洛来，必问度安否。

侍中，叫他出任山南东道节度使。……过了些时间，裴度请求告老，没有准许。

大和八年(834)，裴度调任东都留守，不久又加中书令。李训之祸，宦官放肆逞威，凡是李训、郑注的姻亲宾客全被逮捕，审判得非常残酷。裴度上疏申理，使数十家得保全不被杀害。……当时宦官专权，天子徒有虚位，士大夫备受摧抑。裴度不再有经国济民的打算，便在东都集贤里盖了宅第，池沼奇石树木和环绕的小山都极为幽胜。在午桥盖别墅，有暖馆凉台，称为绿野堂，激水在下边流过。裴度野服闲散，和白居易、刘禹锡在一起做文章、喝着酒，白天黑夜地欢会，不问人间的事情。而文宗知道裴度年事虽高，精神并不衰退，每有大臣从洛阳来京，一定要问裴度的平安。

注释 ① 牛僧孺：牛李党争中所谓牛党的主要人物。 ② 李训之祸：李训、郑注等图谋铲除大宦官仇士良等人，由李训骗仇士良等去看甘露，想乘机下手，不意失败，李训、郑注等反被仇士良杀害，史称“甘露之变”。 ③ 娅(yà)：即姻娅，亲家和襟，泛指姻亲。 ④ 报：审判。 ⑤ 阉竖：宦官的贱称。 ⑥ 虚器：器指标志名位的器物，虚器就是虚名、虚位。 ⑦ 搢绅：士大夫。 ⑧ 经济：这里指经国济民，和今天所指经济不是同一概念。 ⑨ 岑(cén):小山。 ⑩ 午桥:在洛阳城南郊。 ⑪ 燠(yù):暖。 ⑫ 野服:田野人的衣服。萧散:闲散。 ⑬ 白居易、刘禹锡:《旧唐书》《新唐书》均有传。 ⑭ 把酒:手持酒杯。 ⑮ 及:是到头,这里指年事已高。

原文

开成二年,复以本官节度河东。度牢辞老疾,帝命吏部郎中卢弘宣谕意曰:"为朕卧护北门可也![①]"趣上道,度乃之镇。易定节度使张璠卒[②],军中将立其子元益,度乃遣使晓譬祸福,元益惧,束身归朝[③]。

三年,以病丐还东都,真拜中书令,卧家未克谢,有诏先给俸料。上巳宴群臣曲江[④],度不赴,帝赐诗曰:"注想待元老[⑤],识君恨不早。我家柱石衰[⑥],忧来学丘祷[⑦]。"别诏曰:"方春慎疾为难,勉医药自持。朕集中欲见公诗,故示此,异日可进[⑧]。"使者及门而度薨,年七十六。帝闻震悼,以诗置灵几[⑨]。册赠太傅,谥文

翻译

开成二年(837),裴度又以本官任河东节度使。裴度以老病坚辞,文宗命吏部郎中卢弘宣宣谕意旨说:"给朕躺着守护北门吧!"催促上路,裴度于是去河东。易定节度使张璠死了,军中打算立他的儿子张元益,裴度就派使者前去说明利害,张元益害怕了,便束身归朝。

开成三年(838),裴度因病请求返回东都,文宗真拜他为中书令,他卧病家中没有能谢恩,下诏先给中书令的俸料。上巳日文宗在曲江与群臣宴饮,裴度没有前来,文宗赐给他诗道:"注想待元老,识君恨不早。我家柱石衰,忧来学丘祷。"另外又下诏说:"现在是春天难于保养,望努力用医药调治。朕的诗集里要有公的诗,因而把朕的诗给公看,过些日子可把公的诗进献。"使者来到裴度宅第的门口而裴度去世了,享年七十六岁。文宗闻讯震悼,叫把诗放在裴度灵几上。册赠裴度为太傅,谥号叫文忠,赗礼优厚繁重,叫京兆尹郑复护丧。裴度临终前,自己撰写了墓志铭。

忠，赗礼优缛[10]，命京兆尹郑复护丧。度临终，自为铭志[11]。帝怪无遗奏，敕家人索之，得半稿，以储贰为请[12]，无私言。会昌元年，加赠太师。大中初，诏配享宪宗庙廷。

文宗怪他没有遗奏，下令让他家里人寻找，得到半篇草稿，只是请皇上早立太子，没有为个人说什么。武宗会昌元年(841)，加赠裴度太师。宣宗大中初年，下诏把裴度配享宪宗庙廷。

注释 ① 北门：唐代曾把河东节度使治所太原作为北都，认为是唐政权的北门。② 易定节度使：治所易州，在今河北易县。③ 束身：比喻归顺。④ 上巳(sì)：我国古代以阴历三月三日为“上巳”，这天在水流边洗澡宴饮，唐代则在曲江饮宴。曲江：在今陕西西安东南。⑤ 元老：旧多指在政界资望很高的人。⑥ 柱石：支梁的柱子和承柱子的基石，比喻担负国家重任的人。⑦ 丘祷：《论语·述而》说，有一次孔子病重，学生子路给他向鬼神祈祷，孔子不满意，说：“丘之祷也久矣！”这里的“丘祷”就是为裴度这位元老祈祷的意思。⑧ 朕集……可进：唐人往往把他人倡和自己的诗收入自己的诗集里，文宗喜欢作诗，希望自己集子中有裴度的唱和诗，所以写了这首诗赐给裴度，请日后裴度病愈合了再进呈。⑨ 灵几：棺前的几。⑩ 赗(fèng)：送给丧家送葬之物。缛(rù)：繁重。⑪ 铭志：旧时人死后墓中放有石刻的墓志，记叙死者姓氏、籍贯、生平等。⑫ 储贰：太子。

白居易传

导读

白居易是唐代著名的大文学家，是诗圣杜甫以后真正关心人民疾苦又具有高度艺术水平的诗人。他所留下的《秦中吟》《新乐府》以及《长恨歌》《琵琶行》已久为人们喜爱传诵。至于他晚年思想趋于消极，“放意文酒”“无立功名意”，则是由于当时统治集团中朋党之争剧烈，白居易不愿卷入其中作无谓的牺牲。(选自卷一一九)

原文

白居易，字乐天，其先盖太原人。北齐五兵尚书建①，有功于时，赐田韩城②，子孙家焉，又徙下邽。父季庚，为彭城令③，李正已之叛④，说刺史李洧自归⑤，累擢襄州别驾⑥。

翻译

白居易，字乐天，祖先大概是太原人。北齐五兵尚书白建，有功于当时，有赐田在韩城，子孙在这里定居下来，后来又迁到下邽。父亲名季庚，做彭城县令，李正己叛乱时，他规劝刺史李洧归顺朝廷，多次升迁任襄州别驾。

注释 ① 五兵尚书：魏晋南北朝时设置，北齐的五兵指左中兵、右中兵、左外兵、右外兵、都兵，分设五曹，到隋代改设兵部尚书。 ② 韩城：县名，即今陕西韩城。 ③ 彭城：县名，今江苏徐州。 ④ 李正己：淄青节度使，《旧唐书》《新唐书》有传。 ⑤ 李洧：李正己的从父兄，当时任徐州刺史，是彭城令的上司。 ⑥ 襄州：治所在今湖北襄樊。

原文

居易敏晤绝人[①],工文章。未冠[②],谒顾况[③]。况吴人,恃才少所推可,见其文,自失曰[④]:"吾谓斯文遂绝,今复得子矣!"贞元中擢进士、拔萃皆中[⑤],补校书郎。元和元年对制策乙等[⑥],调盩厔尉[⑦],为集贤校理。月中召入翰林为学士[⑧],迁左拾遗。……后对殿中,论执强鲠,帝未谕,辄进曰:"陛下误矣!"帝变色,罢谓李绛曰[⑨]:"子我自拔擢,乃敢尔,我叵堪此,必斥之!"绛曰:"陛下启言者路,故群臣敢论得失。若黜之。是钳其口[⑩],使自为谋,非所以发扬盛德也[⑪]。"帝悟,待之如初。岁满当迁,帝以资浅,且家素贫,听自择官。居易请如姜公辅以学士兼京兆户曹参军[⑫],以便养,诏可。明年,以母丧解。还,拜左赞善大夫[⑬]。

翻译

白居易聪明过人,擅长写文章。未冠时,拜见顾况。顾况是吴人,倚仗有才,对别人很少许可,看了白居易的文字,不禁说道:"我以为文章之道已断绝,今天可以得到你来继承了!"贞元年间考进士、拔萃都考中,补授校书郎。元和元年(806)对策获乙等,调任盩厔县尉,做集贤校理。当月中又召进翰林院任学士,升迁任左拾遗。……后来在殿上奏对,言论梗直,宪宗没有理解对,就说:"陛下错了!"宪宗变了脸色,罢朝后对李绛说:"这人是我亲自提拔的,竟敢如此,我怎忍受得了,一定要贬斥!"李绛说:"陛下广开言路,所以群臣敢谈论得失。如果罢黜他,就是封了他们的嘴,使他们都为自己打算,这不是发扬盛德的做法。"宪宗醒悟了,对待白居易像原先一样。岁满了应当升迁,宪宗因为他资历浅,况且家境一向贫寒,听任他自己选择官职。白居易请求像姜公辅那样以学士兼京兆府户曹参军,以便于养家,下诏同意。第二年,他因为母亲去世而解官。居丧期满回朝后,任左赞善大夫。

注释 ① 晤:同“悟”,聪明。 ② 冠:古礼男子二十而行冠礼,即为成人。 ③ 顾况:《旧唐书》有传。 ④ 自失:不自主。 ⑤ 拔萃:唐代吏部选用人才的一种考试。 ⑥ 对制策:这次白居易考中的是“才识兼茂明于体用科”,这是一种制举,要回答皇帝提出的问题即所谓“策问”,回答的就叫“对策”或“对制策”。 ⑦ 盩厔(zhōu zhì):县名,今陕西周至。 ⑧ 召入翰林为学士:唐玄宗时设翰林学士,在翰林院南另建学士院,翰林学士替皇帝撰写诏令,以后逐渐参与机密,到德宗时有“内相”之称,有些宰相就由翰林学士提升。 ⑨ 李绛:当时任翰林学士,《旧唐书》《新唐书》有传。 ⑩ 钳:紧闭,钳制。 ⑪ 盛德:美盛的品德。 ⑫ 姜公辅:《旧唐书》《新唐书》有传。户曹参军:唐时各府设户曹参军,各州设司户参军,掌管籍帐、婚姻、田宅等事。 ⑬ 左赞善大夫:唐于太子左春坊下设左赞善大夫五人,为太子僚属,掌侍从翊赞。

原文

是时,盗杀武元衡,京都震扰。居易首上疏,请亟捕贼,刷朝廷耻,以必得为期。宰相嫌其出位,不悦。俄有言居易母堕井死,而居易赋《新井篇》,言浮华无实行,不可用,出为州刺史。中书舍人王涯上言不宜治郡,追贬江州司马①。既失志,能顺适所遇,托浮屠生死说,若忘形骸者②。久之,徙忠州刺史③。入为司门员外郎,以主客郎中知制

翻译

这时,刺客杀了武元衡,京城震扰。白居易首先上疏,请求赶快抓刺客,洗刷朝廷的耻辱,务必抓获。宰相讨厌他已越位论事,很不高兴。不久有人说白居易的母亲落井而死,而白居易却写了《新井篇》,言辞浮华不实,不能任用,就外任为州刺史。中书舍人王涯上疏说不应该让他治理州郡,追贬为江州司马。白居易已失意,能够顺应遭遇,寄托佛教的生死之说,忘掉了躯壳。过了好久,改任忠州刺史。又回京任司门员外郎,以主客郎中知制诰。……不久升转中书舍人。……这时候穆宗放纵不理政事,宰相才能低下,赏罚失当,眼看

诰[④]。…… 俄转中书舍人。……于是天子荒纵,宰相不才,赏罚失所宜,坐视贼无能为。居易虽进忠,不见听,乃丐外迁为杭州刺史[⑤]。始筑堤捍钱塘湖,钟泄其水,溉田千顷,复浚李泌六井[⑥],民赖其汲[⑦]。久之,以太子左庶子分司东都。复拜苏州刺史[⑧],病免。

着叛贼无能为力。白居易虽进忠言,不被听取,就请求外任做杭州刺史。开始修筑堤岸护卫钱塘湖,蓄泄湖水,灌溉了千顷农田,又疏浚李泌当年开浚的六个井,居民依靠来打水饮用。过了好久,以太子左庶子的身份分司东都。后来又出任苏州刺史,因病免职。

注释 ① 江州:治所在今江西九江。 ② 形骸:人的形体、躯壳。 ③ 忠州:治所在今重庆忠县。 ④ 主客郎中:唐礼部下属主客司的长官。 ⑤ 杭州:州名,治所在今浙江杭州。 ⑥ 浚:疏浚。李泌:曾任杭州刺史,《旧唐书》《新唐书》有传。 ⑦ 汲:取水于井。 ⑧ 苏州:治所在今江苏苏州。

原文

文宗立,以秘书监召,迁刑部侍郎,封晋阳县男[①]。大和初,二李党事兴[②],险利乘之,更相夺移,进退毁誉,若旦暮然。杨虞卿与居易姻家,而善李宗闵,居易恶缘党人斥,乃移病还东都,除太子宾客分司[③]。逾年,

翻译

文宗即位,召回任秘书监,升任刑部侍郎,封为晋阳县男。大和初年,李德裕、李宗闵掀起党争,阴险邀利的人乘机活动,互相争夺,进退毁誉,朝暮变化。杨虞卿和白居易是亲家,而亲近李宗闵,白居易不愿被加上朋党的名义,被他们排斥,就称病返回东都,任太子宾客分司。过了一年,就地任河南尹,以后又改任太子宾客分司。开成初年,

即拜河南尹，复以宾客分司。开成初，起为同州刺史[④]，不拜，改太子少傅[⑤]，进冯翊县侯[⑥]。会昌初，以刑部尚书致仕。六年卒，年七十五，赠尚书右仆射。宣宗以诗吊之。遗命薄葬，毋请谥。

起用白居易做同州刺史，没被接受，改任太子少傅，进封冯翊县侯。会昌初年，以刑部尚书退休。六年去世，享年七十五岁，追赠尚书右仆射。宣宗写诗对他吊唁。他遗言要求薄葬，请求不要谥号。

注释 ① 晋阳县：在今山西太原市东晋江北岸。 ② 二李：指宗闵和李德裕，二人各成朋党，互相排挤，也就是历史上所说的牛李两党，牛是李宗闵一党的牛僧孺，李即李德裕。 ③ 太子宾客：东宫的高级官员，掌侍从规谏，赞相礼仪。 ④ 同州：治所在今陕西大荔。 ⑤ 太子少傅：东宫高级官员，地位还在太子宾客之上，当然都是荣誉性的，并无实权。 ⑥ 冯翊县：今陕西大荔。

原文

居易被遇宪宗时，事无不言，湔剔抉摩[①]，多见听可。然为当路所忌，遂摈斥[②]，所蕴不能施，乃放意文酒。既复用，又皆幼君，偃蹇益不合[③]，居官辄病去，遂无立功名意。与弟行简、从祖弟敏中友爱[④]。东都所居履道里，疏沼种树，构石楼香山[⑤]，凿八节滩，自号醉吟

翻译

白居易受宪宗知遇时，遇事无不直言，洗剔政事缺失，多数被皇上听取认可。但被宰相所忌，遭到排斥，怀抱不施展，就纵情于文酒。既而被起用，又都是年幼的君主，更加偃蹇不合，任职后很快借病辞去，就此不再有建立功名的念头。和亲弟白行简、从祖弟白敏中很友爱。在东都所居住的履道里，开池沼种树，在香山建造石楼，凿通八节滩，自称醉吟先生，写了《醉吟先生》。晚年

先生，为之传。暮节惑浮屠道尤甚[6]，至经月不食荤，称香山居士。尝与胡杲、吉旼、郑据、刘真、卢真、张浑、狄兼谟、卢贞燕集，皆高年不事者，人慕之，绘为《九老图》。

尤其迷信佛教，甚至几个月不吃荤，称为香山居士。和胡杲、吉旼、郑据、刘真、卢真、张浑、狄兼谟、卢贞在一起宴会，都是高年不再做什么的，世人景慕他们，给他们画了《九老图》。

注释 ① 湔(jiān)：洗。剔：从缝隙里往外挑。抉(jué)：挑出，挖出。摩：同“磨”，磨灭，消除。② 摈(bìn)：排斥。③ 偃蹇：合不到一起。④ 行简：白行简，《旧唐书》《新唐书》与白居易同传。从祖弟：同曾祖的堂弟。敏中：白敏中，《旧唐书》《新唐书》与白居易同传。⑤ 香山：在今河南洛阳，中隔伊水，和龙门山相对。⑥ 暮年：晚年。

原文

居易于文章精切，然最工诗。初颇以规讽得失，及其多，更下偶俗好，至数千篇，当时士人争传。鸡林行贾售其国相[1]，率篇易一金[2]，甚伪者，相辄能辩之。初与元稹酬咏[3]，故号“元白”；稹卒，又与刘禹锡齐名，号“刘白”。其始生七月能展书，姆指“之”、“无”两字[4]，虽试百数不差。九岁

翻译

白居易写文章很精切，诗尤其写得好。起初颇用来规劝得失，写多了，就适应世俗的喜好。有诗几千篇，当时士人争相传诵。鸡林的行商拿来卖给他们的宰相，大抵一篇可换一金，伪造(的风气)很厉害，宰相就能辨认出来。白居易当初和元稹互相赠答倡和，被称为“元白”；元稹去世后，人们又把他与刘禹锡齐名，号称“刘白”。他生下来七个月便会翻书，保姆指着“之”“无”两字，叫他认识上百回也不认错。九岁就能

暗识声律[5]。其笃于才章，盖天禀然[6]。敏中为相，请谥，有司曰文。后履道第卒为佛寺。东都、江州人为立祠焉。……

背诵声律。专心致志于文章，应当出于他的天性。白敏中做宰相时，为他请求谥号，有司给谥号为文。后来履道坊的住宅终于改成佛寺。东都人和江州人都为他立祠祭祀。……

注释 ① 鸡林：古国名，即新罗，本在今朝鲜半岛东南部，七世纪中叶到九世纪曾统一半岛大部。 ② 率：通常。 ③ 酬咏：以诗词互相赠答。 ④ 姆：保姆。 ⑤ 暗识（zhì）：记住。声律，本指诗赋的声韵格律，引申指诗赋。 ⑥ 天禀：天赋，天资。

李德裕传

导读

封建统治阶级中派系集团之间的斗争是经常的，这种斗争在唐代建国之初就出现，以后几乎没有间断过。所谓牛李党争也是这样的一种斗争，从宪宗时候就开始，到宣宗初年李党首领李德裕贬死才告一段落，延续了将近半个世纪。从这篇李德裕的传里，可以多少看到这种斗争的真实面目。但这个传写法上偏袒李德裕，所以好像李德裕在道理上占着上风。至于李德裕的所谓功业，除抵御南诏以外也过于夸大。(选自卷一八〇)

原文

李德裕，字文饶，元和宰相吉甫子也。少力于学，既冠，卓荦有大节[①]，不喜与诸生试有司，以荫补校书郎[②]。河东张弘靖辟为掌书记，府罢，召拜监察御史。

翻译

李德裕，字文饶，元和年间宰相李吉甫的儿子。小时候尽力于学业，成年后卓荦有大志，不喜欢与诸生参加科举考试，以门荫补授校书郎。河东节度使张弘靖用他为掌书记，张弘靖罢任，他被召回任监察御史。

注释 ① 卓荦：超绝，特出。 ② 荫：门荫，靠父祖功勋而得官，叫门荫。

原文

穆宗即位，擢翰林学

翻译

穆宗即位，擢任翰林学士。穆宗做

士。帝为太子时已闻吉甫名，由是顾德裕厚，凡号令大典册[1]，皆更其手，数召见，赉奖优华[2]。……再进中书舍人。未几，授御史中丞。

始，吉甫相宪宗，牛僧孺、李宗闵对直言策，痛诋当路[3]，条失政[4]。吉甫诉于帝，且泣，有司皆得罪，遂与为怨。吉甫又为帝谋讨两河叛将，李逢吉沮解其言[5]，功未既而吉甫卒，裴度实继之，逢吉以议不合罢去，故追衔吉甫而怨度[6]，摈德裕不得进。至是，间帝暗庸，沭度使与元稹相怨[7]，夺其宰相而己代之。欲引僧孺益树党，乃出德裕为浙西观察使[8]。俄而僧孺入相，由是牛、李之憾结矣。……

大和三年，召拜兵部侍郎。裴度荐材堪宰相。而李宗闵以中人助，先秉政，且得君，出德裕为郑滑节度

太子时就听说李吉甫的大名，因此厚待李德裕，凡是重大的号令文告，都由李德裕经手草拟，多次召见他，奖赏优厚。……又进升中书舍人。不久，授御史中丞。

当初，李吉甫相宪宗，牛僧孺、李宗闵对直言策，策里痛斥宰相，条陈时政失误。李吉甫向皇帝诉说了这件事，而且哭了，有司都因此得罪，就和牛僧孺、李宗闵结下了怨仇。李吉甫又给宪宗谋划讨伐两河叛将，李逢吉从中破坏了这一建议，事情还没有结果而李吉甫死了，由裴度来继承着办。李逢吉因为意见不合被罢去宰相，所以追恨李吉甫并怨恨裴度，排挤李德裕不让他进用。这时，李逢吉乘穆宗昏庸，引诱裴度使与元稹相怨，夺取裴度的宰相由自己代替。还想引进牛僧孺树立党羽，就排挤李德裕任浙西观察使。不久牛僧孺入朝任宰相，从此结下了牛、李之间的怨恨。……

大和三年(829)，召回李德裕任兵部侍郎。裴度推荐李德裕的才能可以当宰相。而李宗闵靠了宦官的帮助，先当上了宰相，并且受到皇帝的信任，于是排挤李德裕出任郑滑节度使，引用牛僧孺相助，罢掉了裴度的宰相。这李宗

使[9]，引僧孺协力，罢度政事。二怨相济[10]，凡德裕所善，悉逐之。于是二人权震天下，党人牢不可破矣。

闵、牛僧孺二怨相济，凡是和李德裕交好的，都被赶出朝廷。于是这二人权震天下，朋党牢不可破了。

注释 ① 典册：这里指皇帝的重要文告。 ② 赉（lài）：赏赐。 ③ 诋（dǐ）：毁谤，诬蔑。 ④ 条：条陈，一条条陈述出来。 ⑤ 沮解：破坏。 ⑥ 衔：怀恨。 ⑦ 沭：引诱。 ⑧ 浙西观察使：治所在江苏镇江。 ⑨ 郑滑节度使：即义成军节度使，治所在今河南滑县。 ⑩ 二怨：指李宗闵和牛僧孺。

原文

逾年，徙剑南西川[1]。蜀自南诏入寇[2]，败杜元颖，而郭钊代之，病不能事，民失职，无聊生。德裕至，则完残奋怯，皆有条次。成都既南失姚、协[3]，西亡维、松[4]，由清溪下沫水而左[5]，尽为蛮有。始，韦皋招来南诏[6]，复巂州[7]，倾内资结蛮好，示以战阵文法。德裕以皋启戎资盗，其策非是，养成痈疽，弟未决耳。至元颖时，遇隙而发，故长驱深入，蹂剔千里，荡无孑遗。今瘢

翻译

过了一年，李德裕被调任剑南西川节度使。蜀地自从南诏入侵，杜元颖被打败，用郭钊替代他，有病办不了事，百姓失业，民不聊生，李德裕来到，修补残破激励懦怯，都安排得井井有条。成都既已南边失去姚、协，西面丢掉维、松，从清溪以上至沫水向左，都被南诏占领。当初，韦皋招徕南诏，收复巂州，送去内地的大量东西与南诏结好，向他们传授战阵文法。李德裕认为这是韦皋资助敌人引动入侵之心，做法是错误的，这如同已养了痈疽，只是还没有溃决。到了杜元颖时，就乘机而发，长驱直入，蹂躏千里，寸草不留。至今创痕尚新，如果不痛加纠正，不能洗刷一方耻辱。于是建造筹边楼，按照南道山川

夷尚新[8]，非痛矫革，不能刷一方耻。乃建筹边楼，按南道山川险要与蛮相入者图之左，西道与吐蕃接者图之右，其部落众寡，馈餫远迩[9]，曲折咸具。乃召习边事者与之指画商订，凡虏之情伪尽知之。又料择伏瘴旧獠与州兵之任战者[10]，废遣狞耄什三四[11]，士无敢怨。又请甲人于安定[12]，弓人河中[13]，弩人浙西，繇是蜀之器械皆犀锐[14]。率户二百取一人，使习战，贷勿事，缓则农，急则战，谓之雄边子弟。其精兵曰南燕保义、保惠、两河慕义、左右连弩，骑士曰飞星、鸷击、奇锋、流电、霆声、突骑[15]，总十一军。筑杖义城，以制大度、青溪关之阻[16]；作御侮城，以控荥经犄角势[17]；作柔远城，以阨西山吐蕃[18]；复邛崃关[19]，徙嶲州治台登[20]，以夺蛮险。……

险要与南诏相通的绘在楼的左边，西道与吐蕃相连的绘在楼的右边，其中部落的多少，运输道路的远近，都非常详尽。就召集熟悉边防的人指点着地图商量订正，凡是敌人的情况都已知道。又挑拣不怕瘴气的旧獠和州兵中能打仗的，把不听话的和年老的淘汰十分之三四，没人敢发怨言。又从安定请来制甲工匠，从河中请来制弓工匠，在浙西请来制弩工匠，从此蜀地兵器都坚实锋利。二百户中抽调一人，让练习战斗，免除这些人的赋税，平静时就农耕，紧急时就作战，称为雄边子弟。精兵有南燕保义、保惠、两河慕义、左右连弩，骑兵有飞星、鸷击、奇锋、流电、霆声、突骑，总共十一军。修筑杖义城，以扼制大渡水、青溪关的险要，建造御侮城，以控制荥经成犄角之势；建造柔远城，以扼制西山吐蕃；修复邛崃关，把嶲州治所迁至台登，以夺得南诏的险要。……

注释 ① 剑南西川：剑南西川节度使，治所在今四川成都。 ② 南诏：古国名，是以乌蛮为主体，包括白蛮等族在唐代建立的政权，全盛时辖有云南全部、四川南部、贵州西部等地，治所在今云南大理南太和村西。 ③ 姚：姚州，治所在今云南姚安北。协：协州，治所在今云南彝良。 ④ 维：维州，治所在今四川理县东北。松：松州，治所在今四川松潘。 ⑤ 清溪：清溪关，在今四川石棉东南。沫水：即今四川西部的大渡河。 ⑥ 韦皋：曾任剑南西川节度使，《旧唐书》《新唐书》有传。 ⑦ 巂(xī)州：治所在今四川西昌。 ⑧ 瘢(bān)夷：瘢本指创伤或疮疖等痊愈后留下的疤痕，这里说“瘢夷”，是指南诏入侵所造成的创伤。 ⑨ 餫(yùn)：运送粮食。 ⑩ 瘴：旧时指南方山林间湿热蒸郁致人疾病的气叫瘴气，伏瘴即习惯于瘴气不会致病之意。旧獠：獠今写作僚，是魏晋时对分布在西南地区部分少数民族的泛称，旧獠指和汉人相熟的獠人。 ⑪ 狞(níng)：凶恶貌，这里指旧獠和州兵中凶恶不听指挥的。耄(mào)：老。 ⑫ 甲人：制造铠甲的工匠，下文弓人、弩人也是制造弓、弩的工匠。安定：县名，泾州的治所，在今甘肃泾川北。 ⑬ 河中：河中府，蒲州所改称，治所在今山西永济蒲州镇。 ⑭ 犀：坚固。 ⑮ 鸷(zhì)：凶猛的鸟。 ⑯ 大度：大渡水，即今大渡河。 ⑰ 荥经：县名，今四川荥经。 ⑱ 西山吐蕃：指成都西边的吐蕃统治地区。 ⑲ 邛崃关：即今四川荥经县西南大关。 ⑳ 台登：县名，今四川冕宁县南泸沽。

原文

于是二边寖惧[①]，南诏请还所俘掠四千人，吐蕃维州将悉怛谋以城降[②]。维距成都四百里，因山为固，东北繇索丛岭而下二百里，地无险，走长川不三千里，直吐蕃之牙，异时戍之，以制虏入者也。德裕既得之，即

翻译

这时吐蕃、南诏逐渐害怕起来，南诏请求归还先前被他们掳掠去的四千人，吐蕃的维州守将悉怛谋举城投降。维州距离成都四百里，因山守险，东北由索丛岭往下二百里，地平无险，走长川不到三千里，可直达吐蕃之乐，将来戍守此城，可以阻止吐蕃入侵。李德裕一得到维州城，便发兵防守，并且陈述

发兵以守，且陈出师之利。僧孺居中沮其功，命返悉怛谋于虏，以信所盟，德裕终身以为恨。会监军使王践言入朝，盛言悉怛谋死，拒远人向化意。帝亦悔之，即以兵部尚书召，俄拜中书门下平章事，封赞皇县伯[3]。……俄而宗闵罢，德裕代为中书侍郎、集贤殿大学士[4]。……

出兵的好处。牛僧孺在朝中阻止他成功，叫把悉怛谋送回给吐蕃，以表示信守盟约，李德裕终身以此为恨。适逢监军使王践言入朝，大讲悉怛谋送回被杀，断绝了边远人归化之心。文宗也后悔了，随即内任兵部尚书把李德裕召回，不久拜为中书门下平章事，封赞皇县伯。……不久李宗闵被罢免了宰相，李德裕取代他做了中书侍郎、集贤殿大学士。……

注释　① 二边：指吐蕃、南诏。② 怛：音 dá。③ 赞皇：县名，今河北赞皇。④ 集贤殿大学士：唐开元十三年置集贤殿书院，隶于中书省，以宰相一人为学士知院事。

原文

后帝暴感风，害语言。郑注始因王守澄以药进[1]，帝少间，又荐李训使待诏[2]，帝欲授谏官，德裕曰："……训小人，顷咎恶暴天下[3]，不宜引致左右。"帝曰："人谁无过，当容其改。且逢吉尝言之。"对曰："圣贤则有改

翻译

后来文宗突发感风，说话困难。郑注开始通过王守澄进献药物，文宗稍为好一些，又推荐李训使他待诏，文宗想授李训做谏官，李德裕说："……李训是小人，过恶才暴露于天下，不应该引近左右。"文宗说："人谁能没有过错，应当让他改正。况且李逢吉也给他说过话。"李德裕回答说："圣贤人则能改过，像李训这种天性奸邪的，还能改什么？

过，若训天资奸邪，尚何能改？逢吉位宰相，而顾爱凶回[④]，以累陛下，亦罪人也！”帝语王涯别与官，德裕摇手止涯，帝适见，不怿[⑤]。训、注皆怨，即复召宗闵辅政，拜德裕为兴元节度使[⑥]。入见帝，自陈愿留阙下，复拜兵部尚书。宗闵奏：“命已行，不可止。”更徙镇海军以代王璠[⑦]。

李逢吉身任宰相，却偏偏爱护凶邪，以牵累陛下，也是罪人啊！”文宗嘱咐王涯另给李训一个官，李德裕摇手制止王涯，正好被文宗看见，很不高兴。李训、郑注都怨恨李德裕，就重新召回李宗闵当宰相，叫李德裕出任兴元节度使。李德裕进见文宗，自己陈述愿意留在京城，就重新任命他为兵部尚书。李宗闵上奏：“命令已发，不可停废。”再改派李德裕为镇海军节度使代替王璠。

注释　① 王守澄：大宦官，《旧唐书》《新唐书》有传。 ② 待诏：指在翰林院待诏，以备顾问。 ③ 顷咎恶暴天下：指李训原名李仲言，曾因事被流放，文宗即位后才因赦得回。 ④ 回：奸邪。 ⑤ 怿(yì)：喜悦。 ⑥ 兴元节度使：即山南西道节度使，因为治所在兴元府，可以这么说，兴元府治所在今陕西汉中。 ⑦ 镇海军：镇海军节度使，原名浙江西道观察使，治所在今江苏镇江。

原文

先是大和中，漳王养母杜仲阳归浙西[①]，有诏在所存问[②]。时德裕被召，乃檄留后使如诏书。璠入为尚书左丞，而漳王以罪废死，因与户部侍郎李汉共谮德裕尝赂仲阳导王为不轨。帝惑其

翻译

原先在大和年间，漳王的养母杜仲阳返回浙西，下有诏书让所在官员予以照顾。当时李德裕被召回朝廷，行文给留后叫按照诏书办理。王璠入朝当了尚书左丞，而漳王已因罪被废死去，王璠借此与户部侍郎李汉合谋诬陷李德裕曾贿赂杜仲阳引导漳王图谋不轨。

言，召王涯、李固言、路隋质之。注、璠、汉三人者语益坚，独隋言："德裕大臣，不宜有此。"谗焰少衰。遂贬德裕为太子宾客分司东都，复贬袁州长史③，隋亦免宰相。未几，宗闵以罪斥，而注、训等乱败。帝追悟德裕以诬构逐，乃徙滁州刺史④，又以太子宾客分司东都。开成初，帝从容语宰相："朝廷岂有遗事乎？"众进以宋申锡对。帝俯首涕数行下，曰："当此时，兄弟不相保，况申锡邪？有司为我褒显之。"又曰："德裕亦申锡比也。"起为浙西观察使⑤。……

文宗被这话迷惑了，召集王涯、李固言、路隋来落实此事。郑注、王璠、李汉三人说得更肯定，唯独路隋说："李德裕是大臣，不应该有这种事情。"谗毁者的气焰才稍有减弱。于是贬李德裕为太子宾客分司东都，又贬为袁州长史，路隋也被免去宰相。不久，李宗闵因罪被贬斥，而郑注、李训等作乱也失败。文宗回想起来，才醒悟到李德裕是因被诬陷逐出的，就改任他为滁州刺史，再以太子宾客分司东都。开成初年，文宗闲着对宰相说："朝廷有什么遗憾的事情吗？"大家回答宋申锡便是。文宗低下头流下几行眼泪，说："在那时，兄弟都不相保，何况宋申锡呢？有司该替我褒扬他。"又说："李德裕也是宋申锡之比。"起用李德裕为浙西观察使。……

注释 ① 漳王：穆宗第六子李凑，文宗之弟，封漳王，文宗大和五年(831)被诬告与宰相宋申锡谋反，被贬，大和八年(834)死，后追赠怀懿太子。 ② 存问：慰问，照顾。 ③ 袁州：治所在今江西宜春。 ④ 滁州：治所在今安徽滁州。 ⑤ 浙西观察使：浙江西道节度使曾改为观察使。

原文

德裕三在浙西，出入十年，迁淮南节度使，代牛僧

翻译

李德裕曾三次在浙西，出入前后十年，迁任淮南节度使，代替牛僧孺。僧

孺。僧孺闻之，以军事付其副张鹭，即驰去。……武宗立，召为门下侍郎同中书门下平章事。……寻册拜司空。

回鹘自开成时为黠戛斯所破[①]。会昌后，乌介可汗挟公主牙塞下[②]，种族大饥，以弱口、重器易粟于边[③]。退浑、党项利虏掠[④]，因天德军使田牟上言[⑤]，愿以部落兵击之。议者请可其奏，德裕曰："回鹘于国尝有功，以穷来归，未辄扰边……不如与之食，以待其变。"陈夷行曰："资盗粮，非计也，不如击之便。"德裕曰："沙陀[⑥]、退浑，不可恃也。夫见利则进，遇敌则走，杂虏之常态[⑦]，孰肯为国家用邪？天德兵素弱，以一城与劲虏确[⑧]，无不败。请诏牟无听诸戎计。"帝于是贷粟三万斛。会嗢没斯杀赤心以降[⑨]，赤心兵溃去。

孺知道后，把军事交给节度副使张鹭，便匆匆离去。……武宗即位，召李德裕任门下侍郎同中书门下平章事。……不久拜为司空。

回鹘从开成年间被黠戛斯所击败。会昌以后，回鹘的乌介可汗带着太和公主到塞下树牙，种族缺粮挨饿，拿老弱的牲口和贵重的宝器在边地换取谷物。退浑和党项想去掳掠，通过天德军使田牟上奏，自愿出动他们的部落攻打回鹘。商议的提出要同意这奏请，李德裕说："回鹘对国家曾经有过功劳，现在因穷困前来投靠，没有随便骚扰边境……不如给他们粮食，看以后事情有没有变化。"陈夷行说："把粮食资助寇盗，不是好办法，不如攻打他们好。"李德裕说："沙陀、退浑，是不能依赖的。他们见利就进，遇敌就跑，这是杂虏的常态，谁肯为国家所用啊？天德军的兵力一向薄弱，以一城与强虏角胜负，没有不败的。请下诏田牟不要听信诸戎的话。"于是武宗借给回鹘三万斛粮食。不久乌介可汗的部下嗢没斯杀掉宰相赤心来投降，赤心的兵溃散。于是回鹘穷途无路，屡次乞讨羊马，想借兵收复故土，又希望借天德城让太和公主住，武宗不准许。回鹘便进逼振武军的保大栅杷头

于是回鹘势穷，数丐羊马，欲借兵复故地，又愿假天德城以舍公主，帝不许。乃进逼振武保大栅杷头峰[10]，以略朔川，转战云州[11]。刺史张献节婴城不出，回鹘乃大掠，党项、退浑皆保险莫敢拒。帝益知向不许田牟用二部兵之效，乃复问以计，德裕曰："杷头峰北皆大碛，利用骑，不可以步当之。今乌介所恃公主尔，得健将出奇夺还之，王师急击，彼必走。今锐将无易石雄者，请以藩浑劲卒与汉兵衔枚夜击之[12]，势必得。"帝即以方略授刘沔[13]，令雄邀击可汗于杀胡山，败之，迎公主还，回鹘遂败。进位司徒。……

锋，以侵略朔川，转战云州。云州刺史张献节据城守御不出战。回鹘就大肆掠夺，党项、退浑都只守住险要不敢抵拒。这样武宗更加清楚过去不许田牟用党项、退浑二部兵的好处，就再向李德裕询问计策，李德裕说："杷头峰以北都是大沙漠，有利于用骑兵，不能用步兵来对付。现在乌介可汗所依靠的只是太和公主，得一位健将出奇地把太和公主夺回，官军迅速进攻，他必然逃跑。现在最精锐的使将无过于石雄，请用藩浑劲卒与汉兵夜间衔枚偷袭，一定能得胜。"武宗就把这一方案交给刘沔，叫石雄拦击乌介可汗于杀胡山，把他打败，迎回了太和公主，回鹘就此溃败。李德裕进位为司徒。……

注释 ① 回鹘(hú)：回纥在唐德宗贞元四年(788)自请改称回鹘。黠戛(jiá)斯：古族名，主要在今叶尼塞河上游流域，从事畜牧、兼营农业和狩猎。后在公元十至十二世纪移居天山西部地区，与当地居民融合为今柯尔克孜族和中亚的吉尔吉斯人。 ② 乌介可汗：回鹘内乱中所立的可汗。公主：太和公主，唐穆宗的第十妹，嫁给回纥的登逻骨设密施合毗伽可汗，此时这位可汗已病故。 ③ 弱口：老弱的牲口。重器：国家的宝器。④ 退浑：八世纪中叶吐谷浑部落分散后，河东称吐谷浑为退浑。党项：古族名，羌人的一支，唐时他们居住到甘肃、宁夏、陕北一带，从事畜牧。⑤ 天德军：军镇，约在今内蒙古乌拉特前旗北五加河东岸。⑥ 沙陀：古部落名，西突厥别部，居住在今新疆尼赤金山之阳，巴里坤湖以东。⑦ 杂虏：虏指当时的少数民族，杂虏指众多的不仅一个种族的少数民族。⑧ 确：较力，角胜负。⑨ 嗢没斯：回鹘乌介可汗的部属。赤心：回鹘的宰相。⑩ 振武：振武军，驻于今内蒙古托克托县。⑪ 云州：治所在今山西大同。⑫ 藩：古代西北少数民族的泛称。浑：指退浑。衔枚：枚之状如箸，横衔口中，以禁喧嚣。⑬ 刘沔：时任河东节度使。

原文

泽潞刘从谏死[①]，其从子稹擅留事[②]，以邀节度。德裕曰："泽潞内地，非河朔比[③]，昔皆儒术大臣守之。李抱真始建昭义军，最有功，德宗尚不许其子继。及刘悟死[④]，敬宗方怠于政，遂以符节付从谏。大和时，擅兵长子[⑤]，阴连训、注[⑥]，外托效忠，请除君侧[⑦]。及有狗马疾[⑧]，谢医拒使[⑨]，便以兵属稹。舍而不讨，无以示四方。"帝曰："可胜乎？"对曰："河朔，稹所恃以唇齿也[⑩]。如令魏、镇不与[⑪]，则破矣。……"帝然之。乃以

翻译

泽潞节度使刘从谏死了，他的侄儿刘稹自称节度留后，要就此求取节度使。李德裕说："泽潞是内地，与河朔不同，过去都由文儒大臣任职。李抱真开始建立昭义军，最有功劳，德宗尚且不许他的儿子继承，等刘悟死时，正值敬宗懒于过问政事，就把符节给了刘从谏。大和年间，刘从谏屯兵于长子，暗中勾结李训、郑注，表面上假托效忠，安清君侧。到有病时，拒绝派去的医生中使，就把兵权交给刘稹，今天不去讨伐，无法号令四方。"武宗说："可以取胜吗？"回答说："河朔，是刘稹所依以为唇齿的。如果能叫魏博、镇冀不帮助他，就可以攻破了。……"武宗认为说得对。于是叫李回持节宣喻王元逵、何弘敬，都听从命令，才讲用兵。……李德

李回持节谕王元逵、何弘敬[12]，皆听命，始议用兵。……德裕每疾贞元、大和间有所讨伐，诸道兵出境，即仰给度支，多迁延以困国力[13]。或与贼约，令懈守备，得一县一屯以报天子，故师无大功。因请敕诸将，令直取州，勿攻县。故元逵等下邢、洺、磁[14]，而稹气索矣。……未几，郭谊持稹首降[15]。帝问："何以处谊?"德裕曰："稹竖子，安知反？职谊为之。今三州已降，而稹穷蹙[16]，又贩其族以邀富贵，不诛，后无以惩恶。"帝曰："朕意亦尔。"因诏石雄入潞，尽取谊等及尝为稹用者悉诛之。策功拜太尉，进封赵国公……改卫国公。……

裕常恨贞元、大和间有所征讨，各道兵马一出境，就依赖度支，多拖延时间使国力受困。有的还和贼寇相约，叫松懈守备，占领了一县一屯来向天子报捷，所以出兵立不了大功。于是请敕令将领们，要直接攻取州城，不要攻打县城。所以王元逵等攻下邢、洺、磁三州，刘稹的气焰就尽了。……没多久，郭谊提着刘稹的头投降。武宗问："怎样处置郭谊?"李德裕说："刘稹是竖子，哪懂得谋反？主谋其实是郭谊。今三州已降，而刘稹穷窘，郭谊又出卖刘氏家族来求取富贵，不杀他，以后无法惩治恶人。"武宗说："朕的意思也是这样。"便下诏叫石雄进入潞州，把郭谊等和曾为刘稹出力的统统杀掉。论功李德裕拜为太尉，进封赵国公……改封卫国公。……

注释 ① 泽潞：泽潞节度使，即昭义军节度使，治所潞州在今山西长治。刘从谏：昭义军节度使，《旧唐书》《新唐书》有传。 ② 从子稹：刘从谏的侄儿刘稹，《旧唐书》《新唐书》有传。留：节度使留后。 ③ 泽潞……河朔比：河朔指在河北地区的幽州、魏博、成德三节度使，他们都是安史残余势力所建立，名义上归属唐朝，实际上父子世袭，半独立性质，和内地的泽潞不一样。 ④ 刘悟：刘从谏的父亲，《旧唐书》《新唐书》有传。 ⑤ 长子：县名，今山西长子。 ⑥ 训、注：发动甘露之变的李训及郑注，李德裕是反对李训、郑注的。 ⑦ 外托……除君侧：甘露之变李训、郑注等被宦官仇士良杀害后，宦官气焰十分嚣张，刘从谏上表为李训等说话，以清君侧来吓唬宦官，宦官才收敛一些。这里的除君侧就是清君侧，即用兵力来清除皇帝身边的坏人。李德裕对刘从谏这种做法也是反对的。 ⑧ 狗马疾：疾病的贱称。 ⑨ 谢医拒使：据《新唐书》的刘从谏传，刘从谏已病死，朝廷派医生和慰问的中使即宦官前来，刘稹拒绝他们进入。 ⑩ 唇齿：唇齿相依，比喻关系密切，互相依靠。 ⑪ 魏：魏博节度使。镇：成德军节度使，也叫恒冀节度使，穆宗李恒改恒州为镇州，所以又叫镇冀节度使。 ⑫ 王元逵：成德军节度使，《旧唐书》《新唐书》有传。何弘敬：魏博节度使，《旧唐书》《新唐书》有传。 ⑬ 迁延：拖延。 ⑭ 邢：邢州，治所在今河北邢台。洺：洺州，治所在今河北永年东南。磁：磁州，治所在今河北磁县。 ⑮ 郭谊：昭义军大将，《新唐书》有传。 ⑯ 穷蹙：无路可走。

原文

宣宗即位，德裕奉册太极殿。帝退谓左右曰：“向行事近我者，非太尉邪？每顾我，毛发为森竖[①]。”翌日，罢为检校司徒同中书门下平章事、荆南节度使[②]。俄徙东都留守。白敏中、令狐绹、崔铉皆素仇，大中元年，使党人李咸斥德裕阴事，故以太子少保分司东都[③]，再

翻译

宣宗即位，李德裕在太极殿进奉诏册。宣宗退朝后对左右说：“刚才行礼靠近我的，不就是太尉吗？他每次看我，我毛发都为之森竖。”第二天，把李德裕罢为检校司徒同中书门下平章事、荆南节度使。不久又迁任东都留守。白敏中、令狐绹、崔铉都和李德裕平素有仇，大中元年(847)，使同党李咸指斥李德裕的阴私。因此李德裕改以太子少保分司东都任职，再贬为潮州司马。明年，又指使吴汝纳申诉李绅杀吴湘一

贬潮州司马[④]。明年，又导吴汝纳讼李绅杀吴湘事[⑤]，而大理卿卢言、刑部侍郎马植、御史中丞魏扶言[⑥]："绅杀无罪，德裕徇成其冤[⑦]，至为黜御史[⑧]，罔上不道[⑨]。"乃贬为崖州司户参军[⑩]。明年卒，年六十三。……

案，而大理卿卢言、刑部侍郎马植、御史中丞魏扶说："李绅杀害无罪者，是李德裕徇私成此案，甚至为此黜贬御史，欺罔皇上不道。"于是贬为崖州司户参军事。明年去世，年六十三岁。……

注释 ① 毛发为森竖：因恐怖而毛发耸立。 ② 荆南节度使：治所在今湖北江陵。 ③ 太子少保：太子东宫的名誉性高级官员。 ④ 潮州：治所在今广东潮州潮安。 ⑤ 吴汝纳讼李绅杀吴湘事：吴汝纳，《旧唐书》有传。李绅：《旧唐书》《新唐书》有传。吴湘：吴汝纳弟。唐宣宗大中元年九月前永宁县尉吴汝纳申诉吴湘在会昌四年(844)任扬州江都县尉时被节度使李绅诬奏赃罪，宰相李德裕偏私李绅判吴湘死罪。 ⑥ 大理卿：唐代大理寺是中央最高审判机关，负责中央百官犯罪及京师徒刑以上案件的审理，重审刑部转来的地方死刑案件。长官叫卿，副职为少卿。马植：《旧唐书》《新唐书》有传。 ⑦ 徇(xùn)：偏私，曲从。 ⑧ 黜御史：当时御史崔元藻复审吴湘一案，没有照李德裕的旨意办，被李德裕奏贬崖州任司户。 ⑨ 不道：无道，悖逆于常道。 ⑩ 崖州：治所在今海南琼山东南，在唐宋时是贬逐官员的最坏去处。

原文

懿宗时，诏追复德裕太子少保、卫国公，赠尚书左仆射，距其没十年。……

翻译

懿宗时，下诏恢复李德裕的太子少保、卫国公，追赠尚书左仆射，这时距离他去世已经十年了。……

杨复光传

导读

宦官本是皇帝的家内奴隶，但家内奴隶获得宠信后便成为主子的鹰犬，唐代的宦官正是如此。而且由于他们是动过手术失去生殖能力的人，没有称王称帝的可能，对皇帝一般不存在威胁，因而皇帝对他们的宠信也往往超过了对宰相和其他文臣武将。这个杨复光就是唐朝后期掌过大权的宦官，在镇压黄巢起义中，很多大将都得受他指挥，而他也确实替唐朝皇室尽了力，成为一头顶用的鹰犬。（选自卷二〇七）

原文

杨复光，闽人也[①]，本乔氏。有武力，少养于内常侍杨玄价家[②]，颇以节谊自奋，玄价奇之。宣宗时，玄价监盐州军[③]，诬杀刺史刘皋，皋有威名者，世讼其冤。稍迁左神策军中尉，谮去宰相杨收，权宠震时。

翻译

杨复光，是闽人，本来姓乔。有武力，小时候养育在内常侍杨玄价家，很以节义自励，杨玄价认为很不容易。宣宗时，杨玄价监盐州军，诬陷杀害刺史刘皋，刘皋是有威名的，世人都诉说他冤枉。不久杨玄价升任左神策军中尉，诬陷逐去宰相杨收，权势宠信震于一时。

注释 ① 闽：秦在今福建设置闽中郡，因而以后通称这一地区为闽。 ② 内常侍：宦官办公机构内侍省的官员。 ③ 盐州：治所在今陕西定边。

原文

复光有谋略，累监诸镇军。乾符初，佐平卢节度使曾元裕击贼王仙芝[①]，败之。招讨使宋威击仙芝于江西[②]，复光在军，请判官吴彦宏约贼降[③]，仙芝遣将尚君长自缚如约。威疾其功，密请僖宗诛之，故仙芝怨，复引兵叛。后天子寤威阶祸，罢之，以兵与复光，乃进禽徐唐莒。王铎为招讨，复光仍监军。铎之弃荆南也[④]，山南东道节度使刘巨容定其地[⑤]，以忠武别将宋浩领荆南[⑥]，泰宁将段彦谟佐之[⑦]。复光父尝监忠武军，而浩已为大将，见复光，少之，不为礼，彦谟亦耻居浩下，遂有隙。复光曰："胡不杀之？"彦谟引剽士击杀浩，复光以客常滋假留后[⑧]，而奏浩罪，荐彦谟为朗州刺史[⑨]。诏郑绍业为荆南节度使，以复光监忠武军，屯邓

翻译

杨复光有谋略，多次出任藩镇的监军。僖宗乾符初年，帮助平卢节度使曾元裕攻打王仙芝，把他打败。招讨使宋威又在江西打王仙芝，杨复光在军中，请判官吴彦宏去约对方投降，王仙芝派将领尚君长按约自缚归降，宋威妒忌杨复光的功，秘密奏请求僖宗把尚君长杀掉，为此王仙芝怨恨，又带兵反叛。后来僖宗明白是宋威酿祸，罢掉他的官，把兵交给杨复光，杨复光就进军，擒获徐唐莒。王铎任招讨，杨复光仍任监军。王铎丢失荆南，山南东道节度使刘巨容收复其地，派忠武军别将宋浩去统领荆南，泰宁军将段彦谟去协助。杨复光的父亲曾经监过忠武军，那时宋浩已经是大将，见了复光，看不起，对他很不礼貌，段彦谟也耻于位居宋浩之下，他们和宋浩之间就有隔阂。杨复光说："为什么不把宋浩杀掉？"段彦谟带了勇士把宋浩杀死，杨复光派外来的常滋代理节度使留后，而上奏宋浩的罪过，推荐段彦谟为朗州刺史，下诏叫郑绍业任荆南节度使，叫杨复光监忠武军，驻屯在邓州，阻挡黄巢军的右翼。僖宗西幸，在行在召见郑绍业，杨复光再引用段彦谟为荆南节度使。彦谟借口查看

州，遏贼右冲[10]。帝西幸[11]，召绍业见行在，复光便引彦谟为荆南节度使。彦谟给行边[12]，诣复光，以黄金数百两为谢。其后忠武周岌受贼命[13]，尝夜宴，召复光，左右曰："彼既附贼，必不利公，不如毋行。"复光固往，酒所语时事，复光泣曰："丈夫所感，独恩与义耳，彼不顾恩义，规利害，何丈夫哉！公奋匹夫封侯，乃捐十八叶天子[14]，北面臣贼，何恩义利害昧昧耶[15]？"岌流涕曰："吾力不足，阳合而阴离之，故召公计。"因持杯盟曰："有如酒！"即遣子守亮斩贼使于传舍[16]。秦宗权据蔡州叛[17]，岌、复光以忠武兵三千入见之，宗权即遣部将王淑持兵万人从。复光定荆、襄[18]，师次邓。淑逗留，复光斩之，并其军为八，以鹿宴弘、晋晖、张造、李师泰、王建、韩建等为之将[19]，进攻南

边防，到杨复光那里，拿出黄金几百两作为酬谢。后来忠武军的周岌接受黄巢的命令，曾经晚上宴客，召杨复光前往，杨复光左右说："他既已附贼，必然对公不利，不如不去。"杨复光坚持去了，酒席间谈论时事，杨复光流泪道："大丈夫所感动，只有恩和义而已，那种不顾恩义，只考虑利害，算什么丈夫呀！公以匹夫奋起而封侯，却抛弃十八叶的天子，北面向贼称臣，怎么对恩义利害如此糊涂呢？"周岌流泪道："我力量不够，表面上附和暗地里想反对，所以请公来商量。"于是举杯盟誓道："有如这酒！"杨复光随即派他的养子杨守亮去传舍杀死黄巢的使者。秦宗权据蔡州反叛，周岌、杨复光带了三千忠武兵进入蔡州见秦宗权，秦宗权就派部将王淑带兵万人跟随他们，杨复光平定荆、襄二州，兵马进驻邓州。王淑逗留不前进，杨复光把他杀掉，把他的兵马并过来分成八军，任鹿宴弘、晋晖、张造、李师泰、王建、韩建等人为这八军的将领，进攻南阳。贼将朱温、何勤前来迎战，大败，杨复光就收复邓州，乘胜追赶到蓝桥。遇上杨复光的母亲去世，班师。不久起用为天下兵马都监，总领各军，和东面招讨使王重荣联合起来准备平

阳[20]，贼将朱温，何勤逆战[21]，大败，遂收邓州，追北蓝桥[22]，会母丧，班师。俄起为天下兵马都监，总诸军，与东面招讨使王重荣并力定关中。朱温守同州[23]，复光遣使镌喻[24]，温以所部降。方贼之强，重荣忧不知所出，谓复光曰："臣贼邪，且负国；拒战邪，则兵寡。奈何？"复光曰："李克用与我世共患难[25]，其为人奋不顾身。比数召未即至者，由太原道不通耳，非忍祸者。若谕上意，彼宜必来。"重荣曰："善。"白王铎以诏使至太原，克用兵乃出。京师平，以功加开府仪同三司、同华制置使[26]，封弘农郡公[27]，赐号"资忠辉武匡国平难功臣"。卒河中，赠观军容使[28]，谥曰忠肃。

定关中。朱温在同州镇守，复光派使者晓喻，朱温率领所部归降。这时黄巢正强大，王重荣忧虑得没有办法，对杨复光说："对贼称臣，则背负国家；拒战，则兵力寡少。怎么办？"杨复光说："李克用和我家世代共患难，他为人奋勇不顾身。前此多次征召没见马上到来，是因为太原的道路不通，不是见死不救。如果让他知道圣上的旨意，他一定会来。"王重荣说："好。"告诉王铎叫派使者拿诏书到太原，李克用的兵马就出动。京师平定，杨复光因功加开府仪同三司、同华制置使，封弘农郡公，赐号"资忠辉武匡国平难功臣"。在河中去世，加赠观军容使，谥号叫忠肃。

注释 ① 平卢节度使：平卢节度使在肃宗上元二年(761)被迫南迁淄青，叫淄青平卢节度使，治所在今山东青州。王仙芝：唐末农民起义军在黄巢之前的主要领袖，事见《旧唐书》《新唐书》的黄巢传。②江西：江南西道的简称。③判官：唐代节度、观察等使都设有判官，作为僚属佐理政事。④荆南：荆南节度使，治所在今湖北江陵，当时以荆南节度使充诸道兵马都统。⑤山南东道节度使：治所在今湖北襄阳。⑥忠武：即忠武军节度使，治所在今河南许昌。⑦泰宁：泰宁军节度使，治所在今山东兖州。⑧客：外来投靠的。⑨朗州：治所在今湖南常德。⑩贼：指黄巢领导的农民起义军。⑪帝西幸：黄巢占领长安。僖宗出逃。⑫绐(dài)：谎言。行边：查看边防。⑬岌：音jí。⑭十八叶天子：唐自高祖、太宗、高宗、中宗、睿宗、玄宗、肃宗、代宗、德宗、顺宗、宪宗、穆宗、敬宗、文宗、武宗、宣宗、懿宗到僖宗共十八个皇帝，叶就是世，十八叶天子就是十八世皇帝。⑮昧昧：昏暗貌。⑯传舍：古代官办的供行人休止住宿之处。⑰秦宗权：起初据蔡州抗拒黄巢，黄巢失败从长安东归时，秦宗权又与黄巢联合，但秦之军纪极坏，后为朱温擒杀。⑱襄：襄州，治所在今湖北襄阳。⑲王建：前蜀的建立者，《新唐书》《旧五代史》有传。⑳南阳：县名，今河南南阳。㉑朱温：本参加黄巢起义军，后背叛投唐，又灭唐建立五代第一个后梁朝，《旧五代史》《新五代史》有纪。㉒追北：逐北，追逐败逃的兵，北指败逃。蓝桥：桥名，今陕西蓝田东南蓝溪之上。㉓同州：治所在今陕西大荔。㉔镌喻：晓谕，劝说。㉕李克用：沙陀酋长，其子李存勖建立后唐朝，他被尊为太祖。㉖同华：指同州、华州。㉗弘农郡：虢州在天宝时曾改称弘农郡。㉘观军容使：为监视出征将帅的高级军职，以宦官之掌权者充任。唐末掌握军权的宦官多兼此职。

原文

复光御下有恩，军中闻其死，皆恸哭，而麾下多立功者。诸子为将帅数十人，守宗亦为忠武节度使。

翻译

杨复光统率士卒有恩，军中听说他死了，都痛哭，他的部下有很多都立了战功的。他的养子做将帅的有几十人，养子杨守宗也做到忠武军节度使。

崔 胤 传

导读

自从玄宗朝宦官得势后，宦官和宰相之间，也就是所谓内廷与外朝之间的矛盾斗争就一直没有停息过。有时候宰相中的某一派投靠宦官而另一派和宦官斗，有时候宦官中又分出派别为宰相利用而互相斗。由于宦官以神策中尉的身份掌握着禁军，所以总的说来宰相屈居于下风。到黄巢起义后，神策军名存实亡，而少数节度使的实力超过了中央，于是宰相和宦官分别找节度使做靠山。最后是宰相崔胤引进宣武军节度使朱全忠即朱温的兵力歼灭宦官，而朱温又乘机杀死崔胤灭掉唐朝而建立了梁朝，梁、唐、晋、汉、周的五代时期就开始了。（选自卷二二三）

原文

崔胤，字垂休，宰相慎由子也①。擢进士第，累迁中书舍人、御史中丞。喜阴计，附离权强②，其外自处若简重，而中险谲可畏③。崔昭纬屡荐之，由户部侍郎同中书门下平章事。方王珙兄弟争河中，以胤为节度使，不得赴。半岁，复以中

翻译

崔胤，字垂休，是宰相崔慎由的儿子。考中了进士科，多次升迁任中书舍人、御史中丞。他喜欢玩阴谋，依附有权势者，外表看上去好像持重自处，而内心却诡险可怕。崔昭纬多次推荐他，使他做到户部侍郎同中书门下平章事。这时王珙兄弟争夺河中，派崔胤去做节度使，没有能去。半年后，又以中书侍郎留在朝中辅政。等到崔昭纬因罪被杀，崔胤也罢相去做武安军节度使，而

书侍郎留辅政。及昭纬以罪诛，罢为武安节度使④，陆扆当国。时王室不竞，南、北司各树党结藩镇⑤，内相凌胁。胤素厚朱全忠，委心结之。全忠为言胤有功，不宜处外，故还相而逐扆。

陆扆做了宰相。这时王室衰微，南司和北司都各自树党交结藩镇，在内互相欺凌威胁。崔胤平素和朱全忠关系好，尽心和他结交。朱全忠帮着说崔胤有功，不应该外任。所以崔胤又回朝任宰相，把陆扆逐出。

注释 ① 慎由：崔慎由，《旧唐书》《新唐书》有传。 ② 附离：依附。 ③ 谲（jué）：诡诈。 ④ 武安节度使：原为湖南观察使，后升为钦化军节度使，又改武安军节度使。 ⑤ 南、北司：唐代皇帝所住的宫城和大明宫都在长安城北，政府官署设在皇城与宫城和大明宫之南，因此习惯上称宰相为首的外朝为南司、南衙，称在宫廷里的宦官为内廷、北司。南衙、北司之争就是指这两股政治势力之争。

原文

光化初，昭宗至自华，务安反侧。而胤阴为全忠计，俾擅兵四讨。帝丑其行，罢为吏部尚书，复依扆以相。会清海无帅①，因拜胤清海节度使。始，昭纬死，皆王抟等白发其奸，胤坐是赐罢，内衔憾。既与抟同宰相，胤议悉去中官，抟不助，请徐图之。及是不欲外除，即漏其语于全忠，令

翻译

光化初年，昭宗从华州回京，力求抚慰那些不安定的势力。但崔胤却暗地里为朱全忠打算，让他用兵四出征讨。皇上厌恶崔胤的做法，将他罢为吏部尚书，再次任用陆扆做宰相。适逢清海缺帅，就拜崔胤为清海节度使。当初，崔昭纬之死，都由于王抟等人揭发昭纬之奸，崔胤因此被罢相，内心记恨。等到与王抟同任宰相，崔胤商议把宦官统统除掉，王抟不支持，主张慢一点办。这时崔胤不想外任，就把王抟的话泄露

露劾抟交敕使共危国[②]，罪当诛。胤次湖南[③]，召还守司空、门下侍郎平章事，兼领度支、盐铁、户部使[④]，而赐抟死，并诛中尉宋道弼、景务修。由是权震天下，虽宦官亦累息[⑤]。至是四拜宰相，世谓"崔四入"。

给朱全忠，叫朱全忠上奏弹劾王抟勾结宦官危害国家，罪当诛。崔胤到达湖南，被召回任守司空、门下侍郎平章事，兼领度支、盐铁、户部三使，而赐王抟死，还杀了左右神策中尉宋道弼，景务修。崔胤自此权震天下，即使宦官对他也害怕得气不敢出。他这时已四次任宰相，世人称他为"崔四入"。

注释 ① 清海：乾宁二年(895)岭南东道节度使赐号清海节度使，治所在今广东广州。 ② 敕使：唐代也称宦官为敕使，因为宦官多为皇帝传达命令之故。 ③ 湖南：指原称湖南观察使的武安军节度使辖区。 ④ 度支、盐铁、户部使：唐中期以后特派大臣分判户部、度支、领盐铁使，这里指崔胤兼领这三使，独揽财权。 ⑤ 累息：屏息，害怕得连大气也不敢出。

原文

刘季述幽帝东内[①]，奉德王监国[②]。畏全忠强，虽深怨胤，不敢杀，止罢政事。胤趣全忠以师西[③]，问所以幽帝状。全忠乃使张存敬攻河中，掠晋、绛[④]。神策军大将孙德昭常忿阉尹废辱天子[⑤]，胤令判官石戬与游，乘间伺察，德昭饮酣必泣。胤揣得其情，乃使戬说曰：

翻译

刘季述把昭宗幽禁在东内，把德王捧出来监国。畏惧朱全忠强大，虽然深怨崔胤，不敢杀，只罢掉了他的宰相。崔胤催促朱全忠带兵西进，责问昭宗被幽禁的事情。朱全忠就派张存敬进攻河中，侵掠晋州、绛州。神策军大将孙德昭气愤宦官废辱天子，崔胤叫判官石戬和孙德昭往来，趁机私下观察，发现孙德昭每当酒酣就哭泣。崔胤摸清情况，就叫石戬劝说道："自从刘季述废天

"自季述废天子，天下之人未尝忘，武夫义臣搏手愤惋[⑥]。今谋反者特季述、仲先耳[⑦]，它人劫于威[⑧]，无与也。君能乘此诛二竖复天子取功名乎？即不早计，将有先之者。"德昭感寤，乃告以胤谋，德昭许诺，胤斩带为誓。俄而季述、仲先诛，以功进司徒，不就，复辅政，并还使领。帝德之，延见或不名以字呼之，宠遇无比。

子，天下人未尝忘掉，义士武将搏手愤惋。现今谋反者只是刘季述、王仲先，其他的人是被胁逼，并非真的参与。您能乘机杀掉这两个竖子，使天子复位以取功名吗？如果不趁早打算，将会有人抢先。"德昭感动醒悟，石戬就把崔胤的谋划告诉他，孙德昭笑应了，崔胤斩断衣带立誓。不久刘季述、王仲先伏诛，崔胤因功授司徒，没有接受，仍旧任宰相，并恢复所领诸使。昭宗对他很感谢，召见他有时不叫他的名，而唤他的字，所受的宠遇没有人能相比。

注释 ① 刘季述：大宦官左神策中尉。东内：唐人称皇帝常住的大明宫为东内、皇帝长久不住的大内宫城即太极宫为西内。 ② 德王：昭宗长子皇太子李裕。监国：古代太子代君主主持政事，叫监国。 ③ 全忠以师西：朱全忠即朱温时任宣武军节度使，治所在今河南开封。从开封往西到长安，所以这里说"以师西"。 ④ 绛：绛州，治所在今山西新绛。 ⑤ 阉尹：先秦时也称宦官为阉尹。 ⑥ 搏手：用两手相拍击，表示没有办法。愤惋：悲愤惋惜。 ⑦ 仲先：右神策中尉王仲先。 ⑧ 劫：胁逼。

原文

天复元年，全忠已取河中，进逼同华。中尉韩全海以胤与全忠善，恐导之剪除君侧，乃白罢政事，未及免，

翻译

天复元年(901)，朱全忠已攻取河中，进逼同州、华州。神策中尉韩全海认为崔胤与朱全忠关系好，怕他引导朱全忠来清君侧，就向皇帝请求罢掉崔胤

仓卒挟帝幸凤翔[1]。胤恕帝见废，不肯从，召全忠以兵迎天子，令太子太师卢渥率群臣迎全忠。始，全忠至华，遣幕府裴铸奏事，帝不得已，听来朝。至是胤为之谋，乃以兵迫行在。帝下诏趣还镇，因诏遣渥等俱西。全忠上表具言："向书诏皆出宰相，乃今知非陛下意，为所诖误[2]。师业入关，请得与李茂贞约释憾以迎乘舆。"茂贞劾奏："胤畜死士，用度支使榷利[3]，令亲信陈班与京兆府募兵保所居坊。天子出次，遣使者五辈往召，安卧不动，一奉表陈谢。"时帝见全忠表，亦大恚，因下诏显责之，以工部尚书罢知政事。胤出居华州[4]。

的宰相，还没来得及罢掉，又急忙挟持昭宗去凤翔。崔胤怨恨昭宗要废他，不肯跟着去，召朱全忠带兵来迎回昭宗，叫太子太师卢渥率领群臣去迎接朱全忠。当初朱全忠到华州，派幕僚裴铸去奏事，昭宗出于不得已，听任他来朝。这时崔胤替他谋划，他就带兵进逼行在。昭宗下诏催促他回镇，并下诏叫卢渥等也西回。朱全忠上表道："前此诏书都出自宰相之手，今天知道并非陛下本意，是被别人所贻误。兵马业已入关，请能与李茂贞相约消除误会，迎接乘舆。"李茂贞劾奏道："崔胤畜养死士，凭借度支使来榷利，叫亲信陈班和京兆府的募兵护卫他所居住的坊里。天子出行，派使者五次去召他，他安卧不动，只上过一次表章陈谢。"这时，昭宗见到了朱全忠的表章，也大为生气，就下诏公开斥责，让崔胤任工部尚书而罢相职。崔胤出京去华州。

注释 ① 凤翔：当时任凤翔节度使的李茂贞和宦官韩全海等相勾结。 ② 诖(guà)误：贻误。 ③ 榷利：官府对某物品专卖以增加收入。 ④ 华州：当时朱全忠已占领华州。

原文

初,天复后宦官尤屈事胤,事无不咨。每议政禁中,至继以烛,请尽诛中官[①],以宫人掌内司事[②]。韩全海等密知之,共于帝前求哀。乃诏胤后当密封,无口陈。中官益恐,滋欲得其谋,乃求知书美人宗柔等内左右以刺阴事。胤计稍露,宦者或相泣无憀[③],不自安,劫幸之谋固矣。

翻译

当初,天复后宦官对崔胤更加卑躬屈节,无事不向他禀告。崔胤常在宫禁讨论政事,直到点上蜡烛。崔胤建议把宦官统统杀掉,让宫人来掌管内司的事情。韩全海等人私下知道了,一起到昭宗面前哀求。昭宗就下诏叫崔胤以后奏事应当密封,不要口头陈说。宦官更加害怕,更想得知他的打算,就找来识字的美人宗柔等在昭宗左右,刺探机密,崔胤的计划稍稍泄露,宦官中有的相对哭泣无所依赖,不能自安,劫夺昭宗西幸之谋因此才确定下来。

注释 ① 中官:宦官的别称。 ② 内司:指原来由宦官任职的内侍省所属各机构。 ③ 无憀:即“无聊”,无所依赖。

原文

居华时,为全忠数画丑计。全忠引兵还屯河中,胤迎谒渭桥[①],奉觞为全忠寿,自歌以酾酒[②]。会茂贞杀全海等,与全忠约和。帝急召之,墨诏者四[③],朱札三[④],皆辞疾。及帝出凤翔,幸全忠军,乃迎谒于道,复拜平

翻译

崔胤在华州时,为朱全忠多次谋划奸计。朱全忠领兵回屯河中,崔胤去渭桥迎见,举着酒杯为朱全忠祝寿,亲自唱歌劝酒。不久李茂贞杀掉韩全诲等人,和朱全忠相约和好。昭宗急于召见崔胤,下了四道墨诏、三道朱札,都借口有病,推却不去。等到昭宗出凤翔城,前往朱全忠军,崔胤才在路上迎见,重新拜受平章事,进位司徒,兼判六军诸

章事，进位司徒，兼判六军诸卫事[5]，诏徙家舍右军[6]，赐帷帐器用十车。胤遂奏："高祖、太宗无内侍典军，天宝后宦人寖盛，德宗分羽林卫为左右神策军，令宦者主之，以二千人为率[7]。其后参掌机密，至内务百司悉归中人，共相弥缝为不法[8]，朝廷微弱，祸始于此。请罢左右神策、内诸司使、诸道监军。"于是中外宦官悉诛，天子传导诏命，只用宫人宠颜等[9]。

卫事，下诏让他把家迁到右神策军中，赐给十车子的帷帐器用。崔胤于是上奏："高祖、太宗时没有内侍典军的事情，天宝以后宦官日盛，德宗分羽林卫为左右神策军，叫宦官统领，以三千人为准。以后又参掌机密，以致内务百司都归宦官掌握，互相弥缝干些不法的事情，朝廷微弱，祸始于此。请撤销左右神策、内诸司使和诸道监军。"于是杀尽内外的宦官，天子诏令的传导，只用宠颜等宫人。

注释 ① 渭桥：在今陕西咸阳东北渭河上。 ② 釂（jiào）酒：釂是喝干杯中的酒。釂酒就是劝酒。 ③ 墨诏：通常的诏书，用墨笔书写。 ④ 朱札：皇帝用朱笔亲自书写的御札。 ⑤ 六军诸卫：六军指左右羽林军、左右龙武军、左右神武军，诸卫指十六卫，本都是禁卫军，但这时已徒有虚名。 ⑥ 右军：右神策军。 ⑦ 率：标准，规格。 ⑧ 弥缝：弥补过失。 ⑨ 宠颜：宫人的名称。

原文

帝之在凤翔，以卢光启、苏检为相，胤皆逐杀之，分斥从幸近臣陆扆等三十余人，惟裴贽孤立可制，留

翻译

昭宗在凤翔时，任用卢光启、苏检为宰相，崔胤把他们都贬逐杀死，还分别贬斥了当时跟随皇帝的近臣陆扆等三十多人，只有裴贽孤立容易控制，留

与偕秉政。帝动静一决于胤,无敢言者。胤议以皇子为元帅,全忠副之,示褒崇其功。全忠内利辉王冲幼①,故胤借以请。帝曰:"濮王长②,若何?"还禁中,召翰林学士韩偓以谋。偓阴佐胤,卒不能却。全忠还东,到长乐③,群臣班辞,胤独至霸桥置酒,乙夜乃还④。帝即召问:"全忠安否?"与饮,命宫人为舞剑曲,戊夜乃出⑤,赐二宫人,固让乃许。是时天子孤危,威令尽去,胤之劫持类如此。进侍中、魏国公。

下和他一起执政。昭宗的一举一动都取决于崔胤,没有人敢说话的。崔胤建议让个皇子为元帅,朱全忠副之,以此表示对朱全忠功劳的褒奖。朱全忠利于辉王年幼,所以崔胤借此请求。昭宗说:"濮王年长,怎么样?"回到宫禁,召见翰林学士韩偓谋划。偓暗地里帮助崔胤,终于没能抵制崔胤的建议。朱全忠要回到东边去,走到长乐坡,群臣排班送行,崔胤独自到霸桥为全忠备酒,二更天才回来。昭宗马上召见崔胤问道:"全忠可安好?"和崔胤饮酒,叫宫人给他舞剑曲,五更时才出宫,赐给崔胤两个宫女,崔胤坚辞才允许。这时天子孤危,威令全失,崔胤胁逼把持大抵都像这样。又进崔胤为侍中、魏国公。

注释 ① 辉王:昭宗第九子李柷,后朱全忠杀死昭宗,立他为皇帝,三年后被迫禅位给朱全忠,不久被杀,谥曰哀帝,是唐朝最后一个皇帝。冲:幼小。 ② 濮王:当是德王李裕所改封。 ③ 长乐:长乐坡,在今陕西西安东北、浐河西岸。 ④ 乙夜:二更时候,约为晚上十时。 ⑤ 戊夜:五更时候,约为凌晨四时。

原文

自凤翔还,揣全忠将篡夺,顾己宰相,恐一日及祸,欲握兵自固,谬谓全忠曰:

翻译

从凤翔回来以后,崔胤揣测朱全忠要篡夺,而自己是宰相,害怕有一天会受祸,想掌握兵权以图保全,假意对朱

"京师迫茂贞，不可无备，须募军以守。今左右龙武、羽林、神策，播幸之余，无见兵，请军置四步将将二百五十人，一骑将将百人，使番休递侍。"以京兆尹郑元规为六军诸卫副使，陈班为威远军使，募卒于市。全忠知其意，阳相然许。胤乃毁浮图[①]，取铜铁为兵仗。全忠阴令汴人数百应募[②]，以其子友伦入宿卫[③]。会为球戏[④]，坠马死，全忠疑胤阴计，大怒。时传胤将挟帝幸荆、襄，而全忠方谋胁乘舆都洛[⑤]，惧其异议，密表胤专权乱国，请诛之。即罢为太子少傅。全忠令其子友谅以兵围开化坊第，杀胤，汴士皆突出，市人争投瓦砾击其尸，年五十一。元规、陈班等皆死，时天复四年正月。

全忠说："京城受李茂贞的威胁，不能不没有防备，应该募兵防守。如今左右龙武军、羽林军、神策军，在天子播迁以后，已没有兵了，请求各军设置四名部将各自统带二百五十人，一名骑将统带一百人，使他们轮番侍卫。"任京兆尹郑元规为六军诸卫副使，陈班为威远军使，在市上召募士卒。朱全忠知道他的意图，假装同意。崔胤于是毁浮图，取铜铁作兵器。朱全忠暗地里叫汴人几百名应募，让自己的儿子朱友伦入京宿卫。不久玩球戏，朱友伦坠马而死，朱全忠怀疑是崔胤的阴谋，大怒。当时传说崔胤将挟持昭宗出幸荆、襄，而朱全忠正在谋划胁逼昭宗定都洛阳，担心崔胤有异议，秘密上表说崔胤专权乱国，请杀掉他。崔胤立即被罢为太子少傅。朱全忠命令他的儿子朱友谅带兵包围崔胤在开化坊的宅第，杀掉崔胤。这时汴人应募的都突然出来，市民争相用瓦砾投掷崔胤的尸体，崔胤当时年五十一岁。郑元规、陈班等都被杀，当时是天复四年(904)正月。

注释 ①浮图：这里指佛塔。②汴人：这里指宣武军节度使管辖的战士，因为治所在汴州，所以称之为“汴人”。③友伦：朱友伦，《新五代史》有传。④球戏：是一种骑马打球的游戏。唐代很流行，宋明时仍有人玩。⑤乘舆：本指古代天子、诸侯所乘坐的车子，后来也作为皇帝的代称。

原文

胤罢凡三日死。死十日，全忠胁帝迁洛，发长安居人悉东，彻屋木自渭循河下[①]，老幼系路[②]，啼号不绝，皆大骂曰：“国贼崔胤导全忠卖社稷，使我及此！”先是，全忠虽据河南，顾强诸侯相持，未敢决移国。及胤间内隙，与相结，得梯其祸[③]，取朝权以成强大，终亡天下，胤身屠宗灭。……

翻译

崔胤罢官三天就被杀。被杀后十天，朱全忠胁逼昭宗迁都洛阳，征发长安的居民都东迁，拆除房屋的木材从渭河顺着黄河往东流下，老幼不绝于道路，哭叫声不断，都大骂道：“国贼崔胤引导朱全忠出卖国家，使我落到这地步！”先前，朱全忠虽然占据河南，只是由于和各路强诸侯相互对抗，没有敢下决心要倾移国祚。等到崔胤在内制造间隙，和他互相勾结，导致祸害，朱全忠取得朝权使自己更加强大，终于覆亡唐朝的天下，崔胤也身死族灭。……

注释 ①彻：同“撤”。②系：接连不断。③梯：阶梯，引申为导致事故。